世界传世藏书

【图文珍藏版】

球史全通

世界历史通览

刘凯⊙主编

第三册

线装书局

六、印度的宗教及文化

公元前 321—公元 1500 年

公元前 3 世纪中叶，孔雀王朝国王阿育王几乎统一了整个印度半岛。但阿育王死后，印度就进入了一个分裂的时代，其中贵霜帝国和笈多王朝曾短暂统一过印度北部。各种宗教在这段时期也开始兴起，包括佛教和印度教；这个时期也是印度科学、艺术与文化的黄金时期。

公元 8 世纪，阿拉伯人开始入侵印度，引进了伊斯兰文化。11 世纪开始，突厥人开始入侵印度北部，并建立了德里苏丹国，不过德里苏丹国的势力逐渐衰微，无力控制庞大的印度北部，印度逐渐又进入了分裂的时代。

恒河文化的兴起和东方的伟大帝国

对印度以后的历史进程来说，吠陀文化向恒河平原中部和东部的传布具有和他们在旁遮普和恒河-亚穆纳河河间平原的早期拓殖一样的重要性。吠陀文化的东渐很快导致了首批历史王国的形成和第二个城市化时期的出现——第一个时期是印度河文明的城市化时期。

现在普遍认为吠陀时代人口的东迁是由气候变化造成的。旁遮普和河间平原的肥沃地带变得越来越干燥，而与此同时，恒河流域的丛林已大大消退，从而变得可以穿行了。古代文献表明，各部落不断地为争夺草场和农地而相互战斗。《梵书》经文中明白无误地记载着，只有两线作战的人才能成功地建立一块拓殖地，因为如果他只是单线作战，他已经夺取的土地就一定会被后来的移民所占据。这样，就持续存在着既反对土著人、也反对其他吠陀部落的战争。

东迁的另一种动机可能是逃避国王的统治以及在新的国王权力还没有发展起来的地方定居以保存他们的早期共和组织的愿望。《阿闼婆吠陀》中提到的乌拉提阿斯（Vratyas）之类的异端集团和联盟大概在这次迁移运动中发挥了重要作用。有趣的是，佛教经典中大量提到在公元前 5 世纪东方存在着强大的部落共和国，而起源于吠陀居住区西部的婆罗门教经典中提到的却大多是王国。

到目前为止，关于俱卢之野（Kurukshetra）以外这些迁移活动的时间和方向，我们还知道得不太多。早期的文献中提到过向南的迁徙："人民胜利南迁。"阿槃提（Avanti）——其都城乌贾因位于俱卢之野以南约 500 英里的地方——是印度中部最早的前哨之一，在那里发现了公元前 700 年左右最初城市化的遗迹。不过，吠陀时代的雅利安人也向北迁徙。一部婆罗门教经典写道："只要一位父亲想重新安顿他的儿子，他就会把他安顿到北方。"可能的情况是，那些北迁的人并没有在喜马拉雅山脚下停顿下来，而是沿着山麓继续东迁。印度历史学家们坚持认为这条路线可能是通向东方的最早通道之一，因为那里的丛林较少，而在平原地带横渡亚穆纳河和恒河的诸多支流时，溯流而上也比顺流而下容易。

向东方的渗透

东迁当然是最重要的迁徙活动。一本经文曾明确写道："人民自西向东迁移，并征服了那里的土地。"十分重要的一点是，上述引文中的"土地"是用"kshetra"一词表示的，这个词是指适于耕作的土地。在《百道梵书》（Shatapatha Brahmana，意思就是"关于百条道路的梵书"）中也存在着一篇极富启发性的经文，这篇经文为弄清吠陀时代晚期文明向恒河东部平原的扩展提供了线索。这本经书中提到一个名叫"韦德哥哈-玛塔瓦"（Videgha—Mathava）的王子在位于帕特那东北的某个地方建立了毗提诃（Videha）王国。据说，这位王子是从火神阿格尼-瓦伊什瓦纳拉（Agni—Vaishvanara）领地内的萨拉斯瓦提河出发的，而这位火神就是一位让我们久已闻名的大殖民者。韦德哥哈跟着他来到萨达尼拉（Sadanira）河（这条河就是现在的甘达克［Gandak］河）。在这里，阿格尼停了下来，而未继续前进。经书中对这个故事有着娓娓动人的描述：

　　玛塔瓦·韦德哥哈，彼时站立在萨拉斯瓦提［河］畔。他［阿格尼］于是去焚毁那里的丛林，以开辟通向东方的道路……韦德哥哈-玛塔瓦跟随在他的后面，他则在前面开道。他烧干了河里的水。现在，那条名为萨达尼拉的河流从北方的山脉［喜马拉雅山］流淌而来：那是一条他没有烧干的河流。想想看呀，那是一条婆罗门以前从未跨过的河流，"它不曾被阿格尼—瓦伊什瓦纳拉烧干"。

　　然而，现在，它的东面却出现了许多婆罗门。在那个时候，那里［萨达尼拉河以东的土地］还是未曾开垦的，荆棘丛生，因为那里还没有受到阿格尼-瓦伊什瓦纳拉的光顾。

　　然而，现在，那里已经得到了垦殖，因为婆罗门已经通过献祭使得［阿格尼］光顾了那里。即使在季夏，那条［河流］……依然流淌于……

　　玛塔瓦·韦德哥哈于是问［阿格尼］："我该居住在哪里呢？""你可以居住在这条［河］的东边！"他回答道。即使在现在，这条［河］依然形成了拘萨罗人（Koshalas）和毗提诃人（Videhas）的界河。

这里描述的事件意义重大。对婆罗门来说，萨达尼拉（甘达克）河以东的土地最初是不洁的，因为他们的大神阿格尼还未跨过这条河流。在编纂上述经文的时代，人们对此显然还记忆犹新。尽管如此，毗提诃王子并未征服这个国家。经文中使用的"etarhi"这个词的意义是"现在"，它明显是用来指经文写作时的状况。因此，到这部梵书经文写作的时代（大约在公元前 8 世纪），这片土地已被认为可以为婆罗门接受了。不过，因为婆罗门的神祇还没有踏进这片土地，这片土地被认为劣于西方的土地。由于具有业已高度发达的土著红铜文化和社会的诸多因素，该国的这个地区甚至在公元前 1000 年代中期对正统的婆罗门来说依然是可疑的和不纯洁的。因此，我们只能同意赫尔曼·奥登博格（Hermann Oldenberg）在他那部于 1881 年初版的论述佛教的著作中提出的观点："当我们考察佛教的起源时，我们必须记住最早的佛教圣会系位于口吐火焰的阿格尼—瓦伊什瓦纳拉在东迁中尚未光临的乡野或这些乡野的边缘地带。"

与那些不能精确确定日期的零散的文献记载相比，考古研究更能揭示恒河文化建立的情况。自印度独立以来，印度考古调查委员会（Archaeological Survey of India）做了巨大努力来发掘印度北部的早期历史城市。一些遗址的年代尚待确定，但人们一致同意，自公元前 7 世纪晚期至公元前 5 世纪晚期这一时期是印度文化发展的一个最关键的时期。完全可以说，印度次大陆的历史实际上就是在那个时候开始的。

在这个时期，最初的领土王国在恒河平原的中部地区建立起来，北印度经历了另一个城市化时期，而次大陆上现在归属巴基斯坦的那些地区则为波斯皇帝大流士大帝（Dareios the Great）所吞并。在这个时期的末尾，印度的第一个历史人物乔达摩佛陀进入了历史的视野。

从无数个小部落王国（janapada）中，16 个大王国（mahajanapada）在公元前 5 世纪脱颖而出。这些邦国的形成是与农业的扩展、对贸易路线的控制以及一种新的更具侵略性的战争形态密切相关的。文献未必总会使用相同的名称来称呼这些大王国，但是列出那些业已被考古研究证实了的最重要的王国还是可能的。它们是：位于巴基斯坦北部的甘蒲奢（Kamboja）和犍陀罗（Gandhara）；位于西部河间平原的俱卢（Kuru）、苏罗萨（Surasena，首都是马图拉）和般庶（Panchala）；位于东部河间平原的跋差（Vasta，首都是俱赏弥［Kausambi］）；迦尸（Kasi，首都是瓦腊纳西）及位于其北面的拘萨罗（Koshala）；帕特那南面的摩揭陀及其北面的末罗（Mallas）和跋耆（Vrijis）部落共和国；临近现在比哈尔和孟加拉交界地带的鸯伽

（Anga）；印度中部则有阿槃提（首都是乌贾因［Ujjain］）和其东面的车提亚（Chetiya）。这整个大王国体系的中心是恒河—亚穆纳河河间平原及其东面的毗邻地。

这些大王国的起源和内部组织依然是一个需要深思的问题。由于这些早期部落通常比较小，一个大王国的所有居民不可能都属于那个以其名字命名的部落。因此，它们必定是几个部落的联盟。其中的一些大王国拥有两个都城，似乎说明它们至少是由两个较小的单位融合而成的：哈斯提纳普拉（Hastinapura）和因陀罗普拉斯塔（Indraprastha）都位于俱卢族的土地上，而般庶则囊括了卡姆毗拉（Kampila）和阿蓝车多罗（Ahicchatra）。这些国家的结构可能类似于中世纪晚期的印度教王国：王权的直辖领地局限于部落周围地区，而隶属于该王国的各公国享有很大的内部自治。这些公国的首领只参加国王的战争和掠夺行动，他们也参加王室庆典。这些大王国的唯一确定的疆界是河流和其他天堑。国王权威的扩展依赖于边境部落的忠诚，而这些部落也会受到其他邻近王国的影响。

恒河流域的城市化

这些大王国的兴起是与公元前600年后恒河平原上早期城市中心的形成直接相关的。恒河平原中部的六个大城市中的五个是大王国的都城：王舍城（Rajagriha，摩揭陀），瓦腊纳西（迦尸），俱赏弥（跋差），舍卫城（Sravasti，拘萨罗）以及占婆（Champa，鸯伽）。只有第六座城市萨克塔（Saketa）不是一个独立的都城，而是坐落在拘萨罗境内。它一定是某个与拘萨罗同时出现的早期部落王国的中心。印度中部有乌贾因（阿槃提），西北部有塔克希拉（Taxila，犍陀罗），或者更确定地说，是最近发现的那个早期城镇，它出现的时间比塔克希拉和附近那个位于比尔堆（Bhir Mound）上的城镇更早，可以追溯到公元前500年左右的波斯占领时期。在公元前5世纪和6世纪，政治发展和城市化之间看来存在着某种关联。

恒河平原上的这些新城市和哈斯提纳普拉之类的早期城镇之间的最明显的不同

表现在筑垒体系的有无上。早期的城镇是不筑垒的，而这些新城市都修有城壕和城墙。城墙是用土夯成的，大约从公元前5世纪起也开始部分地使用砖块，后来它们就由坚固的砖墙取代了。印度河文明衰落1000年后，人们再次发现了在砖窑中烧制的砖块。俱赏弥的防御工事最引人注目，它的城墙大约有4英里长，某些地方的高度达到了30英尺。曾在20世纪50年代发掘俱赏弥的考古学家G. R. 沙儿马（G. R. Sharma）认为，这些城墙与印度河城市的城墙很像。在这些早期的印度河城市中也修建了聚会厅之类的公共建筑，而在佛教兴起后，这些城市里还修建了寺院和佛塔。与街道系统相关的城市规划似乎只是到公元前4世纪才重新出现。

城市经济成长的一个重要标志是在这些恒河流域城市中发现的穿孔的硬币。标准化砝码的存在则表明公元前5世纪已经出现了某种高度发达的贸易。从印度河文明时代到这个新的恒河文明，中间或许存在着某些文化的连续性？对这个问题，我们还无法回答。不过，有趣的是，在塔克希拉发现的1150枚银币中95%在重量上十分接近于印度河文明中标准化的石制砝码。

在恒河文明的这个时期存在着对一种称为"北方黑精陶"的新型陶器的大量需求。生产这种陶器的中心位于恒河平原。正像更早以前的"绘图灰陶"被确定属于旁遮普和河间平原上的晚期吠陀定居时期一样，这种新型陶器也表明了恒河文明及其影响经由许多贸易路线在印度其他地区的扩展。"北方黑精陶"是在公元前500年左右首次出现的，在所有上述大王国境内都可以找到，甚至出现于遥远的羯陵迦。1981年，在奥里萨发现了一座城市，并且部分地进行了发掘。这座城市约长1英里，宽500码，为坚固的砖墙所环绕。在这个遗址中也发现了"北方黑精陶"。

在这些恒河流域城市中尚未发现发展良好的城市文化通常会拥有的另一种重要标志——文字。公元前3世纪的阿育王铭文依然是印度最早的文字材料。不过，由于婆罗谜（Brahmi）和佉卢（Karoshthi）这两种文字已经发展得完全成熟，学者们相信它们可能起源于公元前5世纪。在印度，文字的最初发展可能是由于受到了波斯人的影响。在那时，波斯人控制着印度次大陆的西北部，而自右向左书写的佉卢体系正是以波斯帝国的官方文字——阿拉姆文字为基础的。

佛一教的兴起

这个新的恒河文明在一场针对吠陀时代晚期的婆罗门–刹帝利联盟的改革运动中找到了它的精神表达。这场改革运动主要是由乔达摩佛陀的教导构成的。乔达摩佛陀被认为是印度历史上的第一个历史人物。关于他的死期（parinirvana，即"圆寂"）一直是一个争论不休的问题。尽管佛教界在公元 1956 年为他涅槃（公元前 544 年）2500 周年举行了庆典，现代历史学家和印度学家一般认为他约卒于公元前 483 年。但是，在 20 世纪 80 年代初期，德国印度学家 H. 柏车特（H. Bechert）令人信服地证明，所有这些根据后世佛教编年史和经文推测出来的日期都不能认为是毫无疑义的，佛陀生活和布道的年代可能要比目前公认的日期大约晚一个世纪。这些发现在 1988 年举行的哥廷根国际研讨会上得到了普遍赞赏，尽管没有得到一致接受，特别是没有得到印度历史学家的接受。由于早期佛教文献特别是佛本生故事表明在佛陀生活的时代北印度已经出现了一个繁荣的城市社会，考古学证据看来也表明佛陀系生活在公元前 5 世纪而非公元前 6 世纪，因为在公元前 6 世纪恒河流域的城市化尚处在起始阶段。然而，佛陀并不是那个时代唯一的大改革家。此外，还有耆那教的创始人"大雄"（Mahavira）。他被认为是一位比佛陀年轻的同代人。耆那教，这另一种伟大的清教，注定要在印度形成一种不间断的传统，特别是在印度西部的富裕商人阶层中。后来，佛教传布到了其他许多国家，但是在印度本国却衰落了。可以说，大雄的教导重现于圣雄甘地的节俭伦理中。由于生长在古吉拉特的一个巴尼亚——巴尼亚是古吉拉特地区一个占主导地位的商人种姓——家庭，甘地受到了耆那教的影响。

公元前 5 世纪的这两种清教运动都是以吠陀的巫术思想和奥义书的神秘主义玄思向一种新型理性的转变为标志的。这种理性也出现在伟大的印度语言学家帕尼尼（Panini）的著名语法著作中。后来，佛陀的教导再次与神秘主义玄思、甚至密宗佛教中的巫术思想糅合在一起，但他最初对理性的启蒙经验的追求清楚地反映在对解脱人类苦难重负的四谛和"八正道"所做的解释上。在获得对人类痛苦根源及解救之道的洞见之前，他已经有过苦修的实践，也经验过玄思冥想的无益。以清除生的欲望从而摆脱轮回为依归的八正道（"正见""正思维""正语""正业""正命""正精进""正念"和"正定"）看起来只是一个关于实践教导的问题，而非玄思冥想的结果。

数量浩瀚的佛教经卷详细地描述了乔达摩佛陀的生平和年代。他出生在现在尼泊尔的某个地方，是释迦族的一位王子。他在 29 岁那年离家出走，在许多年里四处游荡，实行苦修，直到他在菩提迦耶（BodhGaya）悟道成佛。然后，他在瓦腊纳西附近的鹿野苑（Sarnath）首次说法，之后游历了现在比哈尔和北方邦东部的许多地方，宣扬他的教义，并赢得了越来越多的信众。他会见了他那个时代的伟大君主——其中就有摩揭陀国国王频毗娑罗。

在他死后，500 佛僧为了编纂他的教示全集，在王舍城召开结集大会，以便他的真正教导能够保存下来。在吠舍离（Vaishali）召开的另一次结集大会却成了一次分裂的见证："上座部"（theravadins）坚持僧众的清教理想，而一种新的运动却要求更加包容俗家信徒，扩大佛教僧团（sangha）的概念，以吸收僧侣以外的信众参加。与这个目标相一致，这个新的教派被称为"大众部"（Mahasanghika）。这就是"大乘佛教"（mahayana）的起源。"大乘佛教"是新教派对自己的称呼，他们很鄙视正统佛僧的"小乘佛教"（hinayana）。无疑，这种分裂对后来佛教和印度教哲学的发展至关重要，但是它也预定了佛教在印度本国的衰落。

波斯治下的西部地区

公元前 6 世纪，阿黑门尼德王朝治下的波斯王国在几十年内崛起，成为有文字记载的历史上的第一个主要帝国。凯洛斯（Kyros），这个帝国的缔造者，据说曾派遣一支远征军远赴阿富汗，并且到达了印度边境，但征服西北印度的重担却留给了大流士（公元前 52l—485 年）。在著名的贝希斯顿铭文（约公元前 518 年）中，他提到犍陀罗是他的帝国的一个行省。仅仅在数年之后，别的铭文就把欣都什（信德）添加到了这个行省名单中。印度河就这样成了波斯帝国的边界。在此以前，一个在波斯军中服役的叫斯盖拉克斯（Skylax）的希腊人就已经勘察过这条河流。

我们对位于印度河沿岸的这些波斯行省的行政知之不多，但希罗多德说这些地区（Indoi）为波斯帝国提供了数量最为可观的税收。这看来表明，在大流士和薛西斯治下，这些地区是完全归波斯政府管辖的。有关这种完全新奇的行政系统的信息肯定传到了摩揭陀国，它的统治者正准备在印度土地上建立第一个大帝国。不过，要确定波斯帝国在多大程度上影响了印度历史，还是很困难的，因为考古证据依然欠缺，阿黑门尼德王朝的金币迄今也尚未在印度出土过。只有塔克希拉的比尔堆和其西边的查尔萨达（Charsada）镇被认为是阿黑门尼德王朝的遗迹，但发掘那些遗址的考古学家并未在那里找到典型的波斯标记。

早期国家的起源

在大流士和佛陀时代，恒河东部平原开始了一个新的政治发展时期。这个地区的某些大王国在公元前 5 世纪建立起对其他王国的霸权。一种战略四边形形成了：拘萨罗和部落联盟瓦吉（Vrijis）控制着恒河北部；跋差建都俱赏弥，统治着恒河和亚穆纳河交汇的地区；而摩揭陀则统治着恒河东南方的大片土地。

拘萨罗和摩揭陀实行一种极具侵略性的政策，它的目的不只是要取得对邻国的胜利，而且还要吞并它们的领土。摩揭陀国王频毗娑罗看来已经开始了这种斗争。在他漫长的统治期间，他为摩揭陀崛起成为印度最大的强国奠定了基础。朝向这个目标的重要一步就是对邻国鸯伽的征服。这样，摩揭陀国就能大大提高对东部平原贸易路线的控制，或许还能实现与东部沿海地区的贸易。频毗娑罗在新王舍城建立了一座更加宏伟的都城，以庆祝他的至高无上的地位。据说，他还在那里接见了佛陀，并接受了佛陀的劝化。频毗娑罗未得善终，他的儿子阿阇世（Ajatashatru）因禁了他，并将他饿死。

阿阇世继续他父亲的侵略政策，但迅速败于他的舅父拘萨罗国王之手。但这位国王也很快被他自己的儿子维鲁达喀（Virudhaka）除掉。然后，拘萨罗和摩揭陀起兵攻打北边的各部落共和国。拘萨罗消灭了佛陀所属的释迦（Sakhya）部落。从那时起，拘萨罗控制了从瓦腊纳西到喜马拉雅山麓的广大地区。

摩揭陀对强大的瓦吉部落联盟的战争可能持续了 14 年，据说佛陀曾亲自劝说阿阇世不要发动这场战争。在这次战争中，摩揭陀首次使用了装甲的重型战车和用来发射巨石的抛石机以杀伤敌人。为了更有效地作战，摩揭陀的两位将军在恒河岸边一个叫波吒厘子（Pataligrama）的村庄修筑堡垒。这座城堡迅速以它的新名字华氏城（Pataliputra，帕特那）而声名显赫。吠舍离，瓦吉联盟中的最强大的部落梨车（Licchavis）的都城，在佛教文献中受到高度赞誉。它的壮美的多层豪宅曾被特别提及。这座城市据说是由它的 7707 个家庭的家长会议治理的。这些家庭的人都骄傲地自称为拉贾（rajas，即王族）。当阿阇世眼看要建立起对恒河平原的霸权的时候，他受到了来自西印度的乌贾因（阿槃提）国王普拉迪奥闳（Pradyota）的挑战，后者甚至一度征服和占据过俱赏弥。不过，摩揭陀已经过于强大，以至于这种挑战已经对它奈何不得。

摩揭陀在两代人的时间内闪电般崛起，令所有力图解释古代印度第一个帝国起源的历史学家大感不解。主要问题并不在于突然出现了一个成功的王朝——印度历史充满了这样成功的故事，而是在于这样一个前所未有的幅员广袤的国家竟然刹那间出现在恒河文明的边缘地区。相信帝国系从西亚某个中心扩散而来的理论的历史学家指出了如下事实：摩揭陀国的兴起恰恰是与波斯对西北印度的征服同时发生的。在印度河边波斯行省实行的新式帝国行政的知识也肯定已经传播到了印度东部。但是，这种知识的获得并不足以解释摩揭陀国的实际崛起。我们必须认真回顾一下公元前 7 世纪和公元前 6 世纪的印度历史，以便发现这种新型国家形成的线索。

印度早期国家的形成通常分为三个阶段。在恒河地区，这个过程的第一阶段的标志是从吠陀迁徙时代的半游牧的小部落（jana）向大量具有明确地域的部落邦国（janapada）的转变。在第二阶段的竞争时代，16个大王国在公元前6世纪晚期和5世纪早期脱颖而出。当其中的一个大王国（在这里，就是摩揭陀）吞并了周围的几个邦国并对其余邦国建立起霸权的时候，就进入了第三阶段或帝国阶段。这种三阶段的发展可以视作一种内部演进过程，特别是由于前两个阶段确实未受到外部影响。与之相伴随的是恒河文明中发生的一种显著的社会和政治变迁，而正是这种变迁促进了帝国在第三阶段的出现。

印度的马克思主义历史学家坚持认为，公元前7世纪铁器的引进使得人们能够在恒河平原东部地区清除丛林和开垦沃土，从而导致了强大的大王国的兴起，并最终造成了东部大帝国的形成。不过，迄今为止，并没有什么考古证据能清楚无误地证实这种把经济变迁作为摩揭陀国兴起的主要原因的马克思主义观点。古代文献提供的佐证也是屈指可数。然而确实可以肯定，铁在这个时期扮演了一种重要角色，虽然不是前面所说的那种角色。看来即便在这个时期，铁还是主要用于制造武器。由于拥有卓塔—那格浦尔高原的铁矿储藏和更精良的装备，摩揭陀国可能占有某种战略优势。这样，大概并非偶然的是，摩揭陀国的第一次大战役就是针对邻国鸯伽的，因为鸯伽同样临近这些铁矿产地，或许还控制了铁器输往北印度的贸易路线。由此，摩揭陀在创建帝国之初就清除掉了最危险的竞争对手。

至今，阿阇世的后继者时期还没有得到很好的描述。佛教文献中提到他之后的四位统治者都是弑亲者，正像他本人和他同时代的拘萨罗国王维鲁达喀也被指控犯有这种罪行一样。这些记载可能并不完全可靠，但似乎也表明在那个时代出现了一种新型的无所顾忌和野心勃勃的统治者。这种类型的君王在当时的一本论述治国之道的名作——考提利亚的《政事论》——中得到了简洁的描绘。在摩揭陀国的统治者中，什殊纳伽（Shishunaga）值得特别注意，因为他不仅打败了阿槃提的普拉犹阇（Prayota）王朝（该王朝很久以来就是摩揭陀的一个重大威胁），而且还吞并了

世界历史通览

野蛮的征服

阿槃提和俱赏弥的领土。在什殊纳伽的儿子卡喀瓦拿（Kakavarna）统治期间，第二次佛教结集大会召开。这在前面已经述及。卡喀瓦拿被刺杀，而这次据说甚至连一位王后都参与了谋杀国王的行动。

在这次密谋中成为摩揭陀新统治者的篡位者是马哈帕德玛（Mahapadma），他建立了短命却很重要的难达王朝。马哈帕德玛是一位首陀罗妇女的儿子，后来《往世书》中把他描绘成刹帝利的毁灭者——这显然既指他出身卑微，又指他战胜北印诸王。马哈帕德玛继续大力推行他的前任国王们的侵略政策。他征服了北印大部分地区、中印部分地区，甚至也征服了东部沿海的羯陵迦。在孔雀帝国以前，他被认为是印度最伟大的统治者；而在往世书记载的国王世系中，他是第一个拥有帝国头衔"Ekachattra"的人，意思是"将全国统一在一把黄罗伞下的雄主"。黄罗伞是君权的象征。

希腊和罗马作家告诉我们，在亚历山大大帝征服西北印度时，难达王朝建都华氏城，拥有一支由20万步兵、2万骑兵、2000驷马战车和3000象兵组成的强大常备军。这是第一次提到在战争中大规模使用大象。直到中世纪时期中亚征服者引进大规模部署炮兵的新战法为止，这种战象在很长时间里都一直是印度统治者的最强大的战略武器。

难达王朝只有通过严厉征收帝国赋税和掠夺邻国，才能维持他们的庞大军队。他们的名字在以后的印度文学中变成了贪婪的代名词。关于他们将他们的巨大宝库埋藏在恒河下面的传说，让我们想起了那个尼白龙根匿宝于莱茵河底的古老德国故事。马哈帕德玛的后继者是他的八个儿子，但他们每人只统治了很短一段时间，直到最后一位被旃陀罗笈多·毛利亚推翻。

尽管他们的统治只维持了很短一段时间，难达王朝必须被认为替他们的更加声名显赫的继承者——孔雀王朝铺平了道路。他们将北印度的很大一片地区统一在他们的统治之下。他们的军队和政府被孔雀王朝接管，继续加以经营。不过，难达王朝缺少某些只是在孔雀王朝治下才出现的特质。正像从西方传来的某些新理念帮助了公元前 5 世纪频毗娑罗治下的摩揭陀国的兴起那样，另一波西方影响的浪潮可能影响了难达帝国向孔雀帝国的转变。

亚历山大印度之战的影响

就欧洲的历史记述而言，亚历山大的印度之战当然是古代印度史上最闻名的事件之一。19 世纪和 20 世纪早期的历史学家们对这个事件给予了极大的关注。但是印度的文献却对亚历山大之战三缄其口。对印度人来说，他不过是染指过印度西北地区的诸多无名征服者中的一个。只是在很多年以后，由于伊斯兰征服者将他视为一个值得效法的伟大统治者，印度人才记起亚历山大大帝。德里的一位苏丹自称亚历山大第二，而这个名字的伊斯兰版本（希坎德尔［Sikander］）在以后的印度和东南亚的伊斯兰统治者中十分流行。

亚历山大在公元前 327 年 5 月穿过阿富汗东部的兴都库什山脉。在现在的巴基斯坦北部地区，他与那里的部落争战了一年有余，直至他得以在公元前 326 年 2 月跨过印度河。塔克沙希拉（Takshashila，即塔克希拉）国王未经一役就接受了亚历山大的宗主权。他对希腊人慷慨好施，据说曾宰杀了 3000 头牛和 1 万多只羊来款待他们。然后，他向他们提供了 5000 人的辅助部队，以便他们能够更好地与他的邻国国王波罗斯（Poros）作战。波罗斯国王属于起源于《梨俱吠陀》中经常提到的普鲁（Puru）部落的保拉瓦（Pauravas）部落。他率领一支拥有 2000 头战象的大军与亚历山大接战，但是亚历山大通过夜间突袭打败了他。尽管当时河水猛涨，亚历山大还是跨过了海达斯毗斯（Hydaspes）河。接下去，他让已被征服的波罗斯国王复位，使他变成他的盟友。

此时，季风季节已经来临，滂沱大雨毁坏了亚历山大东征的道路。他决心继续前进，但是当他的部队抵达海伐西斯河（Hyphasis，比亚斯河）——也就是现在拉合尔市的东边时，他的士兵拒绝服从他的命令，而这种情况在持续了八年的不间断征服中还是第一次发生。亚历山大确信他行将抵达世界的尽头，而他的士兵们对此越来越不相信，因为随着他们的不断东进，他们发现有越来越多的国王和战象对他们严阵以待。亚历山大发表了慷慨激昂的演说，援引他们对波斯人的胜利以劝说他的部下继续前进。这篇演说成为亚历山大时代最动人的文献之一。但是，他的将军、代表士兵发言的寇厄努斯（Coenus）的演讲同样动人心弦。最后，亚历山大终于调转马头，带着他的部队沿印度河南下。在途中，他们与那个地区的部落——特别是马洛伊（Malloi，马拉瓦［Malavas］）部落——发生了战斗。亚历山大差一点死于其中的一次遭遇战中。于是，他折而向西，并和他的部分部队一同穿过了格德罗西亚沙漠。这个沙漠是现在俾路支斯坦的一部分。在这次苦难行军中幸存下来的人寥寥无几。公元前 324 年 5 月，即他进入印度三年后，亚历山大返回了位于波斯的苏萨。次年，他死于巴比伦。

亚历山大的英年早逝和他的帝国在继任者（Diadochi）之间的瓜分最终使至少将印度一部分并入希腊帝国的计划寿终正寝了。到公元前 317 年，希腊在印度边境的据点被放弃了。这样，亚历山大之战在印度历史上就不过是一个小小的插曲，但这次入侵的间接影响却是极其重要的。亚历山大的随从和驻孔雀宫廷的首位希腊大使的记述是西方人了解印度自古代至中世纪时期的历史的主要资料。还有，后来在印度西北边陲（现在的阿富汗）兴起的希腊化国家，不仅对印度科学（如天文学），而且对印度艺术的发展都产生了重要影响。

孔雀帝国的建立

亚历山大之战可能对印度政治的进一步发展产生了间接影响。我们对旃陀罗笈多·毛利亚的先辈们知之不多，不过据说他的军事生涯是从清除亚历山大遗留在印度河边的前沿据点开始的。他是如何成功地从那里扩展到了摩揭陀国，又是如何从最后一位难达皇帝手中夺得权力，至今依然模糊不清。印度文献，特别是著名戏剧"罗刹婆与指环印"（Mudrarakshasa），将旃陀罗笈多的崛起归功于他的政治谋士、一位狡猾的婆罗门考提利亚。他是《政事论》一书的作者。

无论如何，旃陀罗笈多看来在公元前 320 年篡夺了摩揭陀国的王位。此后，他用几年的时间来巩固他对帝国军队和政府的控制。没有文献表明他在这个时期发动过什么军事战役。但是，在公元前 305 年，塞琉古·尼卡托（Seleukos Nikator）在成为亚历山大东部疆域的统治者后，穿过兴都库什山脉，意欲夺取亚历山大在印度的遗产。旃陀罗笈多率领一支大军拒之于旁遮普，阻止他的东进。在随后的和约中，塞琉古把喀布尔以东的全部土地连同俾路支斯坦都让予了旃陀罗笈多。这样，孔雀帝国的疆界差不多就和两千多年后莫卧儿帝国全盛时的疆界一样。旃陀罗笈多赠送的 500 头战象与这巨大的领土收益相比就显得有点微不足道了。不过，印度的这项军事援助据说在差不多四年后塞琉古击败他的西面邻国和劲敌——安提格罗斯（Antigonos）的决定性战役中发挥了很大作用。

欧洲人对印度的认识通过塞琉古的大使麦加斯梯尼（Megasthenes）在旃陀罗笈多宫廷期间的记述而得到了很大提高。麦加斯梯尼的原作已经遗失，但几位经典作家从他的著作中引述了大段文字，从而使我们能够知道他在旃陀罗笈多宫廷中的所见所闻。他的两类记述特别引人注意：他对孔雀帝国都城华氏城的描绘和他对在那里发现的七个印度社会阶层的描述。

他说华氏城是用木栅来护卫的。这座城堡状似平行四边形，长约 9 英里，宽约 1.5 英里，有 570 座塔楼和 64 座城门。华氏城的周长约为 21 英里，因而这座城市大约是马可·奥里利乌斯皇帝时期罗马城的两倍。如果这种说法是正确的，那么华氏城肯定是古代世界最大的城市。麦加斯梯尼好像夸大了他作为大使所在的这座都城，以提升他的身价。不过，德国印度学家 D. 史林格罗夫（D. Schlingloff）业已表明，根据麦加斯梯尼的描述推算出来的塔楼之间或塔楼与下一个城门之间的距离与考提利亚在《政事论》一书中描绘的这类防卫设施之间的距离相当一致（即 54 码）。

麦加斯梯尼对摩揭陀社会的描述似乎同样准确。他提到哲学家是第一等级。显然，他所说的哲学家就是婆罗门。第二等级是农夫。根据麦加斯梯尼的说法，他们免于服兵役和其他任何类似的国家义务。没有敌人会伤害一个正在犁田的农夫。为了耕种他们的土地，他们要向国家交纳地租，因为"在印度，所有土地都属于国王，没有哪个私人被允许拥有土地。除了这种普通的地租，他们要将收益的1/4交给国家"。然后，麦加斯梯尼提到了生活在村庄之外的牧人，接下来是商人和工匠，"他们从国王的仓廪中取得他们的食物"。第五等级是士兵，他们像战马和战象一样，也从国王的仓廪中取得食物。第六等级是巡视官和间谍，他们要向国王汇报一切。第七等级是国王的幕僚和官员，他们要照看帝国的政府和法庭等机关。

尽管这七大社会阶层在一切印度文献中都不曾像这样加以描述（这种描述好像忽略了等级秩序），这些社会阶层在印度文献中却都有所提及。我们从麦加斯梯尼的记述中得到的一般印象是，孔雀帝国是一个由中央政府管理的、组织良好的国家。特别让人感兴趣的是，他斩钉截铁地断言所有土地属于皇帝，工匠和士兵也是由国家直接供养的，以及间谍对帝国内发生的一切事情都加以汇报。或许，这些观察只适用于都城及其近郊，这里是麦加斯梯尼熟悉的地方。不过，考提利亚关于某个帝国的适当组织的著名论述也谈到了间谍。

《政事论》中的政治体系

《政事论》（Arthashastra）一书据说是旃陀罗笈多的宰相和首席顾问考提利亚所作。该书提供了一幅关于中央集权制帝国的更加连贯的图画。在这样的帝国里，公共生活和经济为统治者所控制。自从这部古代文献于1909年被重新发现和出版以来，学者们就一直在力图把这部文献理解为对旃陀罗笈多政府系统所做的一个准确描述。人们一致同意考提利亚是这部著名文献的主要作者，他生活在公元前300年左右，不过人们还承认，这部文献中的部分章节在后世有所增改，其中一些部分可能晚至公元300年才出现。

考提利亚描述了这样一种局势：几个相互竞争的小王国每个都有机会赢得对其他小王国的霸权，如果各统治者听从他提出的建议的话。在古代印度史上，与考提利亚的描述最接近的时期是摩揭陀获得霸权以前的大王国时期。这样看来，更可能的是，考提利亚的规范性论述是关于他所了解的这个更早时期的，而他的描述反映的不大可能是旃陀罗笈多治下的孔雀帝国的结构。由此，《政事论》就不应该只看作是研究帝国历史的材料，也应看作是关于此前国家形成的材料。《政事论》与中世纪印度政治的相关性在于，各个敌对小王国的并存在印度历史的绝大多数时期都是更加典型得多的现象。相比之下，由一个大帝国完全主导政治舞台的时期则更像是例外。

考提利亚精义（shastra）的核心理念是国王和国家的繁荣（artha）。那些力争胜利的国王（vijigishu）处在某个"曼陀罗"（mandala）或国家圈的中心。他的邻国是天然的敌人（ari），而较远的邻国的邻国（敌人的敌人）是天然的朋友（mitra）。这种王国圈（rajamandala）模式在敌人和朋友构成的同心圆中反复出现。不过，也有某些重要的例外：有一种可以称之为"中央国王"（madhyama）的国王，他拥有的强大实力足以使他既可以在邻国冲突中保持武装中立，也可以通过支持一方或另一方而决定战斗的结局。最后，还有所谓的"强大局外人"（undashina）。强大局外人的行为是无法预料的，因为他不属于这些列强圈中的成员，但却拥有干涉能力。他必须受到严密的监视。

力争胜利的国王必须尽力逐个打败他的敌人。他的行动能力有赖于支撑着他的王国（rajya）的七种实力要素。这七种要素中最重要的是国王的品质，然后是他的大臣们的品质，他的行省、他的城市、他的国库和他的军队的状况，最后一个但却不是最不重要的要素，是他的盟国的状况。《政事论》的主旨是要教导国王如何改进本国的实力要素和削弱敌国的实力要素，即便还没有发生公开的冲突。他被告知要加强防御工事，扩大灌溉设施，鼓励贸易，开垦荒地，开采矿产，为大象养护森林和修建围栏，当然还被告知要努力去阻止他的敌人也这样做。为此目的，他要向他的敌国派遣间谍和内奸。依靠关于人性弱点的丰富的心理学洞见，考提利亚对此类间谍和内奸做了十分详细的论述。这使他赢得了一种可疑的声誉：他的"箴言"

甚至比马基雅维利在《君主论》（Il Pincipe）中提出的那些阴谋诡计还要有过之而无不及。但实际上，考提利亚较少关注在敌国疆域内的秘密活动，而更注意清除本国内部的"荆棘"。

由于考提利亚相信政治实力与经济繁荣直接相关，他的论著包括了有关如何通过在各个领域——包括采矿、贸易、手工业和农业——实行国家干预以促进经济实力的丰富内容。他还勾勒出了王国的行政结构，制定了薪俸表，列出了从国王高级祭司4.8万帕纳（panas）一直到小巡视员60帕纳的薪俸等级。所有这一切勾画出的是一个实行着有效管理、极力从农村榨取剩余的中央集权制国家。这种剥削没有道德的限度，但受到政治可行性的限制。人们承认，高额赋税和强迫劳役将把人口驱赶到敌人的军队中。因此，作为取得胜利的一个必要政治条件，国王不得不考虑他的人民的福利和态度。

在旃陀罗笈多打败塞琉古和占领西北地区后的孔雀帝国历史至今依然是一个仁者见仁、智者见智的问题。由于在公元前268年阿育王登基时帝国版图已经扩展到了现在的卡纳塔克，我们或许可以推论旃陀罗笈多或他的儿子和继承人瓶头王（Bindusara，约公元前293—268年）已经征服了这些南印地区。旧耆那教经文中提到旃陀罗笈多是该宗教的信徒，在卡纳塔克绝食至死，从而成就了在耆那教传统中圣人才有的伟大功业。如果这个记载是真实的，那么旃陀罗笈多肯定已经开启了对南方的征服。在瓶头王的宫廷中驻留着塞琉古王朝和托勒密王朝的使节，但他们都没有像十年前麦加斯梯尼那样给我们留下珍贵的文献记载。

阿育王，诸神的钟爱

阿育王长达三十余年的统治时期是印度历史上第一个有着比较良好的文献记载的时期。阿育王给我们留下了一些重要的铭文（大岩石敕令、小岩石敕令和石柱敕令）。这些铭文是对印度过去的最重要的记述。自从英国学者詹姆斯·普林塞普（James Prinsep）在19世纪30年代发现并成功解读这些铭文以来，数代印度学家和历史学家已经对这些铭文做了十分细致的研究。独立的印度共和国选择阿育王狮柱作为该国的国徽。

　　根据佛教的传统说法，阿育王是在他被任命为西北地区塔克希拉的总督后开始他的政治生涯的。在那里，他成功地镇压了一次叛乱。然后，他被转派到乌贾因，即印度中部前王国阿槃提的著名都城。阿育王登基的准确日期和背景还有待考证。佛教经文中提到阿育王不得不与他的兄弟们作战，而他是在事实上登基四年以后才（正式）加冕的。但是，荷兰印度学家埃格芒特（Eggermont）认为这些都只是后世佛教徒发明出来的传说而已。他确信阿育王的统治时期是在公元前 268 年至公元前 233 年。

阿育王石柱柱头，鹿野苑，现在是印度
共和国的国徽（赫尔曼·库尔克提供）。

　　阿育王统治期间的第一个重大事件导致了他的生活发生了一次至关重要的转变：公元前 261 年，他征服了羯陵迦，一个位于东部沿海的王国。这个王国曾长期抵抗孔雀王朝的扩张主义。在他的铭文中，阿育王诉说了这次战争的悲惨后果：

"15万人被从他们的家中强制带走，10万人死于战场，还有许多人稍后死去。"由于这次经历，阿育王决心摒弃战争，皈依佛教。在他著名的第十三道石刻敕令中，他宣称："即便羯陵迦人民中只有百分之一或千分之一的人受到谋害、杀戮或绑架，现在也会被认为是'Devanampiya'（'诸神的钟爱'，即阿育王）的巨大损失。"他还说他现在只致力于通过传播正行之道（达摩［dhamma］）进行精神征服。

他变成了佛教俗家弟子（upasaka），在羯陵迦战争结束两年后甚至还遍历北印度所有的佛教圣地，做了一次长达256天的朝拜（dhamma-yata）。在返回华氏城的途中，他举办了一次盛大的佛教庆典，同年（根据埃格芒特的说法，公元前258年）开始了他的大规模的遣使活动。在置于帝国各战略要地的无数石刻敕令中，他宣扬正行之道；对于所有他知道的国家，他派遣使节，传播正行之道于海外。他饬令他的总督和县官们在任何可能的地方都要把正行之道镌刻在岩石和石柱上，这样就产生了一系列的小岩石敕令。在这些敕令中，阿育王公开宣称他笃信佛教。

次年，即公元前257年，他下令把总共十四道大岩石敕令中的前四道刻在了他的帝国的边疆地区。到目前为止，已经发现了其中八处比较完整的敕令石刻。稍近时期，两处破碎的敕令石刻也已被发现。其中的一道用希腊语和阿拉姆语两种语言刻写的敕令，竟然是在遥远的阿富汗境内的坎大哈发现的。在这些敕令中，阿育王命令他的帝国的所有臣民尽量不再吃肉，他还禁止一切非法和有伤风化的集会。他向他的帝国境外的所有邻邦表示善意：南面的朱罗、潘迪亚、萨提亚普特拉（Satyaputras）、喀拉拉普特拉（Keralaputras）和塔姆巴帕尼（Tambapani，即斯里兰卡）和叙利亚的安提攸卡（Antiyoka）国王（即安条克二世［Antiochos II］，公元前261—246年）及其西部邻国。此外，他还命令各级官员定期巡视他们的辖区，以察看正行之道是否得到遵从。

阿育王的命令似乎从一开始就受到抵制。他间接承认了这一点。在加冕13年后发布的一系列新石刻敕令中，他说道："善行难以实现。有志于善行的人面对的是一项艰巨的任务。"为了粉碎反抗势力和加强正行的教化，他在那一年任命了一种称为"达摩大臣"的高级官员。他们必须教授正行之道，还要在这方面对人民进行监督。他们还须向皇帝汇报，而他则强调这些官员可以在任何时间觐见他，即便他正在吃饭或正在私室中休憩。这些官员被"派往各地，既包括所有遥远的城市，也包括华氏城，甚至也包括我兄弟姐妹乃至所有亲戚的私室"。

在任命这些特设官员的同一年，他还派遣大使（duta）远赴西方各国。作为印度历史上的一个独一无二的事件，第十三道石刻敕令中提到了这些异域国家的国王的名字：希腊人国王（尤纳［Yona］），安提攸卡（上面已经提到），图拉玛亚（Tulamaya，托勒密二世菲勒德尔福斯［Ptolomaios Ⅱ，Philadelphos］，公元前285—247年），安特吉纳（Antekina，即马其顿的安提戈诺斯·格纳塔斯［Antigonos Gonatas］国王，公元前276—239年），马卡（Maka，即昔兰尼的麦伽斯［Magas］，约公元前300—250年），以及阿里喀苏达拉（Alikasudala，可能是伊庇鲁斯的亚历山大，公元前272—255年）。南印度和斯里兰卡的独立国家再次受到（阿育王）大使的造访，甚至连帝国境内某些地区（如安德拉）的部落也被光顾。西北和南方诸省的边陲地带经常发现（阿育王的）铭文，雄辩地表明了阿育王布道的热忱。

在古代史上，像这样的帝国使团活动是独一无二的。然而，比与希腊世界建立直接联系产生了更重要成果的，是出使南方和斯里兰卡的成功。在那里，阿育王的儿子马亨达（Mahinda）亲临教化。西北地区也深受这种出使热情的影响。从南印度，佛教后来传到了东南亚；从印度西北，佛教散布到了中亚，从那里又经丝绸之路在公元1世纪传到了中国。

阿育王在推进出访活动的时候并没有忽略他作为统治者的职责。尽管他在征服羯陵迦后表示了忏悔，但他从未想过要放弃他对这个国家的控制，也未想过要把从那里绑架来的人民遣送回去。作为一个老谋深算的政治家，他也没有在他树立在羯陵迦本地的敕令石上表示什么悔意（达乌利［Dhauli］和达乌迦答［Daugada］）。与著名的第十三道石刻敕令文本不同的是，我们在所谓的羯陵迦"独立敕令"中发现了如下文字：

所有的人都是我的孩子。正像对我自己的孩子，我希望能向他们提供在此世和彼世中的全部福祉和幸福那样，我也希望向所有的人提供同样的福祉和幸福。我的未归化的边境臣民或许会问："国王陛下又希望我们如何呢？"我对边境臣民的唯一希望是，他们能知悉国王对他们具有同样的希望，他们不必畏惧我，而要信任我；他们从我这里得到的只是幸福，他们会明白，国王会宽恕他们所能宽恕的一切。（阿育王命令他的官员：）你们要能够鼓励那些边民的信心，保障他们在此世和彼世的福祉和幸福。

阿育王的铭文也为了解那个帝国的组织状况提供了大量重要的信息。这个帝国分为五个部分。中心部分是由摩揭陀和一些比邻的过去的大王国构成。这个部分置于皇帝的直接管理之下。尽管没有过多提及它的管理方式，我们还是可以假定这里的管理或多或少是与麦加斯梯尼和考提利亚的描述相一致的。那时有四大行省，统治它们的是充任总督或副王的各位王子（kumara 或 aryaputra）。西北地区的副王驻塔克希拉，东方地区的副王驻羯陵迦的陶萨利（Tosali，临近现在奥里萨邦的邦都布巴内斯瓦尔），西方地区的副王驻乌贾因，南方地区的副王驻苏瓦纳吉里（Suvarnagiri，临近安德拉邦拉雅拉希姆［Raylaseema］地区的库尔努尔［Kurnool］）。由于在中央邦潘古拉里亚（Panguraria）新近发现的小岩石铭文记载的是阿育王对一个亲王（kumara）下达的敕令，这个铭文被认为是存在着第五个行省的证据。但是，由于这篇铭文的地址距西部行省的著名都城——乌贾因仅有 100 公里左右，这篇铭文中提到的亲王很可能只是乌贾因的副王。

这些广袤的行省又分为几个比较大的县，由大臣们（mahamatras）辖治。这些大臣可能就是麦加斯梯尼提到的高级官僚。他们负责处理中央和各行省之间的关系。在省都，他们还受命担任法官（nagara-viy-ohalaka）。除了上述大臣，铭文中还提到了以下品级的官职：普拉得什卡（pradeshika）、拉朱卡（rajuka）和育克闶（yukta）。最后那种官职是小官，可能是抄写员和收税员。普拉得什卡掌管的行政单位可能相当于英属印度的"区"，每个区包括若干个县。拉朱卡是否就是县官，尚不十分清楚。阿育王二十六年发布的第四道石柱铭文提到拉朱卡"受命管理几十万人口"，被授予受理刑事案件的特别权力，但同一铭文中也提到拉朱卡必须服从钦差传达的命令。正像阿育王强调的那样，钦差很了解他的心意。

这类记载经常被用来表明阿育王对他的整个帝国实行一种高度中央集权的直接管理。但是，截至目前，含有后面这类记载的石柱铭文只是在恒河地区中部和恒河-亚穆纳河河间地区有所发现。类似的铭文可能还会在其他地方发现，但目前已发现的石柱铭文却似乎表明这种特别的管理方式只是盛行于帝国的中心地区，而各个行省则享有较大程度的行政自治。然而，刚刚征服的羯陵迦可能是个例外。在这个地方的岩石敕令中，萨马帕（Samapa，即章迦答［Jaugada］）的县治是被直接提到的，而没有述及该县驻陶萨利的副王（kumara）。

在现代历史地图上，阿育王的帝国经常被标明覆盖了整个次大陆，只有它的南端一角是例外。但是，如果我们看一下已经发现的阿育王铭文所在的地点，我们会清楚地看到一种明晰的地区模式。这些地点表明了帝国的那五个部分。引人注目的是，主要的岩石敕令迄今都只是在帝国的边远行省发现的，而不是在它的中心地区发现的。石刻铭文在西北地区（沙巴兹迦里［Shahbazgarhi］、曼色拉［Mansehra］和坎大哈［Kandahar］）发现了三处，在西部地区（吉尔那尔［Girnar］和索帕拉［Sopara］）发现了两处，在南部地区（厄拉古迪［Erragudi］和萨那提［Sannathi］）发现了两处，在东部地区（达乌利［Dhauli］和章迦答［Jaugada］）发现了两处，而最后一处是在位于中心地区和西北行省交界处的卡尔斯（Kalsi）发现的。同样重要的是，十道小石刻敕令集中在南部行省，而大量的石柱铭文集中分布在帝国中心地区和上恒河—亚穆纳河河间平原。还有，省都乌贾因的周围地区想必也曾经形成了另一个石刻铭文的荟萃之地，尽管留存下来的只有桑奇（Sanchi）的著名的阿育王"分裂敕令"石柱残片和在潘古拉里亚新近发现的小岩石敕令。铭文在帝国某些主要地区和边疆的大量发现与次大陆广大腹地并无阿育王铭文发现的事实形成了鲜明对照。

当然，还有铭文会发现并不是不可能的，但是在经过了对该领域的一百多年的集中研究后，看来要完全推翻上述地区模式是极不可能的。这意味着如同喀拉拉邦和泰米尔纳杜邦一样，现在马哈施特拉邦和安德拉邦的很大一部分地区实际上也没有归入孔雀帝国。

在温迪亚山脉以南，孔雀帝国主要控制的地区是沿海地区和一些邻近现在迈索尔的内陆地区，后一地区可能因为盛产黄金而受人垂涎（Suvarnagiri 意为"金山"）。对孔雀帝国来说，控制主要商路是极其重要的。当然，最重要的是北部的那条商路。这条商路从华氏城出发，穿过恒河平原和旁遮普，最后达到阿富汗。另一条商路从华氏城出发，向西经过俱赏弥，然后沿温迪亚山脉北麓，途经韦底沙（Vidisha，桑奇）和乌贾因，最后抵达巴鲁卡刹港（Bharukacha，即布罗奇 [Broach]）。从那里沿着西部海岸继续南下，可以抵达现在的孟买地区。索帕拉（Sopara）的大量岩石敕令就是在那里发现的。要到达南方地区，就得沿东部海岸而下，或是通过中部路线，从乌贾因出发，经普拉提什塔纳（邻近奥兰加巴德的派坦），至苏瓦纳吉里（Suvarnagiri）。这条路线的北段——至少到乌贾因以前——自吠陀时代晚期以来就是以"达克什纳帕塔"（Dakshinapatha，意为"南部路线"）闻名的。居住在广大的内陆腹地地区的是各部落，他们尚未被征服。上述铭文中公开提到了帝国境内这些未被击败（avijita）的邻居和森林部落（atavi），让人可以得到这样一种印象，即阿育王把这些部落视为他的帝国最危险的敌人。

尽管如此，对孔雀帝国幅员的这种修正并不意味着否认它的"全印"性质，它依然标志着始自公元前 6 世纪的国家形成过程达到了它的顶点。帝国的中枢依然是主要的大王国所在的旧地，亦即以德里—华氏城—乌贾因为顶点的三角地域。征服战争把西北地区、羯陵迦和南方的一块飞地划入了帝国版图。对攫取商业财富——这些财富对帝国财政肯定具有极大价值——来说，对主要贸易路线和东部海岸的控制是至关重要的。

阿育王的伟大之处在于他能洞察到继续进行扩张战争将有害无益，它不再能为帝国带来大量利益，但却能阻碍帝国的巩固。要征服广大的内陆地区，阿育王将不得不继续面临大量血战。大约两千年后，奥朗则布极力想完成阿育王曾明智地避开的事业，结果使莫卧儿帝国在无休止的征服中崩溃。为了巩固自己的帝国，阿育王采用了革命性的方法。正像印度历史学家劳米拉·塔帕尔（Romila Thapar）强调的那样，他必须认识到这样一个庞大的帝国是不能仅仅建立在《政事论》一书所描绘的那种赤裸裸的权力政治基础上的，而必须具有某种比较深刻的合法性。因此，他采用正行学说作为他的政策指南。为了宣扬这种学说，他依靠当时方兴未艾的佛教团体提供的精神支柱。不过，他小心地避免将他的正行学说等同于佛教本身。他还在他的宗教政策中包容了婆罗门和生活派。

在经历摩揭陀早期统治者的肆无忌惮的权力政治时期后，印度的君主政治在阿育王时期获得了某种道德维度。不过，在他采用的手段中，他受到了考提利亚总结出来的治国传统的影响。他派驻在他的亲属随从——估计对他的权力的挑战将来自他们中间——中的"达摩大臣"只是在名称上不同于考提利亚的间谍而已。当然，这一点不应该有损于他的远见卓识的伟大。正是这种远见卓识使他极力为他的帝国统治寻求一种道义上的合法性。尽管如此，他的成功不仅仅是由于他的意识形态和他的军队及政府的强大，还由于印度中部和南部地区在他那个时代的相对落后。当这些地方在此后数个世纪的独立的国家形成过程中开始出现地区权力中心的时候，印度历史的道路就再次改变了，中世纪早期的大地区王国将应时而起。在那个时期，赋予印度教国王合法性的古老传统将获得复兴，而阿育王的伟大识见却将黯然失色。

孔雀帝国的终结和北方的入侵者

阿育王死后的孔雀帝国历史并无明确记载。只是在佛教经文、印度往世书和一些西方古典文献中才会碰到零星的记述，而这些记述又经常相互矛盾。阿育王的后继者中没有谁再发布过任何比较长篇的岩石敕令。或许，这些敕令的家长式口吻和在一年的某些时日要当众诵读这些敕令的上谕在人民中间招来了反感情绪。佛教经典坚持认为，帝国的衰败之象甚至在阿育王的晚年就已经显露出来了。不过，这种观点并没有得到普遍承认。比较偏远的行省可能在阿育王死后脱离了帝国而独立。例如，在阿育王死后，南方和羯陵迦就不再能找到孔雀帝国继续统治的证据了。或许，甚至连帝国在北方的核心地区也已被阿育王的儿孙们瓜分。其中的一位后继者达萨拉阇（Dasaratha）继承了阿育王的摩揭陀王位，而他是唯一一位我们知道其名字的继承者，因为他曾留下了一些在其他方面并不重要的石刻铭文。利用这些铭文，他为华氏城南边某个地方的生活派做了一些捐赠。

犍陀罗风格的佛陀雕像，塔赫特巴希

（白沙瓦附近），公元前 2 至 3 世纪（印度艺

术博物馆［柏林］提供）。

公元前 185 年，孔雀王朝的最后一位统治者布里哈达拉萨（Brihadratha）在检阅他的军队时被他的将军普什亚米特拉·巽伽（Pushyamitra Shunga）谋杀。而后，这位篡位者建立了巽伽王朝。该王朝持续了 112 年，但关于这个王朝的情况却鲜为人知。有关这个王朝的铭文从来都没有发现过。据说，普什亚米特拉是一个婆罗

门，他的执政标志着婆罗门对老早就开始受到从前统治者支持的佛教的反动。普什亚米特拉重新开始举办吠陀时代的马祭。这当然是同阿育王传统的决裂，后者已经完全禁止了动物献祭。

还有一些别的证据表明，印度国王们倾向于违反孔雀王朝设立的制度而恢复已被后者禁止的古老习俗。公元前 1 世纪，卡拉维拉（Kharavela）国王在邻近布巴内斯瓦尔的一篇铭文中声明，他已经恢复了在孔雀王朝统治下遭禁的音乐节日和舞蹈。的确，对孔雀王朝宗教政策的反动是出现了，但是这并不必然意味着像一些佛教文献所说的那样佛教受到了压制，而巽伽王朝则开始了一场婆罗门的反改革运动。一些佛教寺院，譬如一座在桑奇（Sanchi）的佛寺，在巽伽王朝治下还得到了修葺和扩建。在俱赏弥南面的巴尔胡特（Bharhut），他们甚至还主动修建了一座新的佛塔。巽伽时期的风格不同于孔雀王朝时期的风格，后者受到从前波斯风格的极大影响。民间艺术的古老成分和母神崇拜重新出现，它们的巽伽风格"更加印度化"，因而有时被当作第一种本地风格的印度艺术。

在攫取王位后，普什亚米特拉不得不立即抵御来自大夏的希腊入侵者。他们的到来是为了征服印度平原。普什亚米特拉阻止了他们的彻底入侵，但是东至马图拉的整个地区最终还是沦丧了。据说，他的儿子阿哥尼米特拉（Agnimitra）在继承王位前曾以副王的身份被派驻桑奇附近的韦底沙（Vidisha）。数个世纪后，大诗人卡梨达萨（Kalidasa）对此曾有所提及。公元前 2 世纪末年，代表安提阿尔西达斯王（KingAntialkidas）的希腊大使赫里奥多卢斯（Heliodorus）在十分邻近韦底沙的伯斯纳伽（Besnagar）竖起了一根高高的神鹰（Garuda）石柱。在刻写在这根石柱上的铭文中，赫里奥多卢斯自称是毗湿奴教薄伽梵派的信徒，他提到了一位名叫巴噶巴德拉（Bhagabhadra）的国王。这位国王看来是属于巽伽王朝的一位国王。因此，韦底沙可能仍然处在巽伽王朝的控制下，但该王朝显然已经失去了乌贾因，即那座位于伯斯纳伽西面约 100 英里处的古老省都。约在公元前 73 年，巽伽王朝的最后一位国王为一个女奴所谋杀。据说，正是这位国王的婆罗门大臣瓦苏德瓦（Vasudeva）策划了这次行动。

瓦苏德瓦在巽伽王朝后建立起来的短命的甘华（Kanva）王朝目睹了摩揭陀的彻底衰落，它衰退到了从前数个并立的大王国中的一个的地位。印度的政治中心转移到了西北地区。在那里，数个外来王朝竞争支配地位。公元前 28 年，甘华王朝的最后一位国王被崛起于印度中部的沙塔瓦哈那（Shatavahana，或安德拉）王朝的一位国王打败。这个事实不仅标志着摩揭陀在经历了五个世纪的帝国辉煌后的终结，也标志着持续了数世纪的中部和南部印度的崛起。

西北地区的希腊统治者

当孔雀帝国处在鼎盛时期的时候，它能挫败塞琉古王朝继承亚历山大印度遗产的企图。旃陀罗笈多曾在公元前 4 世纪击退了塞琉古·尼卡托。大约一个世纪后，同一王朝的安条克三世（Antiochos Ⅲ）征服印度平原的企图再次被挫败。但是，这与其说是由于印度有效的抵抗，还不如说是由于在大夏、波斯和中亚南部地区同时发生的重大叛乱。

公元前 250 年左右，阿尔萨克斯王（King Arsakes）时期的帕提亚人从塞琉古王朝的统治下独立出来。在与他们从前的主人和中亚游牧民族经过了长达一个世纪之久的苦战后，他们在西亚地区建立起霸权。直至他们约在公元 226 年的最后失败，他们一直是罗马人最危险的敌人。大致与阿尔萨克斯从塞琉古王朝统治下赢得独立的同时，大夏副王提奥多图斯（Diodotos）在做同样的事情，并建立了属于他自己的一个王国。但是，只有大夏的第三个希腊国王尤西德摩斯（Euthy-demos）能够在塞琉古国王安条克三世忙于他的印度战事时（前已述及）从他那里得到正式承认。

当尤西德摩斯的继承者们再次打算效仿亚历山大的榜样时，大夏希腊国王的历史就变成了印度历史的一部分。他们被称为"印度—希腊人"，而像这种曾控制过西北印度和阿富汗的国王和统治者大约有四十位。他们的历史，特别是公元前 1 世纪期间的历史，没有得到很好的记述。关于这些国王，我们只是从钱币上获悉了他们中的一些人的名字。在印度，只有两处铭文能让我们了解一些关于此类"印度—希腊人"的情况。在零星的印度文献中，他们被称为"亚瓦那人"（Yavanas）。不过，在欧洲文献中可以发现一些数量稀少但却很重要的记述。在这些遥远的前沿哨所，希腊政策的代表们仍劫后余生了一个多世纪，虽然他们受帕提亚人掌控的西方同胞惨遭失败。

在印度，印度-希腊人的历史是与他们的最卓著的国王米南德（Menander）的名字特别联系在一起的。他曾征服了北印度的很大一部分。这次印度之战是由德米特里奥斯王（King Demetrios）和他的兄弟阿坡罗多洛斯（Apollodoros）在他们的将军米南德的帮助下发动的。后来，米南德自立为王。历史学家们对下述问题一直争论不休：究竟是这三位军事首领在公元前 180 年之后的数年内联合征服了几乎整个北印度，还是这次征服分为两个阶段，其中第二阶段在第一阶段后又持续了三十年左右，并且是由米南德单独完成的？米南德还吞并了恒河—亚穆纳河河间平原的大部分地区，甚至可能远抵华氏城。大约一百五十年后，斯特拉波（Strabo）在他的《地理》一书中写道：

> 激起那个地方（大夏的）叛乱的希腊人凭借该地的富饶和有利条件变得如此强大，以至他们成了阿里安纳（Ariana）和印度的主人。他们的首领，特别是米南德，如果他确实跨过了海帕西斯河（Hypasis），向东方挺进，抵达了伊萨姆斯（Isamus）［即亚穆纳河］，征服的国家就比亚历山大还多。这些征服部分是由米南德完成的，部分是由尤西德摩斯的儿子、大夏人的国王德米特里厄斯（Demetrius）完成的。

根据英国历史学家 W. W. 塔恩（W. W. Tarn）的发现，德米特里奥斯（Demetrios）是在普什亚米特拉·巽伽刚刚夺取华氏城的政权后，大约于公元前 183 年穿越兴都库什山脉的。德米特里奥斯征服了犍陀罗和塔克希拉，并在塔克希拉附近的希尔卡普（Sirkap）建立了新都。他沿印度河而下，继续征战，直至夺取古老的港口帕塔拉（Patala），将其重新命名为德米特里阿斯（Demetrias）。然后，他的兄弟阿坡罗多洛斯继续向东，以便攻占古吉拉特的港口，特别是巴鲁卡查（Bharukacha）。这座港口后来以"婆卢羯车"（Barygaza）的名字为与它有着大量贸易关系的罗马人所知。

一位不知名的航海家在公元 1 世纪给我们留下的那部著名行记——《厄立特里亚海航行记》（Periplus of the Erythraean Sea）中报告说，他在婆卢羯车发现过阿坡罗多洛斯和米南德的钱币。人们推测在一段时间内这个港口掌握在希腊人手中。阿坡罗多洛斯向东发展，征服了瓜廖尔的周围地区，还可能征服了古老的省都乌贾因。在一场平行的进军中，当时还是德米特里奥斯王的将军的米南德深入恒河盆地，抵达华氏城。无论是否像塔恩认为的那样，他确实征服了这座都城并占据了一段时间，我们知道普什亚米特拉·巽伽最终还是打败了希腊人。

不过，比普什亚米特拉的抵抗更重要的是，大夏发生的一场叛乱终于迫使希腊人班师回朝。尤克拉提德斯（Eukratides），一位具有天才头脑的希腊冒险家，成功地在大夏夺取了权力。于是，德米特里奥斯任命阿坡罗多洛斯和米南德担任印度河地区和旁遮普的副王，而他自己匆匆赶回大夏。在那里，他死于内战当中。其时，尤克拉提德斯也打败了阿坡罗多洛斯，但米南德却能够守住他的比较靠近东方的领土。在随后几十年里，尤克拉提德斯及其后继者们开始受到来自帕提亚人的越来越大的压力。由于受到这种持续不断的战事的削弱，这个希腊王国最终在公元前 141 至 128 年间臣服于一个中亚部落——赛卡人（Shakas）部落。不过，在西北印度，印度—希腊人统治的时期又持续了一段时间，而且事实上，这是一个高度辉煌的时期。

最伟大的印度—希腊统治者无疑是米南德，他在佛教文献中被称为"弥兰陀"（Milinda）。他在位的时期尚有争论。塔恩认为在公元前 166 至 150 年间，印度历史学家纳拉因（A. K. Narain）倾向于公元前 155 至 130 年间。他是唯一一位在印度文献中受到纪念的印度—希腊统治者。著名的经典《弥兰陀王问经》

（Milindapanho）一书记载了弥兰陀王与和尚龙军（Nagasena）的对话，后者向他讲解佛教教义。这次对话由于米南德提出的问题的深刻而受到公正的赞誉，佛教徒认为它与他们的典籍具有同等的价值。虽然尚不能肯定米南德是否真的皈依了佛教，但他似乎对佛教具有浓厚的兴趣。他的一些钱币上铸有一种与佛教法轮类似的轮子。普卢塔克告诉我们，在米南德死后，他的骨灰被分发到他的王国的各个城市，然后在那里建立起盛放其骨灰的纪念物。这是一种与佛教习俗一致的纪念方式。

在米南德死后，他的巨大王国分裂为几个较小的王国。这些小王国存在了数代之久。它们的存续——与希腊政体毫无关系——是一个引人注目的历史事件。前面提及的赫里奥多卢斯石柱清楚地证明希腊人曾经统治过印度的核心地区。印度-希腊国家对印度历史进一步发展的政治影响微乎其微，但它们确实影响了其后接踵而来的外来入侵者。印度—希腊国家的最重要遗产是犍陀罗艺术。这种艺术体现了希腊、罗马和印度特征的某种融合。这一点反映在佛陀的肖像上。而后，这种佛像艺术从印度传播到了亚洲其他各地。

印度—希腊人的另一种在历史学家看来十分重要的贡献是他们高度发达的铸币工艺。一方面孔雀帝国只是生产出了简单的穿孔硬币，另一方面，甚至连印度—希腊人的弹丸小国都发行了精美绝伦的铸有各自图案的硬币。印度历史上还没有哪个时期比印度—希腊人的这个为时相对短暂的时期铸造了更多琳琅满目的硬币。这种铸币样式为后世王朝所效法，为古代印度的所有铸币设立了典范。只是在贵霜王朝采用了罗马人的铸币重量标准时才稍微出现了一些改动，而此后的笈多王朝又引进了一种印度标准。对历史学家来说，这种新资料往往会更加可靠，至少在确认统治者的身份和时期方面要比铭文和典籍可靠。对印度—希腊国王来说，这种铸币不只是一种展现他们的重要性的工具，还是一种培育区域和跨区域贸易——这种贸易对维持他们的统治来说极其重要——的切实可行的手段。赛卡王朝和贵霜王朝成为印度—希腊人在北印度的继承者，他们沿用了他们的先驱的那种将统治和商业结合起来的做法。

赛卡王朝：来自中亚的新入侵者

在公元前 1000 年代的最后几个世纪中，西北印度再次受到来自中亚的新移民浪潮的冲击。在大夏，几个部落在公元前 2 世纪发生冲突，并且被相互推向南方的肥沃低地地区。这次迁徙开始于公元前 170 年左右的中亚东部地区。当时，游牧的匈奴人击败了正在西迁的月氏人。在那里，月氏人碰到了第三个游牧部落——赛王（Sai Wang）或赛卡人（Shakas），他们也在依次向西迁移。根据中国人的记载，一些赛卡人直接越过群山，进入印度河平原，而其他赛卡人侵入大夏和伊朗东部。和他们的亲族赛西亚人一起，他们变成了帕提亚人帝国的主要威胁，两位帕提亚统治者在与他们的战斗中丧生。不过，在米斯丽达特斯二世统治时期（Mithridates Ⅱ，公元前 123—88 年），赛卡人似乎承认了帕提亚人的宗主权，他们中的一些人定居在现在阿富汗南部的萨卡斯坦（Sakastan，即锡斯坦［Sistan］）。在那里，他们同赛西亚人和本地帕提亚贵族通婚。其他赛卡部族看来成了印度的征服者，他们在那里支配印度西北地区的政治舞台几乎长达一个世纪之久。

印度的第一个赛卡人国王是马维斯（Maues）。对他的统治时期至今尚存在着种种推测，从公元前 94 年一直到公元 22 年。在他和他的继承者阿泽斯一世（Azes Ⅰ）的统治下，赛卡王朝建立起一个囊括西北地区和印度中部部分地区的庞大的印度帝国，从犍陀罗一直延伸到马图拉和乌贾因，并一路抵达萨乌拉什特拉（Saurashtra）沿岸。赛卡人扫平了诸印度-希腊王国，不过基本上采用了他们的文化。对这种文化，他们在大夏已十分稔熟。赛卡人国王将伊朗人的头衔"王中之王"译为希腊语（basileus basileon），使用希腊人的月份名称，发行印度—希腊风格的铸币。

后世的一本耆那教文献《卡拉卡大师行传》（Kalakacharyakathanaka）提到卡拉卡曾从乌贾因前去赛卡人的国家。在那里，国王称为"沙锡"（Shahi），最强大的国王称为"沙哈努—沙锡"（Shahanu Shahi）。卡拉卡寄居在一位沙锡那里，而当这位沙锡和其他 95 位沙锡惹恼了沙哈努-沙锡时，他劝说他们前往印度。他们首先来到萨乌拉什特拉，不过在秋季，他们又赶到了乌贾因，并征服了那座城市。沙锡成为那个地区的至高无上的君王，从而形成了赛卡国王统治的王朝。但过了一段时间，马尔瓦国王超日王（Vikramaditya）发动起义，并推翻了赛卡王朝，成为那里至高无上的国王。他开启了一个新纪元。135 年后，另一位赛卡国王消灭了超日王王朝，开启了另一个新纪元。

尽管关于这两个印度纪元——始于公元前 58 年的毗讫罗摩纪元和更重要的始于公元 78 年的赛卡纪元（为独立后的印度政府正式采用）——的起源有着这样的故事，历史学家对此问题依然争论不休。他们一般同意并不存在所谓的马尔瓦的超日王。人们现在相信毗讫罗摩纪元是同赛卡国王阿泽斯一世联系在一起的。据推测，赛卡纪元的元年与贵霜大帝迦腻色迦（Kanishka）的登基之日重合。不过，关于迦腻色迦的统治时期还尚有争论。

在其他方面，耆那教文献似乎相当准确地反映了赛卡人统治时期的局势。赛卡人的政治体系显然是一种酋长联盟。这些酋长都拥有波斯头衔"沙锡"。文献中提到有 95 位沙锡。印度和波斯的头衔是"大王"（maharaja）和"王中之王"（shahanu shahi 或梵文的 rajatiraja）。赛卡人采用的这些头衔可能反映了他们的真实地位，而不是代表了他们自我标榜的形象。他们作为部落联盟的首领是领班（primus inter pares），而各部落的酋长拥有"沙锡"的称号。这样，由模仿波斯和希腊先驱的赛卡人引入印度的那个自我吹嘘的称号"王中之王"并非意味着一种极权观念，而是意味着许多相对自治的小国王的存在。不过，赛卡诸王也任命过称为"克沙特拉帕"（Kshatrapas）和"马哈克沙特拉帕"（Mahakshatrapas，如同波斯人的萨塔拉普斯）的省督，尽管并不十分清楚他们是如何被纳入部落联盟模式的。或许，他们中的某些人——特别是马哈克沙特拉帕——是王室成员，但也可能是本地的印度统治者，并以这种方式融入其中。这样一种克沙特拉帕网络可能是用来对抗过分强大的部落酋长的。

在公元前的最后几十年中，赛卡帝国确凿无疑地显露出衰败的迹象，而各地省督们变得更加强大。阿泽斯二世（Azes Ⅱ）是西北地区最后一个伟大的赛卡人国王。大约在公元26年，赛卡王朝被冈多伐尼斯王（King Gondopharnes）建立的短命的印度-帕提亚人王朝（这个王朝维持到公元46年）取代。他似乎是阿富汗南部阿拉霍西亚（Arachosia）的一位省督。尽管他成功地征服了赛卡人领地的中心地区，马图拉四周的东部地区似乎还不在他的王国之内，因为这个地区的本地赛卡人克沙特拉帕们已经独立。萨乌拉什特拉同样如此，独立的赛卡人克沙特拉帕们依然统治着那里，直至笈多帝国时期。

冈多伐尼斯以“印度之王”（Gunduphar）的名字出现在公元3世纪的基督教文献中。据说，在他的法庭上，圣托马斯不仅幸免于难，还引导许多人皈依了基督教。根据公元3世纪有关圣托马斯的基督教资料（《圣托马斯行传》），这位圣人后来进入喀拉拉地区，并最终作为殉道者殁于马德拉斯附近。关于圣托马斯的这些在南方的行动并没有良好的历史记载，但基督教与冈多伐尼斯的早期联系却是无可置疑的。在他的名字的进一步演变中，冈多伐尼斯变成了“卡斯帕尔”（“Kaspar”），成为在基督教传统中发挥了重要作用的三位东方国王中的一个。

贵霜帝国：短命的亚洲复合体

当公元1世纪早期印度—帕提亚人、赛卡人和印度—希腊人余部还在印度相互征伐的时候，新的入侵者已经踏上征途。贵霜王朝统治下的月氏人从中亚南下，在一次重大的征服战中扫除了西北印度所有以前的王朝。他们建立了一个西起中亚、东至恒河盆地东部的帝国。前面已经说过，他们曾经在中亚遭遇赛卡人，并成功地取而代之。匈奴，他们的宿敌，并没有让月氏人占领他们从赛卡人手中夺取的土地，而是把他们逼向了西方。这样，他们只是比赛卡人出现在大夏晚了几十年。他们在公元前2世纪晚期占领了这个地区。在大夏，他们似乎改变了他们从前的游牧生活方式，定居在五个由酋长（yabgu）管理的大部落区中。

在基督出生前后，贵霜部落的雅布谷（yabgu）库扎拉·卡得菲西斯（Kujala

Kadphises）征服了其他四个雅布谷，建立了第一个贵霜王国。这个王国进一步发展的历史记载在同时代中国汉王朝在公元 5 世纪撰写的编年史中。这些编年史告诉我们，卡得菲西斯在统一了五个邦国后攻打帕提亚人，跨过兴都库什山脉，征服了犍陀罗和吉频（Kipin，即克什米尔）。史书中记载，当他于 80 岁去世后，他的儿子韦玛·卡得菲西斯（Vima Kadphises）继续进军征服印度。在那里，他任命了一位副王。最近，钱币学研究已经证实了这些说法。卡得菲西斯一世的一些钱币已被发现，这些钱币的一面铸有喀布尔谷地最后一位希腊统治者的名字"赫尔麦奥斯"（Hermaios），另一面是他自己的名字，"库扎拉·卡达，责霜之王"（Kujala Kada, Prince Of the Kushanas）。由于后来卡得菲西斯一世的钱币上不再称其为雅布谷，而是称为王（maharaja），历史学家们推想卡得菲西斯在较早时候曾承认赫尔麦奥斯的宗主权，直至帕提亚人或卡得菲西斯自己打败这位君主为止。

贵霜的金币。正面：身着中亚服饰的迦腻色迦；反面：佛陀（"Buddo"），希腊文字，约公元 100 年（大英博物馆提供）。

卡得菲西斯一世之后是一位"无名"国王。我们只是从他发行的钱币上知道他被称为"soter mages"（大救世主）。1993 年，在阿富汗北部的拉巴塔克（Rabatak）发现了一处十分重要的迦腻色迦的石刻铭文，上面明确记有早期贵霜统治者的世系。卡得菲西斯之后是韦玛·塔克陀（Vima Takto）、韦玛·卡得菲西斯二世和迦腻色迦。据此，韦玛·塔克陀就是那位当时还没有找到其名字的国王。马特

（Mat）/马图拉的石碑雕刻上还留有不完整的铭文"韦玛·塔克"（Vima Tak），看来就是韦玛。韦玛·塔克陀和卡得菲西斯二世继承卡得菲西斯一世制定的侵略政策，征服了北印度远至马图拉甚或瓦腊纳西的地区。卡得菲西斯二世改变了当时还在使用的印度-希腊人的钱币重量标准，转而采用罗马人的先例。铸造这些钱币所用的黄金似乎是通过熔化罗马铸币（aurei）得到的。自公元前1世纪希腊航海家西帕洛斯（Hippalos）发现阿拉伯海上的迅捷季风航路后，这些罗马铸币就越来越多地流进了印度。贵霜铸币的质量如此之高，以至一些历史学家相信它们是由服役于贵霜国王的罗马铸币师铸造的。

虽然卡得菲西斯一世看来倾向于佛教——他在他的铸币上自称"笃行正行"（dharma thita），卡得菲西斯二世却似乎信奉印度教的湿婆神。在这个时代还有另外一些贵霜统治者。铭文和铸币上提到了那些国王，却没有说出他们的名字。例如，在塔克希拉发现了一位国王的铭文，上面记载的明显夸大其词的头衔是"大王，王中之王，神子，贵霜"（maharaja rajatiraja devaputra Kushana）。其他铸币上用希腊语写着"王中之王，大救世主"（basileus basileon soter mages）。据推测，其中的一些铭文和铸币是"无名"王即韦玛·塔克陀或卡得菲西斯一世任命的印度副王下令铸造的，后者在中国人的编年史中有所提及。贵霜王朝采用的这些头衔表明他们极力想把他们对各种小国王和王子的统治合法化。"大王"（maharaja）是一个古老的印度头衔，"王中之王"（rajatiraja）起源于波斯，并已被赛卡人采用，但"神子"（devaputra）却是一个新头衔。或许，它反映了贵霜人对中国"天子"称谓的理解。希腊头衔"basileus"和"soter"经常被印度西北地区的印度-希腊国王使用。

韦玛·卡得菲西斯二世之后由贵霜诸王中最伟大的一位统治者——迦腻色迦继承王位。最早关于迦腻色迦的记载是在贵霜帝国的东部——恒河-亚穆纳河河间地区发现的，这个地区可能处在相当独立的副王们的控制下。在他于继位后的第二和第三年发布的两处铭文（发现于东方的俱赏弥和鹿野苑）中，他仅仅自称为"迦腻色迦大王"（Maharaja Kanishka）。然而，在他统治的第七年发布的一道铭文（发现于马图拉）中，他给自己的头衔是"大王，王中之王，神子，沙锡"，这个称呼在他统治的第十一年发布的铭文（发现于印度河谷中部）中继续使用。所有这一切表明，迦腻色迦首先在东部地区执掌权力，而在夺取了可能在马图拉的帝国中心后，他采用了其前辈的全部称号。

迦腻色迦帝国的广袤幅员是不可能加以充分勾勒的。它可能西起乌浒河（Oxus），东至华氏城，北起克什米尔，经马尔瓦，南抵古吉拉特海岸。关于他对中亚的控制情况我们知之不多，但文献中提到公元90年，一支贵霜军队为中国将军班超败于和阗（Khotan），那里已经发现了所有早期贵霜诸王的钱币。贵霜诸王打算控制连接印度和罗马的贸易路线，也就是那些可使这种贸易绕过帕提亚人路线的陆路和海路。这种贸易肯定让贵霜王朝获利甚丰。普林尼（Ⅵ，10）在当时哀叹道："没有一年印度不吸收至少5000万的塞斯特斯［罗马铸币］的。"然而，尽管整个南亚次大陆上的68处罗马铸币遗址中有57处是在南印度发现的，在贵霜帝国境内却并无任何这方面的发现。这肯定是因为贵霜王朝的政策是熔化罗马钱币并加以重新铸造。当罗马银币在尼禄的统治下于公元63年贬值之后，黄金成为罗马与印度贸易的最重要的交易中介，而这肯定大大有助于贵霜帝国财富和权力的增长。

迦腻色迦的声望并非仅仅是由于他在军事和政治上的成功，还因为他在精神方面的美德。佛教徒把他与阿育王、米南德和哈尔沙（Harsha）并列为伟大的印度佛家统治者。白沙瓦附近的大佛塔被评为是他对佛教纪念建筑的最重大的贡献。几个中国朝圣者给我们留下了关于这座佛塔的描述，声称这座佛塔高约600英尺。当考古学家们在20世纪初发掘这座佛塔的塔基后，他们发现它的直径有286英尺长。因此，它肯定是古代世界最伟大的奇迹之一。据信，迦腻色迦还在克什米尔召集过一次佛教结集大会，这次大会促进了大乘佛教的发展。对印度艺术的发展来说很重要的一点是，迦腻色迦不仅支持受希腊影响的犍陀罗派佛教艺术的发展，还为树立印度艺术典范的马图拉派艺术提供了庇护。这个流派创造了著名的迦腻色迦雕像，但不幸的是，这个雕像只有躯干部分残存了下来。雕像中的服饰呈现出典型的中亚风格。

迦腻色迦的宗教政策反映在传说和他的铸币肖像中。他的幅员辽阔的帝国包括了如此众多的文化和宗教传统，使得只有一种宗教上的兼容并蓄才能公正地对待这种丰富的遗产。因此，迦腻色迦的钱币上铸有印度教、佛教、希腊、波斯，甚至苏美尔-埃兰的神像。就他个人而言，迦腻色迦似乎倾向于佛教，但也倾向于波斯的太阳神崇拜。1958 年发现于大夏苏尔科-科塔尔（Surkh-Kotal）的一处铭文坚称，当他于在位的第 31 年去世时，他自己变得认同于波斯的太阳神。这可能是波斯太阳神的崇奉者为他们的教派争取这位伟大皇帝留下的宗教遗产而做的一种尝试。迦腻色迦的兼容并蓄让我们想起了以前的阿育王和后来的阿克巴。印度的那些着眼于长期掌控权柄的伟大帝王一定会努力调和他们的广袤疆域内的各种宗教观念，以实现国内的和平和团结。

迦腻色迦遗产的另一个重要部分是引进了一种影响了印度、中亚和东南亚的历史纪年的新纪元。在他承袭王位后的 98 年中，迦腻色迦及其后继者的铭文就是根据这个新纪元来确定日期的。不过，确定这个新纪元的日期是一个棘手的问题，历史学家们对此尚未取得一致意见。几届国际贵霜（问题）研讨会——1913 和 1960 年在伦敦，1968 年在苏联中亚地区的杜尚别，1996 年在维也纳——都未能解决在这方面的争论。1913 年，人们倾向于将这个纪元的开端等同于毗讫罗摩纪元。这样，迦腻色迦是在公元前 58 年登基的。然后，人们又开始倾向于将其等同于始于公元 78 年的赛卡纪元。但最近几十年来，又出现了另一个思想流派，该流派认为迦腻色迦纪元肯定是开始于公元 120 至 144 年间的某个时候。

胡维什卡（Huvishka）何时和如何继承了迦腻色迦的王位至今尚不清楚。分别在马图拉和桑奇发现了迦腻色迦二十四年和二十八年的两处铭文，其中提到了一个称为瓦西施卡（Vashishka）的统治者。在位于旁遮普西北地区的阿拉（Ara）发现了另一处称为迦腻色迦的国王在位四十一年时的铭文。从迦腻色迦二十八年至六十年，存在着大量胡维什卡铭文。由于瓦西施卡没有发行自己的硬币，人们猜测他是和（他的兄弟？）胡维什卡共治天下。发布阿拉铭文的那个迦腻色迦肯定是另一个迦腻色迦。这也为下列事实所证实：他提到他父亲的名字是瓦西施卡。在一些年里，他可能和（他的叔叔？）胡维什卡共享治权。在这些统治者的治理下，贵霜帝国好像维持了第一个迦腻色迦建立起来的疆界。这为在大夏的苏尔科-科塔尔发现的迦腻色迦三十一年的一处铭文和在喀布尔附近瓦尔达克（Wardak）寺庙发现的迦腻色迦五十一年的另一处铭文所证实，后者提到了"大王和王中之王胡维什卡"（Maharaja Rajatiraja Huvishika）。

在印度历史上，迦腻色迦二世的阿拉铭文是独一无二的，因为在这篇铭文中，他将罗马头衔"恺撒"（Kaisara）加入了通常的头衔"大王、王中之王、神子"当中。他可能是在罗马人战胜了他们的共同敌人——帕提亚人之后这样做的。这次胜利是图拉真在公元114至117年间取得的，此后一段时间内美索不达米亚和亚述变成了罗马的行省。图拉真亲自跨过底格里斯河，到达了波斯湾。据说，当他在那里看到一艘船正要驶往印度时，他想起了亚历山大的战争，大声慨叹道："呜呼，如吾尚在壮年，唯进军印度而已，岂有他想哉。"正像迪昂·卡修斯（DionCassius）在他的《罗马史》一书中记载的那样，图拉真对印度已耳闻甚多，因为他曾经接见过许多来自"野蛮人""特别是印度人"的使者。那些建议把公元78年作为迦腻色迦纪年元年的人将在图拉真之战和迦腻色迦二世采用"恺撒"称号的巧合中找到证据。于是，阿拉铭文（迦腻色迦四十一年）的日期应该是公元119年。在那时，罗马皇帝的成功肯定在印度人的头脑中还记忆犹新。

当贵霜王朝的势力在北印度如日中天时，统治区域在古吉拉特的萨乌拉什特拉和印度中西部的马尔瓦（包括乌贾因）之间的赛卡人一部再度崛起。他们沿用其古老的赛卡人头衔"克沙特拉帕"（Kshatrapa），可能最初还承认了贵霜的宗主权，直到公元2世纪他们在国王卢德拉达曼（Rudradaman）的率领下获得地区霸主地位为止。同北方的贵霜王朝和南方的沙塔瓦哈那王朝一道，他们并列为那个时候印度历史上的三大强权。

卢德拉达曼的闻名是由于他那著名的首次使用梵文的朱纳迦德（Junagadh）岩石铭文（阿育王的铭文是用摩揭陀语书写的，而后来的铭文是用普拉克利特语书写的）。在这篇铭文中，卢德拉达曼告诉我们，一个大蓄水池的堤岸在赛卡七十二年（公元150年）被一场暴雨冲垮。按照他的说法，这个蓄水池最初是在旃陀罗笈多·毛利亚时期由一个叫普什雅古毗闼（Pushyagupta）的省督（rashtriya）修建的，后来在阿育王（AshokaMaurya）时期又由一位亚瓦那人君主（Yavanaraja）图刹斯伐（Tushaspha）修建了一条与之相连的水渠（pranali）。这可能说明一位亚瓦那人国王曾在阿育王手下充任总督（尽管他的名字"图刹斯伐"似乎是来自波斯，而非来自希腊）。然后，卢德拉达曼进一步讲述他自己对沙塔瓦哈那诸王以及德里附近的亚乌德哈斯（Yaudehas）部落的胜利。其中还特别提到了卢德拉达曼的北方战役，这被做了多种不同的解读：那些支持迦腻色迦纪年始于公元78年的人说贵霜帝国肯定在他死后就迅速衰落了；那些主张迦腻色迦在稍后一个时候登基的人断言卢德拉达曼不可能在贵霜王朝牢牢控制着北印度的时候进行这场战役。

最后一位伟大的贵霜皇帝是瓦苏德瓦，他的铭文涵盖的时期为迦腻色迦六十七年至九十八年。他是第一个采用印度名字的贵霜统治者，这表明贵霜人与本地人的逐步融合。贵霜人的硬币上也越来越多地印有印度神像。在瓦苏德瓦之后还有一些贵霜统治者，但我们对他们知之甚少。他们没有留下任何铭文，只留下了一些硬币。还有，关于迦腻色迦纪年的那个棘手问题还不允许我们将关于贵霜时代印度的外国记载（如中国和罗马在这方面的记载）同可以确定的贵霜统治者联系起来。

在中亚和阿富汗，贵霜王朝的支配地位看来维持到了公元3世纪早期。在这些地区，他们的统治只是当萨珊王朝的创建者阿达希尔（Ardashir）在公元226年左右征服帕提亚王朝并随后调转矛头指向贵霜王朝时才宣告结束。据信，阿达希尔一世和他的继承者沙普尔一世（Shahpur I）是整个大夏和贵霜在中亚的残余领地的征服者。他们的省督拥有"贵霜-沙"的头衔。在喀布尔谷地，本地贵霜王公在公元5世纪依然存在。在印度西北地区，一些贵霜统治者在他们帝国的西部中心衰落后也得以苟延残喘。著名的笈多皇帝沙摩陀罗笈多（Samudragupta，约335—375年）在阿拉哈巴德的铭文，反映了对贵霜王朝往昔辉煌的淡漠记忆：在众多承认沙摩陀罗笈多权力的统治者中，他还列出了黛瓦普特拉斯（Daivaputras）、沙锡（Shahi）和沙哈努沙锡斯（Shahanushahis）。他们显然是伟大的迦腻色迦的后裔。

"黑暗时代"的辉煌

介于第一个伟大的印度帝国——孔雀帝国衰落和伟大的笈多帝国形成之间的五个世纪，经常被描绘为印度历史上的一个黑暗时期。在这个时期，外来王朝之间彼此征战不休，争夺对北印度的短命而无常的霸权。除了堪与汉时的中华帝国、波斯的帕提亚帝国和同时代的罗马帝国比肩的迦腻色迦的印度—中亚帝国外，这个时期确实缺少大帝国的辉煌景象。不过，这个"黑暗时期"，特别是公元后的最初两个世纪，却是一个欧亚大陆上各地区之间经济和文化交往十分密切的时期。在促进这些交往方面，印度扮演了一个十分积极的角色。自阿育王时期以来就受到印度统治者们扶持的佛教，极大地受惠于印度-希腊人和贵霜人的国际联系，并从而在中亚兴盛起来。在这个时期，南印度开始和西方、东南亚建立起重要联系。这些联系，特别是与东南亚的联系，证明对印度历史的未来进程是极其重要的。

不过，印度本身在这个时期也经历了一些重要的社会和文化变迁。几个世纪以来，佛教一直受到王室的庇荫。其部分原因在于外来统治者发现佛教比受到种姓制羁绊的正统的印度教更易为人接受。吠陀派婆罗门被这种历史发展过程抛到了幕后，尽管印度教本身并没有衰落。相反，围绕着湿婆神、克里希纳神和毗湿奴——财天神——这些神在较早时代所扮演的角色微不足道——形成了一些新的民众崇拜。在王室宫廷和城市中占支配地位的佛教与仍由各地的众多婆罗门家庭为代表的正统婆罗门教之间的竞争，使得这些新的崇拜有足够的空间获得他们自己的立足点。对印度教的进一步发展来说，特别是对印度教的王权观念来说，极其重要的一点是贵霜统治者们和某些印度教神祇的认同——人们实际上相信他们在死后就完全与各个宗教上的合法化对这些外来统治者要比对其他印度国王具有更大的重要性。米南德的骨灰根据佛教的方式被加以分发，迦腻色迦认同于波斯太阳神，而韦玛·卡得菲西斯和胡维什卡正像他们的铸币表明的那样与湿婆神比较接近。胡维什卡的铸币就像一种定期发行的年鉴一样，使我们能够悉知早期湿婆崇拜中的偶像谱系。这样，盛行于罗马和希腊世界以及伊朗人中间的对统治者的神化就传到了印度，并影响了印度教君主制的未来发展。

对印度未来政治发展极其重要的另一个方面是赛卡和贵霜帝国的组织。它们不像孔雀帝国那样实行中央集权，而是以大规模的吸收地方统治者为基础。在随后的数世纪中，印度的许多地区帝国都是按这种模式组织的。

当然，"黑暗时代"最著名的贡献是在印度艺术方面。在早期深受伊朗风格影响的孔雀王朝雕刻之后，一种新的印度风格首次出现在巽伽及其后继者们于巴尔胡特和桑奇修建的佛教纪念碑中。特别是，这些纪念碑表现出了一种新的浮雕风格。带有希腊—罗马风格的犍陀罗派艺术与含有"古老的"印度要素并从而成为印度—贵霜艺术核心的马图拉派艺术的融合，最终导致了鹿野苑派艺术的兴起。这个流派随后成为古典笈多风格的典范。

不大有名但对印度教社会的未来发展却远为重要得多的是权威的印度教律书（dharmashastra）的编纂，其中最著名的是大约问世于公元2或3世纪的《摩奴法论》（Code of Manu）。在孔雀帝国和巽伽帝国崩溃后，一定是出现了一个不稳定的时期，从而导致人们再次对传统社会规范发生兴趣。于是，这些社会规范被编纂成书，以便在未来任何时候都能遵行无误。如果我们再考虑到梵文的崛起（公元2世纪卢德拉达曼的著名岩石铭文表明了这一点），我们将看到这个"黑暗时代"事实上包含了笈多时代古典文化的所有要素。这样，备受诟病的"黑暗时代"实际上乃是古典时代的先驱。

笈多王朝的古典时代

正像数世纪前的孔雀王朝那样，帝国主义的笈多王朝对印度历史产生了一种永恒的影响。在沙摩陀罗笈多的阿拉哈巴德铭文中，这个王朝的第一位伟大统治者声称某位室利·笈多（Shri Gupta）大王和某位迦多铎卡伽（（Ghatotkacha）是他的祖先。然而，除了这些名字，其他所有笈多铭文中就再也没有提到别的什么东西，发现的铸币上也都没有他们的名字。他们可能是阿拉哈巴德或瓦腊纳西附近的地方王公。据《往世书》记载，早期的笈多王朝控制着恒河沿岸从钵罗耶伽（Prayag，即阿拉哈巴德）到摩揭陀的地区。不过，华氏城和摩揭陀的中心自然没有在他们的控制范围之内。

笈多王朝是随着旃陀罗笈多一世（320—约335年）进入历史的中心舞台的。他娶了梨车族（Licchavi）的一位公主。这次联姻一定大大促进了笈多王朝的兴起，因为梨车是一个很强大的部族，它自佛陀时代以来就一直控制着比哈尔北部的大部分地区。旃陀罗笈多铸币的正面印有这位国王和他的王后库玛拉黛韦（Kumaradevi），而反面印有一位端坐在一头狮子上的女神，并附有图例："梨车族"。沙摩陀罗笈多也认识到了这种联系的重要性，因而在著名的阿拉哈巴德铭文中，他自称是"梨车族女儿的儿子"，而非"笈多的儿子"。旃陀罗笈多在公元320年行加冕礼后引进了一种新年号，他还采用了"诸大王之尊"（maharaja-adhiraja）的称号。

旃陀罗笈多之子沙摩陀罗笈多（约335—375年）作为印度历史上最伟大的征服者之一赢得了声誉。这主要是由于下述事实：他那刻写在一根旧阿育王石柱上的著名的阿拉哈巴德铭文经受住了岁月的侵蚀，从而使关于他的辉煌事迹的描述保存了下来。这篇没有著明日期的铭文可能最初位于俱赏弥。它里面列出了所有臣服于沙摩陀罗笈多的国王和邦国。这个名单上的名字只有一半能够确认，但其余的名字却为我们提供了一幅关于沙摩陀罗笈多的征服和吞并政策的清晰图画。在"雅利安人土地"（aryavarta）上，他根除了（unmulya）位于东方的西孟加拉、西方的马图拉和西南方的韦底沙之间的众多国王和王子，吞并了他们的领土。位于恒河以北的古老的般庶王国和在贵霜王朝衰落后兴起于马图拉到韦底沙之间地区的众多纳迦（Naga，意为"蛇"）王朝就这样被消灭了。对华氏城的征服也是在这初次大战中完成的。

沙摩陀罗笈多发动的最著名的战役是针对南印度的战役。在那个时候，总共有12位南方国王和王公（dakshinapatha）出现在他的臣服者名单中。其中许多臣服者只是由于出现在这个名单中才为人所知。这样，这份名单就构成了关于南印度早期历史的最珍贵的文献之一。在南拘萨罗（Dakshina Koshala），他打败了马亨德拉国王（King Mahendra），而后他穿越大森林地区（位于奥里萨西部的卡拉罕迪 [Kala-handi] 和考拉普特 [Koraput] 县），以便抵达羯陵迦海岸。在这个地区，他打败了四个统治者，其中就有高达瓦里河三角洲上的毗什塔普拉国（Pishtapura）国王马亨德拉和文耆（Vengi）国王哈斯提瓦尔曼（Hastivarman）。他在南方的最后一次重大成功是打败了坎奇普拉姆（Kanchipuram）的维什奴高帕（Vishnugopa）。该铭文声称沙摩陀罗笈多"打败了、释放了"所有这些国王，并让他们"复位"，以此表明他的无上仁慈。不过，这可能只是出现在中世纪早期印度国王们征战中的一种典型的委婉说法。这些国王对征服本身比对吞并他们无论如何也无法控制的遥远的领土更感兴趣。据此，我们可以推断，当沙摩陀罗笈多返回北方——在那里，他举行了盛大的马祭仪式（ashvamedha）以庆祝他那帝国主义的征服活动（digvijaya）——后，这些南方国王就能安然统治他们的领地了。在这种场合下，他发行了金币，正面印有用于献祭的马匹，反面印有他的皇后。这些金币印有下述图例："在征服尘世之后，神勇无比的王中之王将征服天国。"他的孙子鸠摩罗笈多（Kumaragupta）在数十年后赞颂他为已被人如此长期地遗忘和忽略的马祭的伟大恢复者。这表明笈多王朝有意识地努力恢复古老的印度教王制。

阿拉哈巴德铭文中还列有 14 个王国和部落，它们的统治者被称为"边境王"

（pratyanta-nripati）。这些统治者向沙摩陀罗笈多交纳贡赋（kara），甘愿服从他的命令（ajna），还通过朝觐来表示他们的顺从（pramana）。这份名单包括了萨马塔闼（Samatata，位于孟加拉东南部）、卡马卢帕（Kamarupa，位于阿萨姆）、尼泊尔以及位于拉贾斯坦东部和中央邦北部的各部落酋长国（如马尔瓦斯［Malwas］、阿比拉斯［Abhiras］和亚乌德哈斯［Yaudehas］）。此外，（铭文中）还提到了一些丛林地带的酋长（atavikaraja）。沙摩陀罗笈多让他们成为他的仆人（paricaraka）。这些丛林地区的酋长可能生活在温迪亚山脉中。后来的铭文也提到在这个地区存在着 18 个这样的"森林之国"。该铭文中列出的另一群国王是那些生活在边境诸王领地之外的独立统治者。贵霜诸王（前章提到的黛瓦普特拉斯、沙锡和沙哈努沙锡斯）、赛卡诸王、姆仑达（Murundas）以及僧伽罗（Simhala，即斯里兰卡）和"诸岛"上的居民都属此列。铭文中记载，这些独立的统治者向沙摩陀罗笈多的宫廷派遣使者，供奉妻妾，请求他颁发盖有帝国"嘉璐达印信"（Garuda Seal）的特许状。这种特许状是对他们在其各自领地拥有的合法头衔的批准书。

只是在经过长期的斗争后，沙摩陀罗笈多的后继者才征服了印度西部的赛卡王朝或克沙特拉帕王朝（Kshatrapas）。位于印度西北、犍陀罗和阿富汗的贵霜王朝当然在沙摩陀罗笈多的势力范围之外，但他们肯定乐于同他保持良好的外交关系。在这种背景下提到斯里兰卡和诸岛居民似乎是相当奇怪的，但庆幸的是，一些中国文献确实证明斯里兰卡和沙摩陀罗笈多保持着联系。根据一份中国人的报告，斯里兰卡的国王梅伽瓦那（Meghavanna）曾请求沙摩陀罗笈多允许在菩提迦耶（Bodh Gaya）为前去朝拜的佛教徒修建一座寺庙和一处驿馆。为此目的，梅伽瓦那肯定曾派遣一名使者带着礼物前去朝见沙摩陀罗笈多。对使者带来的礼物，沙摩陀罗笈多认为是一种贡赋，就像中国皇帝在类似情形下也会做此猜想一样。在对实际的政治控制的实施没有任何影响的情况下，外交关系就是以这种方式建立起来的。

笈多帝国的结构

从一开始，笈多帝国就显示了一种即便在其大肆扩张时也还保持着的结构。这种结构成为印度所有中世纪王国的蓝本。帝国的中心是沙摩陀罗笈多在两次毁灭性的战争（prasabha-ddharana，即"暴力清除"）中根除了所有从前的统治者后占有的一块核心地区。这块地区处在皇帝官员的直接管辖之下。在这个地区以外生活着诸边境王，其中一些边境王甚至在被他们的某些对手征服后又被沙摩陀罗笈多恢复了王位。这些边境王交纳贡赋，还被迫朝觐沙摩陀罗笈多的宫廷。与中世纪欧洲的附庸不同，他们显然没有被强迫在战时参加沙摩陀罗笈多的军队。这样，他们就不是真正的附庸，而至多是纳贡的王公。在此后的数世纪中，这些纳贡的邻国被称为"萨蒙塔"（Samantas），在帝国宫廷中升至很高的职位，从而与封建附庸的理想类型变得十分接近。

在诸边境王的领地和帝国核心地区之间存在着一些地区，居住在那里的部落几乎从未驯服过。当然，沙摩陀罗笈多宣称他已把所有森林中的统治者变成了他的臣仆，但他可能无法期待从他们那里取得任何贡赋。至多，他可以阻止他们破坏核心地区人民生活的安定。在森林中的统治者和纳贡诸王之外是独立君王们的领地，他们至多与笈多王朝保持着外交上的联系。在进一步的发展过程中，笈多帝国的几个地区（如孟加拉的普恩德拉瓦达纳［Pundravardhana］和占据古老都城乌贾因的阿槃提）成为强大的中心。因此，一些历史学家更喜欢把笈多国家看作是一种多中心的而非一元化的结构。这一点预示了后来中世纪地区王国间的那种权力均衡（格局）。

在南征中，沙摩陀罗笈多越过森林统治者和诸边境王的辖地，冒险进入完全不属于笈多王国圈（（Gupta Rajamandala）的地区。尽管这次"对寰内四荒的威服"（digvijaya）并没有直接把笈多帝国的疆界扩展到温迪亚山脉以南的地区，但它确实为扩展笈多王朝的统治提供了一个新的帝国主义方向。它还有助于印度的意识形态统一于印度教王制观念。通过凯旋后举行的盛大马祭，沙摩陀罗笈多宣布他是世界的统治者（cakravartin）。因此，阿拉哈巴德铭文以一种后人无法想象的方式对他进行了颂扬。在这方面，后世铭文要克制得多。这篇铭文宣称："他只有在举行人类礼拜仪式的时候才是凡人，［而在别的时候乃是］居住在尘寰的神灵（deva）。"沙摩陀罗笈多的王仪影响了他的后继者以及许多后来的南印度和中印度的统治者。无论他们的领地多么狭小，他们也要努力效仿他那盛大奢华的风格。

臣服和同盟：赛卡王朝和瓦卡塔卡王朝

在沙摩陀罗笈多的儿子旃陀罗笈多二世（约 375—413/415 年）时期，笈多帝国无论在领土扩张方面，还是在文化成就方面，都臻于鼎盛时期。旃陀罗笈多将他父亲的侵略扩张政策与他祖父的联姻战略结合起来。他的最大成功是战胜了强大的赛卡—克沙特拉帕王朝，吞并了他们在古吉拉特的富饶土地。这个事件的日期并无记载，但肯定是在公元 397 至 409 年之间：在公元 397 年之后，因为这一年赛卡统治者卢德拉希姆哈三世（Rudrasimha Ⅲ）还发行了自己的铸币；在公元 409 年之前，因为旃陀罗笈多二世在那年铸造了类似样式的硬币，但上面的图案由赛卡王朝的佛教寺院变成了笈多王朝最喜爱的标志——毗湿奴的战鹰嘉璐哒（Garuda）。

旃陀罗笈多的另一项伟大成就是把他的女儿普拉巴瓦提笈多（Prabhavatigupta）许配给印度中部瓦卡塔卡王朝的卢德拉希纳二世（Rudrasena Ⅱ）。这个王朝是在沙塔瓦哈那帝国衰落后于公元 3 世纪崛起的。瓦卡塔卡王朝的创建者是温迪亚沙克提（Vindhyashakti）。他的名字源自温迪亚山脉的女神。他的第二个继承者普拉瓦拉希纳一世（Pravarasena I）——他的后裔尊他为"萨姆拉吉"（samraj），一种帝王称号——分裂了他的王国。他的子嗣们在现在的中央邦统治着两个繁荣和独立的王国。东部的瓦卡塔卡面对沙摩陀罗笈多的扩张主义，在卢德拉希纳一世时将他们的都城迁到那格浦尔附近的难迪瓦达纳（Nandivardhana）。在攻打赛卡王朝之前，旃陀罗笈多二世与卢德拉希纳的孙子缔结联姻，以便在入侵古吉拉特时无后顾之忧。但是，卢德拉希纳二世在继位后不久就于公元 390 年驾崩。根据旃陀罗笈多的建议，普拉巴瓦提笈多随后为她的两个两岁和五岁的儿子摄政。在她 20 年的摄政期间，瓦卡塔卡王国实际上是笈多帝国的一部。在普拉瓦拉希纳二世（约 419—455

年）——他的统治在许多铭文中有很好的记载——时期，东部的瓦卡塔卡王朝恢复了他们的独立。但是，笈多王朝和瓦卡塔卡王朝之间的关系依然密切而友好。因此，历史学家有时称这整个时期为"瓦卡塔卡-笈多时代"。东部的瓦卡塔卡王朝宣扬印度教王制的理念，为此在罗摩吉里（Ramagiri）修建了一座真正的国家圣殿，并配以纪念性庙宇，而西部的瓦卡塔卡王朝创建了阿旃陀佛教艺术奇迹。两个王朝都对笈多文化在中部印度和南部印度的传播做出了贡献。

旃陀罗笈多二世控制了北印度的大部分地区，从恒河口至印度河口，从现在的巴基斯坦北部到纳尔马达河口。通过与瓦卡塔卡王朝结盟，他还控制了中印度的很大一部分。正像东南亚的许多王国——在那里，新一轮的印度文化的浸染已经开始——那样，阿萨姆、尼泊尔、克什米尔和斯里兰卡与这个庞大的新帝国维持着良好的外交关系。在印度尼西亚发现的最古老的梵文铭文可以追溯到这个时期。这些铭文证明那时印度尼西亚的王国是按照印度模式建立的。笈多帝国达到了它的鼎盛时期。

与东部和西部港口的直接连通极大地提高了印度北部和中部的贸易。笈多帝国发行的大量精美金币证明了帝国经济的增长。最初，这些金币和贵霜王朝的一样，与罗马的样式相同，因而被称为"迪纳拉"（Dinara）。后来，塞犍陀笈多（Skandagupta）降低了这些硬币的含金量，不过同时他增加了它们的重量，从7.8克提高到9.3克，以与印度标准保持一致。这些给人深刻印象的硬币还充当了帝国宣传的手段，因为上面铸有神化了的笈多统治者的肖像。在同赛卡王朝通商后，旃陀罗笈多二世还开始铸造银币。最初，他把这种实践局限在印度西部，但很快这些银币就流通到了帝国境外。铜币和贝壳充当地方通货。

笈多时代也是印度北方的许多行会（shreni）繁荣的时期。这些行会经常受托管理镇或市街区。这个时期银行家（shreshthin）行会、商人（sarthavaha）行会和工匠（kulika）行会的印章留存了下来。有时，这些印章甚至还结合使用，因而可能存在着一些联合组织，它们的功能类似于商会。

法显，在公元 5 世纪至 7 世纪间访印以求取知识、经卷和舍利的三位伟大的中国朝圣者中的第一位，在旃陀罗笈多二世统治时期到达印度。由于他只对佛教感兴趣，他的报告没有包含过多的政治信息，但他确实对那个时代的印度北方地区做了一个一般的描述：

从是以南，名为中国。中国寒暑调和，无霜、雪。人民殷乐，无户籍官法，唯耕王地者乃输地利，欲去便去，欲住便住。王治不用刑罔，有罪者但罚其钱，随事轻重，虽复谋为恶逆，不过截其右手而已。王之侍卫、左右皆有供禄。举国人民悉不杀生，不饮酒，不食葱蒜，唯除旃荼罗。旃荼罗名为恶人，与人别居，若入城市则击木以自异，人则识而避之，不相唐突。

法显的描述让我们在一定程度上了解了旃陀罗笈多时期印度普遍和平和富足的状况。他也让我们对印度当时的政治和经济事务有所了解。在这里，他提到宫廷中的所有官员都接受固定的薪俸——就像麦加斯梯尼对孔雀帝国宫廷所做的描述一样。显然，当有足够的流通货币使得可以用现金支付薪俸时，那种后来才盛行的分配土地和赋税（而非支付薪俸）的方法在笈多时代是罕见的。法显还提到了乡村人民的自由。这与后来土地赠予中经常具体提到人们为受让人耕作土地的状况形成了对照。这位中国的朝圣者还根据自己的所见所闻记下了种姓制度存在的证据。根据他的见闻，对旃荼罗之类的不可接触者的待遇是与后来的实践十分相像的。这同种姓制度的这种严酷形式只是在反对穆斯林征服的过程中才出现的断言是矛盾的。

迦梨陀娑和古典梵文文学

笈多王朝的声望在很大程度上是由于古典梵文文学在他们的庇护下竞相绽放。根据后世的记载，旃陀罗笈多二世在他的宫廷中雇有一群诗人，他们被称为"九大宝石"。其中最大的宝石是迦梨陀娑（Kalidasa），他既擅长史诗创作，又擅长戏剧创作。他的最伟大的作品包括两部史诗《库玛拉出世》（Kumarasambhava）和《罗怙世系》（Raghuvamsha），抒情诗《云使》（Meghaduta），以及伟大戏剧《刹昆阅拉》（Shakuntala）。尽管我们对他的巨作知之甚多，我们对这位诗人本身却近乎一无所知。印度学者以前曾猜测他是与传说中的乌贾因统治者超日王（他开创了一个开始于公元前58年的新纪元）同时代的人。然而，迦梨陀娑作品中提到的一些天文现象表明他受到了希腊和罗马观念的影响，这似乎显示这位诗人不可能生活在公元后最初几个世纪以前。还有，他的作品中有一些地方似乎佐证了下面的假设：他是生活在旃陀罗笈多二世时代的人物。他的史诗《健日王与广延天女》（Vikramorvashiya）似乎是借用了旃陀罗笈多的第二个名字"超日王"（"Vi-kramaditya"），而赞颂战神库玛拉出生的《库玛拉出世》可能描绘的是旃陀罗笈多的儿子和继承者鸠摩罗笈多。歌颂罗摩王的神话王朝的第四部作品《罗怙世系》可能是对沙摩陀罗笈多事迹的歌颂。这种历史向神话的转变是与笈多统治者的计划相一致的。当从前的统治者被看作是永恒的宇宙秩序律法的执行者时，笈多统治者就被颂扬为地上的神灵，通过他们的英雄业绩创造和平和繁荣。

另一类梵文文学的文学性逊于那些伟大的古典著作，但还是对印度生活产生了巨大影响：这就是《往世书》（Puranas）。这些"古老（Purana）作品"的渊源更加悠久，但它们的最后成形极可能是在笈多时代。《往世书》中有神话集、哲学对话、仪礼描述，以及直至笈多早期的印度北部和中部王朝的世系。因此，它们作为历史资料也是很重要的。对印度教各派别来说，它们构成了有关印度教徒圣地的传说和有关不同神祇的神话的宝库。总共有18部"大往世书"和18部"小往世书"；直到中世纪晚期，它们还经常被修订。《毗湿奴往世书》是毗湿奴派最重要的宗教典籍之一。难近母（Durga）女神的崇拜者会在"女神礼赞"（Devimahatmya）——它是《玛坎德雅往世书》（Markandeya Purana）的一部分——中发现对她的事迹的长篇累牍的描述。难近母女神同牛魔王玛悉刹（Mahisha）的战斗在这部作品中得到了娓娓动人的描述。毗湿奴的各个化身（avatara）和难近母的神迹经常成为笈多时代雕刻的主题。

宗教宽容和政治巩固的时代

在旃陀罗笈多的儿子鸠摩罗笈多（415—455 年）漫长的统治时期，这个帝国维持了原状，但并没有出现进一步扩张的记述。鸠摩罗笈多的统治显然是和平的，文化生活继续繁荣，并将其影响扩展到次大陆和东南亚的遥远地区。尽管鸠摩罗笈多和他的前辈们一样是毗湿奴的崇信者而不得不向与其同名的战神鸠摩罗塞犍陀（Kumaraskanda）致敬，但他的统治却充满了宗教宽容的精神。

除了印度教的神祇，如毗湿奴、湿婆、塞犍陀（Skanda）和太阳神苏尔雅（Surya）以及霞克提（Shakti）女神，记载向佛教和耆那教圣地捐赠的铭文一样遍布帝国各地。金币被捐献给佛教寺院，并且对这笔资本投资产生的利息的用途有详细的说明。这些利息要么用于供奉和尚，要么用于为圣灯购置灯油，要么用于添置和修缮房屋，诸如此类。这样，佛教寺院就发挥了银行的职能。不过，它们极其依赖于帝国城镇中的富裕市民。当这些城镇在笈多晚期没落时，这也极大地影响了那些寺院的命运。通过土地让与或分派整个村庄赋税的形式向婆罗门和印度教神庙捐赠变得更加可靠。在鸠摩罗笈多统治时期，铜版上记载了几次这样的赠予。从公元433 年至 449 年，五套铜版全部发现于孟加拉。这些铜版记载的全是关于为了完成特定仪式向婆罗门捐赠土地的事宜。一块铭文中规定要维持和供奉一处毗湿奴神庙。这些赠予中的大部分涉及的是未开垦的土地，显示受让人将不得不履行拓殖者的角色。他们不仅要颂扬捐赠王室的功德，还要拓展农业的范围。

在将近一个世纪的快速扩张后，鸠摩罗笈多的统治进入了一个巩固的时期。就是在这个时期，笈多帝国的行政结构最终定型。这样，它就为笈多帝国的后继国家树立了典范。从孟加拉的铭文中我们得到如下印象：帝国的中心地区分为数个行省（bhukti），每个行省由笈多统治者亲自任命一位总督（uparika）进行管理。有时，这些总督甚至还拥有"乌帕里卡马哈拉贾"（Uparikamaharaja）的头衔。这些行省又细分为几个县（vishaya），由"威沙雅帕提"（Vishayapati）主管。临近帝国首都的县可能由帝国统治者直接任命其首脑。在遥远的行省，他们通常由总督任命。较大的行省细分为威沙雅（Vishayas）和威提（Vithis）。不过，我们并不知道孟加拉这种相当中央集权的政府是否也存在于笈多帝国的其他省份。

处在行政阶梯底层的是村庄和镇，它们享有很大的地方自治，从而与《政事论》中的教导形成巨大反差。较大的城市由总督任命的阿尤克塔卡（Ayuktakas）掌管。这些阿尤克塔卡由镇主事（pustapala）协助。城市行会的会长（nagar-ashreshthin）和工匠家庭的家长（kulika）可以向阿尤克塔卡提供建议。在村庄中，设有村长（gramika），亦由书记员协助，另外还有农民家庭的家长（kutumbin）。县官很少干预村庄管理，但是他负责管理土地买卖和转让之类的交易活动——这些在有关土地赠予的众多文献中屡有提及。县政府显然有很大的重要性，并且具有司法职能（adhikarana）。

内部和外部的挑战：普什亚米特拉王朝和匈奴王朝

在鸠摩罗笈多统治末年，笈多帝国受到生活在纳尔马达河两岸的一个部落共同体——"普什亚米特拉"（Pushyamitras）的挑战。鸠摩罗笈多的儿子和将军塞犍陀笈多（Skandagupta）与这些普什亚米特拉人作战。在他后期的铭文中，他强调普什亚米特拉人已经动摇了笈多王朝的命脉，因而不得不竭尽全力征服他们。显而易见，这些生活在邻近帝国核心地区的部落能对笈多统治王朝形成严重的挑战。不过，塞犍陀笈多有很好的理由来显示他在这个方面扮演的角色。通过废黜合法的王储普鲁笈多（Purugupta），他窃取了他父亲的王位。由于塞犍陀笈多在他的铭文中只提及父亲而从未提及母亲的名字，可以猜测他的母亲是一位低级的王后或嫔妃。在笈多王朝以后的世系中，塞犍陀笈多的名字未曾再出现。篡逆者的恶名并没有因为他是一位称职的统治者而消除。公元455年至467年间的铸币和铭文表明他在这个时期控制着这个帝国，其中公元458年的一处铭文明白宣称他在帝国各地派驻了军队。

塞犍陀笈多的机警使他成功地应付了另一个对笈多帝国可能更加严重得多的挑战，即从中亚来到印度的匈奴人。他们曾在公元前2世纪与月氏人大战于中亚。在公元4世纪中期，匈奴人侵入波斯的萨珊帝国，然后攻击生活在伏尔加河以西的阿兰人和哥特人，从而揭开了向欧洲迁徙的序幕。其他匈奴部落继续留在大夏，在一个叫"基达腊"（Kidara）的伟大首领的领导下和别的游牧部落联合起来。在公元4世纪末，这位首领成了一个强大的统治者。匈奴人新的侵略浪潮迫使这些民族在公元5世纪初期迁徙到更南的地方。他们越过兴都库什山脉，来到印度平原。大约在460年，也就是仅仅在著名的匈奴统治者阿提拉在欧洲遭遇失败之后数年，他们似乎就与塞犍陀笈多发生了冲突。在塞犍陀笈多提到战胜普什亚米特拉人的同一篇铭文中，他也宣布击败了匈奴人，而在另一处铭文中，他再次提到了对外国人（mleccha）的胜利。萨珊和罗马文献中没有有关匈奴人在印度取得胜利的记载，这样看来塞犍陀笈多成功地遏制了匈奴人对印度的第一拨攻击。但是，这次战争破坏了印度西北地区的国际贸易，从而减少了笈多帝国最重要的财政来源之一。

塞犍陀笈多大约殁于467年，随后在他的子嗣和他的同父异母兄弟普鲁笈多的子嗣之间爆发了漫长的王位继承战争。这场战争的胜利者是普鲁笈多的儿子布达笈多（Budhagupta），他是最后一位伟大的笈多统治者。在他漫长的统治时期（467—497年），这个帝国或多或少依然屹立不倒，但王位继承战争已经明显使其元气大伤。布达笈多的继承者们——他的兄弟纳拉辛哈（Narasimha）及其儿子和孙子——的统治延续到了公元570年左右，但他们只控制着帝国的很小一部分。在孟加拉东部，公元507年的一处铭文提到了一个名为"瓦因亚笈多"（Vainyagupta）的国王，而在西部，一个叫"巴努笈多"（Bhanugupta）的人在公元510年留下了一处铭文。至今尚不清楚这些统治者是否与笈多王朝有关，但他们显然是独立于摩揭陀地区的笈多王朝。后者的实力已经迅速衰落。

匈奴人肯定注意到了笈多帝国的衰落，因而在他们的首领头罗曼（Toramana）的率领下再次攻打印度。他们征服了印度西北直至瓜廖尔和马尔瓦（Malwa）的大片地区。510年，他们在耳兰（Eran，中央邦）与巴努笈多的军队对峙。巴努笈多的将军高帕拉伽（（Goparaja）在这次战斗中丧生。这时的铸币证明头罗曼控制了旁遮普、克什米尔、拉贾斯坦，或许还有现在北方邦的西部地区。大约在515年，头罗曼的儿子米希拉库拉（Mihirakula）继承父位，并建都萨卡拉（Sakala，即锡亚尔科特［Sialkot］）。

这样，西北印度再次成为一个中亚帝国的组成部分。这个帝国从波斯一直延伸到和阗。对匈奴人在印度的统治，我们知之不多。那里存在着一种耆那教传统，头罗曼即信奉此教。克什米尔编年史《诸王流派》（Rajatarangini）中记载头罗曼还率领一支大军远征南印度，但由于这部文献是在许多世纪以后才产生的，这个记载的准确性并不是无可置疑的。所有文献都表明了匈奴战争和他们对本地人民压迫的残酷性：一位驻犍陀罗匈奴宫廷的中国大使记述了公元520年左右的情况；希腊航海家考斯玛斯（Cosmas）——亦称因迪斯普流苏提斯（Indicopleustes）——在公元540年左右做了类似的记载；最后，中国朝圣者玄奘在公元650年左右追述了当时的情景。匈奴在印度的统治极其短暂。马尔瓦的一个地方统治者亚尧达尔曼（Yashodharman）在528年打败了米希拉库拉，后者于是败走克什米尔，数年后死在那里。不过，匈奴人在印度的最后衰落则是由于6世纪中期他们同中亚突厥人斗争的失败而导致。

匈奴人的统治是印度西北最短命的外来统治之一，但是它却具有深远的影响。匈奴人消灭了笈多帝国在西北地区的残余势力，激活了那里的离心力量。他们摧毁了印度西北地区的城市和贸易中心。现在还没有多少人来研究匈奴入侵的这个方面，但是印度西北地区古典的城市文化似乎是被他们消灭殆尽了。匈奴地区的佛教寺院也惨遭浩劫而再未能恢复。匈奴人入侵的另一个影响是其他中亚部落迁往印度，在那里他们加入了本地部落。瞿折罗和某些拉其普特部族似乎就是这样发迹的，他们很快影响了印度历史。随着这些新角色出现在北印度的政治舞台上，古典时代衰落了，中世纪开始了。

七、中国的秦汉与唐宋时期

公元前 221 公元 1279 年

公元前 221 年，秦始皇统一中国，建立了秦朝，结束了诸侯国分裂的局面，开始了中央集权的君主统治时代，他采用法家思想治国，统一文字和度量衡，焚书坑儒，修建长城。前 202 年，刘邦建立汉朝，至汉武帝时期则采用董仲舒的罢黜百家、独尊儒术，使儒学成了中国社会的统治思想。

经历王莽夺权后，光武帝刘秀于公元后 25 年建立东汉。618 年，隋末农民战争中李渊建立唐朝，在其子唐太宗时进入全盛时期，史称"贞观之治"。960 年，赵匡胤建立宋朝，但宋朝一直受到辽和西夏的威胁，并于 1279 年被蒙古人建立的元朝所灭。

天下归秦

天下归一统

嬴政在亲政后，用了大约九年的时间，确立自己的绝对权威。对六国的斗争也由先前的蚕食变为吞并。他根据李斯的建议，确立了"先取韩，以恐他国"的策略。从公元前 230 年起，嬴政全面发动了兼并六国的统一战争。

战国后期，七雄中只有赵国是可以勉强与秦国抗衡的国家。但是公元前 260 年的长平之战，赵国惨败，40 万赵军被坑杀，赵国实力大损，其他国家更加无力抵御秦国的进攻。

嬴政亲政，更把削弱赵国的军事实力作为统一的重要一步，并于公元前 236 年和公元前 232 年先后两次进攻赵国，但由于赵国大将李牧的英明指挥而没有成功，不过也使赵国的实力大为削弱。

公元前 230 年，秦王嬴政令内史腾率领大军转而进攻韩国，韩国几乎没有进行任何抵抗，就被秦军迅速攻下其都城新郑，并俘虏了韩王安。韩国灭亡，秦国在此设颍川郡。

第二年，即公元前 229 年，秦王嬴政派大将王翦率兵从上党进攻赵国，赵国仍然由李牧率兵抵抗，双方相持达一年之久。于是秦国使用反间计，以重金贿赂赵王宠臣郭开，向赵王诬陷李牧，结果李牧被罢，后被处死。这样，赵国无人可以统兵抗敌。于是，王翦在公元前 228 年俘虏赵王，并攻入赵国都城邯郸。赵国灭亡。

灭赵同时，秦已兵临燕境。燕国自知无力抵抗，太子丹于是孤注一掷，重金雇勇士荆轲，公元前 227 年遣其入秦刺杀秦王，结果刺杀未遂。

秦王政杀了荆轲后，余怒未消，他立即命令大将王翦加紧攻打燕国。燕国哪里抵挡得住秦军的攻打，很快就溃败下来。秦军不肯罢休，非要抓住太子丹不可。燕王喜被逼无奈，只好杀了太子丹，向秦国求和。

秦王政打败了燕国，又听从尉缭的计策，派王翦的儿子王贲带兵 10 万进攻魏国。魏王派人向齐国求救，齐王建没有回应。

公元前 225 年，王贲灭了魏国。灭魏同时秦已策划伐楚。秦王问诸将灭楚需多少兵力，青年将领李信说需 20 万，而老将王翦则认为非 60 万不可。秦王以为王翦年老怯战，否定了他的意见，而派李信、蒙恬领兵 20 万攻楚。公元前 225 年秦军南下伐楚，楚将项燕率军抵抗。初时秦军进展顺利，在平舆和寝击败楚军，进抵城父。但楚国毕竟地大兵多，项燕在城父集结数十万楚军发起反击，大败秦军，李信败逃回国。秦王方知王翦估兵不虚，屈尊亲自登门向王翦赔礼，命他征楚。

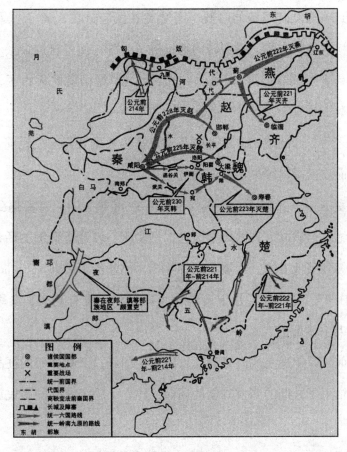

秦统一形势图

公元前 224 年，大将王翦带领 60 万人马，浩浩荡荡向楚国进攻。楚国也出动全国兵力奋起抵抗。

王翦到了前方后，修起了壁垒，坚守不出。楚国大将项燕一再挑战，他也不理睬。

几个月的时间一晃而过，双方的将士都因为无仗可打而心烦。王翦四处巡视，见将士们无所事事，就想了个办法：让大家每天吃饱睡好后，比赛跳远、蹦高和投掷石块。这样一来，将士们不像原来那样无所事事，士气消落，而是生机勃勃、士气高涨，无形中成了全军大练兵。而楚军屡次挑战不成，整日无所事事，军中烦躁、懒散风气日盛。

过了一段时间，项燕认为王翦是上这儿来驻防的，就不怎么把秦国的军队放在心上了。没想到项燕没有防备的时候，秦军突然发起进攻，60万人马一拥而上杀过去。楚国的将士如梦方醒，晕头转向地抵抗了一阵，便各自逃命去了。秦军一鼓作气打到寿春（今安徽寿县西），俘虏了楚王负刍。楚国就此灭亡了，这一年是公元前223年，秦王政二十四年。

王翦灭楚之后，回到咸阳，由他的儿子王贲接替做大将。公元前222年，王贲灭掉燕国，进而攻占了赵国最后留下的代城。

这时候只剩下一个齐国了。齐王建向来不敢得罪秦国，每回遇到诸侯向他求救，他总是拒绝。他满以为齐国离秦国远，只要死心塌地听秦国的话，就不会遭到秦国的进攻。等到其他五国一一被秦国吞并掉，他才慌手慌脚。

公元前221年，王贲带了几十万秦兵直扑临淄。没有几天，秦军就攻进了临淄，齐王建也束手就擒了。

自从公元前475年进入战国时期起，各诸侯国经过250多年的征战，终于被秦国各个击破，结束了长期的诸侯割据的局面，建立了一个统一的多民族的封建国家秦王朝。

千古第一帝

秦朝以前，统治者最高的称号是王。商、周时君主都称为王。后来周王室衰微，群雄并起，各诸侯国君也相继称王。但是，经过10年左右的兼并，其他六国的国王都成了阶下囚。秦王面对自己取得的成就，深感"王"的称号不足以显示自己的地位。于是，秦王下令说："寡人以眇眇之身，兴兵诛暴乱，赖宗庙之灵，六王咸伏其辜，天下大定。今名号不更，无以称成功，传后世。其议帝号。"

于是王绾、冯劫、李斯等人与博古通今的博士们商议后，对秦王嬴政说："以前五帝时，不过统治方圆千里之地，而且周边的少数部落只是时向时离，但是天子也没有办法。现在，陛下兴义兵，平定天下，这是自古以来没有的功业，三皇五帝

秦始皇像

也没法与陛下相比，所以请陛下尊称泰皇，自称为朕，命令称为诏。"但嬴政认为应采用上古帝位号，称"皇帝"，并立即制命天下。在制命中，嬴政决定自称始皇帝，后世继承皇位者以数计，为二世、三世，直至万世，传之无穷。这样，秦始皇就成为秦王嬴政的称号，皇帝也就成为中国封建社会最高统治者的专称。

为了神化皇权，秦始皇在议定帝号后，还规定了玉玺制度。由秦始皇下诏，李斯书写，后由工匠制成的玉玺，上面勾交五条龙，方四寸，其文为"受命于天，既寿永昌"，成为皇权的象征。

在确定皇帝的称号后，秦始皇为了加强集权，对原来的中央和地方管理体制进行了变革，在中央设立三公九卿，在地方实行郡县制，官吏都由皇帝任命。

秦朝的三公指的是丞相、御史大夫、太尉。丞相是百官之长，它的职责是协助皇帝处理全国的政事。秦丞相多设左、右二人。秦朝建立之初，分别以隗状、王绾为左、右丞相，后来则有右丞相冯去疾和左丞相李斯。在秦始皇统治时期，不但丞相的任免完全由皇帝决定，而且各项政事的处理，也完全取决于皇帝，丞相并无决断之权。

御史大夫，负责监察工作，同时还要帮助丞相处理政事。在秦朝以前就有御史一职，但只是很低微的一种官职。秦始皇为了牵制相权，加强监察，于是改设御史大夫，位列三公。

太尉的职责是协助皇帝处理军事事务，是中央政府中的最高军事长官。太尉在战时有领兵作战的权力，但是没有权力调兵，军队的调动权只属于皇帝一人。

在三公下，秦朝还设有九卿（但是数目不只是九），分掌朝廷和国家的不同行政事务，分别受丞相、御史大夫和太尉的领导，并直接听命于皇帝。秦朝的九卿主要有掌宗庙礼仪的奉常、掌宫殿掖门户的郎中令、掌宫门卫屯兵的卫尉、掌舆马的太仆、掌刑辟的廷尉、掌少数民族事务的典客、掌宗室的宗正、掌谷货的治粟内史、掌山海池泽之税的少府、掌列侯的中丞、掌皇后太子家的詹事。

以三公九卿为主的中央行政机构，是秦朝封建专制主义政治体制的核心，是绝对听命于皇帝的最高权力机关。

为加强皇权，秦始皇加强了思想控制，其中最主要的措施就是焚书坑儒。

公元前213年，秦始皇在咸阳宫中举行盛大宴会，庆祝寿诞，参加宴会的有文武百官及博士70人。

宴会上，博士们都向秦始皇祝寿。仆射周青臣首先祝颂道："他时秦地不过千里，赖陛下神灵明圣，平定海内，放逐蛮夷，日月所照，莫不宾服。以诸侯为郡县，人人自安乐，无战争之患，传之万世。自上古不及陛下威德。"对于周青臣这番歌功颂德之辞，秦始皇十分高兴。这时博士齐人淳于越则奏道："臣闻殷周之王千余岁，封子弟功臣，自为枝辅。今陛下有海内，而子弟为匹夫，卒有田常、六卿之臣，无辅拂，何以相救哉？事不师古而能长久者，非所闻也。今青臣又面谀以重陛下之过，非忠臣。"这样，淳于越就再次提出了分封制的问题。

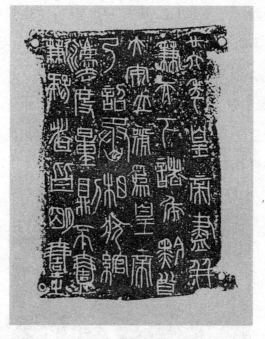

始皇诏版　秦

　　于是秦始皇命众臣对淳于越的观点进行讨论。此时已担任丞相的李斯说："五帝不相复，三代不相袭。"认为不同的时代，有不同的统治方法，这些儒生借古非今，使得百姓的思想混乱。因此，李斯向秦始皇建议道："臣请史官非秦记皆烧之。非博士官所职，天下敢有藏《诗》《书》、百家语者，悉诣守、尉杂烧之。有敢偶语《诗》《书》者弃市。以古非今者族。吏见知不举者与同罪。令下三十日不烧，黥为城旦。所不去者，医药卜筮种树之书。若欲有学法令，以吏为师。"秦始皇根据李斯的建议，下令在全国"焚书"。第二年，秦始皇又进行了坑儒。

　　秦始皇坑儒是由几个方士的畏罪逃亡引起的。随着统一大业的完成，秦始皇祈求长生的欲望越来越强。早在公元前 219 年，秦始皇东巡，来到齐国故地。齐地的方士徐福投秦始皇所好，告诉秦始皇东海中有蓬莱、方丈、瀛洲三座仙山，并宣称只要挑选数千名童男、童女，乘几十艘大船，带足礼物，便可入海求见仙人。秦始皇竟信以为真，随即按徐福所说的去做，结果徐福率船东渡，却一去不回。

　　后来在公元前 215 年，秦始皇又派方士卢生去寻找仙人及长生不老的仙药，但是卢生仍旧是空手而归。卢生还以谎言蒙骗秦始皇说："臣等寻仙求药，因为有妨碍的东西，所以常常不能遇到。只要皇帝时常秘密出行，居地无人知晓，真人就会到来，长生之药便可求得。"秦始皇对卢生的话信以为真，并说："朕十分仰慕真人！"还按照卢生的话去做。但是卢生等人还是没有找到仙药，他们知道不可能永远隐瞒欺骗下去，于是便四处散布流言，说仙药求不得是因为秦始皇独断专权，性格暴躁。然后卢生等带着骗取到的钱财偷偷地逃离咸阳。

秦始皇焚书坑儒图　清

秦始皇见卢生等人寻求仙药长久不得，心中生疑，但是因为寻求仙药之事早已天下皆知，而且秦始皇也自称"真人"，所以仍希望会找到仙药。可是，卢生等的出逃使得咸阳百姓议论纷纷，秦始皇知道后，大怒，说："朕先前收尽天下不用的书，尽毁去；然后召集天下方士儒生，优待他们，以求太平，炼寻仙药，可是徐福等人竟一去不回，卢生等人还在背后诽谤朕，妖言惑众，朕要一一查问卢生在咸阳的同伙。"于是秦始皇下令审讯儒生，这些人互相告发，共查得460人，全部被活埋于咸阳城外的骊山温谷。所以，骊山温谷也叫坑儒谷。

秦始皇"焚书坑儒"虽然加强了思想控制，但是，对于中国文化来说，则是一次严重的摧残，标志着封建文化专制主义的到来。

统一规制

秦国是消灭其他六国而统一起来的，但是由于七雄并立时间长久，各国在文字、货币、度量衡等方面有很大差异。秦统一六国后，为加强统治、维护统一，实行了统一文字、货币、度量衡的措施。

汉字产生后，经过长期的发展演变，至春秋战国时期，随着社会的动荡和急剧变化，各地文字的形体和读音都有所不同，出现了"言语异声，文字异形"的现象。当时，同样的字，不同的国家往往写法不同。典型的例子是"马"的诸多字形：在齐国有 3 种写法，在楚、燕国有另外 2 种的写法，在韩、赵、魏还有 2 种不同的写法。这不但不利于文化的发展和各地人民间的交流，而且给秦朝的各种文书、档案的书写、阅览和传播造成巨大困难。

面对这种情况，秦始皇接受李斯的建议，于公元前 221 年发布"书同文"的诏令，规定以秦国小篆为统一书体，与小篆不同者全都废掉。为了在其他六国推广小篆字，秦始皇命李斯、赵高、胡毋敬分别用小篆书写《仓颉》《爰历》《博学》3篇，作为文字范本。

李斯等人所书的小篆字范，其实是对中国几千年来文字自然发展的一次总结。尽管上述 3 篇范本早已失传，但是小篆被大量使用在秦始皇出巡时的纪事石刻中。据记载，这些石刻大多是李斯的手笔，其中《泰山刻石》存有九字，《峄山刻石》有南唐的摹本，《琅琊台刻石》尚存 86 字。这些小篆字形结构有较大的变化：字体整齐划一，布局紧凑，笔画匀称，很明显地纠正了六国文字结构繁杂、难写难认的缺点。

在秦朝，除了小篆以外，还流行一种比小篆更为简易的隶书。这种字体，以前认为是程邈创造的，但是实际上是人们在抄写公文狱讼时，仓促中用不规则的草书

泰山刻石　秦

篆体，渐渐创造出来的。这种"草篆"最初主要由狱吏使用于徒隶，所以叫隶书。秦始皇对隶书也进行了整理，经过整理后的隶书，笔画直线方折、结构平整、书写方便，不仅民间使用甚广，而且各级政府的官方文体也多用隶书，只有少数重要诏书除外。

　　秦始皇统一文字，有利于统一多民族国家的发展。从此，汉字的结构基本定型。

　　春秋战国时期是我国商品经济迅速发展的时期，不同的国家，铸币也往往不同。但是，铜币已成为当时流通领域里的主要货币，各国的铜币在形状、大小、轻重以及计算单位上却有很大差异。从形状上看，当时各国的铜币可以分为布币、刀币、圆钱、铜贝四类。布币的形状类似金属农具镈（布），主要在赵、魏、韩等国使用。刀币的形状像刀，主要在齐、燕、赵国流通。圆钱分为外圆内有方孔和圆孔两种，主要是在秦、东周、西周以及赵、魏的黄河沿岸地区使用。铜贝形状类似海贝，俗称"蚁鼻钱"，主要是在楚国使用。

币制的不统一，严重阻碍着各地商品的流通及统一国家的财政收支。所以，秦统一后，秦始皇下令统一全国货币，采取的措施主要有三项：首先将铸币权收归国家，禁止地方和私人铸币。对于私自铸币者，不仅没收其所铸钱币，还要拘捕和严惩私自铸币者。其次，明确规定货币种类。秦朝的法定货币为黄金和铜钱，黄金属于上币，铜钱属于下币。铜钱为圆形方孔钱，上面铸有"半两"的字样，每钱重十二铢。再次是废除原来六国使用的布币、刀币、铜贝等各种货币，不准以龟贝、珠玉、银锡等充当货币。

秦始皇统一货币，消除了各地区间的币制上的不统一状态。秦王朝制定的圆形方孔钱，成为中国封建社会货币的基本形制，沿用了两千多年。

秦统一前，各国的度量衡也十分混乱，计量单位不统一。单以长度而论就有数种传世铜尺可以为证，如长沙楚国铜尺两边长度分别为22.7厘米和22.3厘米；安徽寿县楚铜尺长为22.5厘米；洛阳金村铜尺长22.1厘米。1尺的长度相差多达0.6厘米。在量制方面，各国的差异更大。齐国自田氏以来，实行以升、豆、釜、钟为单位，即"五升为豆，各自其五以登于釜，十釜为钟"，而魏国则以益、斗、斛为单位。至于衡制方面则更加混乱，单位名称差别更大。楚国的衡器是天平砝码，以铢、两、斤为单位；赵国则以镒、釿为单位；东周、西周以孚为单位。

度量衡是商品交换中所必不可少的，而且是国家收取赋税的重要标准。秦统一后，秦始皇下令，以秦国的度量衡为标准，统一其他六国的度量衡器。具体措施是将统一度量衡的诏书全文刻在新制作的度量衡标准器上。这样既可以提供更多的标准器，又可以宣传秦始皇的功绩。统一后，秦朝的度制以寸、尺、丈、引为单位，以十为进位制度；量制方面以龠、合、升、斗、桶（斛）为单位，也是十进制；衡制方面以铢、两、斤、钧、石为单位，进位是24铢为1两，16两为1斤，30斤为1钧，4钧为1石。

半两钱　秦

　　文字、货币、度量衡的统一，在中国历史上占有重要地位，成为维护中国封建国家统一的重要基础。

开疆拓土

　　我国是多民族国家，先秦时就存在着众多的民族。秦朝统一后，秦始皇南伐越族，北击匈奴，并通西南夷，不断开疆拓土，创建了统一的多民族国家。

　　在今天的浙江、福建、江西、广东、广西、云南一带，很早就有一个人数众多的民族，即越族。越族部属众多，而且部落差异很大，又称作"百越"。依据其分布地区不同，可分为于越、闽越、瓯越、南越、西瓯等八部分。

　　秦始皇在完成统一后，随即进行大规模征服岭南的军事行动。秦始皇命尉屠睢为统帅，兵分5路，统率50万大军进攻南方。兵达南岭后，遭到了南越和西瓯的顽强抵抗。越人利用对地形熟悉的优势，逃入林中，与秦军周旋。秦军习惯于在中原开阔地区作战，不习惯于在密林中作战，因而伤亡较大。

　　比这更严重的是秦军的后勤补给。南方河流纵横交错，秦军面对这种情况，不知所措，这给粮草供应造成了极大困难。

　　为了解决粮草运输问题，秦始皇于公元前219年派监御史禄负责开凿灵渠。灵渠又称湘桂运河，也称兴安运河，在广西壮族自治区兴安县境内，是中国和世界最古老的人工运河之一。灵渠沟通了湘江（长江水系）与漓江（珠江水系），为开发岭南起了重要作用。灵渠由铧嘴、大小天平、陡门、南北渠、秦堤等主要工程组成，设计科学灵巧，工艺十分完美，与都江堰、郑国渠被誉为"秦代三个伟大水利工程"，有"世界奇观"之称。灵渠的建成，保证了秦军南征的粮食和物资供应，促进了中原和岭南经济文化的交流以及民族的融合。即使到了现在，对航运、农田灌溉，仍然起着重要作用。

万里长城第一台遗址

大约在公元前214年，灵渠修建完工，从而解决了秦军的军粮运输问题。秦军攻势猛烈，很快于公元前214年攻占岭南，并在这里设置了桂林、南海和象三郡，基本上统一了岭南。

公元前213年，秦始皇下令将中原50万罪犯流放到岭南地区，与越族杂居。另外，还一再大批迁徙刑徒和内地人民到岭南屯戍垦殖，这对于开发岭南、促进民族融合有极其积极的意义。

匈奴是我国古代一个强大的游牧民族，勇猛善战。他们主要游牧于蒙古高原和南至阴山、北抵贝加尔湖的广大地区。战国时期，随着匈奴的逐渐强大，再加上中原地区七雄纷争，所以匈奴贵族常率兵南下侵扰、掠夺财物。至秦朝建立时，匈奴已占领了自阳山至"河南地"的广大地区，并继续南下侵扰。这对秦王朝是一个严重的威胁。

在完成统一六国的战争后，秦朝初创，国力不足以应付大规模的战争。于是，秦始皇采取了积极防御的策略，命蒙恬、王离加强对北边的屯戍。公元前215年，经过五六年的准备，秦始皇命蒙恬率30万大军北击匈奴，当时匈奴的首领是头曼单于。蒙恬的第一个目标是收复"河南地"，他采用集中兵力、速战速决的作战方法，很快收复了"河南地"和榆中。公元前214年，蒙恬率军渡过黄河，大规模进攻匈奴。头曼单于难以抵挡，只好北移，蒙恬乘机率军占领了高阙、阳山、北假等地。秦政府一方面在这些地区设置44个县，实行有效的行政管理，另一方面还大量迁徙刑徒，并鼓励一般民众移居边地。

秦朝反击匈奴的胜利，是匈奴贵族遭受的第一次沉重打击，使河套地区的广大人民在很长时间内有了安定的环境。这对于我国多民族统一国家的形成、边远地区经济发展具有重要的促进作用。

为巩固抗击匈奴取得的胜利成果，秦始皇又命蒙恬负责修建了秦长城。

长城，最初在战国时即已开始修建。当时，赵、魏、燕、齐、秦等国都曾修建过长城，以作为防御工事。对于长城的防御功能，秦始皇深有体会。因此，为防御匈奴再次南侵，他决定继续修建规模更大的长城。

秦朝的长城是在连接了原来秦、赵、燕三国长城的基础上加以增筑的。公元前214年，蒙恬在夺回"河南地"及榆中后，就开始在北边沿黄河修筑长城。此后，大规模的修筑完全展开，经过数十万民夫的日夜劳作，历时几年之久，长城终于建成。

秦长城主要由三段构成。西北段，西起临洮，即今甘肃岷县，东至九原，即今天的包头市西北。北段，从高阙至代郡，即今河北蔚县。东北段，从代郡到辽东碣石，总长达5000余千米。

长城作为古代军事建筑工程的杰作，是中国古代劳动人民智慧和血汗的结晶。长城的修建在当时给劳动人民造成了沉重的徭役负担。因此，民间有了孟姜女哭长城的传说。孟姜女的丈夫杞良在当时被秦政府强行拉去修长城，杞良不堪承受沉重的劳役折磨，于是冒死逃跑，结果被抓回，活活打死，尸体被筑在长城城墙中。孟

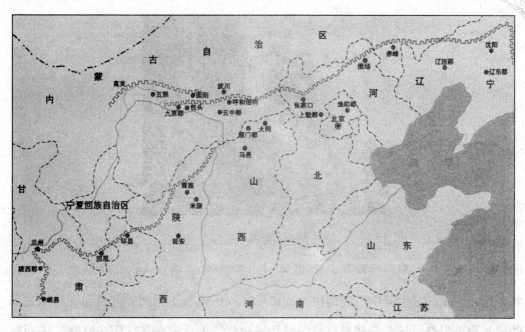

秦长城示意图

姜女千里寻夫来到长城，听说丈夫已死，于是痛哭 10 天，结果长城城墙倒塌，露出累累白骨。孟姜女无法辨认，于是刺破手指，将血滴在白骨上，并说："若是杞良的骨头，血就渗入。"这样，孟姜女找到了丈夫的尸骨，并带回安葬。孟姜女哭长城的传说反映了修建长城带给人们的深重灾难。

始皇暴政

强大的秦王朝从建立到灭亡不过几十年，秦朝灭亡的根本原因就在于秦始皇的暴政，这主要体现在赋役和刑罚两方面。

秦始皇时期，征收的赋税十分沉重。秦朝的赋税可分为田税、口赋两种，据汉代董仲舒所言，秦朝赋税"二十倍于古"。

另外，秦朝的徭役更是十分繁重。秦朝规定：一般人民从 15 岁开始服役，至60 岁。一生中须正卒一年，屯戍一年，每年还要更卒一个月。

秦始皇不断大兴土木，在咸阳及别的地方修建宫殿，其中以阿房宫的修建为最。公元前 212 年，秦始皇仍感到已有的宫殿太小，于是决定修建阿房宫。阿房宫

阿房宫前殿遗址

的设计规模庞大，东西 500 步，南北 50 丈，宫中可容纳万人，其宫殿之高，可以将高 5 丈的旗杆竖于其中。在南山上的山峰之顶还建筑了门阙，这是建在宫殿之前的建筑物。另外，还要修建复道。所以后来唐代诗人杜牧在其《阿房宫赋》中对阿房宫的规模做了较详细的描绘："蜀山兀，阿房出。覆压三百余里，隔离天日。骊山北构而西折，直走咸阳，二川溶溶，流入宫墙，五步一楼，十步一阁；廊腰慢回，檐牙高啄；各抱地势，钩心斗角。"阿房宫作为秦始皇举行朝会、庆典、议决国家大事的场所，其设计自然要体现其身为皇帝的尊贵。但据现代考古的发掘表明，因阿房宫工程规模庞大，工期短，人力不足，所以虽两度修建但未完工。秦始皇不仅活着要享尽人间富贵，而且死后仍要穷奢极侈，为自己在骊山修建了规模宏大的陵墓。在他即位之初，就开始为自己修墓。统一六国后，更役使数十万人继续营造，其陵高为 120 多米，周长 2167 米，陵下则"穿三泉，下铜而致椁，宫观、百官、奇器珍怪徙藏满之。令匠作机弩矢，有所穿近者辄射之。以水银为百川江河大海，机相灌输，上具天文，下具地理。以人鱼膏为烛，度不灭者久也"。除陵墓主体外，还有许多作为陪葬的工程。兵马俑和铜赤马的出土即可作为明证。至今已发掘了三个秦兵马俑坑，出土的兵俑与真人大小差不多，造型生动、神态逼真，被联合国教科文组织确定为世界第八大奇迹。

据统计，秦朝人口约有 2000 万，每年服徭役的就达 200 多万人，由此可见秦朝徭役之重。

秦始皇统一六国后，六国的贵族与百姓，特别是原来六国的旧贵族，反秦情绪尤为强烈。为了巩固自己的统治，秦始皇采用严厉的镇压手法，实行严峻的刑罚。其名目繁多，可分为死刑、肉刑、徒刑、连坐等12种，并且秦朝法律规定，各种刑罚可以重用、单用、合用。

秦朝的种种刑罚，主要是针对农民和奴隶的，对农民和奴隶往往是轻罪重处。例如，服役的刑徒在生产中若稍稍损坏器具，就会遭到很重的鞭笞。总之，秦始皇称帝后，秦朝的法律更为严苛了。

病亡沙丘

公元前210年，秦始皇在最后一次出巡中于沙丘宫病死。

天尽头

秦始皇统一六国之后，曾5次巡视天下，第一次出巡，是在公元前220年，巡行陇西、北地。北地郡治义渠（今甘肃宁县西北），陇西郡治狄道（今甘肃临洮），秦始皇由咸阳北上到义渠，又至陇西郡，其所行路线为"出鸡头，过回中"。鸡头指平凉的崆峒山，由平凉西去为六盘山所阻，便南下经秦安到甘谷，再经武山西去。"过回中"，是秦始皇由陇西郡东归咸阳时，又过天水境，秦始皇西巡目的是

"以示威强，服海内"。秦始皇二十八年（公元前219年），也就是统一六国后的第三年，秦始皇第二次出巡，这次东巡，他召集齐、鲁的儒生博士七十余人到泰山下，商议封禅的典礼，以表明自己当上皇帝是受命于天。封禅是古代统治者祭告天地的一种仪式；所谓"封"，是指筑土坛祭天。所谓"禅"，是指祭地，即在泰山下小山的平地上祭地。儒生们的议论各不相同，难于施行。于是秦始皇斥退所有的儒生，借用原来秦国祭祀雍上帝的礼封泰山、禅梁父，刻石颂秦德。颂辞称："皇帝临位，作制明法，臣下修饬。二十有六年，初并天下，罔不宾服。亲巡远方黎民，登兹泰山，周览东极。从臣思迹，本原事业，祗诵功德。治道运行，诸产得宜，皆有法式。"都是称颂功德的词句，共147字。

秦始皇陵外景

秦始皇登临泰山封禅时，于半山坡曾遇暴风骤雨，不得不避雨于一棵大松树下。雨过天晴后，秦始皇称赞此松树遮雨有功，于是当即封之为五松大夫，百官则高呼皇帝万岁。现在泰山山腰的五松亭，据说就是秦始皇当年封禅的避雨处。第三次出巡是在公元前218年。秦始皇再次东出函谷关巡行东方，当其车驾行至河南阳武博浪沙时，从道旁的杂草树丛中突然跳出一个人，此人将手中的凶器掷向安车。但是秦始皇坐在安车后面的专车中，因此没有受伤。这个刺客为张良所选派，他以120斤的大铁锥袭击秦始皇，没有成功。秦始皇十分愤怒，下令搜遍天下，张良于是改名换姓逃走。第四次出巡则是巡行碣石和北边。

公元前211年，有一陨石落在东郡，有人在上面刻上了"始皇帝死而地分"。

秦始皇听说后，便派人到东郡调查此事，但没有结果，于是便下令把陨石落地附近的居民全部杀掉。此后，秦始皇一直不高兴。到秋天，朝廷使者在一天夜里路过华阴平舒时，突然有人持着一块玉璧，拦住使者，说："今年祖龙死！"使者正待查问，那人则放下璧，转身逃走。秦始皇闻听此事，召使者询问，并不解其意，退朝后，方想到祖龙就是指人的祖先。于是命人仔细查看玉璧，这玉璧竟是秦始皇几年前不慎掉入江中的那块。秦始皇更加觉得不可思议，于是命人占卜，依据占卜的结果，秦始皇迁徙北河榆中3万家，并决定于公元前210年再次出巡。

秦始皇这次出游，本来是打算随行官员只带左丞李斯，但是其子胡亥也要随从，秦始皇也应允了。十月，秦始皇一行从咸阳出发巡行江南，一路上，秦始皇游云梦，登庐山，过会稽，游兴正浓，因此，并没有感觉到阴冷潮湿的江南天气给他的身体有什么不良影响。然后他们渡江北上，至琅玡，沿海滨寻仙求药，在海上捕杀大鱼。秦始皇非但没有求得长生不死之药，而且海风的侵袭，使得秦始皇因长期巡行而下降的体质，已无法抵御病魔。当车驾到达沙丘平台时，秦始皇已经病入膏肓，只好在沙丘宫住下来，不久病死于沙丘宫。

据记载，秦始皇在病危期间，曾留下遗诏赐位于扶苏，但是遗诏落到了赵高、李斯手中。面对秦始皇的突然死亡，赵高、李斯决定秘不发丧，知道秦始皇死讯的只有胡亥、赵高、李斯及秦始皇身边的几个宦者。为不引起人们的怀疑，李斯等人决定将秦始皇尸体放在辒辌车中运至咸阳。但是时值七月，天气炎热，不几日，秦始皇的尸体便发出臭味。他们只好命令随后的车载一石鲍鱼，用鱼的臭味掩盖尸体的臭味，所以，沿途臣民并不知秦始皇已死。

另一方面中车府的赵高则利用这一时机，勾结李斯，篡改遗诏，立胡亥为太子，并以"为人子不孝""为人臣不忠"的罪名赐死扶苏。

不久，皇帝车驾回到咸阳，李斯等先宣读改过的遗诏，立胡亥为太子。然后胡亥以太子身份主持秦始皇的葬礼，并继皇位，是为秦二世。

秦始皇一生50年，但这50年却使秦始皇成为千古一帝。他开创了中国第一个统一的封建专制主义的多民族国家，统一了文字、货币、度量衡，并确立了郡县制，对后世影响深远。可是，另一方面，秦始皇又是一代暴君，后期的暴政导致秦朝二世而亡。

陈胜、吴广起义

胡亥夺取皇位的这一年，即公元前 209 年七月，爆发了我国历史上第一次大规模的农民起义，领导这次起义的人是陈胜、吴广。

秦二世元年（公元前 209 年）七月，征发闾左（秦时贫弱农户居闾之左，富者居右）900 人戍守渔阳（今北京密云）。陈胜、吴广都被征调，担任屯长。

陈胜又叫陈涉，是阳城（今河南登封东南）人。吴广又叫吴叔，是阳夏（今河南太康县）人。

陈胜对自己的苦难遭遇一直愤愤不平，可更不幸的事情又落在了他的身上。他和吴广以及其他的穷苦农民一共 900 多人，被秦二世征发去渔阳驻防。

秦末陈胜、吴广大泽乡起义旧址

那时候正赶上雨季，他们走到蕲县大泽乡（今安徽宿州西南）的时候下起了大雨。大泽乡靠近淮河的支流浍河，地势低洼，大水淹没了道路，没法走了。他们只好停下来，等天晴了再走。按照秦朝的律法，叫你什么时候到达什么地方，你就得按时到达，误了日期，就要杀头。陈胜、吴广计算了一下，估计无论如何也不能按期到达渔阳，这样，他们已经犯下死罪了。

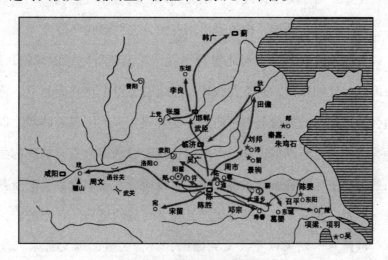

陈胜、吴广一起商量办法。陈胜说："如今要是逃走，抓回来是死；起来造反，夺天下大不了也是死。这样下去等死，还不如拼出一条生路呢！"

吴广认为陈胜说得有道理，便决定跟着陈胜干一场。当时的人们很迷信，想要号召众人起来造反，除了假借扶苏等人的名义外，还得采用装神弄鬼一类的办法，取得众人的信任。他们为此想出了办法。

第二天，伙夫上街买鱼回来，剖开一条鲤鱼的时候，在鱼肚子里发现一块绸子，绸子上用朱砂写着"陈胜王"三个字。这件事一下子就传开了，众人都认为这是老天爷的旨意，原来陈胜是个真命天子呀！

过了几天，陈胜和吴广带领着一大帮人，趁押送他们的军官喝醉了酒，故意去要求释放他们回家。军官一听，又急又气，先抽打了吴广几鞭子，接着又拔出剑来要杀吴广。这时大伙儿一拥而上，陈胜乘机杀死了军官。

陈胜、吴广起义示意图

陈胜、吴广杀死了军官，大伙儿都感到出了一口恶气。看到大伙儿都很齐心，陈胜、吴广就决定立即起义。他们派人上山砍伐树木、竹竿作为武器。然后，用泥土垒个平台，作为起义誓师的地方。还做了一面大旗，旗上绣上了一个大大的"楚"字。陈胜自立为将军，吴广为都尉。起义军首先攻下大泽乡，进而攻占蕲县及各县。中国历史上第一次大规模的农民起义就这样爆发了。

历史书店

野蛮的征服

陈胜、吴广在大泽乡起义的消息很快传开，附近穷苦的老百姓扛着锄头、铁耙、扁担，纷纷赶来加入起义军，起义军一下子壮大了起来，并且很快地占领了陈县。陈胜在陈县称了王，国号"张楚"。陈县成为全国农民起义的中心。

为推翻秦朝统治，陈胜于八月封吴广为"假王"，令其率主力西击荥阳（在今河南中部），进而入函谷关（今河南灵宝东北）夺占秦朝腹地；宋留率部入武关（今陕西商南东南），迂回咸阳；武臣、陈余率部攻取六国故地。吴广久攻荥阳不下，陈胜又以周文为将军，领兵绕过荥阳，进攻关中。周文攻破函谷关，屯军于戏（今陕西临潼东北）。这时起义军已有兵车千辆，战士几十万。

秦二世见起义军打到了都城附近，即令少府章邯把修建骊山陵墓的数十万刑徒和奴产子编成军队迎击农民军。同时，又从边塞调回王离的30万军队以保卫都城。周文率领的农民军，虽然英勇作战，但缺乏训练，没有作战经验，又孤军深入，在秦军的突然袭击下，接连受挫，被迫退出函谷关，在曹阳驻守待援。

这时，武臣的东路农民军在河北旗开得胜，对秦朝官吏恩威兼施，连下30余城，在攻占旧赵都城邯郸后，武臣在张耳、陈余的怂恿下自立为赵王。陈胜为了顾全大局，勉强予以承认，并命他率军西上，支援周文。武臣置若罔闻，以陈余为大将军，张耳为丞相，公然割据自立。六国旧贵族纷纷割据称王，韩广称燕王，魏咎为魏王，田儋为齐王。陈胜所遣各部义军互不接应，六国旧贵族又变身割据者，严重削弱了反秦力量，起义军陷入孤立无援又腹背受敌的境地。曹阳的农民军与兵力庞大的秦军苦战两月，损失惨重，又无援助，终告失败，周文自杀。章邯乘胜猛扑，占领渑池。

随着反秦斗争的进行，起义军自身的矛盾和弱点也逐步暴露。围攻荥阳的起义军内部发生内讧，将领田臧因与吴广意见不合，竟假借陈胜之命杀死吴广，自立为将军，致使军心涣散。章邯乘机率秦军直扑荥阳，田臧率军迎战章邯，兵败身死，余部溃散。陈胜依旧坐守陈县，章邯率军直扑陈县，在城西与张贺所率农民军展开激战，陈胜亲自督战。由于众寡悬殊，而秦军又挟战胜周文、田臧之余威，士气高昂，农民军终败，张贺战死，陈县失陷。12月，退至下城父（今安徽涡阳东南）的陈胜为车夫庄贾杀害，余部投奔其他反秦武装。宋留闻讯，在南阳降秦。轰轰烈烈的陈胜、吴广起义在秦王朝的残酷镇压下历经半年失败了。

刘邦和项羽

陈胜、吴广起义以后，各地的百姓纷纷响应。农民起义像一阵风暴，很快就席卷了大半个中国。

在南方会稽郡有一支强大的起义队伍，领导这支队伍的首领是项梁和他的侄儿项羽。项梁是楚国大将项燕的儿子，秦国大将王翦攻灭楚国的时候，项燕兵败自杀，项梁一直想重建楚国。他的侄儿项羽身材魁梧，力大无比，跟项梁学了不少本领。

泗水亭

项梁本是下相（今江苏宿迁西南）人，因为跟人结了仇，躲避到会稽郡吴中来。他能文能武，吴中的年轻人都很佩服他，把他当老大哥看待：项梁教这些年轻人学兵法，练本领。这时，他们听说陈胜起义，觉得是个建功立业的好机会，就杀了会稽郡守，占领了会稽郡。不到几天，就拉起了一支 8000 人组成的队伍。因为这支队伍里都是当地的青年，所以称为"子弟兵"。

项梁、项羽带着八千子弟兵渡过长江，攻克了广陵（郡名，治所在今江苏扬州市），接着又渡过淮河，向北进军。一路上又有各地方的起义队伍来投奔项梁。

第二年。刘邦带着一支 100 多人的队伍，来投靠项梁。

刘邦是沛县（今江苏沛县）人，在秦朝做过亭长（秦朝十里是一亭，亭长是管理十里以内的小官）。有一次，上司要他押送一批民夫到骊山做苦工，在去往骊山的山路上，每天总有几个民夫跑掉，刘邦想管也管不了。这样下去，到了骊山，刘邦也交不了差。

秦末农民战争图

有一天，他把民夫们叫到一起，对大家说："你们到骊山去做苦工。累不死也得被打死；就算不死，也不知道哪年哪月才能返回家乡。我现在放你们走，大家各自去找活路吧！"

民夫们非常感激刘邦，当时就有几十个民夫愿意跟着他走。刘邦就带着这些人逃到芒砀山躲了起来。

沛县县里的文书萧何和监狱官曹参知道刘邦是个好汉，都愿意与他交好，他们之间来往不断。

等到陈胜打下了陈县，萧何和沛县城里的百姓杀了县官，并让人到芒砀山把刘邦接了回来，请他当了沛县的首领，大家称他"沛公"。不久，张良也投到了刘邦麾下。

项梁见刘邦也是一个人才，就拨给他人马。从此，刘邦成了项梁的部下。

这时各地起义军的领导权都落在旧六国贵族手里，彼此争夺地盘，互相攻打。秦国的大将章邯、李由想趁机把起义军各个击破。

面对这种形势，项梁在薛城开始整顿起义队伍。为了增强号召力，项梁听了谋士范增的建议，立楚怀王的孙子为楚王。因为楚国人对当年楚怀王受骗死在秦国一直愤愤不平，所以大家把他的孙子仍称为楚怀王。

巨鹿大战

项梁整顿了起义军后，打败了秦朝大将章邯。项羽、刘邦带领另一支队伍，杀了秦将李由。不久，章邯重新补充了兵力，趁项梁不备，发动了猛烈的进攻。项梁死在了乱军之中，项羽、刘邦也只好退守彭城去了。

章邯打败项梁，认为楚军已经元气大伤，就暂时放弃攻击楚军，带领秦军北上进攻赵国（这个赵国不是战国时代的赵国，而是新建立起来的一个政权），很快就攻下了赵国都城邯郸。赵王歇逃到巨鹿（今河北平乡西南），坚守不出。

章邯派秦将王离包围巨鹿，自己率大军驻扎在巨鹿南面的棘原。为了给王离军运送粮草，他在棘原和巨鹿之间修筑了一条粮道。

赵王歇一面守城，一面派人向楚怀王求救。当时，楚怀王正在筹划进攻咸阳。见赵国来求援，就任命宋义为上将军，项羽为次将，范增为末将，率领大军救援赵国。同时派刘邦西击关中，直捣秦朝都城咸阳。当时，秦军还很强盛，诸位将领都不愿先入关，唯独项羽，因为急于替叔父项梁复仇，主动请缨，要和刘邦一起进军关中。可是项羽初次领兵作战攻克襄城时，因为怨恨襄城军民誓死抵抗，曾经下令屠城，蒙上了"剽悍祸贼"的恶名，所以怀王和一些老将拒绝了他的要求，派素有

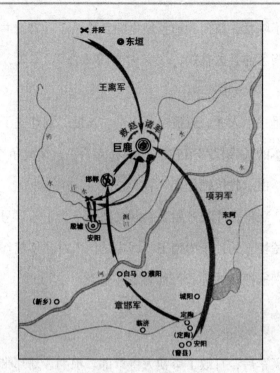

巨鹿之战示意图

仁厚之名的刘邦进军关中。怀王与诸位将领约定，先入定关中的人就封为关中王。这一约定，为日后刘、项的争端埋下了种子。

公元前207年十月，宋义率领楚军开到安阳。当时，巨鹿的赵军已经危在旦夕，可是宋义却畏惧秦军的声势，在安阳一直停留了46天，迟迟不肯进军。这下可急坏了项羽。

项羽对宋义说："现在军营里粮食不多了，但是上将军却按兵不动，自己喝酒作乐，这样对得起国家和兵士吗？"宋义不但不听，还下了道命令：军中如有不服从指挥的，立即斩首。

当时，连日阴雨，天气寒冷，楚军又是远路而来，军粮不足，士兵们衣服单薄，饥寒交迫。这时的战争形势十分危急，秦军一旦攻破赵国，就会更加骄横，到那时，楚军势单力孤，更难以对抗秦军。国家安危，系于巨鹿一战，而宋义却停兵不前，终日歌酒宴会，丝毫不知体恤士卒，更不忧心国事，还送儿子出使齐国，和齐相田荣勾结。

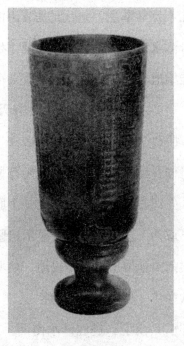

玉杯　秦

　　项羽看到这种情况，又是气愤，又是焦虑。十一月的一天清晨，按捺不住的项羽终于趁参见宋义的时候，拔剑杀掉了宋义，然后公告全军，说宋义意图谋反，自己已经按楚王的密令将他处死。众将领推举他代理上将，楚怀王知道以后，也只得正式任命他为上将军。

　　当时，前来救援赵军的各路人马，都已经在巨鹿城下安营扎寨，但是因为畏惧秦军，都逡巡不前，不敢与秦军交战。只有项羽一马当先，在公元前207年十二月，以非凡的气概指挥楚军北上，向巨鹿进发。

　　他先派部将英布、蒲将军率领2万人做先锋，渡过漳水，切断秦军运粮通道，把章邯和王离的军队分割开来；然后自己率领数万楚军渡过滔滔漳水，向北岸的秦军营地进发。

　　过了河，项羽命令将士，每人带三天的干粮，把军队里做饭的锅砸掉，把渡河的船凿沉（文言叫作"破釜沉舟"）；然后，对将士说："咱们这次打仗，没有回头路可走，三天之内，一定要打败秦兵。"

这时的楚军，前面是几十万秦军主力，后面是波涛汹涌的漳水。一旦战败，就只能被秦军残杀，或者葬身漳水，几乎已经陷入绝境。楚军将士都明白得很，只有全力以赴，击败秦军，才能绝地求生。于是，楚军人人奋勇，个个争先，以迅雷不及掩耳之势冲向秦军阵地。一时间，巨鹿城下杀声震天，经过一连9次激烈的战斗，楚军终于击破了秦军，脱离了险境。

项羽率军进攻秦军的时候，前来援赵的各路将领都慑于秦军淫威，远远地作壁上观。项羽击溃秦军之后，立即召见他们。这些人个个胆战心惊，进入项羽的大营之后，都膝行而前，头都不敢抬。这一战，项羽显示出坚决果敢的战斗精神和无所畏惧的英雄气概，各路诸侯都对他佩服得五体投地，项羽成了楚军和各路义军的最高军事统帅，威震四方。这一年，项羽刚刚25岁。

巨鹿之战后，项羽立即引兵南下，进驻漳水南面，进攻章邯率领的秦军主力，两军对峙了数月之久。秦二世在奸臣赵高的挑拨之下，不断派人责备章邯战斗不力，章邯日夜担心自己会被权奸暗算，赵将陈余又劝他倒戈反秦。正当他犹豫不决之时，项羽派蒲将军领兵渡过三户津，一举战败秦军，项羽自己也在汗水大破秦军。经过两次打击之后，章邯终于决定投降，秦军主力部队被瓦解了。

约法三章

公元前208年八月，赵高诬陷李斯想割地称王，并派人四处搜捕李斯的宗族，对李斯严刑拷打。李斯被迫认罪，被腰斩于咸阳，并灭其三族。李斯死后，赵高升迁宰相，他利用职权大量诛除异己。他想要检验大臣们是否俯首听命于他，便在朝会时献上一只鹿，并指着鹿说是马。二世笑言："丞相错了，指鹿为马！"赵高说是马，便叫群臣证明，大臣们有的回答是马，有的说是鹿。事后，赵高将那些回答是鹿的大臣杀害。从此，朝中人人自危，没有人敢说赵高有错。

赵高又劝二世深居禁宫，不必亲自坐朝听政，臣下有事来奏，只需由赵高自己和其他与二世亲近之人密商后上奏。秦二世对此一一采纳，从此常居深宫。这时，刘邦军队已攻克武关（今陕西商县西北），关东大部分地区落入义军之手。赵高害怕二世责难，暗中密谋杀掉二世胡亥。赵高让其弟郎中令赵成做内应，诈称搜查贼人，派人率兵进入二世所住的望夷宫。秦二世走投无路，只好自杀。赵高杀了二世，对大臣们说："现在六国都已复国了，秦国再挂个皇帝的空名也没有什么意思，应该像以前那样称王。我看可以立子婴为秦王。"这些大臣不敢反对，只好同意。于是，赵高立子婴，贬号为秦王。

子婴知道赵高害死了二世，想自立为王，只是怕大臣们反对，才假意立他为王。子婴和他的两个儿子商量好对付赵高的计策。到即位那天，子婴推说有病不去，赵高只好亲自去催子婴，子婴命手下人把赵高杀了。

子婴杀了赵高，派了 5 万兵马固守武关。刘邦采用了张良的计策，派兵在武关附近的山头插上无数的旗子，迷惑敌兵；另派将军周勃带领全部人马绕到武关东南，从侧面打进去，杀死了守将，消灭了这支秦军。

公元前 207 年十月，刘邦的军队在各路诸侯中最先到达灞上。秦王子婴一看秦朝大势已去，便驾着白车白马，用丝绳系着脖子，封好皇帝的御玺和符节，在轵道旁投降了刘邦。将领们有的说应该杀掉秦王。刘邦说："当初怀王派我攻关中，就是认为我能宽厚容人；再说人家已经投降了，又杀掉人家，这么做不吉利。"于是把秦王交给主管官吏，就向西进入咸阳。

刘邦进了咸阳后，本想住在豪华的秦朝皇宫里，搜罗秦朝的金银财物，但他的心腹樊哙和张良告诫他不要这样做，免得失掉人心。刘邦接受了他们的意见，下令封闭皇宫，并留下士兵保护皇宫和藏有大量财宝的库房，随即还军灞上。

为了取得民心，刘邦把关中各县父老、豪杰召集起来，郑重地向他们宣布道："秦朝的严刑苛法，把你们害苦了，应该全部废除。今天，我和众位约定，不论是谁，都要遵守三条法令。

这三条是：第一，杀人者要处死，第二，打伤人的要治罪，第三，盗窃者也要判罪！"父老百姓都表示拥护约法三章。接着，刘邦又派出大批人员，到各县各乡去宣传约法三章。百姓们听了，都热烈拥护，纷纷取了牛羊酒食来慰劳刘邦的军队。

从那时起，刘邦的军队给关中的百姓留下了良好的印象，人们都希望刘邦能留在关中做王。由于坚决执行约法三章，刘邦得到了百姓的信任、拥护和支持，最后取得天下，建立了西汉王朝。

鸿门宴

项羽在巨鹿大战中打败了王离，收降了章邯，而后率领 40 万大军开到函谷关，看见关口有兵把守着，不准项羽的军队进关。项羽得知是刘邦的将士守着关口，肺都要气炸了，命令将士猛攻函谷关。关口很快被打开，项羽军队长驱直入，直到了新丰、鸿门（今陕西临潼东北）才驻扎下来。这里离刘邦军队驻扎地灞上只有 40 里路，项羽决定第二天攻打刘邦。

项羽的叔父项伯和刘邦的谋士张良是好朋友，他怕打起仗来张良会送命，就连夜赶到刘邦军营告知张良，叫张良赶快逃命。

刘邦、张良乘机以礼相待，并当即结成儿女亲家。刘邦对项伯说："我进入关中后，登记户籍，封闭府库，未敢擅取丝毫财物，一心等待项将军的到来。至于派兵守卫函谷关，也是为了防止意外。我日夜盼望项将军的到来，岂敢背叛？希望您能替我说个明白。"项伯欣然应允，并与刘邦约定，让他次日亲自去拜谢项羽。

项伯连夜赶回楚营，转达了刘邦的心意。他还对项羽说：刘邦具有丰功伟绩而去攻打他，是没有道理的，不如以礼相待。其时，项羽重兵在握，并不在意刘邦，况且攻打刘邦师出无名，于是便听从项伯的建议，撤销了次日清晨进攻灞上的计划。

第二天一大早，刘邦就带领张良、樊哙和 100 多人赶到鸿门，拜见项羽。刘邦装作十分热情地说："我和将军一起攻打秦朝，您在黄河的北面作战，我在黄河的南面作战。没想到我能先打进关中，攻破咸阳，今天有机会和将军见面，真是件令人高兴的事。听说有些小人在您面前挑拨我和您的关系，请将军千万别听信这些话。"项羽是个直性人，见刘邦这样可怜兮兮，怒气很快就烟消云散了。项羽叫人摆上酒席，举杯劝刘邦喝个痛快，态度越来越和气。

酒席上，范增一再给项羽使眼色，并多次举起胸前佩挂的玉瑗作暗示，要项羽下决心杀掉刘邦。项羽默不作声，好像没看见一样。范增急了，找个借口走出营门。他把项羽的堂兄弟项庄找来，交代他说："项王心肠太软，你到席上敬酒，然后舞剑助兴，趁机杀了刘邦。"项伯见项庄在宴席前不怀好意地舞起剑来，害怕刚结的亲家刘邦吃亏，也拔出宝剑说："一个人舞剑没有两个人来劲。"就用身子护着刘邦，与项庄对舞起来，项庄没机会对刘邦下手。

张良见形势危急，找个机会溜了出去，对樊哙说："宴会上项庄拔剑起舞，总想对沛公下毒手。"樊哙听了急得大喊："我去同他们拼了！"他带上宝剑和盾牌赶到帐前，把几个阻拦的卫兵撞倒，怒目圆睁地冲了进去。

鸿门宴遗址

项羽看到冲进一个怒容满面的人，急忙按住剑把，喝问道："你是什么人？"张良急忙上前解释说："他是沛公的车夫樊哙，一定是肚子饿了。"项羽用赞叹的口气说："好一个壮士！快赏给他一斗酒，一只猪腿。"项羽看了樊哙一会儿，越发觉得这人豪壮，说："壮士，还能喝酒吗！"樊哙粗声说："我死都不怕，还怕喝酒吗！当初，楚怀王跟大家有约：谁先打败秦军攻破咸阳，谁就做王。如今沛公先打进咸阳，他没拿一点东西，只是封了库房把军队驻在灞上，等到大王您的到来。如此劳苦功高的人，大王不但没给他奖赏，反而听信小人的挑拨，想去杀害他，这不是跟秦王没区别了吗？大王这种做法未免太不近情理了！"项羽一时答不上话来，招呼樊哙坐下。樊哙就挨着张良坐下了。刘邦镇定了一会儿，假装要上厕所，樊哙和张良也跟着出去了。刘邦想趁早溜回军营，又怕没有告辞失了礼数。樊哙说："干大事业的人不拘泥于小礼节。如今我们好比任人宰割的鱼肉，性命都难保了还讲什么礼数！"

刘邦走后，张良在外面等了好一会儿，估计刘邦已经到达军营了，才进去对项羽道歉说："沛公酒量小，今天喝多了，不能当面来向大王辞别。他嘱咐我奉上白璧一双敬献给大王，玉杯两只送给亚父。"项羽接过白璧，放在席位上，范增气得把玉杯扔在地上，又用宝剑劈碎，叹着气说："唉，真是没用的人，不值得让我操心！将来争夺项王天下的人，一定是刘邦。等着瞧吧，将来咱们这些人都会成为刘邦的俘虏！"

鸿门宴拉开了楚汉战争的序幕。范增的预言在数年后应验，后世不少人认为项羽缺乏当机立断的能力，导致范增的计划失败，亦埋下了自己日后败死的伏线。

楚汉之争

刘邦听从萧何的建议，拜韩信为大将，执掌兵权，准备攻打汉中。萧何整顿后方，训练人马。公元前206年，汉王和韩信率领汉军进攻汉中。

战争开始后，由于关中的老百姓对"约法三章"的汉军本来就有好感，所以，汉军每到一处，士兵、百姓都不愿抵抗。不到三个月的时间，刘邦就消灭了秦国降将章邯的兵力，牢牢地控制了关中地区。项羽得知刘邦攻占了整个汉中，准备率兵来打。但是西面齐国的田荣也起来反抗项羽，把项羽所封的齐王赶下台，自立为王，项羽只好扔了刘邦这一头带兵去镇压田荣。

刘邦趁项羽和齐国相持不下的时候，率军东进，攻下了西楚的都城彭城。项羽赶紧往回撤兵。双方在睢水展开了一场大战。战斗一开始,双方谁也不知道对方有多少人,只打得昏天黑地,尸横遍野。到最后,汉军战败,刘邦的父亲太公和妻子吕氏也被楚军俘虏了。

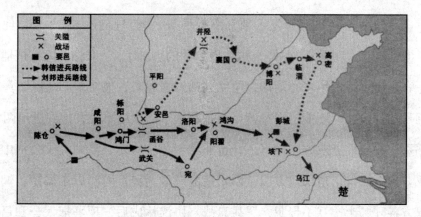

图例
× 关隘
× 战场
■ ○ 要邑
⋯⋯> 韩信进兵路线
——> 刘邦进兵路线

楚汉相争示意图

刘邦领着残兵败将,退到荥阳成皋一带,严密布防。另一方面派韩信带领兵马向北收服了魏国、燕国和赵国的地盘,又派陈平用重金挑拨项羽和范增的关系。项羽本来疑心很重,听信了谣言,真的怀疑起范增来。范增一气之下告老还乡,又气又伤心的他死在路上。范增一死,项羽身边少了一位得力的谋士,汉军的压力也减轻了。刘邦又叫彭越在后方截断楚军的运粮道,这样就有效地控制了楚军。楚汉双方这样对峙了两年多。

公元前 203 年,项羽决定自己带兵去攻打彭越。临走时,他再三叮嘱成皋守将曹咎,无论如何也要坚守城池不许出战。刘邦见项羽一走就向曹咎挑战。曹咎说什么也不战。后来刘邦叫士兵整天隔着汜水辱骂楚军。曹咎受不了刘邦士兵的辱骂,渡江作战被刘邦打得大败。曹咎觉得没脸见项羽,就刎颈自杀了。

项羽听说成皋被汉军占领,曹咎自杀,急忙赶回来,楚汉两军在广武(今河南荥阳市东北)又对峙起来。

正当刘邦想和项羽决一死战的时候,项羽派使者给刘邦传话说:"现在天下不安定,都是由于你我两人相持不下造成的,你敢不敢与我比试高低,别让老百姓受连累了。"刘邦也叫使者回话说："我愿意比文斗智。"刘邦和项羽各自出阵来，刘邦为了叫项羽在楚、汉军面前威风扫地，便历数项羽有"十大罪状"。

项羽听刘邦述说自己的"十大罪状"，忍无可忍，也不回答，回头做了个暗示。钟离眜带领弓箭手一阵乱箭齐发，刘邦刚要回头，胸口已经中了一箭。他忍住疼痛，故意弯下身，大叫道："不好，贼兵射到我的脚趾了。"众将士急忙把他扶到营里，叫医官医治。张良怕军心动摇，便劝刘邦勉强起来，坐在车上巡视军营。

项羽见刘邦没死，还能巡视军营，而楚军粮草已供应不上，感到进退两难。

刘邦重伤在身，见双方相持不下，也非常着急。这时，洛阳人侯公从中调和了一下，双方定下协议，楚汉双方以荥阳东南的鸿沟为界，鸿沟以东属楚，鸿沟以西属汉，双方各守疆土，互不侵犯，罢兵息战。协议达成后，项羽把太公和吕氏也放了回来。

四面楚歌

楚汉议和之后，汉王刘邦曾想撤兵西归，张良、陈平劝他说："汉已据天下的大半，诸侯又都归附于汉。而楚军兵疲粮尽，这正是上天亡楚之时。不如索性趁此机会消灭他。如果现在放走项羽而不打他，这就是'养虎给自己留下祸患'。"汉王听从了他们的建议。不久，汉王追赶项羽到阳夏南边，让部队驻扎下来，并和韩信、彭越约好日期会合，共同攻打楚军。汉军到达固陵，而韩信、彭越的部队却没有来会合。楚军攻打汉军，把汉军打得大败。汉王又逃回营垒，掘深壕沟坚守。刘邦问张良道："诸侯不遵守约定，怎么办？"张良回答说："楚军快被打垮了，韩信和彭越还没有得到分封的地盘，所以他们不来是很自然的。君王如果能和他们共分天下，就可以让他们立刻前来。如果不能，形势就难以预料了。"刘邦说："好。"于是派出使者告诉韩信、彭越说："你们跟汉王合力击楚，打败楚军之后，从陈县往东至海滨一带地方给韩信，睢阳以北至谷城的地方给彭越。"使者到达之后，韩信、彭越都说："我们今天就带兵出发。"于是韩信从齐国起行，刘贾的部队从寿春和他同时进发，到达垓下。

垓下遗址

公元前 202 年，项羽被汉军围困在垓下（今安徽灵璧县东南），韩信在垓下的周围布置了十面埋伏。项羽的人马少，粮食也快吃光了。他想带领人马冲杀出去，但是汉军和各路诸侯的人马里三层外三层，项羽打退一批，又来一批；杀出一层，还有一层，项羽没法突围出去，只好回到垓下大营，吩咐将士小心防守。这天夜里，项羽在营帐里愁眉不展。他身边有个宠爱的美人名叫虞姬，看见他闷闷不乐，便陪伴他喝酒解愁。

项羽要虞姬离开垓下，回彭城或是回她的故乡，虞姬温柔地加以拒绝。要死就死在一块儿，她的念头非常单纯。项王战死，她也不独活。

到了午夜，只听得一阵阵西风吹来，风声里还夹着歌声。项羽仔细一听，歌声是从汉营里传出来的，唱的都是楚人的歌曲，楚军士兵那本已冰冷的心，顿时有如春回大地，冰消雪融，流水淙淙，万物苏生；他们好像回到了故乡的村庄，看见了那熟悉的山水、田野、牛羊，家乡父老的一张张笑颜、企盼的目光……楚军士卒不觉坐起身来，不顾严寒，走出营帐，向汉军营寨远眺，因为正是那篝火兴旺的地方传来了楚地的民歌乐曲……于是一群又一群的楚兵情不自禁地向那令他们向往的一堆堆温暖的篝火走去，项羽听四面到处是楚歌声，失神地说："完了！恐怕刘邦已经打下西楚了！汉营里怎么有那么多的楚人呀！"

项羽愁绪满怀，忍不住唱起一曲悲凉的歌来：

力拔山兮气盖世，

时不利兮骓不逝。

骓不逝兮可奈何，

虞兮虞兮奈若何？

项羽唱着唱着，禁不住流下了眼泪。旁边的虞姬和侍从也都伤心地哭了起来。

当天夜里，项羽跨上乌骓马，带了800个子弟兵冲出汉营，马不停蹄地往前跑去。天亮后，汉军才发现项羽已经突围出去，连忙派了五千骑兵紧紧追赶。项羽一路奔跑，后来他渡过淮河时，跟着他的只剩下100多人了。

霸王别姬　年画

项羽他们到达阴陵时，迷了路，于是去问一个农夫，农夫骗他说："向左边走。"项羽带人向左，却陷进了大沼泽地中。因此，汉兵很快追上了他们。项羽又带着骑兵向东，到达东城。

但后面的追兵又围上来了。项羽对跟随他的士兵们说："我从起兵到现在有8年了，经历过70多次战斗，从来没有失败过，才当上了天下霸王。今天在这里被围，这是天要叫我灭亡，并不是我打不过他们啊！"

项羽说罢又几次冲出重围，一直到了乌江（在今安徽和县东北）边。此时，他的身边只剩下二十几个人了。恰巧乌江的亭长有一条小船停在岸边。亭长劝项羽马上渡江，说："江东虽然小，可还有1000多里土地，几十万人口。大王过了江，还可以在那边称王。"

项羽苦笑了一下说："我当年在会稽郡起兵时，带了八千子弟渡江。到今天他们没有一个能回去。我一个人回到江东，即便是江东父老同情我，立我为王，我也没脸见他们呀！"

项羽说完跳下马来，对亭长说道："我知道您是位长者，我骑这匹战马已有5年，所向无敌，曾经一日行走千里，不忍心杀掉它，就送给您吧！"项羽把战马送给乌江亭长后，令骑士全部下马步行，跟追上来的汉兵展开肉搏战。他们杀了几百名汉兵，楚兵也一个个倒下。项羽受了十几处创伤，最后在乌江边拔剑自杀了。

项羽死后，楚地全部向汉军投降，唯鲁地不降。刘邦率大军想要屠城，兵至曲阜城下，还可听到城中的弦歌诵读之声，认为鲁人坚守礼义，为君主死节，便拿出项羽的人头令鲁人观看。鲁地父老见项羽已死，这才投降汉军。当初，楚怀王曾始封项羽为鲁公。项羽死后，鲁地最后投降，因而按照鲁公封号应享有的礼仪，将项羽安葬在谷城。

刘邦为项羽发丧，洒泪而去。项羽的各支宗族，刘邦都不加以诛害。刘邦封项伯为射阳侯，项襄为桃侯，项佗为平皋侯，但都赐姓为刘。

西汉盛衰

大风歌

刘邦打败了项羽，建立了一个比秦朝更强大的汉王朝。公元前202年，汉王刘邦正式做了皇帝，这就是汉高祖。汉高祖定都洛阳，后来迁都到长安（今陕西西安）。

西汉初年，刘邦大封功臣，异姓王有7人，史称"异姓诸王"。这些王侯据有关东广大区域，势力强大，朝廷奈何不得。异姓王的存在为汉朝的长久稳定留下无

争功图　汉

穷隐患。

　　汉高帝五年（公元前202）七月，距离刘邦称帝不到半年，燕王臧荼首先叛乱，刘邦亲自率兵征讨。两个月以后，臧荼成为阶下囚，刘邦又立长安侯卢绾为燕王。九月，颍川的原项羽部将利几谋反，没多久即被刘邦平定。一时举国上下，谈兵色变，有人告发楚王韩信意图谋反，刘邦决定采纳陈平的建议，采取智取的办法。他假装巡游云梦（古大泽，在今湖北南部和湖南北部），命令各路诸侯于十二月在陈县会集。韩信见到诏令后，虽然有点儿疑惧，但自认为没有什么过失，便前往会见刘邦。武士当即将韩信逮捕押往洛阳，刘邦废其王号，改封他为淮阴侯。韩信因此非常忧郁。他经常称病不上朝，还常常发牢骚："果真像别人所说的那样，'狡兔死，走狗烹；飞鸟尽，良弓藏；敌国破，谋臣亡'。天下已经安定，我固当亡。"

　　高帝十年（公元前197年），有人说韩信与陈豨谋反。陈豨是刘邦子代王如意的部下，如意年幼，长期留居长安，代王相陈豨独自掌握王国大权。据说，陈豨与韩信商定反汉，以韩信为内应，陈豨带将守边，内外呼应。高帝十年的秋天，刘邦借"太上祖驾崩"的名义召见陈豨，陈豨称身体不适，不应召见，并与王黄、曼丘臣一同造反，自立为代王。刘邦亲自赴邯郸坐镇，派周勃等率军北征。当时陈豨部将侯敞、王黄、张春四处招兵买马，号召反叛，叛乱几乎波及华北全境。而刘邦则处于劣势，他多次以羽檄征集彭越、英布等人，但无人应召。最后刘邦采用重金收买陈豨手下部将的计谋，方得以将陈豨打败。到了高帝十二年（公元前195年），周勃斩陈豨于当城（今河北蔚县）。

刘邦亲自征讨陈豨时，要求韩信随军出征，韩信以身体有病为借口，没有一同前往。后来有人检举韩信想利用刘邦出征的机会，策划在长安动手，与陈豨里应外合。高帝皇后吕后与丞相萧何设计将韩信骗入宫中处死，并诛灭了其亲人家属。至此，在反楚战争中立下赫赫战功的韩信不复存在了。

高帝十一年（公元前196年）三月，梁王彭越的部下告发他谋反，刘邦不动声色地遣使前往梁王王都定陶，乘其不备，一举将彭越逮捕，押往洛阳。刘邦念其战功，没有将其处死，只是将其贬职为民，发放蜀地。恰巧在去流放地的途中，彭越偶遇从长安去洛阳的吕后。彭越自以为遇见了大救星，恳求吕后向刘邦求情，殊不知吕后为人刚毅，心肠狠毒。她假装答应了彭越的要求，将彭越带回了洛阳。她不但没有践约为彭越求情，反而对刘邦说让彭越这种有才能、有威望的人去蜀地是自留祸患，不如斩草除根。刘邦认为其妻言之有理，改判彭越死刑，并灭其全族。

韩信与彭越的死对英布震动很大，同病相怜的处境使得他不得不首先防范。他暗中部署兵力，小心刺探周围各郡的动静。后来有人将英布的活动报告给刘邦，刘邦派遣使者到淮南国查明情况。英布得知此事，如惊弓之鸟，只好于高帝十二年七月宣布反叛。叛乱之初，英布气焰很高，他认为刘邦已61岁高龄，又身患疾病，无法也不会再带兵出征了，他信心十足地东进击杀了荆王刘贾，占据了大片的土地。刘邦深知年老体衰，意图让太子刘盈率兵出征。但太子宾客认为英布是善于用兵的猛将，诸将曾经与高祖一同打江山，平起平坐，威望较高，恐怕未必肯听太子的调遣，因此太子的出征，前景令人担忧。于是他们策划让吕后去请求皇帝亲自出征。刘邦思前想后，觉得别无选择，只好不顾年老体衰，于十月亲率大军东征，连连打败英布的队伍。高帝十二年十月，刘邦与英布在蕲西短兵相接，英布不敌，逃往江南鄱阳（今江西鄱阳东），被当地人杀死于乡民田舍。英布所发动的叛乱是刘邦在位期间最大的一次叛乱，这次叛乱的平定，对汉王朝的长治久安起了重要的作用。

汉高祖平定了英布叛乱后，在凯旋的路上，回故乡沛县住了几天。他邀集了故乡的父老子弟和以前的熟人，举行了一次宴会。他在与父老乡亲团聚畅饮当中，想起过去自己战胜项羽的经历，又想到以后要治理好国家，可真不容易。想到这里，汉高祖感慨万千，情不自禁地唱道：

大风起兮云飞扬，

威加海内兮归故乡，

安得猛士兮守四方。

晁错削藩

汉景帝即位后，也采用休养生息的政策，治理国家。景帝当太子的时候，有个管家的官员叫晁错，挺有才能，大家都称他"智囊"。后来，汉景帝把他提升为御史大夫。

秦朝实行的是郡县制，但是汉高祖打下天下后，分封了22个诸侯国，这些诸侯都是汉高祖的子孙。到了汉景帝时，诸侯的势力变得强大起来，土地又多，像齐国就有70多座城。有些诸侯不受朝廷的约束，简直成了独立王国。

晁错见各诸侯国的发展态势很有可能造成国家分裂的危险，就对汉景帝说："吴王私自开铜山铸钱，煮海水取盐，招兵买马，动机不纯，不如趁早削减诸侯国的封地。"

汉景帝有点犹豫，说："削地只怕会引起他们造反。"

晁错说："诸侯想造反的话，削地会反，不削地将来也会反。现在造反，祸患小；将来他们势力大了，再反起来，祸患就大了。"

汉景帝觉得晁错的话很有道理，便下定决心，削减诸侯的封地。过了不久，朝廷找了些理由，削减了诸侯的封地。有的被削去一个郡，有的被削掉几个县。

正当晁错与汉景帝商议要削吴王濞的封地时，吴王濞先造起反来了。他打着"惩办奸臣晁错，救护刘氏天下"的旗号，煽动其他诸侯一同起兵造反。

公元前154年，吴、楚、赵、胶西、胶东、淄川、济南7个诸侯王发动叛乱。历史上称为"七国之乱"。

叛军声势很大，汉景帝惊恐之余，想起汉文帝临终时的嘱咐：国家有变乱，就让周亚夫带兵出征。于是，他拜善于治军的周亚夫为太尉，统率36名将军去讨伐叛军。

那时候，朝廷中有人妒忌晁错，说七国发兵完全是晁错的过错，如果杀了他，七国就会退兵。接着，有一批大臣上奏章弹劾晁错，说他大逆不道，应该杀头。汉景帝看了这个奏章，为平定叛乱，只得批准了。

这样，一心想维护汉家天下的晁错，竟成为七国之乱的牺牲品。

汉景帝杀了晁错，下诏书要七国退兵。这时候，吴王濞已经打了几个胜仗，夺得了几座城池。他听说要他拜受汉景帝的诏书，冷笑说："现在我也是个皇帝，为什么要拜受别人的诏书？"

这时，汉军营里有个叫邓公的官员，到长安向景帝报告军情。汉景帝问他："你从军营里来，知不知道晁错已经死了？吴楚答应退兵了吗？"

邓公说："吴王一直有造反的野心。这次借削地的借口发兵，哪里是为了晁错呢？陛下把晁错杀了，恐怕以后没人敢替朝廷出主意了。"

汉景帝这才知道自己错杀了晁错，悔恨之余，决定以武力平叛，于是派遣太尉周亚夫率兵征讨。周亚夫以坚壁固守的战术，多次挫败吴楚联军的进攻。吴楚联军的士卒饿死、投降、失散的很多，只得败退。三月，吴王刘濞残部数千人退守丹徒（今江苏丹徒），被东越人所杀。其他诸王也战败或自杀、或被杀，历经 3 个月的七国之乱遂被平定。

七国之乱的平定，在很大程度上解决了汉高祖分封同姓王所引起的矛盾，巩固了汉王朝中央的统治，并为日后汉武帝以推恩令进一步解决诸侯王国问题创造了必要的条件。

汉景帝平定了叛乱，仍旧封七国的后代继承王位。但是从那以后，诸侯王只能在自己的封国里征收租税，取消了他们干预地方行政的资格，大大削弱了他们的权力，汉朝的中央集权才得以巩固。

武帝初登

汉武帝生母王夫人本名姑，母亲臧儿，本是项羽所封燕王臧荼的孙女，因家道

汉武帝刘彻像

衰落，嫁给同乡的王仲为妻，生下王娡。王娡聪明伶俐，容貌俊美清雅。据传，有一相面术士见到王娡后，大惊失色地称赞道："此女贵不可言，当匹配天子，生天

子，母仪天下！"这时王娡嫁人，并生有一女。后来赶上官中选秀，其母想方设法将她混成秀女送入宫中。当时还是皇太子的汉景帝见她貌美，遂纳入自己宫中。汉景帝即位后封王娡为"美人"，宫中都称她为"王夫人"。

公元前156年，王夫人产下景帝第九子，乳名刘彘。

刘彘自幼聪明，三岁能背典籍，无遗漏，汉景帝大为惊异，于是大为宠爱。一天，景帝把刘彘抱在膝头上，问道："我儿愿意当皇帝吗？"刘彘用稚嫩的声音答道："做皇帝不由儿臣，我愿天天在父皇膝前嬉戏，不失为子之道。"景帝暗暗惊叹："三岁小儿竟如此口齿伶俐，真是天资聪颖啊！"于是就有了立刘彘为太子的打算。

汉武帝的童年和少年的宫廷生活，决定了他一生的命运，并给他54年的皇帝生涯打上了深深的烙印。

汉武帝虽然也是汉景帝的儿子，但是按照当时的继承顺序，皇帝的位子根本轮不到他。汉景帝在公元前153年就立皇子刘荣为太子，与此同时封刘彘为"胶东王"。但是刘荣的母亲栗姬和刘彘的母亲王美人都不是皇后，和栗姬相比，王美人并不怎么得宠。公元前151年，汉景帝废薄皇后，眼看皇后之位就要落到栗姬手中。但是，栗姬自从亲生儿子被立为太子后，就目空一切，专横跋扈，脾气越来越乖戾。汉景帝终于忍无可忍，景帝七年（公元前150年）正月，他不顾朝臣反对，下诏废皇太子刘荣为临江王，将栗姬打入冷宫。

皇太子之位暂时空缺，诸子为争夺皇位继承权展开了激烈斗争。刘彘被立为太子，他的姑母长公主刘嫖起了关键的作用。刘嫖是窦太后的女儿，汉景帝的姐姐，她不仅受到窦太后的宠爱，与汉景帝的关系也非常密切。长公主生有一个女儿，名阿娇。长公主一心想让阿娇当皇后，她本来想把阿娇许配给太子刘荣，可遭到栗姬的回绝，长公主由此和栗姬结仇。王美人抓住这一机会，极力讨好长公主。碰巧一天年仅五六岁的刘彘到长公主家玩耍，长公主见他聪明可爱，于是抱在膝上问道："我儿想要娶个媳妇吗？"刘彘答道："想。"长公主指着左右侍女问刘彘："她们之

无字碑 汉

中你喜欢哪一个呀？"刘彘摇摇头，表示一个也不喜欢，最后长公主指着自己的女儿问他："阿娇好不好？"刘彘这才高兴地说："好！我要是能娶阿娇做媳妇，一定要给她盖一座金屋，让她住在里面。"长公主听了非常高兴，后来在征得汉景帝同意后，便把阿娇许配给了刘彘。后来，武帝登上皇位之后，履行了自己的诺言，他真的为阿娇备下了一坐金碧辉煌的宫殿，并册封她为皇后。这样，长公主和刘彘的关系更近了一层，看到刘荣的太子之位被废，长公主和王美人乘机活动，终于说服汉景帝。景帝七年四月，汉景帝立王美人为皇后，接着立7岁的胶东王刘彘为皇太子，改名彻。

刘彻从公元前150年被立为太子，到公元前141年汉景帝驾崩，继承皇位，其间做了9年太子。在这9年中，聪颖过人的皇太子深得汉景帝的宠爱。他一方面协助汉景帝处理政务；另一方面博览群书，广泛涉猎琴棋书画、诗歌辞赋，这为他以后五十余年的政治生涯奠定了基础。景帝后元三年（公元前141年），汉景帝为已

武帝茂陵　汉

年满 16 岁的皇太子举行了隆重的冠礼。不料冠礼大典之后，汉景帝突然患病，医治无效，正月二十七日驾崩于未央宫。国不可一日无君，皇太子当日在汉景帝灵前继承皇帝大位，君临天下，一代名君汉武帝登上了皇帝的宝座。

　　汉武帝统治时期是中国历史上的一次转变。他统治下的西汉王朝是中国历史上的第一个黄金时代。处于鼎盛之中的大帝国无论是文治还是武功都达到中国封建社会的高峰。在政治上，武帝颁行推恩令，制定左官律、附益法，实施"酎金夺爵"，基本上改变了汉初以来诸侯王强大难治的局面；实行一系列打击地方豪强的有效措施；创立刺史制度，加强对地方的控制和监督；同时，汉武帝削弱了丞相权力，任用酷吏，严格刑法，设立太学，建立察举制度，加强中央集权的统治力量。在经济上，将冶铁、铸钱、煮盐收归官营；设立均输、平准官，运输和贸易由国家垄断，将物价平衡；实行算缗告缗，打击富商大贾；治理黄河，大力兴修水利，广开灌溉；实行代田法，改进农具，推动农业生产的发展。在思想上，采纳董仲舒建议，"罢黜百家，独尊儒术"，巩固君主集权，使大一统的儒家思想成为封建统治思想。在民族关系上，多次派兵攻打匈奴，解除了匈奴对北部边郡的威胁；前后两次派遣张骞出使西域，实现和发展了与西域地区的交流，促进了经济文化的繁荣；又遣使至夜郎、邛、筰等地宣慰，加强对西南地区的控制和开发；还统一了南越地区，设立南海、苍梧等 9 郡。

汉武帝晚年因杀戮太过，颇思悔悟。当时李广利伐匈奴不利，全军覆没，求神仙不成，又因巫蛊之祸造成父子相残，种种打击使武帝心灰意懒。在登泰山、祀明堂之后，武帝在轮台宫殿下《罪己诏》，即《轮台罪己诏》，表示承认自己的错误。天下也因此又逐渐归于和谐，为昭宣中兴的盛世奠定了基础。

公元前 88 年，汉武帝叫画工画了一张"周公背成王朝诸侯图"送给霍光，意思是让霍光辅佐他的小儿子刘弗陵。公元前 87 年二月丁卯，汉武帝去世，享年七十岁，葬于茂陵。

汉武帝在位 54 年，为以汉族为主体的统一的、多民族的封建国家的巩固和发展做出了重要贡献。武帝时期，西汉成为亚洲最富强繁荣的多民族国家，也是中国历代封建王朝中的盛世之一。

罢黜百家，独尊儒术

"罢黜百家，独尊儒术"是公元前 140 年，汉武帝尊崇儒术，将百家学说排斥于官学之外的思想措施。"罢黜百家，独尊儒术"确立了儒家思想在中国社会和文化中的主导地位，不仅巩固了汉朝政权，而且对整个中国历史的发展和传统文化的凝聚产生了极其深远的影响。

西汉初年，汉高祖继续实行秦代的挟书律，禁止私人收藏《诗经》《尚书》等，儒家学术活动几乎灭绝，清静无为的道家思想被统治者大力提倡。这些政策短期内适应了长期战争后恢复生产、稳定社会秩序的要求。无为而治、休养生息的政策造就了文景时期的社会安定、政治开明、文化复兴的繁荣局面。

但随着时代的发展，黄老学说已经不适应时代潮流。汉武帝时期，王国势力强大并凌驾于朝廷之上，商人豪强大力兼并土地，匈奴不断骚扰边界，强化专制主义中央集权制度已经成了统治者的迫切需要。而儒家的大一统思想、神化皇权的观念以及仁义学说，恰好适应了这种要求。年轻力壮的汉武帝要大有作为，建立千秋帝业，也需要这种新的思想武器。

汉武帝即位后，首先举行的一件大事是召集天下文士，亲自出题考试。大儒董仲舒提出，诸子学说使国家不能保持一贯的政策，法令制度常常改变不利于封建的专制统治，建议政府只用讲儒学的人为官。武帝采纳了董仲舒的建议，把各地举荐来的非儒学的诸子百家一概罢斥，同时任用考试优秀的儒家学者。这样一来，只有学习儒家学术才有做官的机会。武帝又改组领导班子，起用了一大批好儒学的人，如用好儒术的田蚡做丞相等，以此来褒扬儒学，贬斥道家等诸子学说。

董仲舒

汉武帝的改革激怒了黄老学说的首要代表窦太后。窦太后大力打击儒家，并找借口把鼓吹儒学的人投入监狱。窦太后去世后，武帝重用儒生，把官府里非儒家的博士一律免职，排斥黄老刑名等百家学术于官学之外，这就是有名的"罢黜百家，独尊儒术"。武帝提倡的儒学，是在原来孔子仁义学说的基础上吸收了阴阳五行家神化皇权、鼓吹王权神授的思想，又接受法家君王独尊、增设刑法、任用酷吏的学说，成为一种儒家王道与法家霸道杂合的思想。

汉武帝的独尊儒术与秦始皇的焚书坑儒目的都是为了统一思想，巩固封建统治，只是他们采用的手段不一样。秦始皇烧掉诸子百家书籍，企图用暴力手段来达到目的，结果失败了。汉武帝则采用引导的办法，提倡儒家学说，确立儒学为官学，从而开创了两千多年来儒家学说独盛的局面，儒家由此成了中国封建社会的主流思想。

张骞出使西域

汉武帝初年的时候，汉武帝从投降过来的匈奴人那里，得知了有关西域（今新疆和新疆以西一带）的情况。他们说有一个被匈奴打败的月氏国，向西迁移到西域一带。

汉武帝想，月氏在匈奴西边，如果汉朝能跟月氏联合起来，断绝匈奴跟西域各国的交往，这不是等于断了匈奴的右臂吗？于是，他下了一道诏书，征求能到月氏去联络的人。

有个年轻的郎中（官名）张骞，觉得这件事很有意义，便自告奋勇去应征。随后又有 100 多名勇士应征，其中有个叫堂邑父的匈奴族人，也愿意跟张骞一块儿去找月氏国。

公元前 138 年，汉武帝就派张骞带着应征的100 多个人出发了。但是要到月氏，中途必须经过匈奴占领的地界。张骞他们小心地走了几天，还是被匈奴兵给发现了，全都做了俘虏。

张骞

他们被匈奴扣押了 10 多年。日子久了，匈奴对他们管得不那么严了。张骞偷偷找到堂邑父，两人商量了一下，瞅匈奴人不防备，骑上两匹快马逃走了。他们一直向西跑了几十天，历尽千辛万苦，逃出了匈奴地界，进入了一个叫大宛（在今中亚费尔干纳盆地）的国家。

大宛和匈奴是近邻，当地人能听懂匈奴话。张骞和堂邑父便用匈奴话与大宛人交谈起来。大宛人给他们引见了大宛王，大宛王早就听说汉朝是个富饶强盛的大国，听说汉朝的使者到了，非常高兴，后来，又派人护送他们到康居（约在今巴尔喀什湖和咸海之间），再由康居到了月氏。

月氏被匈奴打败以后，迁到大夏（今阿富汗北部至印度河流域）附近，在那里建立了大月氏国。大月氏国王听了张骞的来意，不感兴趣，因为他们不想再跟匈奴结仇。但是张骞毕竟是个汉朝的使者，也很有礼貌地接待了他。

张骞和堂邑父在大月氏住了一年多，没能说服大月氏国共同对付匈奴，只好返回长安。在回国的途中，又被匈奴人扣留了一年。这样，直到公元前126年，张骞等人才回到长安，见到汉武帝。

张骞在外面整整过了13年才回来。汉武帝认为他立了大功，封他为太中大夫。到了卫青、霍去病消灭了匈奴主力，匈奴逃往大沙漠北面以后，汉武帝再次派张骞去结交西域诸国。

公元前119年，张骞和他的几个副手，拿着汉朝的旌节，带着300个勇士，还有1万多头牛羊和黄金、绸缎、布帛等礼物去西域建立友好关系。张骞到了乌孙（在今新疆境内），乌孙王亲自出来迎接。张骞送给他一份厚礼，建议两国结为亲戚，共同抵御匈奴。

过了几天，张骞又派他的副手们带着礼物，分别去联络大宛、大月氏、于阗（在今新疆和田一带）等国。乌孙王派了几个翻译作他们的助手。

这些副手去了好久还没回来。张骞决定不再等下去了，乌孙王便派了几十个人护送张骞回国，顺便一起到长安参观，还带了几十匹高头大马送给汉朝皇帝。

汉武帝见乌孙人来了，很是高兴，又瞧见乌孙王送的大马，就格外优待乌孙使者。一年后，张骞生病死了。张骞派到西域各国去的副手也陆续回到长安。副手们把到过的地方合起来一算，总共到过36个国家。

从那以后，汉朝和西域各国建立了友好交往的关系。汉武帝每年都派使节去访问西域各国，西域派来的使节和商人也络绎不绝。中国和中亚及欧洲的商业往来也迅速增加，通过这条贯穿亚欧的大道，中国的各种丝制品，源源不断地运向中亚和欧洲，因此，希腊、罗马人称中国为赛里斯国，称中国人为赛里斯人，"赛里斯"即"丝绸"之意。19世纪末，德国地质学家李希霍芬将张骞开辟行走的这条东西大道誉为"丝绸之路"。德国人胡特森在多年研究的基础上，撰写成专著《丝路》。从此，丝绸之路这一称谓得到世界的承认。丝绸之路在世界史上有重大的意义，它是亚欧大陆的交通动脉，是中国、印度、希腊三种主要文化的交汇的桥梁。

飞将军李广

公元前 129 年，匈奴侵犯汉朝边境。汉武帝派卫青、公孙敖、公孙贺、李广四位将军带兵抵抗。在这四名将军中，李广的年纪最大，立下了无数战功。

李广是陇西成纪（今甘肃秦安县北）人，他的先祖叫李信，在秦始皇时当过将军。李广能骑善射，武艺高强。汉文帝十四年，匈奴大举入侵萧关（今甘肃东南）时，李广应征入伍，参加抗击匈奴。

李广射石图　清　任颐

到了汉景帝做皇帝时，李广担任陇西都尉，不久，又调任骑郎将。李广每到一地，都以和匈奴奋力拼杀出名，他的战略战术更让匈奴谈虎色变。

景帝中元六年（公元前 144 年），匈奴骑兵入侵上郡（今陕西榆林东南）、雁门（今山西原平北），掠夺汉皇室狩猎场的马匹。汉吏卒与之交战，死亡 2000 余人。当时李广任上郡太守，率领百余骑兵外出巡视，归途中遇匈奴数千骑兵。李广随从都害怕，想逃走，他忙阻止。李广认为大军离此数十里，如果以百骑逃走，匈奴骑兵勒马追赶，马上就会被斩杀；如果原地不动，匈奴兵会认为是大军的诱饵，必定不敢攻击。于是，李广命令部下前进至距匈奴阵2里左右，下马解鞍，表示并不忙着离去。

匈奴军中有一位骑着白马的监军到阵前观望，李广率十余骑将他射杀，后回到军中便解鞍纵马，卧地休息。时近黄昏，匈奴骑兵对李广的举止迷惑不解，以为汉军在附近有伏兵，不敢轻易攻击。入夜，匈奴军担心遭受汉大军袭击，向北撤退。天亮后，李广率军平安返回大营。

武帝即位后，朝廷里的大臣们都夸奖李广是员猛将，武帝便把李广从上郡太守的任上调往京师，担任未央宫的警卫。

这一次李广和卫青、公孙贺、公孙敖四路人马去抵抗匈奴，匈奴的军臣单于早已得到了消息。匈奴人最害怕的就是李广，军臣单于便把大部分兵力集中在雁门，并设了埋伏，要活捉李广。匈奴人事先挖下陷阱，再和李广对阵，假装被打败了，引诱李广去追赶他们。李广看到前面是平展的草地，没有想到匈奴人挖好了陷阱，就等他中计了。李广追着追着，只听"呼啦"一声，李广连人带马都掉进了陷阱，被匈奴人活捉了。

匈奴人捉住了李广，生怕他跑了，就把李广装在用绳子结成的网兜里，用两匹马吊着他。

李广躺在网兜里，一动不动，像死了一样。走着走着，他微睁眼睛，偷偷地瞧见旁边一个匈奴兵骑着一匹好马，便使出全身力气，一跃跳上马，夺了那个匈奴的弓箭，将那个匈奴兵打翻在地，拼命地往回跑。几百个匈奴骑兵在后面追，李广一连射死了前面的几个追兵，终于逃了回来。

李广虽然跑了回来，但是打了败仗，按军法应当斩首。后来李广花钱赎罪，回家做了平民。过了不久，匈奴又来进犯汉朝边境，李广被重新起用，到右北平做了太守。

李广有多年的防守经验，他行动快，箭法精，忽来忽去，敌军总是摸不清他的打法，所以匈奴人称他为"飞将军"。在他驻守右北平期间，匈奴人不敢来犯。

李广常常闲暇无事时，便带上一些将士外出打猎。当时右北平山里有不少老虎，李广一连射死了好几只。有一次，李广外出打猎，突然瞧见迎面的乱草丛中蹲着一只斑斓猛虎，正准备向他扑过来。李广急忙拈弓搭箭，用足全身力气，一箭射去，凭他百发百中的箭法，射个正着。将士们赶快提着剑跑过去捉老虎，可是跑近一看，都愣住了，原来草丛中并没有老虎，只有一块奇形怪状的大石头，李广的那支箭，竟然射进了石头里！

飞将军李广一箭射进石头的消息，很快传开了。匈奴人听了，更加害怕李广，急急忙忙地往西迁移，再也不敢来侵扰右北平一带的边境地区了。

汉元狩四年（公元前119年），李广跟随卫青征战漠北，因奉命绕道东线，不幸迷失方向，贻误战机。卫青命长史追究治罪于李广。当时，李广已是60多岁的高龄，不愿受辱，慨然自杀。李广平日爱恤士卒，深受部下敬重。李广死后，士卒失声痛哭，悲痛不已。

王莽篡位

王昭君离开长安不久，汉元帝就死去了。他的儿子刘骜即位，是为汉成帝。汉成帝是个荒淫的皇帝，他当了皇帝后，朝廷的大权逐渐被外戚掌握了。成帝的母亲、皇太后王政君有8个兄弟，除了一个死去的以外，其他人都封了侯。其中要数王凤的地位最显赫，他被封为大司马、大将军。

王凤掌了大权，他的几个兄弟、侄儿都十分骄横。只有一个侄儿王莽与众不同，他像平常的读书人一样，做事谨慎小心，生活也比较节俭。人们都说王家子弟中，王莽是最好的一个。

王凤死后，他的两个兄弟先后接替他的职位，后来又让王莽做了大司马。王莽很注意招揽人才，有些读书人慕名前来投奔他。

汉成帝死后，在10年之内，换了两个皇帝——哀帝和平帝。汉平帝登基时才9

岁，国家大事都由大司马王莽做主。很多大臣都吹捧王莽，说他是安定汉朝的大功臣，请太皇太后封王莽为安汉公。王莽说什么也不肯接受封号和封地。

王莽越是不肯受封，越是有人要求太皇太后封他。据说，朝廷里的大臣和地方上的官吏、平民上书请求加封王莽的人多达 48 万人。有人还收集了各种各样歌颂王莽的文字，使王莽的威望越来越高。

渐渐长大的汉平帝越来越觉得王莽的行为可怕、可恨，免不了背地里说些抱怨的话，这些话被传到了王莽的耳中。

有一天，大臣们给汉平帝过生日，王莽借机献上一杯毒酒。汉平帝没想到王莽胆敢做出这种事，接过来喝了。

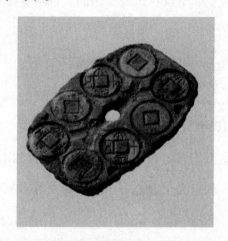

新莽"大泉五十"陶范

没过几天，汉平帝就得了重病，死去了。王莽假惺惺地哭了一场。汉平帝死的时候才 14 岁，没有儿子，于是由王莽摄政，称为"摄皇帝"。第二年，王莽改年号为居摄元年。三月，王莽立只有两岁的刘婴（宣帝玄孙）为皇太子，号称"孺子婴"，以效仿周公摄政旧事，为篡汉自立做准备。居摄三年（公元 8 年），梓潼（今属四川）人哀章制作铜匮，内藏"天帝行玺金匮图"与"赤帝行玺某传予黄帝金策书"，假说是高祖遗命令王莽称帝。于是，王莽便到高帝祠庙接受铜匮，即天子位，定国号为"新"。至此，西汉灭亡。

王莽自立为帝后，为了巩固政权，在全国实行改革，推行新制。

从居摄二年（公元7年）到天凤元年（公元14年），王莽先后进行了四次币制改革。居摄二年，他下令铸造大钱、契刀、错刀，与汉五铢钱共为四品，一齐流通于市。两年后，又改币制，将错刀、契刀、五铢钱废除，另铸一铢小钱和十二铢大钱并行。始建国二年（公元10年），三改币制，把货币总称"宝货"，分为钱货、金货、银货、龟货、贝货、布货，总称"五物、六名、二十八品"。天凤元年，四改币制，又实行金、银、龟、贝等货币，废除大、小钱，改行货布、货泉二品。

始建国元年（公元9年），王莽下令将全国土地改为王田，奴婢改名为私属，都不能自由买卖。还规定一家男子不超过8人而种田数额超过一井（九百亩）的，应把多出来的田分给九族乡邻中没有田或少田的人；本身无土地的亦按一夫一妇授田百亩的制度授予田地。

同年，王莽下令制造标准的度量衡器，颁行天下，作为统一全国的度量衡标准。

始建国二年（公元10年），王莽诏令在全国实行五均、赊贷和六筦法。政府在长安、洛阳等大城市设立五均官，负责管理工商业经营和市场物价，收取工商税。赊贷规定由政府办理，年利息为十分之一。五均赊贷和政府经营的盐、铁、酒、铸钱及收山泽税，合称为"六筦"。

除此以外，王莽对中央和地方的官名、官制、郡县地名、行政区划，也多次改变。

王莽大规模的改革，并没有起到维护新莽政权的作用，相反，改制后的结果触及到大地主商人的利益，加剧了统治阶级的内部矛盾。制度本身的弊病，也给人民带来了更大的灾难，因此很快导致了王莽政权的覆灭。

绿林、赤眉起义

西汉末年，封建统治阶级和官僚地主疯狂地兼并土地，贪官污吏巧取豪夺，加紧对农民进行残酷的经济剥削和政治压迫，逼得农民难以为生。阶级矛盾异常尖锐，小规模农民起义不断发生。王莽建立新朝后，企图通过复古西周时代的周礼制度来达到他治国安天下的理念，于是仿照周朝的制度开始推行新政，史称王莽改制。但由于王莽的这些政策只求名目复古，很多都是与当时的实际情况相违背的，而且在推行时手段和方法不正确，在遭到激烈反对后，又企图通过严刑峻法强制推行，使上至诸侯公卿，下至平民百姓因违反法令而受重罪处罚者不计其数，加剧了社会的动荡。各项政策朝令夕改，使百姓官吏不知所从，人们未蒙其利，先受其

执戟骑士俑　西汉

害，因此导致天下豪强和平民百姓的不满，反而造成"农商失业，食货俱废"的恶果，破坏了社会的正常生产和人民的正常生活，人民已是财竭力尽，无法生活，又加上自然灾害连年不断，农田荒废，农民倾家荡产，很多地区甚至出现了"人吃人"的现象。

公元17年，荆州发生饥荒，老百姓到沼泽地区挖野荸荠充饥，野荸荠越挖越

少，便引起了争斗。新市（今湖北京山东北）有两个有名望的人，一个叫王匡，一个叫王凤，出来调解，受到农民的拥护。王匡、王凤就把这批饥民组织起来举行起义。南阳人马武、颍川人王常、成丹等率众参加。他们的根据地在绿林山（今湖北大洪山）中，故称为"绿林军"。

地皇二年（公元 21 年），绿林军在云杜（今湖北河泖）击败荆州两万官军，乘胜占取竟陵（今湖北钟祥）、安陆（今湖北安陆）等地，起义队伍日益增大。

王莽派了两万官兵去围剿绿林军，被绿林军打得溃不成军。投奔绿林山的穷人越来越多，起义军很快就发展到 5 万多人。

琅琊（在今山东诸城）有个姓吕的老大娘，儿子因为没肯依县官的命令毒打没钱付税的穷人，被县官杀害了。这一来激起了公愤，上百个穷苦农民起来替吕母的儿子报仇，杀了县官，跟着吕母逃到黄海，一有机会就上岸打官兵。

这时候，另一个起义领袖樊崇带领几百个人占领了泰山。吕母死了后，她手下的人投奔樊崇起义军。不到一年工夫，就发展到 1 万多人，在青州和徐州之间来往打击官府、地主。

樊崇的起义军纪律严明，规定谁杀死老百姓就处死谁，谁伤害老百姓就要受惩罚。这样一来，得到了老百姓的拥护。

公元 22 年，王莽派太师王匡（和绿林军中的王匡是两个人）和将军廉丹率领 10 万大军去镇压樊崇起义军。樊崇为了避免起义兵士跟王莽的兵士混杂，叫他的部下把自己的眉毛涂成红色，作为识别的记号。这样，人们都称樊崇的起义军为"赤眉军"。

赤眉军于成昌与王莽 10 万军队展开激战。少不更事的王匡根本没有作战能力，两军刚一交锋就败下阵来。见太师夺路而逃，部下也纷纷调转马头，紧随其后的廉丹部队也被冲散了。廉丹眼看败局已定，无力回天，便将帅印交予王匡，最后战死。

成昌一役，是赤眉军与王莽军队的第一次大交锋，也是最后一次。因为南阳一带的反莽运动已经兴起，王莽只能龟缩在洛阳一带防守、再也无力出重兵与赤眉军决战了。

成昌大捷后，赤眉军乘胜向西发展，人数已多达10万人。

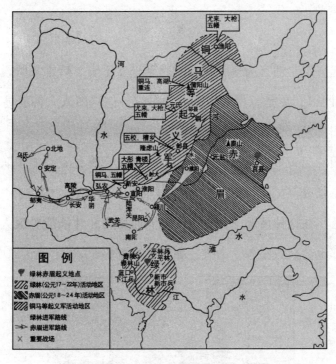

绿林、赤眉、铜马起义图

绿林、赤眉两支起义大军分别在南方和东方打败王莽军的消息一传开，其他地方的农民也纷纷起义。另外，还有一批没落的贵族和地主、豪强也乘机起兵造反。

南阳郡舂陵乡（今湖北枣阳市西）的汉宗室刘縯、刘秀两人，怨恨王莽废除汉朝宗室的封号、不许刘姓人做官的做法，发动族人和宾客七八千人在舂陵乡起兵。他们和绿林军三路人马联合起来，接连打败了王莽的几名大将，声势越来越强大。

绿林军将士们认为人马多了，必须推选出一个负责统一指挥的首领，这样才能统一号令。一些贵族地主出身的将军，利用当时有些人的正统观念，主张找一个姓刘的人当首领，这样才能符合人心。

于是，舂陵兵推举刘縯，可是其他各路的将领都不同意。经过商议，众人立了破落的贵族刘玄做皇帝。

公元23年，刘玄正式做了皇帝，恢复汉朝国号，年号"更始"，所以刘玄又称更始帝。更始帝拜王匡、王凤为上公，刘縯为大司徒，刘秀为太常偏将军，又封了其他的将领。从此，绿林军又称为汉军。

昆阳大战

王莽听到起义军立刘玄为皇帝，顿时感到坐立不安。后来又听说起义军打下了昆阳（今河南叶县），更是急得像热锅上的蚂蚁，他立即派大将王寻、王邑率领43万兵马，从洛阳出发，直奔昆阳。

驻守在昆阳的起义军只有八九千人。有些起义军看见王莽的军队人马众多，担心抵抗不住，主张放弃昆阳，退到原来的据点去。刘秀对大家说："现在我们兵马和粮草都很缺乏，在这种情况下，全靠大家同心协力，才能战胜敌人；如果放弃昆阳，起义军各部也会被敌军各个击破，那就什么都完了。"

昆阳之战形势图

大家认为刘秀说得有道理，可是王莽军兵力实在太强大，死守在昆阳终究不是个办法。于是派刘秀带一支人马突围出去，到定陵和郾城去调救兵。当天晚上，刘秀带着12个勇士，骑着快马，趁黑夜偷偷出了昆阳城。王莽军没有防备，刘秀等人就冲出了重围。

莽军不久将昆阳围得水泄不通。大将严尤向王邑进言："昆阳虽小，但易守难攻。敌人主力在宛城，我们不如绕过昆阳赶往宛城寻歼其主力，到那时昆阳敌人受震动，城可不战而下。"但王邑拒绝说："非也非也！我军百万之师，所过当灭，今屠此城，喋血而进，前歌后舞，岂不快哉？"于是陈营百余座，挖地道，造云车，猛攻昆阳不已。王凤、王常率全城军民顽强抵挡，多次挫败敌人的进攻，敌军消耗很大。

严尤见昆阳久攻不下，再次向王邑进言："围城应该网开一面，使城中一部分守军逃出至宛城，散布兵危消息，以使敌人情绪消沉，军心动摇，其士气低落下来后，城必可破！"但又为刚愎自用的王邑拒绝，他认为不久昆阳就会告破。

刘秀到了定陵，把定陵和郾城的人马全部带到昆阳去解围。但是有些起义军将领舍不得丢掉得到的财产，不愿去昆阳。后来，刘秀说服了众人，带着全部人马赶赴昆阳。到了昆阳，刘秀见昆阳仍未失守，而莽军队形不整，显得士气低落，疲惫不堪，心下大喜。他立即投入战斗，他亲率一千轻骑为前锋，冲到王邑军阵前挑战。王邑以其人少不足畏惧，就派了三千人迎战。刘秀急忙挥军疾冲猛杀，转眼间莽军百余人被砍死，剩下的败退回去了。初战告捷，城内城外的起义军士气都为之一振，斗志立时高涨了许多。

刘秀为了更进一步振奋士气，同时动摇敌人军心，便假造宛城已为起义军攻克的战报，用箭射入昆阳城中；又故意遗失战报，让莽军拾去传播。这一消息顿时一传十，十传百，城内军民守城意志更加昂扬，而城外莽军情绪则更加沮丧。胜利的天平已开始向起义军这边倾斜了。刘秀见效果已经达到，便精选勇士三千人迂回到敌军侧后偷渡昆水，而后猛攻王邑大本营。

此时，王邑仍不把刘秀放在眼里，他担心州郡兵主动出击会失去控制，就令他们守营勿动；自己和王寻率万人迎战刘秀的三千义勇。然而王邑的轻敌应战怎奈得住刘秀部署严密的进攻？万余兵马很快被冲得阵势大乱，而州郡兵诸将却因王邑有令不得擅自出兵，谁也不敢去救援。于是王邑所部大溃，王寻也被杀死。莽军余部见主帅都溃退了，也纷纷逃命。刘秀乘势掩杀，城中王凤、王常见莽军崩溃，即从城内杀出，与刘秀部内外夹攻王邑。王邑军互相践踏，死伤无数，狼狈向洛阳方向逃去。昆阳大战消灭了王莽主力的消息传到各地，百姓纷纷起来响应起义军。

更始帝派大将申屠建、李松率领起义军乘胜向长安进攻。王莽集团内部一片混乱。王莽的心腹刘歆、王涉和董忠等准备发动政变，颠覆王莽政权。事情败露后，刘歆自杀，董忠被诛。大臣内叛，军事外破，王莽开始陷入被动的局面。起义军则趁机大举进攻：王匡率兵直捣洛阳；李松、申屠健等进逼武关。各地也都纷纷响应，杀掉他们的牧守，自称将军，用汉年号，以待诏命。王莽仍在负隅顽抗，招集囚徒为兵，企图阻挡起义军。但囚徒兵很快背叛王莽，掘王莽祖坟，烧王莽祖庙。析县人邓晔、于匡也支持起义军，迫使析县宰和武关都尉投降，攻杀莽军右队大夫。王莽走投无路，便带领群臣到南郊哭天，祈求苍天保佑。但王莽越哭，起义军越近，长安很快便被起义军包围得严严实实。九月，起义军占据长安，长安人张鱼、朱弟率众起义响应，冲入宫廷。将宫室焚毁。王莽抱头鼠窜，逃到未央宫中的渐台，妄图借台周围的池水将起义军阻挡，但起义军已经把宫室团团围住，一时乱箭四射，不久就攻占了渐台。王莽已毫无退路，被商人杜吴所杀。起义军将王莽的头传到南阳，挂在南阳市示众，"百姓共提击之，或切食其舌"。

王莽新朝共历经15年，在礼义、职官、货币、土地、税贷等方面多次进行改制，导致了经济混乱，社会矛盾激化，最后终于葬送在农民起义的熊熊烈火中。

东汉挽歌

光武中兴

昆阳一战，使刘縯和刘秀名扬天下。有人劝更始帝把刘縯除掉。更始帝便找了个借口，杀了刘縯。

刘秀听说他哥哥被杀，知道自己的力量打不过更始帝，就立刻赶到宛城（今河南南阳市），向更始帝赔礼。

更始帝见刘秀不记他的仇，很有点过意不去，就封刘秀为破虏大将军，但没有重用他。后来，攻下了长安，更始帝才给刘秀少量兵马，让他到河北去招抚各郡县。

这时候，各地的豪强大族有自称将军的，有自称为王的，还有的自称皇帝，各据一方。更始帝派刘秀到河北去招抚，正好让刘秀得到一个扩大势力的好机会。他到了河北，废除王莽时期的一些严酷的法令，释放了一些囚犯。同时，不断消灭割据势力，镇压河北各路农民起义军。整个河北几乎全被刘秀占领了。

刘秀留寇恂、冯异等据守河内，与更始政权留守洛阳的朱鲔相持，自己亲率大军北征，击败尤来、大枪、五幡等部农民军。四月，回军南下，于温县大败新市、平林两军，于河南击溃赤眉、青犊两军，大体解除了对河北的严重威胁。此时，刘秀手下的将领开始商议为刘秀上尊号，称帝位，并使人造《赤伏符》以传"天命"。刘秀装模作样"三推"之后，便"恭承天命"，自立为皇帝，这就是汉光武帝。

更始帝先建都洛阳，后来又迁到长安。他到了长安以后，认为自己的江山已经坐稳，便开始腐化起来。原来的一些绿林军将领，看到更始帝整天花天酒地，不问政事，都十分不满。

赤眉军的首领樊崇看更始帝腐败无能，就立15岁的放牛娃刘盆子为皇帝，率领20万大军进攻长安，不久就攻占了函谷关。更始帝眼看赤眉军就要攻到长安了，便率领文武百官逃到城外。樊崇进入长安后，派使者限令更始帝在20天内投降。更始帝没办法，只好带着玉玺向赤眉军投降。

赤眉军声势浩大地进了长安，可是几十万将士的口粮发生了困难，长安天天有人饿死。这样一来，长安的混乱局面就无法收拾了。无奈之下，樊崇带着军队离开长安，向西流亡。但是别的地方粮食也一样困难；到了天水（在今甘肃）一带，又遭到那里的地主豪强的拦击。樊崇没辙，又带着大军往东走。

汉光武帝这时已占领了洛阳，他一听到赤眉军向东转移，就带领 20 万大军分两路设下了埋伏。他派大将冯异到华阴，把赤眉军往东边引。赤眉军被诱引到崤山下，冯异让伏兵打扮得和赤眉军一模一样，双方混战在一起，分不出谁是赤眉兵，谁是汉兵。赤眉军正在为难的时候，打扮成赤眉军模样的汉兵高声叫嚷"投降！""投降！"，赤眉军兵士一看有那么多人喊投降，没了主意，一乱就被缴了武器。

公元 27 年一月，樊崇带着赤眉军向宜阳（今河南宜阳县）方向转移。汉光武帝得到消息，亲自率领预先布置好的两路人马截击，把赤眉军围困起来。赤眉军无路可走，樊崇只好派人向汉光武帝请降。汉光武帝把刘盆子、樊崇等人带回洛阳，给他们房屋田地，让他们在洛阳住下来。但是不到几个月，就加上谋反的罪名，把樊崇杀了。

全国平定后，光武帝于建武十三年（公元 37 年）开始安置有功之臣。他采取了两条措施：一是不让拥有重兵的功臣接近京师；二是对功臣封赏而不用。邓禹、贾复等开国元勋明白光武帝的意思后，率先解去军职，倡导儒学。刘秀对功臣只赏不用的政策是东汉政权重建过程中重要的一步，也是较为成功的一项治国安邦的措施。

刘秀深切地认识到，要使国家真正地长治久安，必须安民，与民休息，才能保持社会稳定，才能发展社会生产。

首先，是给老百姓一个安定的社会环境。刘秀生长在民间，经历过王莽的残暴统治，知道耕作的艰难及百姓的痛苦。因此建立东汉后，通过废除王莽的烦琐法令，恢复汉初的简政轻刑，给百姓创造一个宽松的社会环境。此后，他多次下诏裁减各地的监狱，不断地告诫各级官吏尤其是地方官吏要体恤百姓、宽松执法。光武帝年初，派卫飒担任桂阳（今湖南彬州）太守。卫飒到任后，了解到桂阳地处边远、礼俗落后，便从教育入手，设立学校，端正风俗，不长时间便使境内风气大为改观。桂阳郡的含洭、浈阳、曲江原来是越族居住的地方，沿着河岸靠山居住的，多是一些在战乱中逃进深山的百姓，他们因为地处偏僻，也不向官府交纳田租。卫飒组织人凿山开道五百多里，一路设置亭传、邮驿，不仅方便了那里的交通，也减轻了人民的负担，百姓逐渐搬到道路两边居住，使当地经济迅速发展起来，也开始向官府交纳田赋了。

其次，是有效减轻人民的负担。光武帝认为官吏的奢侈、官僚机构设置无度以致冗官无数，是百姓的最大负担。因此他在位期间，始终提倡节俭。公元37年，一国使者向光武帝献上一匹可日行千里的名马和一柄宝剑，光武帝接受后便下诏把这匹千里马送去驾鼓车，把宝剑赐给骑士。在光武帝的垂范下，节俭在东汉初年形成风气。在提倡节俭的同时，光武帝对冗官进行裁汰。公元30年，光武帝在河北、江淮、关中刚刚平定的情况下，下诏归并了郡、国10个，县、邑、道、侯国400多个。并官省职，直接减少了行政开支。

再次，是提高奴婢的社会地位。西汉中期以来，大量的平民沦为奴婢，成为严重的社会问题。为此，光武帝曾连续6次下诏释放奴婢。同时，他还在一年之内连续下诏3次，禁止杀、伤和虐待奴婢，使奴婢的地位有所提高。

最后，就是要设法解决土地问题，使百姓和土地结合在一起，便于发展社会生产。西汉中期以来，大规模的土地兼并使土地急剧集中。但那些占有土地的豪强们却不如实地向国家申报土地、交纳田赋。为准确地掌握全国的垦田数目和户口名籍，打击豪强，保证赋税收入和徭役征发，光武帝于公元39年下令在全国"度田"即丈量土地，同时也核定人口。但在度田过程中，官吏们和豪强相互勾结，或抵制清查，或隐瞒不量，而对百姓土地却是多量，连墙头地角、房前屋后也不放过。光武帝了解到这种情况后，曾经先后诛杀了大司徒、河南尹及郡守十多人，引起了一场大规模的地方骚乱。地方上的豪族大姓纷纷起来叛乱，光武帝用镇压和分化相结合的手段，好不容易才平息了叛乱。

光武帝刘秀通过集权加强了中央的统治，通过休养生息使人民安心从事生产，经济得到发展，社会比较稳定，这一历史时期被称为"光武中兴"。

汉明帝求弗

汉光武帝活到 63 岁时，得病死了。太子刘庄继承皇位，这就是汉明帝。

据史书记载，有一回，汉明帝做了个梦，梦里出现一个金人，头顶罩了一圈光环，绕殿飞行，一会儿升上天空，向西去了。第二天，他向大臣们询问这个头顶发光的金人是谁。沉默了许久，一位大臣终于说："启禀皇上，我敢说，那绝不是一个荒唐的梦境，那是一个祥瑞之梦。我听说很多年前，我们的邻居大月氏国曾有佛的降临，那是一个至高无上的神，佛是智慧无比的。从越来越多的描述来看，佛的形象与陛下的描述十分相似，金色袍服，项有光圈，看来，陛下梦中所见，无疑是佛了。"

白马寺山门

说话的是被人们称为最博学的一位大臣傅毅。傅毅的一番宏论并非无中生有，也非是对明帝的某种阿谀。在他很年轻的时候（约公元前 2 年），傅毅就已经从大月氏国的使者那里得到关于佛的消息，虽然那只是一个模糊的概念，但越来越多的民间祭祀表明，一种从未有过的文化现象正在中国这个古老的国土上兴起，这是一种不可忽视的文化现象，它预示着这个崇尚于神灵的民族将会有一种新的崇拜。

与此同时，包括明帝在内的所有人都想起建武十七年（公元 41 年）发生过的一件事情。明帝的异母兄弟楚王英就因为经常在自己的宫中进行某种秘密的祭祀而被人告上了宫廷。当时告发他的人说，楚王英如若不是妄图起事，又何必在自己的宫中进行那种秘密的祭祀呢？于是，楚王英被遣往江南一带，最终抑郁而亡。

　　既然明帝的梦是一个祥瑞之梦，而梦中的金人正是从大月氏国传来的关于佛的消息，这一消息对于一个伟大的民族来说，应该是一个光明的前兆。当然，谁也无法进一步说清那个佛的详情，包括他的形象、他的言说、他的理论等。当下明帝就向他的臣子们说，你们中间，有谁愿意前往大月氏国，以迎请佛的到来？大殿内又是长时间的沉默，终于，郎中蔡愔说，启禀皇上，微臣愿意前往。紧接着，博士弟子秦景也说，微臣也愿意前往。

　　这是永平七年甲子（公元 64 年）的上午，明帝做出了派使者出使天竺（今印度、巴基斯坦）的决定。

　　蔡愔和秦景跋山涉水，到达了天竺国。天竺人听到中国派来使者求佛经，表示欢迎。天竺有两个沙门（就是高级僧人），一个名叫摄摩腾，另一个名叫竺法兰，帮助蔡愔和秦景了解了一些佛教的理义。后来，他们在蔡愔和秦景的邀请下决定到中国来。

　　公元 67 年，蔡愔、秦景给两个沙门引路，用白马驮着一幅佛像和四十二章佛经，经过西域，回到了洛阳。

　　尽管汉明帝不懂佛经，也不清楚佛教的道理，但对前来送经的两位沙门还是很尊敬的。第二年，他命令在洛阳城的西面仿照天竺的式样，造一座佛寺，把送经的白马也供养在那儿，把这座寺取名叫白马寺（在今洛阳市东）。

　　汉明帝虽然派人求经取佛像，但他其实并不懂佛经，也不相信佛教，倒是提倡儒家学说。朝廷里的大臣们也不相信佛教，所以当时到白马寺里去拜佛的人并不多。

蔡伦改进造纸术

　　谈到中国的造纸术，就不能不说到蔡伦。他在造纸技术的发明和发展上的卓越贡献将彪炳史册，万古流芳。

蔡伦，字敬仲，桂阳人，是东汉时期杰出的科学家。蔡伦从东汉明帝刘庄末年开始在宫禁做事。汉和帝刘肇登基之后，他很快成了和帝最宠信的太监之一，负责传达诏令，掌管文书，并参与军政机密大事。

蔡伦

史载蔡伦非常有才学，为人敦厚正直，曾多次直谏皇帝。因为其杰出才干，他被授尚方令之职，负责皇宫用刀、剑等器械的制造。在他的监督之下，这些器械都制造得十分精良，后世纷纷仿效。

在做尚方令期间，蔡伦系统总结了西汉以来造纸方面的经验，并进行了卓有成效的试验和革新。在原料的利用方面，他不仅变废为宝，大胆取用麻头及敝布、渔网等废品为原料，而且独辟蹊径，开创利用树皮的新途径。此举使造纸技术从偏狭之处挣脱出来，大大拓宽了原料来源，降低了造纸的成本，使纸的普及应用成为可能。更值得一提的是，他用草木灰或石灰水对原料进行浸沤和蒸煮的方法，既加快了麻纤维的离解速度，又使其离解得更细更散，大大提高了生产效率和纸张的质量。这也是造纸术的一项重大技术革新。

元兴元年（公元 105 年），蔡伦将自造的纸呈给汉和帝，受到大力赞赏，朝野震动。人们纷纷仿制，"天下咸称'蔡侯纸'"。安帝年间（公元 107—125 年），和帝的皇后邓太后因蔡伦久侍宫中，做事勤恳且颇有成绩，封他为龙亭侯。

后来蔡伦被卷入一起宫廷事件，起因是窦后（汉章帝的皇后）让他诬陷安帝祖母宋贵人。等到安帝亲政，着手调查这件事情，让蔡伦自己到廷尉处接受惩罚。蔡伦觉得很受屈辱，就自杀了。

蔡伦虽然死了，但是他对造纸技术的贡献将永存史册。蔡侯纸的出现，标志着纸张取代竹帛成为文字主要载体时代的到来。廉价高质量的纸张，有力地促进了知识、思想的大范围传播，使古代大量文字信息得以保存，促进了人类文明的进步。

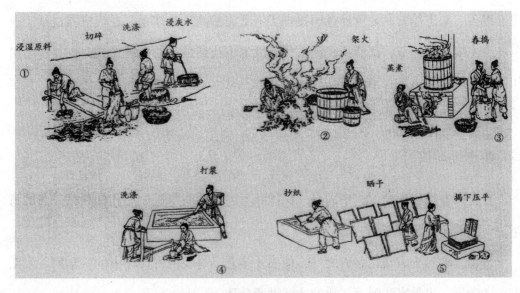

造纸流程示意图

在造纸术没有发明以前，我国古代使用龟甲、兽骨、金石、竹简、木牍、缣帛作为书写材料。龟甲、兽骨、金石对书写工具要求很高，需要刻。简牍呢，笨重不便，而且翻阅起来，中间串的绳很容易断裂，造成顺序混乱。缣帛虽轻便，可是价格十分昂贵，一般人消费不起。纸的发明，满足了人们对轻便廉价书写材料的迫切需求，引发了书写材料的一场空前的革命。

造纸术一经发明，就被人们广泛使用。在以后的朝代里，人们对造纸术进行不断的改良和提高，工艺越来越先进，纸的质量也越来越高，品种也越来越丰富。造纸的主要原料也从破布和树皮发展到麻、柯皮、桑皮、藤纤维、稻草、竹以及蔗渣等等。

我国发明的造纸术，对世界文明影响深远。造纸术大约在 7 世纪初传入朝鲜半岛，隋时传入日本。8 世纪，唐朝工匠将造纸术传入阿拉伯半岛，在撒马尔罕办起造纸厂，此后又传入巴格达地区。10 世纪传入大马士革、开罗地区，11 世纪传入摩洛哥，13 世纪传入印度，14 世纪传入意大利，然后传到德国和英国，16 世纪传入俄国和荷兰，17 世纪传入美国，19 世纪传入加拿大。

潘吉星在《造纸术的发明和发展》一文中这样总结道："我国古代在造纸技术、设备、加工等方面为世界各国提供了一套完整的工艺体系。现代机器造纸工业的各个主要技术环节，都能从我国古代造纸术中找到最初的发展形式。世界各国沿用我国传统方法造纸有 1000 年以上的历史。"从上述论述中，我们不难看出，我国的造纸术在公元前 2 世纪到 18 世纪的 2000 多年里，一直处于世界领先水平。

制造地动仪

在世界自然科学史上，中国有一位国际上公认的能与哥白尼和伽利略齐名的科学家，他的名字叫张衡。

张衡是世界十大文化名人之一，他多才多艺，是我国古代伟大的科学家、发明家、文学家、史学家和画家。他的才能世所公认。

张衡（公元 78—139 年），字平子，河南南阳石桥镇人，出生于一个官僚家庭。他的祖父张堪曾做过多年的太守，但为官清廉，没有什么财产留下，再加上他父亲早死，所以家境比较清贫。

张衡从小就天资聪敏，好学深思。他不仅熟读儒家经典，而且还花了很多时间去读司马相如和扬雄等人的赋，表现出对文学的强烈兴趣。

青年时代的张衡，已经不再满足于闭门读书，他渴望游历，多接触实际，从而开阔眼界，增长见识。公元 94 年，16 岁的张衡远游三辅。他在游览名山大川的时候，不忘考察古迹，采访民情，调查市井交通等。此行不仅大大增长了见识，而且为他后来创作《二京赋》积累了大量的素材。

离开三辅，张衡来到京都洛阳。在洛阳求学的五六年里，张衡结识了一批青年才俊，如经学大师马融、政论家王符以及科学家崔瑗等。在此期间，张衡写了《定情赋》《七辩》等文学作品，名噪一时。随后，他接受南阳太守鲍德的邀请，担任掌管文书的主簿官。

在工作闲暇之余，张衡创作了著名的《二京赋》，轰动一时。任职 9 年后，张衡回到家中，开始研读扬雄的《太玄经》。这是一部研究宇宙现象的哲学著作。通过研究《太玄经》，张衡的兴趣从文学创作转向宇宙哲学的探索，经过不懈努力，他最终在天文历算方面取得了巨大的成就。

公元 111 年，张衡被征召做了郎中，后来又做过太史令。张衡为人耿直，升迁很慢。他曾两次出任太史令，先后长达 14 年之久。太史令的工作，让张衡在天文历算方面做出了杰出的贡献。

经过观察研究，他断定地球是圆的，月亮的光源是借太阳的照射而反射出来的。他还认为天好像鸡蛋壳，包在地的外面；地好像鸡蛋黄，在天的中心。这种学说虽然不完全准确，但在 1800 多年以前，能得出这种科学结论，不能不使后来的天文学家感到钦佩。

张衡还用铜制作了一种测量天文的仪器，叫作"浑天仪"，上面刻着日月星辰等天文现象。

那个时期，地震发生频繁，有时候一年发生一两次。发生一次大地震，就波及到好几十个郡，城墙、房屋倾斜倒坍，造成人畜伤亡。张衡记录了地震的现象，经过细心的考察和试验，发明了一个探测地震的仪器，叫作"地动仪"。

地动仪是用青铜制造的，形状类似酒坛，四周刻铸了 8 条龙，龙头朝着 8 个方向。每条龙的嘴里含了一颗小铜球；龙头下面，蹲着一个铜制的蛤蟆，蛤蟆的嘴大张着，对准龙嘴。哪个方向发生了地震，朝着那个方向的龙嘴就会自动张开来，把铜球吐进蛤蟆的嘴里，发出响亮的声音，发出地震的警报。

公元 138 年二月的一天，地动仪对准西方的龙嘴突然张开，吐出了铜球。按照张衡的设计原理，这就是报告西部发生了地震。

过了几天，有人骑着快马来向朝廷报告，离洛阳 1000 多里的金城、陇西一带发生了大地震，还出现了山体崩塌。

张衡还制造了许多奇巧的器物，如候风仪、指南车和能在空中飞的木鸟等，可惜都已经失传了。他还计算出圆周率是 3.1622，虽然现在看来不准确，但在当时已接近精确值。

地动仪模型

后来，张衡因弹劾奸佞不成，被迫到河间任太守。在职期间，他打击豪强，颇有作为。公元 138 年，张衡被调回京师，出任尚书。此时东汉政权已越来越腐败，张衡感觉回天乏力，于公元 139 年在悲愤与绝望中死去。

张衡以及他的天文学成就，谱写了东汉科学史绚烂的华章，也构筑了我国古代天文学史上一座熠熠生辉的丰碑。张衡为我国天文学、机械技术、地震学的发展做出了不可磨灭的贡献，由于他的贡献突出，联合国天文组织将太阳系中的 1802 号小行星命名为"张衡星"。

黄巾起义

东汉末年，土地兼并严重，豪强地主势力日益扩张；宦官专权，吏治腐败，统治集团日趋腐朽，社会矛盾日趋激化；而天灾人祸不断，流民颠沛流离。走投无路的农民被迫奋起反抗，终于酿成了东汉中平元年（公元 184 年）中国历史上第一次有组织、有准备、全国性的农民起义——黄巾起义。

东汉外戚和宦官两大集团的争权夺利，使朝政混乱，吏制腐败。水旱、虫蝗、風雹、地震、牛疫等自然灾害频繁。灵帝时河内、河南地区大饥荒，出现了河内的老婆吃丈夫，河南的丈夫吃老婆的事情。农民起义此起彼伏。安帝时，毕豪率众起义揭开了反对东汉统治的序幕。

巨鹿郡有弟兄 3 个，老大名叫张角，老二名叫张宝，老三名叫张梁。3 个人不仅有本领，还常常帮助老百姓排忧解难。

张角通晓医术，给穷人治病，从来不要钱，深得穷人的拥护。他知道农民只求安安稳稳地过日子，可眼下受地主豪强的压迫和天灾的折磨，多么盼望有一个太平世界啊！于是，他决定利用宗教把群众组织起来，便创立了一个教门叫太平道。

随着他和弟子们的传教广泛深入民间，相信太平道的人越来越多。大约花了 10 年的时间，太平道传遍了全国。各地的教徒发展到几十万人。

张角和其他组织者商议后，把全国 8 个州几十万教徒都组织起来，分为 36 方，大方有一万多人，小方六七千人，每方选出一个首领，由张角统一指挥。

他们秘密约定 36 方在"甲子"年（公元 184 年）三月初五那天，京城和全国同时举行起义，口号是："苍天已死，黄天当立；岁在甲子，天下大吉。""苍天"，指的是东汉王朝；"黄天"，指的是太平道。张角还派人在洛阳的寺庙和各州郡的官府大门上，用白粉写上"甲子"两字，作为起义的暗号。

可是，在离起义的时间还有一个多月的紧要关头，情况发生了变化，起义军内部出了叛徒，向东汉朝廷告了密。

面对突然变化的形势，张角当机立断，决定提前一个月举事。36 方的起义农民接到张角的命令后，同时起义。因为起义的农民头上全都裹着黄巾作为标志，所以称作"黄巾军"。

汉灵帝得到消息后，惊慌失措，忙拜外戚何进为大将军，派出大批军队，由皇甫嵩、朱儁、卢植率领，兵分两路，前去镇压黄巾军。

然而，各地起义军声势浩大，把官府的军队打得望风而逃。起义之初，起义军进展顺利：河北黄巾军生擒皇族安平王刘续、甘陵王刘忠；南阳（今河南南阳）黄

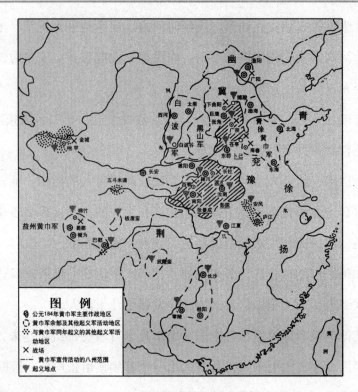

黄巾起义形势图

巾军斩杀太守褚贡，围攻宛城；汝南黄巾军在召陵（今河南漯河市东北）打败太守赵谦军；广阳（今北京市西南）黄巾军攻破蓟县，杀幽州刺史郭勋。

起义军发展壮大后，张角自称天公将军，其弟张宝称地公将军，张梁称人公将军。张角、张梁驻广宗，张宝驻下曲阳，作为农民军中央基地，率部在冀州一带攻城掠地，同时节制各路义军；南阳黄巾军由张曼成率领，在南方扩张势力；汝南黄巾军由波才、彭脱率领，活动于颍川（在今河南禹州）、陈国（在今河南淮阳市）一线，成为黄巾第三大主力。黄巾军从北、东、南三个方向对京师洛阳形成包围之势。

黄巾农民军的"遍地开花"引起了东汉朝廷的恐慌。汉灵帝从温柔乡中醒来，匆忙组织武装镇压。他下令大赦党人，以缓和统治阶级内部矛盾；又下诏令各地严防起义军势力渗透，并积极集兵进剿。灵帝命国舅兼大将军何进统率左、右羽林军，加强洛阳防御，拱卫京师；左中郎将皇甫嵩、右中郎将朱儁率4万步骑进攻颍川黄巾军；北中郎将卢植率北军和地方军队进攻河北黄巾军。

张曼成率南阳黄巾军进攻中原战略要地宛城，遭南阳太守秦颉顽抗，张曼成战死。赵弘继为指挥，攻克宛城，部众发展至 10 余万人。六月，刚刚剿灭颍川起义军的朱儁，把屠刀挥向南阳黄巾军，与荆州刺史徐璆、南阳太守秦颉合兵两万余人围攻宛城。黄巾军拼死抵御，坚守两个多月。

朱儁见城坚难攻，遂退兵以诱敌，暗中设伏。赵弘不明虚实，出城追击，遭朱儁伏兵重创，被迫退回城中。但元气大伤的黄巾军已无力守城，余部于十一月向精山（今河南南阳市西北）转移，被官军追上，大部战死。

河南黄巾军被镇压后，东汉朝廷将重点转向河北。因卢植久攻广宗不下，何进改派东中郎将董卓接替卢植。但董卓恃勇轻敌，被张角大败于下曲阳。十月，朝廷再调皇甫嵩进攻广宗，适值张角病死，黄巾军失其主帅，士气受挫。皇甫嵩趁机在夜间发动突袭，起义军仓促应战，张梁等 3 万余人战死。十一月，皇甫嵩移师转攻下曲阳，张宝等 10 余万人被杀。至此，黄河南北的黄巾军主力先后被官军及地方豪强武装消灭。

公元 185 年农历四月，波才率部击败朱儁，进围皇甫嵩于长社（今河南长葛东北）。但因缺乏作战经验，依草结营，时值大风，皇甫嵩乘夜顺风纵火，起义军大溃；皇甫嵩随即联合朱儁、曹操三军合击黄巾军，斩杀起义军数万。官军乘胜进击汝南、陈国黄巾军，阳翟（今禹州）一战，波才战死；彭脱的黄巾军也在西华被击溃。八月，东郡（今河南濮阳市西南）黄巾军与官军大战于苍亭，7000 余人被屠杀，主将卜己身死。颍川、汝南、东郡三郡黄巾军主力悉数被歼。

黄巾起义虽仅 9 个月便失败了，但起义的余波却持续了 20 多年。黄巾起义瓦解了东汉王朝的统治，外戚宦官的黑暗统治也因此结束了。

大唐气象

李渊起兵

在反隋的割据势力中，李渊父子集团最终扫灭群雄，统一中国。

李渊出生于关陇一个贵族家庭。其祖父原是西魏八柱国之一，北周刚建国时被追封为唐国公。其父原任北周柱国大将军。李渊生于周天和元年（公元566年），幼年丧父，7岁袭唐国公爵。隋灭北周后，李渊先后任身侍卫官、太原刺史等职。

公元616年，突厥侵入北部边境，隋炀帝命李渊和马邑太守王仁恭合力抵抗。结果战事不利，隋炀帝于是派使者押李渊和王仁恭至江都治罪。李渊一方面托词不赴江都，故意纵情声色；另一方面加紧策划。

公元617年，隋炀帝派李渊到太原去当留守（官名），镇压农民起义。但是隋炀帝不信任他，还任命王威和高君雅为太原副留守，以监视李渊。

李渊有四个儿子，其中第二个儿子李世民是个很有胆识的青年，他很喜欢结交朋友。晋阳（今山西太原）县令刘文静就是李世民非常赏识的一个朋友，他跟李密有亲戚关系。李密参加起义军以后，刘文静受到株连，被革了职，关在晋阳的监牢里。

李世民得知刘文静坐了牢，急忙赶到监牢里去探望。李世民拉着刘文静的手，一面叙友情，一面请刘文静谈谈对时局的看法。

刘文静早就知道李世民的心思，他说："现在杨广远在江都，李密正进攻东都，到处都有人造反，这正是打天下的好时机。我可以帮您招集十万人马，您父亲手下还有几万人。如果用这支力量起兵，不出半年就可以打进长安、取得天下。"

李世民回到家里，反复想着刘文静的话，觉得很有道理。但是要说服他父亲，却不是一件容易的事。正好在这个时候，太原北面的突厥（我国古代北方游牧民族之一）可汗向马邑进攻。李渊派兵抵抗，连连打败仗。李渊怕这件事传到隋炀帝那

彩绘贴金武官俑　唐

里，要追究他的责任，急得不知怎么办才好。

　　李世民抓住这个机会，就找李渊劝他起兵反隋。李世民对李渊说："皇上委派父亲到这里来讨伐反叛的人。可是眼下造反的人越来越多，您能讨伐得了吗？再说，皇上猜忌心很重，就算您立了功，您的处境也将更加危险。唯一的出路，只有起来造反。"

　　李渊犹豫了许久，才长叹一声，说："我思考你说的话，也有些道理，我只是有些拿不定主意。好吧！从现在起，是家破人亡，还是夺取天下，就凭你啦！"

　　李渊把刘文静从晋阳监牢里放了出来。刘文静帮助李世民，分头招兵买马。李渊又派人召回正在河东打仗的另两个儿子李建成和李元吉。

　　要起兵必须扩大兵力，李渊为太原留守，虽握有重兵，但是仍须招募一支自己的队伍。可是公开招募会引起高君雅、王威的注意。恰在此时，马邑人刘武周杀死了马邑太守王仁恭，占据马邑郡，起兵反隋，且自称皇帝，还勾结突厥直驱太原。于是，这为李渊公开募兵提供了借口。

李渊以讨伐刘武周为托词，召集各位将领商议，提出自己招募兵丁。高君雅和王威迫于当时的形势，只好同意说："公地兼亲贵，同国休戚，若俟奏报，岂及事机；要在平贼，专之可也。"于是，李渊命李世民与刘文静、长孙顺德、刘弘基、窦琮等人去招募士兵。不多久，便募兵近万人。这支队伍由李渊、李世民父子私自控制和直接指挥，是晋阳起兵的主力。

李渊父子大量募兵，毕竟无法完全掩盖其真实的想法，况且其所用将领长孙顺德、刘弘基是为了逃避征辽诏令而逃到太原的，而窦琮也是逃犯。高君雅、王威见此，怀疑李渊有谋反之心，于是就暗中策划利用晋祠祈雨的机会，将李渊父子诱骗来并全部杀死。不料此事被经常出入王、高家的刘文龙得知，于是刘文龙立刻将此事报告给李渊。因此，李渊决定先发制人。

公元 617 年初夏的一天夜里，李渊命令长孙顺德、赵文恪等人带领 500 壮士，和李世民的精兵一起埋伏于晋阳宫城外，严密封锁。第二天清晨，李渊与高君雅、王威在留守府大厅议事。按照计划，刘文静召鹰扬府司马刘政会入厅，说："有密状，知人欲反。"李渊故意让王威先看，但是刘政会不给，并说："所告乃副留守事，唯唐公得视之！"李渊接过密状一看，是控告王、高暗引突厥入侵。王、高正待辩解，刘文静与长孙顺德、刘弘基等将王威、高君雅逮捕入狱。事也凑巧，第二天果然有突厥数万人进攻晋阳，民众以为是王、高所致，于是李渊趁机杀掉高君雅、王威。这标志着李渊父子正式开始晋阳起兵。

晋阳起兵后，李渊父子的目标就是乘虚入关，直取长安，以号令天下，建立新的王朝。在长安（今陕西西安）的统治者听说李渊带兵进攻，忙派大将宋老生和屈突通分别领兵数万，在霍邑与河东抵抗李渊大军。

大业十三年（公元 617 年）七月，李渊率军进攻宋老生驻守的霍邑，却逢秋雨连绵，无法开战，而且道路泥泞，军粮运输困难。相持数日，眼看军粮将尽，李渊准备退兵，李世民劝阻道："今兵以义动，进战则克，退还则散；众散于前，敌乘于后，死之无日。"听了李世民的意见，李渊决定不撤兵。

战争壁画

八月，连日的阴天终于放晴，李渊遂下令攻城，并由李世民率兵诱敌出城，双方展开决战。李世民身先士卒，奋勇冲锋，"砍杀数十人，两刀皆缺，流血满袖"。霍邑一战，李渊大获全胜，斩杀了隋将宋老生，攻下了霍邑。随后，李渊率兵进攻河东郡，虽取得初战的胜利，但是隋将屈突通固守河东郡，李渊久攻不下。后根据李世民的建议，李渊留下部分兵力包围和牵制屈突通，自己率主力部队渡过黄河，直取长安。

同时，李渊在关中地区的家属和亲族也纷纷起兵响应，其中有李世民的胞妹平阳公主、李渊的从弟李神通，李渊的女婿段纶也在蓝田县聚众万余人。

在这种有利形势下，李渊父子一路上采取收揽人心的办法，废除了隋朝的严刑酷法，还开仓济贫。一面收编关中各地的起义军，一面争取关中地主阶级的支持。数月中，李渊、李世民的军队已达20万人，并于十月开始围攻长安。

十一月，长安城破，李渊率军进入长安宫，立年仅13岁的代王杨侑为帝，是为隋恭帝，并改元义宁，遥尊江都的隋炀帝为太上皇。李渊总揽军政大权，晋封为唐王。李建成为唐王世子，李世民为京兆尹、秦公，李元吉为齐公。

义宁二年（公元618年）三月，隋炀帝在江都被部下杀死，隋朝灭亡。五月，李渊在长安称帝，定国号唐，李渊就是唐高祖，年号为武德。然后立世子李建成为皇太子，李世民为秦王，李元吉为齐王。

统一全国

从公元618年李渊称帝建国到公元624年统一全国，共历时7年之久。从晋阳起兵到长安建国，李渊是起了决定作用的，但是对于建国、镇压各地农民军、消灭地主武装割据，这些任务大部分是由李世民领导完成的。

李渊建都长安后，面临的形势十分严峻，四周强敌遍布：薛举集团占据兰州、天水一带，并时常进攻关中；李轨集团占据武威一带，亦虎视关中；刘武周则占据马邑，并时常勾结突厥南下威胁晋阳；梁师都占据夏州朔方，在北面威胁着关中地区。因此，消灭四周强敌，完全控制关中、陇西地区（今甘肃省），以关中为根据地，再消灭关东群雄，从而建立统一的中央政权，就成为唐朝统治集团的必然选择。

统一战争的第一步，就是消灭实力较强且经常进攻关中的薛举父子。薛举是河东汾阴（今山西万荣西南宝鼎）人，家私巨万，交结豪强，雄于边朔。公元617年，薛举自称秦王，封儿子仁杲为齐公。从公元617年底到公元618年春，唐军曾与薛举进行了两次大战。公元618年十一月，薛举再次进攻长安，不料在出兵前暴病而死，遂由其长子薛仁杲率军出征，李世民率兵迎敌。

李世民见敌军来势凶猛，便下令坚守，避其锋芒，伺机出战。两军相持60余日，秦军粮食耗尽，军心浮动；况且薛仁杲有勇无谋、残暴成性，其部下已有多人投降世民。至此，李世民认为战机成熟，便以少数部队引开秦军，然后亲领主力从秦军背后袭击。秦军溃败，逃往折墌。于是李世民率大军乘胜追击，渡过泾水，围攻折墌城。至半夜，守城秦军纷纷投降唐军，薛仁杲走投无路，只好于第二天出城投降。

公元 619 年，占据河西五郡的大凉皇帝李轨，因内部矛盾重重而使政权分崩离析。户部尚书安修仁与其兄安修贵发动兵变，并俘获李轨，将其押至长安，后处死。

同年，割据马邑的刘武周勾结突厥，向山西发起进攻。数支唐军先后迎战，均被其打败，镇守太原的李元吉闻风趁黑夜逃回长安。刘武周的先锋宋金刚则乘势打到了河东，"关中大骇"。在这种不利形势下，高祖李渊准备放弃河西，固守关西。此时，秦王李世民审时度势，向李渊说道："太原，王业所基，国之根本；河东富实，京邑所盗，若而弃之，臣窃愤恨。愿假臣精兵 3 万，必冀平殄武周，克复汾、晋。"

秦王破阵乐图　唐

于是李渊征调关中全部兵力，由李世民率领由龙门渡过黄河迎战敌军。过黄河后，李世民将大军驻扎在柏壁坚守，与刘武周先锋宋金刚之军队相持。期间，李世民时常离开营阵侦察地形。有一次，李世民带领很少的轻骑兵外出侦察敌情。骑兵四散而去，李世民与一名士兵登上一小山丘休息。忽然，敌军从四周包围了山丘，李世民与士兵都没有发觉。恰巧在这个时候，有一条蛇追逐一只田鼠，碰到了士兵的脸。士兵惊醒，发现敌军正在包抄上来，于是赶紧叫李世民上马，眼看就要被敌兵追上。李世民十分镇静，他手取大羽箭，张弓便射，一发就将敌兵的将领射死。敌兵见此，慌忙撤退。

在相持中，李世民派出精兵切断了宋金刚的粮道。两个月后，宋金刚面对强敌无粮草供应，只好撤退。

李世民则率领大军趁机追杀，"一昼夜行二百余里，战数回合"。一直追击到雀鼠谷（今山西介休市西南），终于追上宋金刚部队，"一日八战，皆破之，俘斩数万人。夜，宿于雀鼠谷西南，世民不食二日、不解甲三日矣，军中只有一羊，世民与将士分而食之"。刘武周、宋金刚失败后逃往突厥，均被突厥杀死。公元620年，李世民收复了太原。

公元620年夏，关东地区原有的李密、王世充、宇文化及、窦建德四支强大的军事力量，其中的李密、宇文化及都已失败，只剩下王世充、窦建德两大集团。在消除了来自背后和侧面的威胁后，唐高祖李渊诏令李世民东征，直指河南一带的王世充集团。

王世充本姓支，字行满，西域胡人。王世充集团本来是隋炀帝派来镇压瓦岗军的军事力量。打败瓦岗军李密后，王世充于公元618年在洛阳自立为帝。国号郑。

在唐军的猛烈攻击下，王世充原先所属州县的一些官员纷纷降唐。至公元620年底，洛阳城外的王世充所属州县大部分已落入唐军之手，洛阳城处在李世民大军的包围之中。

洛阳城坚壕深、军备充实，但在唐军的长期围困下，王世充在洛阳孤城中危在旦夕。为了解围，王世充向河北的窦建德求援。

窦建德是河北、山东一带势力最强的一支起义军的领袖，他出身农民，于公元618年称帝，定国号夏。他的部下认为，唐朝在消灭了王世充以后，必将会进攻窦建德。因此，窦建德率领10万大军前来救援王世充。

这样，唐军的处境变得极为危险，内部出现了不同的主张：一种是主张退守新安，寻机再战；另一种是进占虎牢关（河南荥阳西北），挡住窦建德前进的道路，然后趁机消灭他，如此一来，洛阳不攻自破。

　　李世民采用后一种主张，命屈突通等协助齐王元吉围困洛阳，自己率精兵 3500 余人急奔虎牢关，挡住窦建德的前进道路。

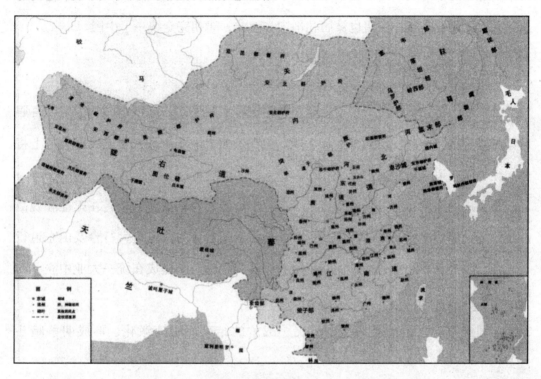

唐朝疆域图

　　两军相持三个月。五月一日，李世民渡河，并假装粮草已尽，让士兵牧马于河北以迷惑窦建德，他本人则于当晚返回虎牢关。窦建德果然中计，第二天早晨全军出击，陈兵汜水，长达 20 里，鸣鼓大喊而进，要与唐军决战。

　　李世民胸有成竹，决定按兵不动，以逸待劳，等到敌军疲乏后再出击。

　　果然，到了中午，窦建德的军队饥饿困乏，互争饮水，席地而坐，已无斗志。李世民看准战机，下令攻击，唐军铁骑直冲向窦建德军队的阵地。窦建德仓促应战，不久其阵势大乱，全线崩溃。唐军追杀 30 多里，俘获敌军 5 万多人，窦建德本人中枪，退至牛口渚时被俘。

虎牢关之战后，王世充惊惶不已，准备突围南走襄阳，但是部下一致反对，王世充不得不自缚投降。河南、河北尽归唐朝所有。

同时，割据江淮一带的杜伏威归顺了唐朝。大将李靖平定了长江中游的萧铣。后来窦建德的部将刘黑闼、杜伏威的旧部辅公祐分别再次起兵作乱，都被李世民迅速扑灭。公元 624 年，江南也被唐朝平定。至此，唐朝完全统一了中国。

玄武门之变

公元 621 年，李世民平定王世充、窦建德后大胜而归。高祖李渊认为前代官职皆不足以称之，因此特设天策上将一职，位在王公之上。十月，李世民以天策上将领司徒、陕东道大行台尚书令。

李世民的声望、地位和权势日增，令太子李建成受到威胁。于是在王珪和魏徵的建议下，李建成向高祖请求领兵征战。高祖以李建成为陕东道大行台及山东道行军之帅，于公元 623 年率军讨伐刘黑闼、徐圆朗。这是李建成在统一大业中立下的唯一重大战功。

李建成与李世民的矛盾，由于统一战争的结束而迅速激化，形成明争暗斗之势。

在朝廷中，最受高祖宠幸的裴寂支持李建成，支持李世民的大臣有萧瑀、陈叔达等。在后宫中，秦王李世民曾得罪过高祖的宠妃张婕妤、尹德妃，于是这些人便常常在高祖面前说太子李建成的好话，说李世民的坏话。如此一来，朝廷和宫中都有人支持李建成，形势对李建成颇为有利。他们之间的斗争终于因为突厥的进攻而演变成流血事件。

公元 626 年夏，突厥南下犯边。太子李建成为进一步拉拢李元吉，于是向高祖建议，让齐王李元吉代替李世民出征，被高祖采纳。这样，李元吉当上了主帅。出发前，李元吉请求高祖调秦王府中的大将尉迟敬德、程知节、段志宏、秦叔宝同他一起出征，并从秦王府挑选精锐士兵以补充李元吉的军队，此举目的在于为杀害秦王做准备。李建成与李元吉密谋，在李建成和李世民为李元吉宴别时，安排伏兵，先杀李世民，然后再杀尉迟敬德。李建成对李元吉许诺，即位后立即封他为皇太弟。有人将李建成与李元吉的密谋报告给李世民，李世民忙与长孙无忌和尉迟敬德商量对策，决定先动手除掉李建成和李元吉。

唐太宗

六月三日，太史令傅奕向唐高祖秘密奏报，说太白星再次出现在秦地，"秦王当有天下"。于是唐高祖询问李世民，李世民趁机向唐高祖告状，指控太子李建成和齐王李元吉淫乱后宫，并且设计谋害自己。高祖听后极为惊讶，决定第二天早朝时进行查问。

六月四日天还没亮，李世民命长孙无忌、尉迟敬德、侯君集、张公瑾等人率领精兵提前埋伏在宫城北面的玄武门，这是李建成和李元吉上朝时的必经之地。六月四日清晨，唐高祖上朝，裴寂、萧瑀、陈叔达、宇文化及等均已入朝，只等李建成兄弟三人到来。此时，李建成、李元吉已进入玄武门，一路走来。当二人行至临湖殿时，发觉情况有些异常，于是立即掉转马头，准备回府。不料此时李世民突然出现，并且在后面呼喊二人，李元吉回身张弓搭箭，射杀李世民，但是连发三箭，都没能射中。李世民的目标是李建成，他一箭就将李建成射死。就在此时，尉迟敬德带着70多名骑兵赶到，朝李建成、李元吉射箭，李元吉坠马后逃入树林中，李世民策马追赶，结果衣服被树枝挂住，也坠马落地。李元吉力气很大，这时跑过来夺取了弓箭要射杀李世民，恰巧尉迟敬德驱马赶到，李元吉慌忙放弃李世民向成德殿逃跑，结果被尉迟敬德一箭射死。东宫和齐王府的将士听说出事了，于是派兵猛攻玄武门。这时，尉迟敬德提着李建成、李元吉的人头赶到，东宫与齐王府的将士见

高台　窗棱　　　　　鸱尾

玄武门壁画

主人已死，立即溃散而逃。

唐高祖对玄武门之事已有所耳闻，于是李世民派尉迟敬德进宫担任宿卫。唐高祖见尉迟敬德头戴铁盔，身穿铠甲，手持长矛，大吃一惊，便问："今日乱者谁邪？卿来此何为？"尉迟敬德回答说："秦王以太子、齐王作乱，起兵诛之，恐惊动陛下，遣臣宿卫。"唐高祖这才明白刚才发生的一切，于是派人将敕令向众将士宣读，交战双方才放下兵器。玄武门之变以秦王李世民的胜利而结束。

六月七日，高祖立李世民为太子，诏书说："自今军国庶事，无论大小悉委太子处决，然后闻奏。"实际上，唐高祖已把国家的全部权力交给了李世民。两个月后，唐高祖下达诏书，让位给太子，自己当太上皇。于是李世民在东宫显德殿即位，改元贞观，即中国历史上著名的唐太宗。

贞观之治

从公元627—649年，这段时间是唐太宗统治的时期。在这期间，封建统治较为开明，经济发展迅速，社会秩序稳定，历史上把这段时期称为"贞观之治"。

唐太宗经历了隋末农民战争，目睹了强大的隋朝怎样在农民起义的打击中分崩离析，因此他时时注意以隋朝的灭亡为教训，十分重视人民的力量。他常常说："君好比舟，民好比水，水能载舟，亦能覆舟。"因为有了这种认识，唐统治者为了实现长治久安，较为重视民生问题。

在经济上，唐太宗继续实行均田制。均田制规定：凡18岁以上的男子，分给口分田80亩，永业田20亩。口分田在农民死后要归还国家，由国家另行分配；永业田则归农民所有，可以买卖或传给子孙。与均田制相适应的赋役制度是租庸调制。租是指每年纳粟二石；庸是指每年服役20天，可以让农民纳绢代役；调是指每年纳绢二丈、棉三两或布二丈五尺、麻三斤。唐太宗对租庸调制没有进行重大改革，但是在即位后实行了轻徭薄赋的政策，减轻农民的负担。他尽量减少徭役的征发，即使非征不可的徭役也多改在农闲时征发。如公元631年，皇太子承乾年满13岁，需要举行加冠典礼，这样要征发各地的府兵作为仪仗队。唐太宗认为当时正是农忙的季节，不应该影响正常农事，于是下诏将冠礼改在秋后农闲时举行。

文官图 唐

唐太宗还很重视兴修水利，朝廷设有专门的官员以"掌天下川渎陂池之政令"，另外还命各地兴修水利。他还经常派使者到各地考察官吏，劝课农桑。

在政治上，唐太宗总结了前代的经验教训，对三省六部制进行了适当变革。唐代时的三省是指尚书省、中书省、门下省。尚书省是执行政令的最高行政机关，尚书省下设有吏、户、礼、兵、刑、工六部，尚书省的最高长官是尚书令，因为李世民曾任尚书令。为了避讳，便以左右仆射作为尚书省的最高长官。中书省主要管理军国大事的审议和决定，负责进奏章表、草拟诏敕等，因而有"中书出诏令"之说，其最高长官是中书令。门下省的职责是对中书省的决议进行审查，不同意的可以驳回，其长官是侍中。三省六部制的实行巩固了中央集权，行政效率明显提高。也正是因为依靠三省六部制，唐太宗的政令才能畅通。

在地方上，唐实行州县制，设刺史和令为州、县长官。唐太宗十分注重地方官吏的选拔，常把刺史的名字写在寝宫的屏风上，并在每个人的名字下记录他的政绩，以决定奖惩。唐太宗规定，县令须有五品以上的中央官员保举，各州刺史必须由皇帝选拔任命。

为了选拔人才，他还确立了完整的科举制度。科举制度为地主阶级知识分子参与政治提供了机会。唐代科举制已实行分科，其中以进士科最重要。有一次，唐太宗在金殿端门俯视新科进士鱼贯而入的盛况，得意地说："天下英雄，入吾彀中矣。"

在文化教育上，唐太宗尊崇儒学。从贞观二年开始以孔子为先圣，在国学中设置庙堂，以备祀典，并下令各州县都置孔子庙。为培养更多通晓儒学的士人，唐太宗大力兴办学校。在朝廷设国子监、弘文馆、崇文馆，在地方设京都学及府、州、县学。国子监规模很大，曾有 8000 多学生。

唐太宗还十分重视历史的借鉴作用，他曾说："以古为镜，可以知兴替。"因此，在贞观年间，史书编纂取得了重要的成就，编了晋、梁、陈、北齐、北周、隋等朝的史书。除此之外，还开始编修国史。

在个人方面，唐太宗提倡节俭，并以身作则。唐太宗即位后，没有大兴土木，建造新的宫殿，而是住在隋朝时建造的已破旧的宫殿里。公元 628 年秋天，大臣们想为唐太宗建造一座楼阁，但是当年发生了天灾，于是唐太宗就把这件事阻止了。在建造自己的陵寝时，唐太宗亲自制定规格：以山为陵，能放得下棺材即可。

经过唐太宗的励精图治，唐朝出了政治清明、社会安定、经济发展、文化繁荣的局面。犯罪的人也大大减少了，有一年，全国仅有 29 人被判死刑。天下百姓路不拾遗、夜不闭户，民风淳朴，呈现出太平盛世的景象。

女皇武则天

唐高宗是个懦弱平庸的人，他即位以后，把朝政大事交给他的舅父、宰相长孙无忌处理。后来，他又立武则天为皇后，武则天权力欲很强，逐渐掌握了朝政大权，成了中国历史上唯一的女皇帝。

武则天（公元 624—705 年），名曌，并州文水（今山西文水）人。她的父亲武士彟原来是一个很有钱的木材商人，隋末时弃商从戎，成了一名府兵制下的鹰扬府队正。李渊起兵反隋，武士彟转而参加了李渊的军队，后来在唐朝廷为官，官至工部尚书，封应国公。武则天 9 岁时，父亲死去，14 岁时，已经近 40 岁的唐太宗听说她长得很美，便选她入宫，赐号武媚，人称媚娘，后来又封为才人。

无字碑

唐太宗死了以后，她和一些宫女依旧制被送到感业寺去做尼姑。唐高宗李治当太子时曾与她有暧昧关系，于是让她蓄发入宫侍寝，封为昭仪。但武则天心里还不满足，想进一步夺取皇后的位子，于是武则天千方百计想陷害王皇后。

武则天生了一个女儿，有一天，王皇后来探望，爱抚地摸了摸，逗了逗。王皇后走后，武则天竟狠心地把女儿掐死，用被子盖好。当高宗来看时，她便诬陷是王皇后杀了她的女儿，使王皇后有口难辩。唐高宗因此大怒，从此动了废王立武的念头。

到了公元655年九月，唐高宗不顾褚遂良、长孙无忌等人的反对，正式提出废王皇后，立武则天为后。

有一天，唐高宗问李勣："我打算立武昭仪做皇后，褚遂良他们坚决反对，你看这事该怎么办呢？"李勣看见高宗废立决心已下，便说："废立皇后，这是陛下的家事，何必一定要得到外人同意呢？"许敬宗也说："农人多割10斛麦子，尚且想换个新媳妇，何况天子富有四海，立新皇后没有什么不可以的！"于是高宗决定，废王皇后为庶人，册封武氏为皇后。

武则天当皇后以后，很快形成了自己的势力集团，参与朝政。她利用高宗与元老重臣之间的矛盾，在短短几年内，就杀了长孙无忌，罢免了20多个反对他的重臣。武则天对拥护她的人全都重用，李义府、许敬宗因而青云直上，当了宰相。到了后来，武则天甚至同高宗一起垂帘听政，当时朝臣并称他们为"二圣"，即称高宗为天皇，武后为天后。武则天作威作福，高宗一举一动都受她约束。唐高宗很不满，就秘密把大臣上官仪找来，让他起草废武后的诏书。消息传到武则天那里，武则天怒气冲冲地去见唐高宗。她厉声问高宗说："这是怎么回事？"唐高宗十分害怕，没了主意，就结结巴巴地说："我本来没有这个意思，都是上官仪教我这么干的。"武则天立刻命人杀掉上官仪等人。从此大小政事，都由武则天一人定夺。

唐高宗感到武氏一派的威胁越来越大，担心李家的天下难保，就想趁自己还在世，传位给太子李弘（武则天的长子）。但是，武则天竟用毒酒害死了李弘，立次子李贤做太子。不久。又把李贤废为平民，改立三儿子李显为太子，弄得唐高宗束手无策。

武后步辇图　唐　张萱

到公元683年十二月，唐高宗病死，太子李显即位，就是唐中宗。武则天以皇太后的身份临朝执政。后来，她容忍不了唐中宗重用韦氏家族的人，又废了唐中宗，立她的四儿子李旦为帝，就是唐睿宗。同时，她不许睿宗干预朝政，一切事务由她自己做主。

载初元年（公元690年）七月，武后的亲信法明、怀义和尚等10人献呈《大云经》，内有女主之文，陈符命，说武则天是弥勒下界，应该做人间主。这一切都是为武则天称帝制造理论根据。九月三日，侍御史傅游艺猜中了武则天的心思，率关中百姓900人上表，请改国号为周，赐皇帝武姓。武则天假装不许，但升傅游艺为给事中。百官及帝室宗戚、百姓、四夷酋长、沙门、道士6万余人又请改唐为周，睿宗皇帝亦不得不上表请改武姓。于是武则天在九月九日宣布改唐为周，改元天授。十二日，武则天受尊号为圣神皇帝，将睿宗皇帝立为皇嗣，赐姓武，以皇太子为皇太孙。十三日，立武氏七庙于神都洛阳，追尊其父王为始祖父皇帝，平王少子武为睿祖康皇帝，又立武承嗣为魏王，武三思为梁王，武氏诸姑姊为长公主。十月，制天下武氏悉免课役。

武则天掌理朝政期间，上承贞观之治，下启开元盛世，经济发展，社会稳定，为唐帝国的全面繁荣奠定了坚实的基础。她重视发展农业，继续推行轻徭薄赋、与民休息的政策；又广开言路，善于纳谏，对符合她意愿的建议她乐意采纳，反对她的意见她在一定程度上也能听取，甚至能容忍对她的人身攻击。

武则天最大的贡献在于改革官制，削弱三省六部制的相权，加强御史台的监督作用；同时打击旧门阀士族，扶植庶族地主出身的官僚，使更多的寒族参与政治。她完善了科举制，为表示对选拔人才的重视，她亲自过问，开创了殿试的先例，并且开设武举，由此培养和选拔了一批文臣武将，如狄仁杰、张柬之等。但武则天任用酷吏、制造冤狱并广开告密之风，形成政治上的恐怖。她生活奢侈，支持佛教，大修宫殿、佛寺，并宠信张易之等小人，朝政日益败坏。

公元 705 年，武则天病重，宰相张柬之等人发动政变，迫使武则天退位，唐中宗复位。同年，82 岁的武则天病死，她生前曾留下"祔庙、归陵，令去帝号，称则天大圣皇后"的遗言，并令人在陵前高高竖起一座无字碑。

开元盛世

李隆基（公元 685—762 年），为唐睿宗李旦第三子，唐第七代皇帝。他性格果断，仪容英武，且多才多艺，尤其擅长音律。他初被封为楚王，后改封为临淄王。

李隆基于景云二年（公元 711 年）和姑母太平公主发动政变，将韦后之余党消灭，拥其父睿宗即位。因李隆基除韦后有功，唐睿宗李旦立其为太子。延和元年（公元 712 年）七月，西方出现彗星，经轩辕入太微至大角，于是，太平公主遣方士向睿宗进言："彗星是预示当除旧布新之星；彗星一出，帝座也随之变位，这表明太子要为天子了。"他们向睿宗进此言的意思是李隆基将要弑君篡位，让睿宗赶快将其除掉。睿宗不理解他们的意图，说："传位于太子就可避灾，我已经下了决心，传位于他。"

李隆基知道后，急忙入宫，叩头道："我功劳微薄，越诸位兄弟成为太子，已经觉得日夜不安了，如父皇让位于我，会使我更加不安。"睿宗说："我之所以得天下，都是因为你的缘故。现在帝座有灾，传位于你，为的是转祸为福，你怀疑什么?"李隆基仍再三推辞，睿宗说："你是孝子，为什么非要等我死后在枢前即位呢?"李隆基只好流泪应之。太平公主和其同党也力谏皇帝，认为不可让位，但是睿宗主意已决。于是唐睿宗在七月二十五日诏令正式传位于李隆基。

八月三日，李隆基（玄宗）即位，尊睿宗为太上皇帝。八月七日，唐玄宗李隆基改元为先天，大赦天下。

玄宗即位之初就重用贤相姚崇和宋璟励精图治。姚崇讲究实际，宋璟坚持原则，守法则正，二人鼎力辅佐朝政，使赋役宽平、刑罚清省、百姓富庶。玄宗不仅重视人才的选拔与任用，而且广开言路，虚心纳谏。姚崇提出的抑制权贵、不接受礼品贡献、接受谏诤、不贪边功等建议，玄宗不仅采纳而且严格执行。宋璟敢于犯颜直谏，玄宗对他又敬又怕。

为改变当时的奢侈之风，玄宗下诏将皇帝服御和金银器玩销毁，重新造成有用的物品，交给国家使用；把珠玉锦绣在殿前焚毁，并规定后妃以下，不准穿锦绣珠玉。在玄宗的倡导下，节俭成了时尚。对日益扩大的佛教势力，玄宗下令严禁建造佛寺道观、铸造佛像、抄写佛经，禁止百官和僧尼、道士往来，并精简僧尼人数，从而扼制了寺院势力。

开元年间，玄宗采取了一系列措施整顿改革。为安定皇位，稳定政局，玄宗采取出刺诸王、严禁朝臣交结诸王和抑制功臣等措施。出刺诸王即玄宗解除诸王皇亲国戚的兵权，让他们做外州的刺史并严格限制他们，使他们不能掌握一地的军政大权，从而无法叛乱。而且规定诸王不能同时留居京城，减少他们和京官接触的机会。对那些功臣权势，玄宗或罢免他们的官职或让他们出任地方官。这就消除了动乱的隐患。为强化皇权，玄宗裁减冗官，加强吏治，革新政治。针对武后以来官吏冗滥的现象，玄宗下令免去员外官、试官、检校官数千人，撤销、合并闲散司、监十余所，从而精简了官僚机构，节约了开支。同时健全监察机构，严格选拔官吏制度，赏罚严明。玄宗对官员实行严格的考核，在开元四年组织的县令考试中，不及格的 45 人立即被罢免。另外，他还鼓励官员外任。玄宗比较注意发展经济。开元初年，流民人数巨大，玄宗采取检田括户、抑制兼并的措施，下令在全国清查户口和土地，安置逃亡人口，将籍外土地重新分给农民耕种。这样就打击了豪强地主的兼并活动，增加了国库收入。其次大力兴修水利，发展农业。玄宗当政期间，全国共兴建了 56 项农田水利工程，相当于全唐水利工程总数的 20%以上。

玄宗即位后的一系列改革，使政治清明、百姓富庶、国力强盛、社会繁荣昌盛，唐朝达到了全盛时期。开元二十年（公元 732 年），天下人口 786 万户、4543 万人；开元二十八年（公元 740 年），天下人口 841 万户，4814 万人。唐都长安有人口百万，是著名的国际文化中心，也是当时世界上最大的城市。唐代不仅商业发达，而且对外贸易兴旺，往来于唐和波斯、天竺、大食等地的商船络绎不绝。数以万计的外国使节、商人、僧侣和留学生居住在长安。开元五年（公元 717 年）、二十一年（公元 733 年），日本派出的遣唐使均在 550 人以上。气象万千的长安就是开元盛世的最好写照。

朋党之争

宦官专权时期，朝廷官员中凡是有反对宦官的，大都受到打击排挤。一些依附宦官的朝官，又分成两个不同的派别。牛党是以牛僧孺、李宗闵为首的官僚集团，李党是以李德裕为首的官僚集团。唐宪宗时，两党政争开始，穆宗时朋党正式形成，历经敬宗朝、文宗朝、武宗朝、宣宗朝，两党此起彼伏，反复较量，持续达半个世纪之久。两党斗争的形式是交替掌权，一党掌权，就积极排挤另一党，把朋党利益置于国家利益之上。两派官员互相攻击，争吵不休，这样闹了 40年，历史上把这场政治争斗叫作"朋党之争"。

这场争吵开始于唐宪宗在位之时。有一年，长安举行考试，选拔能够直言敢谏之人。在参加考试的人中有两个下级官员，一个叫李宗闵，另一个叫牛僧孺。两个人在考卷里都批评了朝政。考官看了卷子后，认为这两个人都符合选拔的条件，就把他们向唐宪宗推荐了。

朋党之争图

宰相李吉甫知道了这件事。李吉甫是个士族出身的官员，他本来就对科举出身的官员有想法，现在出身低微的李宗闵、牛僧孺居然对朝政大加指责，揭了他的短处，更加令他生气。于是他在唐宪宗面前说，这两人被推荐，完全是因为跟考官有私人关系。唐宪宗对李吉甫的话深信不疑，就把几个考官降了职，李宗闵和牛僧孺也没有得到提拔。

李吉甫死后，他的儿子李德裕凭借他父亲的地位，做了翰林学士。那时候，李宗闵也在朝做官。李德裕对李宗闵批评他父亲这事件，仍旧记忆犹新。

唐穆宗即位后，又举行了进士考试。有两个大臣因为有熟人应考，就在私下里与考官沟通，但是考官钱徽没卖他们人情。正好李宗闵有个亲戚应考，结果被选中了。这些大臣就向唐穆宗告发钱徽徇私舞弊。唐穆宗问翰林学士，李德裕便谎称有这样的事。唐穆宗于是降了钱徽的职，李宗闵也受到牵连，被贬谪到外地去做官。

李宗闵认为李德裕存心排挤他，恨透了李德裕，而牛僧孺当然同情李宗闵。从这以后，李宗闵、牛僧孺就跟一些科举出身的官员结成一派，李德裕也与士族出身的官员拉帮结派，双方明争暗斗得很厉害。

唐文宗即位之后，李宗闵利用宦官的门路，当上了宰相。李宗闵向文宗推荐牛僧孺，把牛僧孺也提为宰相。这两人一掌权，就合力对李德裕进行打击，把李德裕调出京城，派往四川（治所在今四川成都）做节度使。

唐文宗本人因为受到宦官控制，没有固定的主见。一会儿用李德裕，一会儿用牛僧孺。一派掌了权，另一派就日子不好过。两派势力就像走马灯似的轮流转换，把朝政搞得十分混乱。

牛、李两派为了争权夺利，都向宦官讨好。李德裕做淮南节度使的时候，监军的宦官杨钦义被召回京城，人们传说杨钦义回去必定掌权。临走的时候，李德裕就办酒席请杨钦义，还给他送上一份厚礼。杨钦义回去以后，就在唐武宗面前竭力推荐李德裕。到了唐武宗即位以后，李德裕果然当了宰相。他竭力排斥牛僧孺、李宗闵，把他们都贬谪到南方去。

公元 846 年，唐武宗病死，宦官们立武宗的叔父李忱即位，就是唐宣宗。唐宣宗对武宗时期的大臣全都排斥，即位的第一天，就把李德裕的宰相职务撤了。

李德裕一贬再贬，于公元 848 年死于贬所，从此李党瓦解，牛李党争以牛党的胜利告终。宣宗以后，牛李两派的领袖人物相继去世，朋党终于停息。

历经六朝近 40 年的牛李党争，使官僚集团陷于严重的内耗之中，他们为争夺自身的政治权力而丧失理智，不惜一切，乃至损害国家人民的利益，但两党官员有些还是做出一些政绩的。如李党首领李德裕曾经辅佐朝廷北破回纥，安定边陲；又平定昭义镇叛乱；抑制宦官权力，并裁减冗官、禁断佛教。但他却又不择手段维护自己的同党，陷害敌党，可惜一代名相身陷朋党倾轧中而"功成北阙，骨葬南溟"。

黄巢起义

唐朝末年，经过藩镇混战、宦官专权和朝廷官员中的朋党之争，朝政混乱不堪。尽管唐宣宗是一个比较精明的皇帝，但也不能改变这种局面。唐宣宗死后，先后接替皇位的唐懿宗李漼、僖宗李儇只知寻欢作乐，追求奢侈糜烂的生活，腐朽到了极点。僖宗初年，河南、山东一带连年天灾，庄稼颗粒不收，许多人以草籽、槐树叶充饥，而官府只知向百姓搜刮。于是，唐末大规模的农民起义在这里爆发。

公元 874 年，也就是唐僖宗即位那一年，濮州（治所在今河南范县）地方有个盐贩首领王仙芝，带领几千农民，在长垣（在今河南）起义。王仙芝称自己为天补平均大将军，发出文告，揭露朝廷造成贫富不等的罪恶，这个号召很快得到贫苦农民的响应。不久，冤句（今山东曹县北）地方的盐贩黄巢也起兵响应。

黄巢

后来，黄巢和王仙芝两支起义队伍汇合了，继而转战山东、河南一带。黄巢决定跟王仙芝分两路进军，王仙芝向西，黄巢向东。不久，王仙芝率领的起义军在黄梅（在今湖北）打了败仗，他本人也被唐军杀死了。

王仙芝失败后，剩余的起义军重新与黄巢的队伍会合，大家推黄巢为王，又称冲天大将军。

当时在中原地区的官军力量还比较强，起义军进攻河南的时候，唐王朝在洛阳附近集中大批兵力准备围攻。黄巢看出官军的企图，决定攻打官军兵力薄弱的地区，于是带兵南下。后来，一直打到广州。

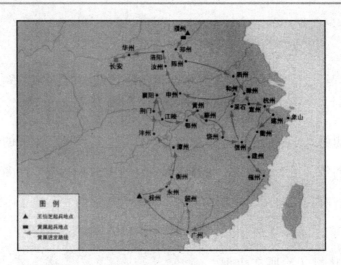

黄巢与王仙芝起义始末示意图

起义军在广州休整后不久，岭南地区发生了瘟疫。黄巢于是决定挥师北上。

公元 880 年，黄巢统率 60 万大军开进潼关，声势浩大。

起义军攻下了潼关，唐王朝惊恐万状。唐僖宗带着妃子和宦官头子田令孜，向成都出逃，来不及逃走的唐朝官员全部出城投降。

过了几天，黄巢在长安大明宫称帝，国号叫大齐。经过 7 年的斗争，起义军终于取得了胜利。

但是，黄巢领导的起义军长期流动作战，攻占过的地方，都没留兵防守。几十万起义军占领长安以后，四周还是官军势力。没过多久，唐王朝便调集各路兵马，把长安围住。长安城里的粮食供应出现了严重困难。

黄巢派出大将朱温在同州（今陕西大荔）驻守。在起义军最困难的时候，朱温竟投降了唐朝。

三月，唐僖宗任用先前因兵败逃往鞑靼部落的李克用父子以攻击黄巢军。李克用率沙陀兵 5 万讨伐起义军，取得成效。四月，联合忠武、河中、义武等军击溃黄巢军，收复长安。

黄巢带领起义军撤退到河南时，又遭到朱温、李克用的围攻。公元 884 年，黄巢攻打陈州（治今河南淮阳）失利，官军紧紧追赶。最后，黄巢在泰山狼虎谷兵败遇害。

长达 10 年之久的唐末农民大起义沉重地打击了唐朝政权，导致统一王朝彻底的大分裂。黄巢虽没有灭亡唐朝，但土崩瓦解的唐王朝已名存实亡。

宋朝大业

黄袍加身

赵匡胤出生于河南洛阳将门之家，胆识过人，武艺超群。21 岁时投奔郭威，成为郭威帐下的一名士兵。公元 951 年，掌握后汉军权的郭威，谎称契丹入侵，太后命他统军北征。后汉大军渡过黄河，到达澶州时，将士们将黄袍披在郭威身上，拥立郭威为帝。郭威率军掉头南行，回后汉京师东京，建立后周。赵匡胤也逐步升为滑州副指挥。

不久，郭威病逝，其养子柴荣即位，就是周世宗。世宗有雄才大略，他南征北战，同时励精图治，革新政治。即位之初，北汉勾结辽国大举攻周，世宗率军亲征。双方在高平大战，世宗亲冒矢石督战，当后周军队形势危急时，禁军将领赵匡胤和张永德拼死保护世宗。高平大捷后，赵匡胤被提拔为禁军高级将领，负责整编禁卫军。他精心挑选武艺超群的壮士，组成勇敢精锐的殿前诸班，这以后成了后周战斗力最强的队伍。世宗也由此开始了他"十年平定天下"的战略行动。几乎每次征战，

宋太祖赵匡胤

赵匡胤都立下汗马功劳，成为世宗的得力虎将。世宗正当开拓疆土、北征辽国时，

不幸英年早逝。

世宗在征辽途中捡到一块木牌，上写"点检做天子"，心中就有几分猜忌。当时张永德任禁军最高统帅殿前都点检，他又是周太祖郭威的女婿。世宗担心禁军将帅权势过重会发动政变，就匆匆撤掉了张永德，换上了赵匡胤。但这却使赵匡胤的实力更加雄厚，他做了禁军的最高统帅，掌握了后周军权。

世宗死后，他年幼的儿子登基做了皇帝。公元960年，后周接到边境送来的紧急战报：北汉国主和辽国联合出兵，攻打后周边境。

河南封丘陈桥乡"宋太祖黄袍加身处"碑

赵匡胤得令后，立刻调兵遣将，带了大军从东京出发。军校苗训自称知天文，找到主帅的门吏楚昭辅说："我看见太阳下边还有一个太阳，而且有一道黑光来回荡漾了好长时间。一日克一日，这是天命啊！"快到夜晚时，部队还没有走出很远，只好在陈桥驿安营扎寨，这时离京城不过20里路。当天晚上，将领们反复商议，说现在皇帝还小，即使战死他也不知道，不如推赵匡胤为天子，大家可以荣华富贵。他们到军营四处游说，煽风点火，一时军士大哗，都聚集在赵匡胤营前喊着：

"点检当天子!"

赵匡胤的弟弟赵光义和归德军掌书记赵普知道时机已经成熟，于是连夜派人骑快马回京城，将殿前都指挥使石守信和都虞侯王审琦这两个赵匡胤的心腹叫来，商量办法。天快亮的时候，叫喊着的军士们已经逼近赵匡胤休息的房舍，赵光义和赵普进去，叫起了赵匡胤，走出房门。只见许多军校站在庭院中，手里还拿着武器，一齐叫喊："愿奉点检当天子!"这时早有人从背后给赵匡胤披上黄龙袍，所有在场的都跪倒在地上，高喊着"万岁"，向赵匡胤叩拜。其实这不过是赵匡胤在背后导演的一出闹剧而已。

随即，赵匡胤率大军进入东京城。文武百官齐集崇元殿，为赵匡胤举行受禅大典。但是到了黄昏时分，还没等到小皇帝的禅位诏书，众人都不知如何是好，幸好翰林学士陶谷早有准备，已经拟好了诏书。于是，就用陶谷起草的禅位诏书举行仪式。宣徽使领着赵匡胤来到龙墀的南面，朝北跪拜，接着，宰相们上前搀扶起赵匡胤登上崇元殿，穿上皇帝行大礼的衮服和冠冕，端坐到龙椅上，接受群臣的拜贺，这就算正式登上了皇位。

赵匡胤因为原来做过归德军节度使，并驻扎在宋州（今河南商丘），所以，他把国号改为宋，并以东京（今河南开封）为京城。后来，他让周朝小皇帝和符太后迁到西宫，并封小皇帝为郑王。

赵匡胤登基后，赐给内外百官军士爵位，实行大赦，凡被贬官的都恢复原职，被流放发配的放回原籍。他派官员祭祀天地，报告改朝换代的事，还派出宦官带了诏书向天下人宣告宋朝的建立。

杯酒释兵权

赵普，字则平，幽州蓟县人，是陈桥兵变的关键人物。他多谋善策，读书虽然不多，但对政事有独到的见解。曾经担任赵弘殷的军事判官，对赵弘殷很忠心。据说有一次赵弘殷生病，幸亏赵普日夜伺候，方转危为安。赵弘殷感动之余，便认他作同宗。赵弘殷的儿子赵匡胤发现赵普是个人才，见识高远，很想收为己用，便向父亲借调赵普任自己的推官。陈桥兵变时，赵普任掌书记，是赵匡胤的心腹谋士。

赵匡胤的母亲杜太后视赵普为自己亲人，平日里总是以"赵书记"称呼他。陈桥兵变中的关键人物就是赵普，所以赵匡胤建宋后论功行赏，授予赵普右谏议大夫、充枢密直学士。公元962年，赵普任掌管全国军事的枢密使、检校太保，后任宰相。赵匡胤与赵普相交甚久，互相了解，关系非同一般，赵匡胤视赵普为智囊和军师，事无巨细都要与他商量，再作最后的决定。

雪夜访赵普图　明　刘俊

赵匡胤提倡大臣读书，赵普就熟读《论语》，并以其中所讲用于政事上。他曾经对赵匡胤说："我有一本《论语》，用半部佐助您平定天下，用半部佐助您治理天下。"以致留下了"半部《论语》治天下"的美谈。赵普的脾气很倔强，他曾经上奏推荐一个人任职，赵匡胤不用。第二天，赵普还推荐这个人，赵匡胤还是不用。第三天，赵普又推荐这人，赵匡胤大发脾气，将奏折撕碎扔在地上。赵普也不害怕，不慌不忙地跪下把破碎的奏折粘贴起来，第四天又到朝廷上向赵匡胤上奏举荐。赵匡胤没办法，只好下诏重用这个人。

从一建立宋朝起，如何结束和防止唐末五代军阀割据政局不稳的局面一直是赵匡胤的心结，他经常跟赵普谈起这个话题。陈桥兵变后论功行赏，以石守信为归德军节度使，以王审琦为泰宁军节度使、殿前都指挥使，掌握着国家最精锐和数量近全国总兵额一半的禁军，负责出征和保卫皇帝与都城的任务。又让手握重兵的慕容延钊任殿前都点检，韩令坤担任侍卫亲军都指挥使。赵普对此感到很担心，多次警示赵匡胤。赵匡胤说："他们都像我的亲兄弟一样，是靠得住的，不会背叛我。你可能多虑了。"赵普深思后回答赵匡胤："现在他们一定不会反，但是有朝一日，他们被手下有野心的人黄袍加身，到时他们就身不由己了。"他又把赵匡胤与柴荣的关系做了比较，当年柴荣待赵匡胤恩重如山，但赵匡胤还是在部下的鼓动下夺取了后周的政权。生动的事例使赵匡胤如梦初醒。

有一天，他主动找来赵普，说："从唐末以来，几十年时间，出了8姓12个君王，僭称皇帝和篡夺政权的事比比皆是，战乱不断。我想要结束天下的战争，开创长治久安的局面，应该用什么方法呢？"赵普说："陛下考虑到这个问题，是天地神人的福气。我看，关键是节度使权力太大，造成尾大不掉的后果，而危及皇权，只要削弱他们的行政权，剥夺他们的兵权，那些节度使就不敢有什么想法了"。赵匡胤恍然大悟，决心依照赵普说的办。

公元961年，为了保证自己地位不受威胁，赵匡胤首先把讨伐李重进回来的大将慕容延钊的殿前都点检职务免去，改任山南东道节度使，免去韩令坤侍卫亲军都指挥使的职务，改任成德节度使。此后不再设殿前都点检一职。接下来，赵匡胤又

[]

谋算起他最亲信的老朋友的军权。有一天晚朝以后，赵匡胤将石守信等大将留下来喝酒叙旧。

赵匡胤趁酒酣耳热之际，命令身边的太监退出。他拿起一杯酒，请大家喝干之后说："我要不是有你们帮助，也不会有今天这个样子，但是你们哪儿知道，做皇帝也有很多难心事，还不如做个节度使自在。不瞒你们说，这一年来，我就没有睡过一夜安稳觉。"

石守信等人听了很吃惊，连忙问这是什么原因。

赵匡胤说："这不是明摆着吗？皇帝这个位子，谁不眼红呀？"

石守信等人听赵匡胤这么一说，都惊慌失措，跪在地上说："陛下为什么这样说呢？现在天下已经太平无事了，谁还敢对陛下不忠呢？"

赵匡胤摆摆手说："你们几位我是信得过的，只怕你们的部下当中，有人贪图富贵，往你们身上披黄袍，你们想不干，恐怕也不行吧？"

石守信等听赵匡胤这么说，顿时感到大祸临头，连连磕头，流着泪说："我们都是粗心人，想得不周到，请陛下给我们指引一条出路。"

赵匡胤说："我替你们着想，你们不如把兵权交给朝廷，去地方做个闲官，置些田产房屋，给子孙留点家业，平平安安地度个晚年。我和你们结为亲家，彼此毫无猜疑，这样不是很好吗？"

石守信等一齐说："陛下为我们想得太周到啦！"

第二天，石守信等大臣一上朝，每人都递上一份奏章，说自己年老多病，请求辞职。赵匡胤马上准许，收回他们的兵权，赏给每人一大笔财物，打发他们到各地去做节度使。历史上把这件事称为"杯酒释兵权"。

在杯酒释兵权解除了石守信等重臣元老的军权后，赵匡胤又采取措施加强禁军，并用各种手段牢牢控制住禁军，使其成为巩固统治最重要的力量，以对抗实力强大的各地方节度使。

同时，赵匡胤一反五代重武轻文的陋习，重用文人，让文官取得了武官的许多权力，使各地武官的权力大幅缩小，建立起了以皇帝为中心的封建中央集权政治制度，成功解决了军阀割据问题，有利于社会的安定和经济的发展。

开宝九年（公元976年）十月，赵匡胤因病逝世，终年50岁，谥号英武圣文神德皇帝，庙号太祖。

李后主亡国

宋太祖稳定了内政，将国家的权力集于一身后，便开始做统一中国的打算。当时，五代时期的"十国"，留下来在北方割据的有北汉，在南方割据的还有南唐、南平、南汉、吴越、后蜀等。要统一全国，该先从哪里下手呢？宋太祖越想思绪越乱。

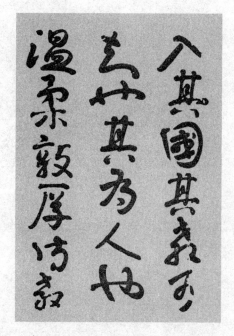

李煜书法

一个风雪交加的夜里，赵普正在家里烤火取暖，宋太祖找上门来。赵普连忙请宋太祖进屋，拨红了炭火，在炭火上炖上肉，叫仆人拿出酒来招待。宋太祖此行，正是为了与赵普商量如何一统全国。

这一夜，宋太祖和赵普决定了先攻灭南方，后平定北方的计划。在随后的10

年里，宋王朝先后出兵灭了南平、后蜀、南汉。这样，南方只剩下南唐和吴越两个割据的政权了。

南唐偏安江南，社会相对稳定，城市经济繁荣。中主李璟、后主李煜、宰相冯延巳都十分爱好填词，他们不仅写艳情而且抒真情，既有对好景不长、人生易逝的喟叹，也有深沉的故国之恋和亡国之痛。其中，李煜（公元937—978年）的创作独步当时，成为文学史上卓尔不群的杰出词人。

李后主是一位九五之尊的帝王，也是一位天才的艺术家，书法、绘画、音乐无所不精。当他即位称帝的时候，国家已岌岌可危，他在对北宋的委曲求全中过了十几年的生活，这一期间他依然是纵情声色，侈陈游宴。

南唐文会图　北宋　佚名

公元974年农历九月，宋太祖派大将曹彬、潘美带领10万大军分水、陆两路攻打南唐。

宋军到了长江边，马上用竹筏和大船赶造浮桥。这个消息传到南唐的国都金陵（今江苏南京市），南唐君臣正在歌舞饮宴。李后主问周围大臣该怎么办，大臣说："从古至今，没听说搭浮桥过江的，不必理会！"

后主边笑边说："我早说过这不过是小孩子的把戏罢了。"

3天后，宋军搭好浮桥，潘美的步兵在浮桥上如履平地，跨过长江。南唐的守将抵挡不住，败的败，降的降。10万宋军转瞬间就打到金陵城边。

那时候，李后主正在宫里跟一批和尚道士诵经讲道，宋军到了城外，他还一无所知呢。等他到城头上巡视，才发现城外到处飘扬着宋军旗帜。

李后主连忙调动驻守上江的15万大军来救。救兵刚到了皖口，便遭到宋军的两路夹攻，南唐军全军覆没。李后主叫人在宫里堆了柴草。准备放火自焚，但是最终胆怯了，后来带着大臣出宫门，向曹彬投降。

李后主被押到东京，过着囚徒的生活。两年以后，在七月七日他的生日那天，他在寓所让旧日宫妓作乐，唱他新作的《虞美人》一词：

春花秋月何时了，往事知多少？小楼昨夜又东风，故国不堪回首月明中。

雕栏玉砌应犹在，只是朱颜改。问君能有几多愁，恰似一江春水向东流。

这是一首饱含亡国之泪的绝望悲歌，词人的一腔悲慨之情，如出峡奔海的滔滔江水，永无止息。凄婉的乐声传到外面，宋太宗赵光义听到后大怒，就派人把他毒死了。

李煜从南唐国主降为囚徒的巨大变化，明显地影响了他的创作，使他前后期的词作呈现出不同的风貌。前期的词写对于宫廷生活的迷恋，不外是红香绿玉那一套，在国家危急存亡之秋，这些词读起来让人满不是滋味。他的第一首真正好词，应该是作于亡国北去、辞别庙堂之际的《破阵子》：

四十年来家国，三千里地山河。凤阁龙楼连霄汉，玉树琼枝作烟萝，几曾识干戈。

一旦归为臣虏，沈腰潘鬓消磨。最是仓皇辞庙日，教坊犹奏别离歌，垂泪对宫娥。

先极言昔日的太平景象，家国一统，河山广阔，宫阙巍峨，花草艳美。而一旦国破家亡，只有凄凉悲苦。在告别祖庙的那一天，宫中的乐工还吹奏起离别的曲子。此时的笙歌再没有欢乐，却加深了别离的悲凉。全词明白如话，而真挚的感情深曲郁结，动人心弦。

身为囚徒的岁月，度日如年。他从往日豪奢的帝王生活中醒过来，却发现自己已经什么都不是了，没有尊严和富贵，也没有自由。面对残酷的现实，他只有把"日夕以眼泪洗面"的深哀剧痛，尽情地倾泻在他的词里。除了那首给他带来死亡的《虞美人》之外，他还写有《子夜歌·人生愁恨何能免》《清平乐·别来春半》《浪淘沙·往事只堪哀》《望江南·多少恨》《浪淘沙令·帘外雨潺潺》等许多名作。他在这些作品中，念念不忘的是往日雕栏玉砌的生活，同时沉浸在绵绵长愁里。请看《相见欢》一词：

无言独上西楼，月如钩。寂寞梧桐深院锁清秋。

剪不断，理还乱，是离愁。别是一般滋味在心头。

一个被幽禁的人有着常人难以体会的孤独与寂寞。身处西楼，举头望月。如钩的残月，淡淡的清光，照着梧桐的疏影。如此凄清的景象，人何以堪？过去的欢乐永远过去了，如今只剩下千丝万缕的离愁，紧紧地缠绕着孤苦伶仃的一个人。这种愁，是回忆？是伤感？是忧虑？言语已经无法说清，唯有自己慢慢地咀嚼。

宋太宗征辽

后晋高祖石敬瑭为感谢契丹助其灭后唐，入主中原，把幽云十六州割给契丹并自称"儿皇帝"。公元979年宋灭北汉，以幽云十六州为基地屡扰宋边的辽国成了宋王朝北面最大的边患。宋太宗积极部署，欲收回幽云十六州。

公元979年农历六月，灭掉北汉的宋太宗踌躇满志，欲北上一举收复幽云十六州。宋太宗亲率大军10万出镇州（今河北正定）北进，突破了辽军在拒马河的阻截，进围幽州，击败城北辽军1万余。二十六日，太宗命宋渥、崔彦进等四将率军分四面攻城。辽将韩德让和耶律学古一面安抚军民，一面据城固守待援。屯驻清沙河（今北京昌平境内）北的辽将耶律斜轸因宋军势大而不敢冒进，只声援城内辽军。辽景宗于六月三十日闻知南京被围，急遣南府宰相耶律沙率兵往救，耶律休哥统帅五院军之精锐驰赴前线。七月初六，耶律沙大军至幽州，宋太宗督诸路军攻击，两军战于高粱河，耶律沙力战不支而败退。然而当时的宋军连续近二十日不停地猛攻幽州城，士卒早已疲殆，故而追击甚慢。令宋太宗始料未及的是，耶律休哥率军出其不意间道而来，人人手持火炬直冲，宋军不知其多寡，未等接战心里已经发怵，不敢接战。耶律休哥先收容耶律沙败军，使之与宋军相持，然后与耶律斜轸各自统率精锐骑兵，从耶律沙的左右翼挺进，乘夜夹攻宋军。这时宋军才发觉已被包围，又无法抵抗辽军的猛攻，只能纷纷后退，连夜南退，争道奔走，溃不成军。甚至宋太宗也与诸将走散，诸将也找不到各自的部下军士。耶律休哥一直追到涿州城下，获得兵器、符印、粮草、货币不可胜计。

高粱河之战是宋朝第一次大规模主动出击辽国，是宋朝为收复幽云失地做出的第一次努力，最后以失败告终。

高粱河落败后，宋辽平静了几年，但宋太宗积极筹划二度北伐，以雪前耻。公元982年辽景宗去世，耶律隆绪继位，是为圣宗，因年幼，其母萧太后摄政。宋雄州守将贺令图以辽帝年幼、内部不稳，建议太宗再攻幽州，太宗心动。参知政事李至以粮草、军械缺乏，准备不充分而反对，但太宗不听，于公元986年三月发兵3路攻辽。东路曹彬10万人出雄州，中路田重进出飞狐（今河北涞源），西路潘美、杨业出雁门，三路合围幽州。

宋西路军很快攻下寰、朔、云、应等州，中路攻占灵丘、蔚州等战略要地，东路夺占固安、涿州。辽国获悉宋军北伐，即派耶律抹只率军为先锋，驰援幽州，萧太后偕辽圣宗随后亲往督战。辽军意图是以南京留守耶律休哥抵御宋东路军，耶律斜轸抵制宋西路和中路军，而圣宗、太后率大军进驻幽州，以重兵击溃宋东路，再

宋代武士复原图

击退西、中路。由于辽军主攻点不在西、中路,故宋中、西两路捷报频传,东路宋军将士纷纷主动请战,促主帅曹彬北上。曹彬难抑众愿,遂率军北进,一路不断遭到辽军袭扰。时值夏季,天气酷热,宋军体力消耗很大,抵达涿州时,东路军上下均已疲惫不堪。

此时辽圣宗和萧太后所部辽军已从幽州北郊进至涿州东 50 里的驼罗口,攻占固安,而与曹彬对峙的是辽悍将耶律休哥,他正虎视眈眈,欲伺机攻击宋军。曹彬鉴于敌主力当前,难以固守拒战,而己军又面临粮草将尽的形势,令军队向西南撤退。辽耶律抹只和耶律休哥见时机已到,即令辽军追击宋军。五月三日,宋军在歧沟关被辽军赶上,困乏的宋军抵挡不住锐气正盛的辽军,大败。辽军追至拒马河,宋军四散奔逃,溃不成军,死伤数万,所遗弃的兵甲不计其数。

宋太宗得知东路军惨败,遂令中路军回驻定州,西路军退回代州,并以田重进、张永德等沉稳持重的将领知诸州,以御辽可能发起的进攻。东路宋军已遭重创，而西路战事仍在进行。八月宋西路主帅潘美、监军王侁拒绝副帅杨业的合理建议，迫令其往朔州接应南撤的居民，杨业要求在陈家谷设伏以防御辽军追击。杨业与辽西路主帅耶律斜轸在朔州南激战，因遭辽萧挞凛军伏击而败退。杨业按预定计划退到陈家谷，本以为此地有宋军埋伏将截击辽军，哪料潘美、王侁违约，早已率军逃走；杨业愤慨自己被出卖，但仍率孤军力战，终因势单力薄全军覆没。杨业身负重伤后被俘，绝食而死。

北宋朝廷发起的旨在收回幽云十六州的幽州之战，因自身的种种原因以惨败结束。

王小波起义

当年黄巢起义军逼近长安时，唐僖宗曾率领大批世族官僚逃窜到四川。五代时，唐朝的"衣冠之族多避乱在蜀"，土地兼并问题比中原地区更为突出，世族豪强地主疯狂地兼并土地，占有大批"旁户"。旁户实际上是地位低下的依附农民，他们除了要向豪族地主交纳地租，还要承担官府的各种沉重的赋税徭役。由于旁户所受的剥削较其他地区更加严酷，生活更加穷苦，使得四川已经成为当时国内阶级矛盾最尖锐的地区。

北宋政府建立后，对四川农民的处境不但未做任何改善，反而加强了对他们的剥削。川蜀地区在五代时期建立过前蜀、后蜀两个政权，长期远离战火，尤其后蜀时期的国库十分丰实。宋灭后蜀以后，曾纵兵大肆掳掠，还把后蜀府库里存放的金、银、珠宝、铜币之类的"重货"和绢帛布匹等"轻货"运往京城开封。为此，强征了大量民夫，这就更加重了农民的负担。

四川成都一带，人多地少，农民多兼营纺织、采茶等副业。但官府连这个也不放过，除常规赋税外，官府在成都还设置了"博买务"，垄断布帛贸易，禁止个体农民和小商贩自由买卖。豪强大地主则趁机"释贱贩贵"，投机倒把，敲剥百姓，从中渔利。这就使得越来越贫困的农民不断丧失家业田产，许多小商贩被迫失业，

世界传世藏书 世界历史通览 野蛮的征服

九四七

农民的家庭手工业遭到严重破坏。北宋政府还把茶叶划入专卖，对茶农低价购茶，高价卖米，使广大茶农纷纷破产，生路断绝。

宋太宗淳化四年（公元993年），四川一带大旱，造成大饥荒。农民在天灾人祸的胁迫下，终于奋起反抗，发动了武装起义。

青城县有个农民叫王小波，他和妻弟李顺都以贩茶为生，官府禁止民间买卖茶叶之后，他们断绝了生路，于是王小波决心起义。王小波向各地贫民提出："吾疾贫富不均，今为汝均之。""均贫富"的口号得到了广大贫苦农民的响应，起义军很快发展到数万人。王小波领导起义农民攻克青城县，"旬日之间，归之者数万人"。接着又攻克彭山县，将贪赃虐民的县令齐元振处死。这年冬天，王小波率众攻打江源县。他在战斗中身先士卒，不幸牺牲。起义队伍没有动摇，他们共推李顺为统帅，继续起义。李顺号令严明，所到之处，把乡里的富人大姓召集来，命令他们如实申报各自所有的财产和粮食，除按人口给他们留下够用的数量外，所余全部发放给贫苦农民，得到大家的拥护。李顺领导农民军连克蜀、邛二州，队伍已增加到数十万人。接着，他率领部队挥戈东下，从西南和西北两面向成都逼近，"所向州县，开门延纳"。

公元994年正月，起义军攻克成都，李顺在军民的拥戴下，建立了大蜀农民政权，李顺自称大蜀王，改元应运，并铸造了"应运元宝"和"应运通宝"货币。起义军战士还在脸上刺"应运雄军"四字，以纪念胜利。大蜀政权建立后，依然坚决执行"均贫富"的政策。李顺一面整顿人马，一面继续派兵攻占各州县，这时，北到锦州，南至巫峡，大部分地区都为大蜀政权所控制，宋朝的"败卒亡官"四散逃命，地主豪绅"人心恐悚"。这时，起义军已发展到"数逾百万"了。

消息传到东京，宋太宗非常惊慌，赶快召集宰相商量对策。随后派遣宦官王继恩为剑南西川招安使，统帅中央禁军前去镇压，李顺为阻止宋军入川，也派农民军数万人北取剑门，控制栈道，以拒宋军于险关之外。但农民军在战斗中伤亡太重，退回成都。李顺又亲率起义军20万围攻梓州，因遭宋军夹击，战斗不利，也相继撤回。宋军进围成都时，正值农民军大都出去攻取其他州县，只有10万人守卫成都。经过拼死抵抗，不久城破，李顺在混战中身亡。

李顺起义失败后，起义军在眉州战斗的将领张余，仍继续转战于四川各地，直到公元996年五月，各地起义军才陆续被宋军镇压下去。

这次起义虽然失败了，但它使得宋朝改变了对川蜀地区的政策，"旁户"这一名称从此很少出现，博买务也取消了。

寇准谋国

幽云十六州是中原的天然屏障，直接关系着中原的安危。中原王朝从后周柴荣起，就开始与辽争夺燕云。赵匡胤建立北宋后，国力无法与辽抗衡，就采取了先南后北的方针。他曾积极储存钱帛，准备或以赎回的方式收回，或用这笔钱作军费，以武力攻取燕云。其弟宋太宗赵光义统一北汉后，就亲征伐辽，要乘胜收复幽云。宋军初战时极为顺利，一直打到幽州，但辽军苦守坚城，幽州久攻不下。太宗率军在高粱河与辽国援军展开激战，结果在辽援军的夹击下大败。太宗身中两箭，匆忙乘驴车逃走。几年后，太宗趁辽国圣宗幼小、母后萧太后专政的机会，兵分3路北伐辽国。但由于东路军不顾进兵计划，贪功冒进，宋军大败。

宋太宗两次伐辽失败，朝廷内外谈辽色变，宋政府采取妥协退让政策，在河北沿边的平原上广修河渠池塘，广植水稻和柳、榆林，阻挡辽国的铁骑。宋真宗即位后对辽更是以和为贵。辽军见宋朝软弱可欺，就不断遣兵南下，威胁宋廷。只是由于大将杨延昭等人奋起抵抗，辽军才无法长驱直入。

1004年，辽国再次南侵。辽圣宗及萧太后亲披甲胄，督军30万，大规模南下，深入宋境内地，直抵澶州北城，离北宋首都东京只有一河之隔。

告急的消息不断地传到已经当了宰相的寇准那里，一个晚上竟来了5次。寇准不慌不忙，只说声"知道了"，照样喝酒下棋。宋真宗却慌了，他把寇准叫来，问："大兵压境，我们怎么办？"

寇准说："这好办，只要 5 天时间就够了。"没等真宗再发问，寇准接着说："现在只有陛下亲自出征，才能长我军士气，灭敌人威风，我们就一定能打败强敌！"站在旁边的一些大臣听后都慌了，怕寇准也让自己上前线，都想赶快走开。

宋真宗也是个胆小鬼，听了寇准的话，脸都吓白了，就想回皇宫躲起来。寇准郑重地说："您这一走，国家的事没人决断，不是坏了大事了吗？请您三思！"在寇准的坚持下，宋真宗才平静下来，商量起亲征的事。

过了几天，辽军的前锋已经打到了澶州（今河南濮阳）。情况万分紧急。同平章事王钦若趁机劝真宗迁都避敌，寇准据理力争，真宗才答应亲征。

宋真宗和寇准带领人马离开东京往北，来到韦城（在今河南境内）时，听说辽国兵马十分凶猛，宋真宗又害怕了。有的大臣趁机再向他提出到南方去的事。

宋真宗派人把寇准找来，问他："有人劝我到南方去避风险，你看怎么样？"寇准心中生气，可还是耐心地说："您千万别听那些懦弱无知的人的话。前方的将士日夜盼您呢！他们知道您亲征，就会勇气百倍，您要是先走了，军心就会动摇，就要打败仗。敌人在后面紧紧追赶，就是想逃到南方也是不可能的了！"宋真宗听了，还是下不了决心，皱着眉头，一声不吭，停了一会儿，他让寇准出去。

寇准刚出来，遇到将军高琼，连忙对他说："将军这次打算如何为国出力呢？"

高琼说："我是一个武人，愿意为国战死！""好，你跟我来！"

寇准带着高琼又来到宋真宗面前，说："我对您说的，您要是不信，就再问高琼好了！"接着，他又把反对迁都和主张亲征的事说了一遍。

高琼听了，连声对宋真宗说："宰相说得非常对，您应该听他的。只要您到澶州去，将士们就会拼死杀敌，一定会打败辽军！"

寇准激动地接过话，"陛下，机不可失，眼下正是打败辽军的好机会，您应该立即出征！"宋真宗让寇准说得也露出笑容，抬头看了看站在旁边的卫官王应昌。王应昌紧紧握住挂在腰上的宝剑，说："陛下亲征，一定成功，假如停止前进，敌人更加猖狂！"寇准和两员武将抗敌的坚定态度感染了宋真宗，他这才下了决心去

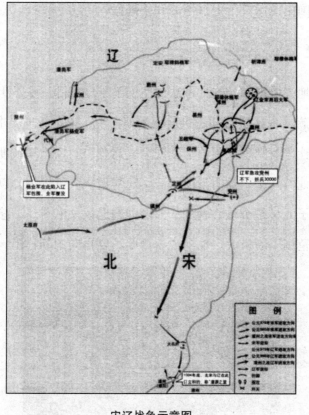

宋辽战争示意图

澶州亲征。

宋真宗亲征的消息传到前线，宋军将士士气大振。当辽军攻打澶州城的时候，宋军拼死抵抗，威虎军头张瑰眼疾手快，一箭射死了辽军统帅萧挞凛。辽军见统帅未战而死，顿时士气低落。辽军见形势不利便主动提出和谈。而真宗本无抵抗之心，急忙答应与辽议和。他不顾寇准等人的反对，派使臣曹利用前往和谈，告诉曹利用哪怕赔百万白银也行。寇准不得已，告诉曹利用超过30万就杀了他。经过几次讨价还价，双方达成协议：宋辽约为兄弟之国，宋帝尊辽萧太后为叔母，辽主称宋帝为兄；宋朝每年交给辽朝绢20万匹、银10万两等。因议和地点在澶州城下，故称"澶渊之盟"。

澶渊之盟是在宋朝军事有利的条件下订立的屈辱性条约。它开了赔款的先例，成了宋朝财政的重负和民众的重压。但澶渊之盟结束了宋辽之间的战争，使边境相对稳定，宋辽两国由此保持了上百年的和平局面。

元昊建西夏

宋真宗一味地妥协求和，这种做法虽然安下了辽朝那一头，但西北边境的党项族（古代少数民族之一）贵族却趁机侵犯宋朝边境，提出无理要求。宋真宗疲于应付，只好妥协退让，封党项族首领李继迁为夏州刺史、定难军节度使。1004 年，李继迁死后，又封他的儿子李德明为西平王，每年送去大批银绢，以示安抚。

李德明的儿子元昊是个雄心勃勃的人。他精通汉文和佛学，多次打败吐蕃、回鹘等部落，势力范围不断扩大。他劝说李德明不要再向宋朝称臣。

西夏王陵

李德明不肯接受他的意见。直到李德明死后，元昊继承了西平王的爵位，才按照自己的主张，设置官职，整顿军队，准备脱离宋朝的控制，自立门户。

1038 年，元昊正式宣布即位称帝，国号大夏，建都兴庆（今宁夏银川市）。因为它在宋朝的西北，历史上叫作西夏。

元昊称帝以后，派使者要求宋朝承认。那时候，宋真宗已经死去，在位的是他的儿子赵祯，即宋仁宗。宋朝君臣讨论的结果，认为这是元昊反宋的表示，就下令削去元昊西平王爵位，断绝贸易往来，还在边境关卡上张榜悬赏捉拿元昊。元昊被激怒了，就决定大举进攻。

那时，在西北驻防的宋军兵士有三四十万，但是这些兵士分散在 24 个州的几百个堡垒里，而且各州人马都直接由朝廷指挥，彼此之间没有作战配合。西夏的骑兵却是统一指挥，机动灵活，所以常常打败宋军。

一年后，西夏军向延州进攻，宋军又打了一个大败仗。宋仁宗十分生气，把延州知州范雍革了职，另派大臣韩琦和范仲淹到陕西指挥抗击西夏。

范仲淹到了延州，改革边境上的军事制度。他把延州1.6万人马分为6路，由6名将领率领，日夜操练，宋军的战斗力显著提高。西夏将士看到宋军防守严密，不敢进犯延州。

1041年2月，西夏军由元昊亲自率领，向渭州进犯，韩琦集中所有人马布防，还选了1.8万名勇士，由任福率领出击。

任福带了几千骑兵迎击西夏兵，两军相遇。双方打了一阵，西夏兵丢下战马、骆驼就逃。任福派人侦察，听说前面只有少量的敌兵，就在后面紧紧追赶。

任福带着宋军向西进兵，到了六盘山下，连西夏兵的影子都没看见。只见路边有几只银泥盒子，封得很严实，兵士们走上前去，端起银泥盒子听了一下，有一种跳动的声音从里面发出。兵士报告任福，任福吩咐兵士打开盒子。只见里面接连飞出了一百多只带哨的鸽子，在宋军的头上飞翔盘旋。

原来，西夏兵采取了诱敌战术。在六盘山下。元昊带了10万精兵，早已布置好埋伏，只等那鸽子飞起，四面的西夏兵就一齐杀出，将宋军紧紧围在中央。宋军奋力突围。从早晨一直打到中午，大批的西夏兵不断从两边杀出。宋兵边打边退，伤亡不断增加。

任福身上中了10多支箭，兵士劝任福逃脱。任福说："我身为大将，兵败至此，只有以死报国。"他又冲了上去，死在西夏兵刀下。

这一仗，宋军死伤惨重，元昊获得大胜。韩琦听到这消息，非常难过，上书朝廷处分。宋仁宗撤了韩琦的职。范仲淹虽然没直接指挥这场战争，但是被人诬告，也降了职。

从这以后，宋夏多次交兵，宋军连连损兵折将，宋仁宗不得不重新起用韩琦、范仲淹指挥边境的防守。两人同心协力，爱抚士卒，军纪严明，西夏才不敢再进犯。

范仲淹推行新政

范仲淹（公元 989—1052 年），宋苏州吴县（今江苏苏州）人。父亲在他很小的时候就死去了，因为家里贫穷，母亲不得不带着他改嫁了人家。范仲淹在十分艰苦的环境中成长，他在一座庙里居住、读书，穷得连三餐饭都吃不上，每天只得熬点薄粥充饥，但是他仍旧苦学不辍。有时候，读书到深更半夜，实在倦得睁不开眼，就用冷水泼在头上，去除倦意，继续攻读。这样苦读了五六年，终于成为一个学识渊博的人。

大中祥符年间，范仲淹中进士。入仕后，他关心民众疾苦，政绩显著。天圣初他任泰州兴化令，主持修筑捍海堰，世称"范公堤"。

范仲淹最初在朝廷当谏官，因为看到宰相吕夷简滥用职权，谋求私利，就向仁宗大胆揭发。这件事触犯了吕夷简，吕夷简怀恨在心，诬陷范仲淹结交朋党，挑拨君臣关系。宋仁宗听信了吕夷简的话，贬谪范仲淹去了南方。直到西夏战争发生以后，才把他调到陕西去防守边境。

范仲淹在宋夏战争中屡立战功，宋仁宗觉得他确实是个难得的人才。这时候，宋王朝因为内政腐败，加上在跟辽国和西夏战争中军费和赔款支出浩大，财政极为紧张。宋仁宗就把范仲淹从陕西调回京城，任命他为副宰相。

范仲淹

范仲淹回到京城后，宋仁宗马上召见了他，要他提出治国的方案。范仲淹知道朝廷弊病太多，不可能一下子都改掉，准备一步一步来。但是，禁不住宋仁宗一再催促，就提出了 10 条改革措施。

正在改革兴头上的宋仁宗看了范仲淹的方案，立刻批准在全国推行。历史上把这次改革称为"庆历新政"（"庆历"是宋仁宗的年号）。

范仲淹的新政刚一推行，就在朝中引发了巨大波澜。一些皇亲国戚、权贵大臣、贪官污吏见自己的利益受到威胁，纷纷闹了起来，散布谣言，攻击新政。那些原来就对范仲淹不满的大臣天天在宋仁宗面前说坏话，又说起范仲淹与一些人结党营私，滥用职权。

宋仁宗看到有那么多的人反对新政，就动摇起来。范仲淹被逼得无法在京城立足，便主动要求回到陕西防守边境，宋仁宗批准了。范仲淹刚走，宋仁宗就下令废止新政。

在文学创作上，他亦提出不少新颖的观点，主张"应于风化"。他传下来的诗词仅有 6 首，其中《渔家傲》突破了当时词限于男女、风月的界线而开创了新的词风，这首词是他在西北负责抵抗西夏入侵时所作。词中表达了作者决心捍卫边疆的英雄气概，同时也反映了作者思念家乡的情绪和战士们生活的艰苦，格调苍凉悲壮，慷慨激昂，与那些靡丽的闺怨词形成鲜明对比。

范仲淹的文学主张和他政治革新的要求相同，认为"国之文章，应于风化，风化厚薄，见于文章"，反对那种"专事藻饰，破碎大雅，反谓古道不适于用"的浮华文风。他擅长辞赋文章，所作政论趋向古文，著名的《岳阳楼记》就是其中的代表作。

范仲淹因改革政治一事，受了很大打击，但是他并不因为个人的遭遇感到懊恼。一年之后，他的一位在岳州（治所在今湖南岳阳）做官的老朋友滕宗谅，重新修建当地的名胜岳阳楼，请范仲淹写篇纪念文章。范仲淹挥笔写下了《岳阳楼记》。在这篇著名的文章里，范仲淹提道：一个有远大政治抱负的人，他的思想感情应该是"先天下之忧而忧，后天下之乐而乐"。这两句名言一直被后人传诵，而岳阳楼也因范仲淹的文章而名扬四海。

欧阳修改革文风

范仲淹遭遇排挤后，支持新政的大臣富弼被诬陷是范仲淹的同党，丢了官职；韩琦替范仲淹、富弼辩护，也受到牵连。当时，虽然有些人同情范仲淹，但是碍于形势，不敢出头说话。只有谏官欧阳修大胆给宋仁宗上书说："自古以来，坏人陷害好人，总是说好人是朋党，诬蔑他们专权。范仲淹是难得的人才，为什么要罢免他？如果听信坏人的话，把他们罢官，只能使亲者痛，仇者快！"

《欧阳文忠公集》书影

欧阳修是著名的文学家，庐陵（今江西永丰）人。他4岁的时候，父亲就病死了，母亲带着他到随州（今湖北随州）投奔他的叔父。欧阳修的母亲一心想让儿子读书成人，可是家里穷，买不起纸笔。她就用屋前池塘边上生长的荻草秆儿在泥地上划字，教欧阳修认字。幼小的欧阳修在母亲的教育下，很早就爱上了书本。

后来，欧阳修读了韩愈的散文，觉得韩愈的文笔流畅，说理透彻，跟流行的文章完全不同。他就认真研究琢磨，学习韩愈的文风。长大以后，他到东京参加进士会考，连考三场，都得了头名。

欧阳修20多岁的时候，已经在文坛上很有声誉了。欧阳修的诗、词、散文和政论文都很有名，他强调道对文的决定作用，要写好文章，首先必须培养良好的道德素养，并且能行之于身。在此基础上，他反对那些高谈阔论而没有实际内容的文章，认为那种文章对时政于事无补。正因如此，欧阳修有相当一部分文章是政论文，体现了他的政治伦理观念和文学主张，又因为这些文章针对实际有感而发，写得婉转流畅、丰满生动、说理透彻，让人读来正气凛然，像《朋党论》《与高司谏书》等都是名篇。

欧阳修的散文，无论写景状物，叙事怀人，都显得摇曳生姿。虽然他的官职不高，但是十分关心朝政，正直敢谏。

这一次，欧阳修支持范仲淹新政，又出来替范仲淹等人说话，让朝廷一些权贵大为气恼。他们捕风捉影，把一些罪名安在欧阳修身上，最后又把欧阳修贬谪到滁州（今安徽滁州市）。

滁州四面环山，风景优美。欧阳修到滁州后，除了处理政事之外，常常游览于山水之间，怡情悦性。当地有个和尚在滁州琅琊山上造了一座亭子供游人休息，欧阳修登山游览之时，常常在这座亭上喝酒作文。他自称"醉翁"，便给亭子起了个名字叫醉翁亭。他写的散文《醉翁亭记》，成为人们传诵的杰作。

欧阳修做了十多年地方官，由于宋仁宗赞赏他的文才，才把他调回京城，在翰林院供职。

欧阳修积极提倡改革文风，在担任翰林学士以后，更把这种想法付诸实施。有一年，京城举行进士考试，朝廷派他担任主考官。他认为这正是选拔人才、改革文风的大好时机，在阅卷的时候，凡是发现华而不实的文章，他一概不录取。从此以后，考场的文风就发生了变化，大家都学着写内容充实和文风朴素的文章了。

欧阳修在大力改革文风的同时，还十分注意发现和提拔人才。许多原来没什么名气的人才，因他的赏识和提拔推荐，一个个都成了名家。最出名的有曾巩、王安石、苏洵和他的儿子苏轼、苏辙。

毕昇发明活字印刷术

众所周知，印刷术是我国古代的四大发明之一。隋唐时期出现的雕版印刷术，是最初的印刷模式。雕版印刷虽然比手抄书写要快很多倍，质量也提高很多，但还存在着不少的缺陷。雕版印刷要花费大量的木材，而且用版量很大，不仅存放不便，不好管理，出现错字也不易更正；而且雕版用过之后就变成废物，造成资源的浪费。

北宋庆历年间（1041—1048年），印刷术取得了重大突破。布衣发明家毕昇发明了活字印刷术。活字印刷术弥补了雕版印刷术的不足，大大节省了人力、物力和财力，非常方便快捷。活字印刷术的发明是印刷术发展史上一项具有划时代意义的创造。

关于活字印刷术的发明者毕昇，历史缺少记载，仅能从沈括的《梦溪笔谈》中知道他是庆历年间的一介布衣，生平籍贯均不可考证。毕昇死后，他的活字印被沈括的"群从所得"。

《梦溪笔谈》里记载，活字印刷的程序为：首先选用质地细腻的胶泥，刻成一个个规格统一的单字，然后用火烧硬，即成胶泥活字；把活字分类放在相应的木格里，一般常用字，如

毕昇雕像

"之""也"等字要备用几个至几十个，以备重复使用。排版的时候，在一块带框的铁板上面敷上一层用松脂、蜡和纸灰之类混合制成的药剂，接着把需要的胶泥活字从备用的木格里拣出来，按文字顺序排进框内，排满就成为一版；排好后再用火烤，等药剂开始熔化的时候，用一块平板把字面压平，等到药剂冷却凝固后，就成为固定的版型。这样就可以涂墨印刷了。印完之后，再用火把药剂烤化，用手一抖，胶泥活字就可以从铁板上脱落下来，下次可以再用。

毕昇首创的泥活字版，使书籍的大量印刷更为方便。《梦溪笔谈》说"若印十百千本，则极为神速"。活字印刷，还可以一边印刷，一边排版，胶泥活字还可重复使用，实在是既节省了时间，又节省了材料。活字印刷术的方便快捷由此可见

一斑。

毕昇之所以能够发明活字印刷术，来源于他对于生活的耐心观察、思考和体悟。有个有趣的小故事说，毕昇发明活字印刷是受了他两个儿子玩过家家的启发。他的师兄弟们不明白为什么毕昇那么幸运地发明活字印刷术，师傅开口说："毕昇是个有心人啊！你们不知道他早就在琢磨改进工艺了。冰冻三尺，非一日之寒啊！"

毕昇在发明泥活字印刷的过程中，还研究过木活字排版。但是由于他所选用的木材的木质比较疏松，刷上墨后，受湿膨胀不均，干了还会缩小变形，加上不能和松脂药剂粘连，因此没有采用。后来经过人们的反复试验和研究，木活字印刷最终获得了成功。元代的农学家王祯造木活字3万多个，排印自己编撰的书。可以说，毕昇的早期探索，在某种程度上启发了木活字的发明者。

毕昇的创造和探索，开了后世一系列材料活字的先河。南宋时，出现了铜活字。南宋末或元初，有人使用铸锡活字。明代出现了铅活字。清代，山东徐志定使用瓷活字印刷。这些活字都是在毕昇的胶泥活字基础上进行的改进。

活字印刷术的发明和使用，不仅大大推动了中国印刷业的发展，而且对于世界文明的发展产生了巨大的影响。从13世纪开始，活字印刷术开始由中国传入朝鲜半岛、日本等地，后来又经由丝绸之路传入波斯和阿拉伯，再传入埃及和欧洲。在1450年左右，德国人古登堡受活字印刷的影响，发明了铅、锡、锑的合金活字印刷。活字印刷术的传入，为欧洲的文艺复兴和近代科学的兴起提供了重要的物质条件。

活字印刷术的发明，促进了人类文化知识广泛的传播和交流，大大推动了世界文明的发展。

王安石变法

宋仁宗在位40年，虽然朝中有像范仲淹、包拯等一些正直的大臣，但是并没有真正使他们发挥作用，因而国家越来越衰弱下去。宋仁宗没有儿子，死后由一个皇族子弟做他的继承人，这就是宋英宗。治平四年（1067 年）正月，宋英宗病逝，英宗长子赵顼即皇帝位，是为宋神宗。

宋神宗看到国家衰弱的景象，有心改革一番，可是他周围的人，都是仁宗时期的老臣，就连富弼这样支持过新政的人，也变得暮气沉沉了。宋神宗想，要改革这种现状，一定得找个得力的助手。

宋神宗即位之前，身边有个叫韩维的官员，常常在神宗面前谈一些好的见解。神宗称赞他，他说："这些意见都是我朋友王安石说的。"从那时起，宋神宗就对王安石有了一个好印象。现在他想找助手，便想到了王安石。于是下

王安石

了一道命令，把正在江宁做官的王安石调到京城来。

王安石是北宋中期的改革家、思想家和文学家。他出生于世宦之家，博学强记，能文善赋，早年就负有盛名，22 岁中进士，出任地方官。他年轻时，文章就写得很出色了，得到了欧阳修的赞赏。

王安石在地方做了 20 年的官，名声越来越大。后来，宋仁宗调他到京城做管理财政的官。他一到京城，就向仁宗上了一份近一万字的奏章，提出他对改革财政的主张。宋仁宗刚刚废除范仲淹的新政，并不热心于改革，便把王安石的奏章束之高阁。王安石知道朝廷没有改革的决心，自己又跟一些官员合不来，就趁母亲去世的时机，辞职回家了。

这一次，王安石接到宋神宗召见的命令，又听说神宗正在物色人才，就高高兴兴地进京来了。他一到京城，宋神宗就单独召见他。神宗一见面就问他说："你看

要治理国家，该从哪儿入手？"他从容地回答说："先从改革旧的法度，建立新的法度开始。"

熙宁二年（1069年），宋神宗把王安石提为副宰相。二月，神宗与王安石共同商讨后，为实行变法专门设立了一个机构——制置三司条例司，主要工作就是制定新的财政经济政策，颁行新制，以通天下之利。同年七月，制置三司条例司建议实行均输法，宋神宗采纳后便下诏实行，在"便转输，省劳费，去重敛，宽农民"等方面，收到较好的成效。

九月，王安石主持改革常平仓制度，推行青苗法。青苗法的实施，在限制官僚望族利用高利贷盘剥等方面，收到成效，同时为朝廷获取了大量利息。十一月，宋实施农田水利法，也称农田水利条约或农田水利约束。水利法实行后亦颇见成效，熙宁九年（1076年），兴修水利10793处，受益民田36万多顷，公田1915顷。后有募役法、市易法、方田均税法等等出台。

王安石的变法巩固了宋王朝的统治，取得了富国强兵的显著成效。政府的财政状况大有改善，北宋军事实力明显提高。在与西夏交战中，取得了熙河之役的胜利，收复故地两千里，这是北宋历史上十分少见的胜利。然而，由于变法涉及面广，阻力很大，未能真正解决社会矛盾，遭到两宫太皇太后、皇太后及元老重臣如司马光、文彦博、吕公著等守旧派的激烈反对。宋神宗听到反对的人不少，就动摇起来。

王安石眼看新法实行不下去，便上书辞职。宋神宗也只好让王安石暂时离开东京，去江宁府休养。

第二年，宋神宗又把王安石召回京城当宰相。谁知几个月后，天空出现了彗星。这本来只是一种正常的自然现象，但是在当时的人看来这是不吉利的预兆。宋神宗又慌了，要大臣对朝政提意见。一些保守派便趁机对新法攻击诬蔑。王安石竭力为新法辩护，让宋神宗不要相信这种迷信的说法，但宋神宗还是犹豫不定。

后来王安石无法继续贯彻自己的主张，便于1086年春天，再一次辞去宰相的职位，回江宁府去了。神宗去世后，10岁的哲宗即位，太皇太后高氏临朝，起用司马光执政，尽废新法，史称"元祐更化"。哲宗亲政后，逐渐恢复新法，但由于新旧党争，新法已没有什么进展了，北宋王朝也逐渐走向衰亡。

《资治通鉴》

王安石虽然罢了相，宋神宗还是把他定下的新法推行了将近10年。1085年，宋神宗病死，年仅10岁的太子赵煦即位，这就是宋哲宗。哲宗年幼，他祖母高太后临朝听政。高太后一向反对新法，她临朝后，便把反对新法最激烈的司马光召到京城担任宰相。

司马光（1019—1086年），字君实，北宋陕州夏县（今山西夏县）人。他父亲司马池，官任天章阁（皇帝藏书阁）待制（皇帝顾问）。司马池为人正直、清廉，这对司马光有深刻的影响，时人赞誉司马光是"脚踏实地的人"。司马光自幼酷爱史学，"嗜之不厌"。仁宗宝元元年（1038年）司马光中进士，历仕仁宗、英宗、神宗三朝，任天章阁待制兼侍讲、龙图阁直学士、翰林学士、御史中丞等职。

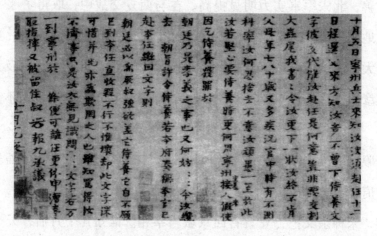

宁州帖卷　北宋　司马光

司马光在当时的大臣中，名望最高。他的名声，从他幼小的时候就已经开始传开了。他7岁那年，就开始专心读书。不论是酷暑，还是严寒，他总捧着书不放，有时候连吃饭喝水都忘了。他不但用功读书，而且很机灵。有一次，他和小伙伴们在后院子里玩耍。院子里有一口大水缸，有个小孩爬到缸沿上，一不小心，掉进缸里。缸大水深，眼看孩子快要没顶了。别的孩子们一见出了事，吓得一面哭喊，一面往外跑，找大人来救。司马光不慌不忙，从地上搬起一块大石头，使尽力气朝水缸砸去。缸被砸破了，水从缸里流了出来，被淹在水里的小孩也脱险了。这件偶然的事情，让幼小的司马光出了名。

宋神宗在位的时候，司马光担任翰林学士。司马光和王安石本来是交往密切的好朋友，后来王安石主张改革，司马光不赞同，两个人就分道扬镳了。

王安石做了宰相以后，提出的一件件改革措施，司马光全都反对。

司马光很喜欢研究历史，他认为治理国家的人，一定要通晓从古以来的历史，从历史中吸取兴盛、衰亡的经验教训。他又觉得，从上古到五代，历史书实在繁杂无序，做皇帝的人没有那么多精力去看。于是，他很早就动手编写一本从战国到五代的史书。宋英宗在位之时，他把一部分稿子献给朝廷。宋英宗觉得这是本对巩固王朝很有好处的书，十分赞赏这项工作，就专门为他设立了一个编写机构，叫他继续编下去。

宋神宗即位以后，司马光又把编好的一部分稿子献给宋神宗。宋神宗不欣赏司马光的政治主张，但是对司马光编书却十分支持。他把自己年轻时收藏的 2400 卷书都送给了司马光，让他好好完成这部著作，还亲自为这本书起了个书名，叫《资治通鉴》（"资治"就是能帮助皇帝治天下的意思）。

司马光一共花了 19 年时间，才完成了这部著作。《资治通鉴》是中国最著名的编年体通史，上起周威烈王二十三年（公元前 403 年），下迄后周显德六年（公元 959 年），记载了包括周、秦、汉、魏、晋、宋、齐、梁、陈、隋、唐、后梁、后唐、后晋、后汉、后周在内的 16 个朝代的 1362 年历史。分为 294 卷，共计 300 多万字，另外《目录》30 卷，《考异》30 卷，其中《周纪》5 卷，《秦纪》3 卷，《汉纪》60 卷，《魏纪》10 卷，《晋纪》40 卷，《宋纪》16 卷，《齐纪》10 卷，《梁纪》22 卷，《陈纪》10 卷，《隋纪》8 卷，《唐纪》81 卷，《后梁纪》6 卷，《后唐纪》8

卷，《后晋纪》6卷，《后汉纪》4卷，《后周纪》5卷。

《资治通鉴》书影

司马光是为了巩固当时的封建政权才编写《资治通鉴》的，这就决定了此书的内容主要是政治史。他把历史上的君主依据他们的才能分为五类：第一类是创业之君，比如汉高祖、汉光武帝、隋文帝、唐太宗等；第二类是守成之君，如汉文帝和汉景帝；第三类是中兴之帝，如汉宣帝；第四类是陵夷之君，如西汉的元帝、成帝，东汉的桓帝、灵帝；第五类是乱亡之君，如陈后主、隋炀帝。在司马光看来，最坏的是那些乱亡之君，他们"心不入德义，性不受法则，舍道以趋恶，弃礼以纵欲，谗谄者用，正直者诛，荒淫无厌，刑杀无度，神怒不顾，民怨不知"，像陈后主、隋炀帝等就是最典型的例证。对于乱亡之君，《通鉴》都做了一定程度的揭露和谴责，以为后世君主鉴戒。

高太后临朝听政后，把司马光召回朝廷。这时的司马光已经是又老又病了，但是他反对王安石新法的思想却毫不放松。他一当上宰相，第一件大事就是把新法的思想废除掉。王安石听到废除新法的消息，十分生气，不久就郁郁而终。而司马光的病也越来越重，在同年九月也死去了。

文象苏轼

1037年农历一月八日，四川眉山一个清寒的人家里，传出了几声清脆的啼哭声，又一个崭新的生命诞生了。已经28岁的苏洵大喜过望，更让他高兴的是这个孩子生得眉清目秀，体格不凡。苏洵以"夫子登轼而望之"之义为儿子取名为"轼"。苏轼的母亲程氏精通文史，十分注意对子女的早期教育。在她的悉心培育下，苏轼不负众望，少年时期即通经史，习字作文，下笔千言，一挥而就。22岁时，他和弟弟苏辙高中同榜进士，深得欧阳修赏识。

3年后，守母制毕，父子3人再上京城，此时，他父亲因自27岁后发愤读书，刻苦励志，为当时名流所重，免试任秘书省校书郎，负责编纂礼书。"三苏"之名，震动京师。3年后，苏洵在任上病故，苏轼兄弟扶榇南归，又守制3年。这时苏轼已经年近30，然而，他仍然胸怀壮志，"达则兼济天下"的理想依然在心里激荡澎湃。但这3年中，朝政发生了变化，以王安石为代表的改革派在宋神宗的支持下推行新法。由于新法实施过程中的确存在若干问题，苏轼对新法本来就不十分赞成，所以他上书言指出新法中的一些弊病，不料触犯了一些人的利益。知道自己的政见不被采纳后，苏轼被迫请求出调为地方官。据记载，这段时间，苏轼历任杭州、密州（今山东诸城）、徐州等地知州。苏轼每到一处，都能励精图治，兴利除弊，为当地百姓做出贡献，自然赢得了人民的爱戴和景仰，和改革派也暂时相安无事。可是时局变幻莫测，苏轼又耿直敢言，所以无论是变法的新党还是守旧的老党，都不把他当作自己人。他们吹毛求疵，在苏轼诗集中找一些稍露棱角的句子作为借口，一次又一次地将苏轼逼到悬崖的边缘。

经过"乌台诗案"和其他几次陷害后，苏轼对政治清明的信心已经丧失殆尽。绍圣四年，因为又一次无中生有的中伤，当权者余恨未解，将刚在惠州安顿好的苏轼转谪到海南。

因为这时苏轼已年近60岁，他自己也说："垂老投荒，无复生还之望。"伤心之余，他只得把安顿下来的家属留在惠州，独自带着幼子苏过漂洋过海。全家人都预感这次是生死之别，他们静静地听苏轼吩咐后事，默默地看着那一叶小舟消失在巨浪滔天的茫茫海天之际。"生人作死别，恨恨哪可论！"

命运并不因为苏轼的天纵文才和勤政为民而对他有青眼有加，流放到海南7年

苏轼回翰林院图　明　张路

后，苏轼终于得到一纸赦令，踏上了北归旅程。然而，他没有李白"千里江陵一日还"的幸运。多年的磨难和旅途的劳累，消磨了苏轼全部的生命和精力，他艰难地走到了生命的尽头，1104 年 8 月 24 日，他在友人代为借租的一所房子里溘然长逝。苏轼与世长辞，朝野俱痛，几百太学生自发到佛舍祭奠他，为这样一代文人之厄叹惋哀悼。苏轼的词飘飘欲仙，不惹红尘，自有一种出世脱俗的飘逸，如他的《水调歌头》就是这样：

　　明月几时有，把酒问青天。不知天上宫阙，今夕是何年？我欲乘风归去，又恐琼楼玉宇，高处不胜寒。起舞弄清影，何似在人间？转朱阁，低绮户，照无眠。不应有恨，何事长向别时圆？人有悲欢离合，月有阴晴圆缺。此事古难全，但愿人长久，千里共婵娟。

　　这是苏轼在密州任职时所写的，是一首在文学史上负有盛誉的词。苏轼当时和弟弟苏辙已七年没有见面，这种血肉相连的感情在美酒和月华的催化下，终于凝成了一首千古绝唱。在诗人笔下的月华也通了人意，她转过朱红大门，绕过雕花琐窗，照着天下相思的人们。苏轼不禁又问道："月儿你远离尘嚣，不应该再有什么遗憾的，可为什么偏偏在人间相思难聚的时候圆得如此难堪呢？"看来，人间有悲欢离合，就和月亮有阴晴圆缺一样是难免的啊！想到这里，诗人对远在千里之外的弟弟说："即使我们相隔千里，无法相见，但只要我们能共同沐浴着这一片月亮的清辉，也就该满足了。"这样，本来沉重的思亲之情，在作者几经转折之后，就从抑郁翻转为超脱。

一般都将苏轼看作是豪放派词人，其实问题并不这么简单。苏轼的词包罗万象，风格多变，有豪放旷达如《念奴娇·赤壁怀古》者；有婉约凄恻如《江城子·十年生死两茫茫》者；也有活泼真切如《浣溪沙》五首者。人们之所以用"豪放词人"来评价苏轼，是因为自从苏轼之后，词开始走出了"花间派"专咏风花雪月的路子，转而写生活中积极向上的事物和感情。从根本上看，苏轼真正称得上豪放的，只有《江城子·密州出猎》等几首，像前面所说的《念奴娇·赤壁怀古》可能都不是。词写到最后时，苏轼追古思今，想想自己已经年过四旬，却壮志成空。忍不住悲从中来，说："故国神游，多情应笑我，早生华发。人生如梦，一樽还酹江月。"

苏轼对词的贡献是多方面的，他扩大了词的内容，提高了词的境界。胡寅的《酒边词序》说苏词"一洗绮罗香泽之态，摆脱绸缪婉转之度，使人登高望远，举首高歌，而逸怀浩气超乎尘埃之外矣"。的确如此，从苏轼之后，词不但可以写花前月下的卿卿我我，也可以写政治情怀和民生疾苦，甚至连农村的生活生产也被他纳入词中，这在词史上是一次重大突破。

苏轼还有几首小词写得清新流畅，饶有情趣。如《蝶恋花》：

花褪残红青杏小，燕子飞时，流水人家绕。枝上柳绵吹又少，天涯何处无芳草？

墙里秋千墙外道，墙外行人，墙里佳人笑。笑渐不闻声渐消，多情却被无情恼。

这首词写于作者贬谪途中，苏轼此时仕途不顺，心中极为不适，外出散步时走到一家人的院墙外，听见里面有清脆的笑声传来，他知道这肯定是富人家的女孩在园内赏春。她们青春年少，无忧无虑，正是人生最幸福的时候。而自己空怀壮志，只为一封奏书，就拖家带口一路南奔。这样的日子何时才能结束？相传苏轼的爱妾朝云在唱到这首词泣涕满襟，说："妾所不能歌者，'枝上柳绵吹又少，天涯何处无芳草'也。"这也许正是苏轼感触最深的一联吧！对苏轼个人而言，本来应该大有作为的一生竟会因为一言不慎而付诸东流。这是怎样一种深沉而无奈的悲哀！历史的轻烟已经散去，知道这些隐曲的，可能只有随风而去的古人了。

李纲抗金

就在宋朝国力日渐衰弱的同时，我国东北地区的女真族却逐渐强大起来。1115年，完颜阿骨打建立了金国。之后，强大的金军屡次南侵，宋朝只有抵抗的能力。

宋宣和七年（1125年），北宋王朝腐败，金军大举南下，消息传到东京，北宋君臣慌作一团，群臣请求徽宗禅位于皇太子赵桓，以便号召各地官兵和百姓起兵勤王。宋徽宗赵佶一听，直吓得魂飞魄散，急忙写下了"传位东宫"的诏书宣布退位，自己当了"太上皇"，并且连夜带着亲兵逃出了京城。太子赵桓即位，这就是宋钦宗。他在宫中也六神无主，宰相白时中、杨邦彦乘机劝他弃城逃往襄阳。兵部侍郎李纲听说后，立刻求见宋钦宗。

李纲在殿上责问宋钦宗，说："太上皇把固守京城的千斤重担托付给陛下，现在金兵还没到，陛下就把京城抛弃了，将来怎么向太上皇交代，怎么向全国的百姓交代？"

宋钦宗哑口无言。白时中却怒气冲冲地说："金军来势汹汹，锐不可当，京城哪里能守得住？"

李纲怒视白时中，反问道："天下的城池，还有比京城更坚固的吗？如果京城守不住，那么天下就没有守得住的城了。况且宗庙社稷、百官万民都在这里，丢开不顾，还去守卫什么？如果我们鼓励将士，安慰民心，就一定能守住京城！"

李纲的一片忠心打动了宋钦宗，他马上让李纲负责守京城。李纲随即去城楼上调兵遣将，布置好守城的人马准备迎击金军。

几天后，宗望率领 10 万铁骑，来到东京城下。这一天，天刚亮，金兵就疯狂地攻城了。他们沿着汴河出动了几十只火船，企图顺流而下，烧掉城楼。李纲早有

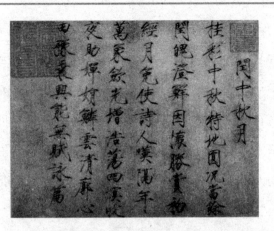

闰中秋月诗帖　北宋　赵佶

准备，在汴河里布置了一排排的木桩，又从蔡京府中搬来了大量的假山石，垒塞在门道间，使金军火船无法前进。这时，布置在城下的2000多名敢死队员一齐上前，手执长竿铙钩，牢牢地钩住那些火船，使它进退不得，不久那些火船便化为灰烬。

宗望一计不成又生一计，把他的王牌铁骑搬了出来。他们身穿铁甲，头戴兜鍪，全身只露出两个眼睛，刀剑不入，十分凶悍。但因为是骑兵，在城下施展不开，只能坐在大船里顺流而来。李纲便把城下的兵撤到城头上，也不放箭，只是让那些船只驶近水门前。紧接着一声令下，巨大的石块如暴雨般向下投掷。任凭你的兜鍪怎样坚韧，百十斤重的石块落在头上，也只有脑浆迸裂，一命呜呼。船只也被砸碎，跌入汴河的铁甲兵上不了岸，只有活活被淹死。

宋军将士斗志高昂，他们个个奋勇杀敌。李纲脱去官服，亲自擂鼓激励将士，打退了敌人一次又一次的进攻。

金军统帅宗望孤军深入，千里奔袭宋朝都城，原打算速战速决，却不料东京的防守那样坚固、严密。不仅城池久攻不下，而且损兵折将、伤亡惨重，只好派人议和。

靖康之辱

在金将宗望被迫退兵的时候，种师道向宋钦宗建议，趁金军渡黄河之际，发动一次袭击，把金军消灭掉。宋钦宗不但不同意这个好主意，反而把种师道撤了职。

金军退走以后，宋钦宗和一批大臣以为从此可以安稳度日了，哪料到东路的宗望虽然退了兵，西路的宗翰率领的金军却不肯罢休。靖康元年（1126 年）十月，金军又开始对北宋发动进攻，太原、真定很快失守。十一月中旬，西、东两路金军相继渡过黄河。钦宗君臣知道金军渡河向东京进军的消息后，吓得惊慌失措，不知该怎么退敌。宋钦宗派大将种师中带兵前去援救，半路上被金军包围，种师中兵败牺牲。投降派的一些大臣正嫌李纲在京城碍事，就撺掇宋钦宗把李纲派到河北指挥作战。

李纲明知道自己遭到排挤，但是要他上前线抗金，他也不愿推辞。李纲到了河北，招兵买马，准备抗金。但是朝廷却命令他解散招来的新兵，立刻前往太原。李纲调兵遣将，分 3 路进兵，但是，那里的将领都受朝廷的直接指挥，根本不听李纲的命令。由于 3 路人马没统一领导，结果打了一个大败仗。

临萧照瑞应图 明 仇英

李纲名义上是统帅，却没有实际指挥权，只好向朝廷提出辞职。宋钦宗撤了李纲的职，把他贬谪到南方去了。金国君臣最怕李纲，现在李纲罢了官，他们就再没有顾忌了。金太宗又命令宗翰、宗望向东京进犯。

这时候，太原城被宗翰的西路军围困了 8 个月后，终于陷落在金兵手里。

太原失守之后，两路金军同时南下。各路宋军将领听到东京吃紧，主动带兵前来援救。宋钦宗和一些投降派大臣忙着准备割地求和，竟命令各路援军退回原地。

面对两路金军不断逼近东京，宋钦宗被吓昏了。一些投降派大臣又成天劝宋钦

宗泽墓，位于今浙江义乌。

宗向金求和。宋钦宗只好派他弟弟康王赵构到宗望那里去求和。

赵构经过磁州（今河北磁县），州官宗泽对赵构说："金国要殿下去议和，不过是骗人的把戏而已。他们已经兵临城下，是求和的态度吗？"

磁州的百姓也拦住赵构的马，不让他去金营求和。赵构也害怕被金国扣留，就留在了相州（今河南安阳）。

没过多久，两路金军已经赶到东京城下，继而猛烈攻城。城里只剩下 3 万禁卫军，不久就差不多逃跑了一大半。各路将领因为朝廷下过命令，也不来援救东京。这时候，宋钦宗已是叫天天不应，叫地地不灵了。

眼看末日来到，没有办法，宋钦宗痛哭了一场，亲自带着几个大臣去金营送降书。宗翰勒令钦宗把河东、河北土地全部割让给金国，并且向金国献金 1000 万锭，银 2000 万锭，绢帛 1000 万匹。宋钦宗一一答应，金将才把他放回了城。

宋钦宗派了 24 名官吏帮金军在皇亲国戚、各级官吏、和尚道士等人家里彻底查抄，前后抄了 20 多天，除了搜去大量金银财宝之外，还把珍贵的古玩文物、全国州府地图档案等也抢劫一空。

靖康二年（1127 年）三月七日，金人扶植张邦昌建立傀儡政权。四月一日，金将宗望、宗翰押着被俘而扣留在金营的宋徽宗、宋钦宗和皇子、皇孙、后妃、宫女等 400 余人回归金国，同时满载掠夺的大量金银财宝。金军退兵时，还将宋宫中所有的法驾、卤簿等仪仗法物和宫中用品，以及秘阁、太清楼、三馆所藏图书连同内侍、内人、伎艺工匠、倡优、府库蓄积席卷一空。

宗泽卫京

靖康二年（1127 年）二三月，金废宋徽、钦二帝，册立张邦昌为楚帝，后撤兵北归。金退兵后，东京军民和朝廷旧臣就不再拥戴张邦昌，各路"勤王"兵马也纷纷开往开封，声讨张邦昌。张邦昌无奈，迎宋元祐皇后入宫垂帘听政。四月，元祐皇后手书至济州，让康王即帝位。五月初一，赵构于应天府（今河南商丘）登皇帝位，即宋高宗，改元建炎，重建了宋王朝，历史上称为南宋。

宋高宗即位以后，迫于舆论的压力，不得不把李纲召回朝廷，担任宰相。而实际上他信任的却是亲信黄潜善和汪伯彦。

李纲担任宰相后，提出许多抗金的主张，还极力在宋高宗面前推荐宗泽。宗泽，字汝霖，婺州义乌（今属浙江）人，元祐六年（1091 年）进士。曾被召任为宗正少卿，充议和使，因他反对议和而改任磁州知州。他在磁州时曾击退金兵。宗泽是一位坚决抗金的将领。金兵第二次攻打东京的时候，宗泽领兵抗击金兵，一连打了 13 次胜仗。有一次，他率领的宋军被金军包围，金军的兵力比宋军多 10 倍。宗泽对将士们说："今天进也是死，退也是死，我们一定要从死里杀出一条生路来。"将士们受到他的激励，以一当百，英勇冲杀，果然打退了金军。

宋高宗对宗泽的勇敢早有耳闻，这次听了李纲的推荐，就派宗泽去东京府做知府。

这时候，金军虽然已经从东京撤出，但是东京城经过两次大战，城墙已经全部损坏了。金兵又经常在北面活动，东京城里人心惶惶，秩序混乱。

宗泽在军民中很有威望。他一到东京，就杀了几个抢劫犯，东京的秩序便渐渐安定了下来。

宗泽到了东京之后，积极联络各地民众组织起来的义军。河北各地义军听到宗泽的威名，都自愿接受他的指挥。这样一来，东京城的外围防御巩固了，城里人心安定，存粮充足，物价稳定，重新恢复了大战前的局面。

但是，就在宗泽准备北上恢复中原时，宋高宗和黄潜善、汪伯彦却嫌南京不安全，做好了继续南逃的准备。李纲因反对南逃，被宋高宗撤了职。

不久，金军又分路大举进攻。金太宗派大将兀术（又叫宗弼）向东京进攻，宗泽事先派部将分别驻守洛阳和郑州。兀术带兵接近东京的时候，宗泽派出几千精兵绕到敌人后方，把敌人退路截断，又和伏兵前后夹击，把兀术打得狼狈逃窜。

金军将士对宗泽又害怕，又钦佩，提到宗泽，都称他为宗爷爷。宗泽依靠河北义军积蓄兵马，认为完全有力量收复中原，便接连向高宗上了二十几道奏章，要求朝廷派大军北伐、收复失地，并请求高宗速还东京。但高宗一直没有批准他的出兵计划，他多次奏请高宗还京，都被黄潜善、汪伯彦所阻。

这时候，宗泽已经是 70 岁的年迈老人了，他见朝廷没有收复中原的想法，一气之下，背上发毒疮病倒了。一些将领去问候他，宗泽已经病得很重，他睁开眼睛激动地说："我因为不能报国仇，心里忧愤，才得了这个病。只要你们努力杀敌，我就死而无憾了。"

将领们听了，个个感动得流下了泪水。宗泽临死之前，用足了全身的力气，呼喊："过河！过河！过河！"然后才闭上眼睛。东京军民听到宗泽去世的消息，没有一个不伤心流泪的。

宗泽去世后，朝廷派杜充接替宗泽的职位。杜充是个昏庸无能的人，他一到东京，就把宗泽的一切防守措施都废除了。没多久，中原地区又全部落在金军手里。

岳家军大败兀术

南宋初年，金军几次南下，威胁南宋政权。南宋军民奋起抗金，金军一举灭亡南宋的计划失败，高宗才得以苟安江南。金国扶植刘豫为大齐皇帝，建立大齐傀儡政权，与南宋对峙。接着，又放宋旧臣秦桧南归，利用他破坏南宋的抗金力量。秦桧到南宋后，千方百计取得高宗的信任，被任命为宰相。尽管南宋处于极为不利的地位，但是当时的抗金战场上依然活跃着无数保家卫国的英雄。岳飞，就是南宋抗金的一面旗帜。

岳飞是相州汤阴（今河南汤阴）人，从小刻苦读书，尤其爱读兵法。他还力大过人，十几岁的时候就能拉开 300 斤的大弓。后来，他听说同乡老人周同武艺高强，就拜周同为师，学得一手百发百中的好箭法。

后来，岳飞从了军。金兵南下的时候，他在东京当一个小军官。有一次，他带领 100 多名骑兵，在黄河边练兵，忽然对面来了大股金兵。兵士们都吓得不知所措，岳飞却不慌不忙地说："敌人虽然多，但他们不知道我们有多少兵力。我们可以趁他们没准备的时候击败他们。"说着，就带头冲向敌阵，斩了金军一名将领。兵士们受到岳飞的鼓舞，也冲杀上去，果然把金军杀得落花流水。

从这以后，岳飞的勇猛便出了名。过了几年，他在宗泽部下当了将领。岳飞跟宗泽一样，把抗金作为自己的职责。

宗泽死后，岳飞的队伍仍旧坚持在建康附近战斗。这回趁兀术北撤的时候，他跟韩世忠配合，打得兀术一败涂地。

绍兴四年（1134 年），岳飞奉命挥师北伐。仅用 3 个月，就收复了襄汉地区六州之地，这是南宋建立以来第一次大规模收复失地。年仅 32 岁的岳飞被封为开国侯和节度使，成为与韩世忠等享有此殊荣的大将中最年轻的一个。之后，岳飞率军收复了河南许多地方。金国见形势不好，就决定与南宋议和。高宗听到和议，喜不自胜，遂复用秦桧为相，同金国订立和议，向金称臣纳贡。岳飞强烈反对议和，并向高宗指出秦桧误国心怀不忠。从此，秦桧对岳飞怀恨在心。

岳家军军纪严明。一次，有个士兵擅自用百姓的一束麻来缚柴草，被岳飞发现，当即就按军法处置了。岳家军行军经过村子，夜里都在路旁露宿，老百姓请他们进屋，没有人肯进去。岳家军中有一个口号，叫作："冻死不拆屋，饿死不掳掠。"

岳飞在作战之前，总是先把将领们召集起来，一起商量作战方案，然后才出战。所以打起仗来，每战必胜。金军将士见到岳家军，没有一个不害怕的，他们中间流传着一句话："撼山易，撼岳家军难。"

1139 年，金国内部发生政变，兀术掌握大权。第二年（1140 年），兀术撕毁和约，兵分四路向南宋大举进攻，宋金间展了规模空前的激战。在东线，宋将刘锜指挥原八字军取得顺昌大捷，击败兀术的部队 10 万多人。在中原战场上，岳飞不顾秦桧阻挠，率岳家军进行反攻，收复了河南中部的一些地区，并派军袭击金军后方。兀术趁岳家军兵力分散之机，率精锐骑兵直逼岳家军指挥中心郾城。岳飞命其子岳云率轻骑攻入敌阵，往来冲杀，直杀得金军尸横遍野。勇将杨再兴单骑冲入敌阵，杀死金兵数百人。金军队中突然冲出 15000 铁骑，中间的金兵"铁浮图"三骑并连，头带双层铁盔，身被重甲，两翼是轻疾如飞的骑兵"拐子马"，向岳家军平推过来。岳飞派步兵手持麻扎刀、大斧，上砍敌兵，下砍马足。一匹马摔倒，其他的两匹也不能动了，行动不便的重骑兵完全失去了威力。岳飞则率领精骑与拐子马激战，金军大败。郾城大捷是宋金双方精锐部队之间的大决战，宋军以少胜多，给金军以沉重打击。

岳家军节节胜利，一直打到距离东京只有 45 里的朱仙镇。河北的义军得知岳家军打到朱仙镇的消息，都欢欣鼓舞，渡过黄河来同岳家军会合。老百姓用牛车拉着粮食慰劳岳家军，有的还顶着香盆来欢迎，个个兴奋不已。

岳飞眼看形势大好，胜利在望，也止不住内心的兴奋。他鼓励部下说："大家共同努力杀敌吧！等我们直捣黄龙府的时候，再跟各路弟兄痛饮庆功酒！"

莫须有罪名

绍兴和议之后，兀术派使者给秦桧送去密信说："你天天向我们求和，但是岳飞不死，我们就不放心。一定得想法子把他杀掉。"秦桧接到密信，就对岳飞下了毒手。

岳飞坐像，在今浙江杭州岳王庙内。

　　秦桧先唆使他的同党、监察御史万俟卨（万俟是姓）给朝廷上奏章，攻击岳飞骄傲自满，捏造了岳飞在金兵进攻淮西的时候拥兵观望、放弃阵地等许多"罪名"。万俟卨开了第一炮以后，又有一批秦桧同党接连上奏章对岳飞进行攻击。

　　岳飞知道秦桧要陷害他，就主动要求辞去了枢密副使的职务。然而，事情并没能到此结束。岳飞原来是大将张俊的部下，后来岳飞立了大功，受到张俊的妒忌。秦桧知道张俊对岳飞不满，就与张俊勾结起来，唆使岳家军的部将王贵、王俊，诬告另一个部将张宪想发动兵变、攻占襄阳，帮助岳飞夺回兵权；还诬告岳飞的儿子岳云曾经给张宪写信，秘密策划这件事。

　　岳飞、岳云两人被逮捕到大理寺的时候，张宪已被拷打得遍体鳞伤。岳飞见了，心里又难过、又气愤。

　　万俟卨开始审问岳飞，他拿出王贵、王俊的诬告状，放在岳飞面前，吆喝着说："朝廷并没有亏待你们三人，可你们为什么要谋反？"

　　岳飞说："我没有对不起国家之处，你们掌管国法的人，可不能诬陷忠良啊！"

　　秦桧又派御史中丞何铸去审问岳飞，岳飞一句话也不说，他扯开上衣，露出脊梁让何铸看，只见岳飞背上刺着"尽忠报国"四个大字。何铸看后大为震动，不敢再审，就把岳飞押回监狱。随后，他又看了一些卷案，觉得岳飞谋反的证据不足，只好向秦桧照实回报。

秦桧认为何铸同情岳飞，不再让他审问，仍叫万俟卨罗织罪名。万俟卨一口咬定岳飞曾经给张宪写信，部署夺军谋反的计划。他们没有物证，就诬说原信已经被烧毁了。

这个案件一拖就是两个月，审讯毫无结果。朝廷官员都知道岳飞冤枉，有些官员上奏章替岳飞申冤，结果却遭到秦桧陷害。

老将韩世忠气愤地亲自去找秦桧，责问他凭什么说岳飞谋反，证据是什么。秦桧吞吞吐吐地说："岳飞给张宪写信，虽然没有证据，但是这件事莫须有（就是'也许有'的意思）。"韩世忠愤怒地说："'莫须有'三个字，怎能叫天下人心服！"

1142年一月的一个夜里，这位年仅39岁的抗金英雄被害牺牲。岳云、张宪也同时被害。

岳飞被害以后，临安狱卒隗顺偷偷地把他的遗骨埋葬起来。直到宋高宗死后，岳飞的冤案才得到平反昭雪。人们把岳飞的遗骨改葬在西湖边的栖霞岭上，后来又在岳墓的东面修建了岳庙。岳飞死后20年，孝宗即位后才以礼改葬，建庙鄂州；37年后赐谥武穆；70年后，宁宗追封其为鄂王。

钟相杨幺起义

赵宋朝廷苟安于江南半壁江山，花天酒地，醉生梦死，残酷地刮搜民脂民膏，使得江南人民处于水深火热的境地。建炎四年（1130年），钟相领导的农民起义，率先在湖南洞庭湖地区揭竿而起。

1130年，金兵攻占了潭州，抢掠了一阵走了。随后，被金兵打败的宋朝团使孔彦舟，又带着一批残兵败卒在那里趁火打劫，催粮逼租。当地百姓没有了生路，便在钟相带领下，举行了起义。

钟相（？—1130年），自号钟老爷、天大圣，武陵（今湖南常德）人。他继承了北宋农民起义领袖王小波、李顺的口号，即"等贵贱，均贫富"，表达了农民要求政治上平等、经济上均分财富的强烈愿望。建炎四年（1130年）二月，钟相聚众万余人，建国号楚，任臣拜将。起义军势不可挡，很快攻占了鼎、澧、荆南、潭、峡等19个州县。

南宋朝廷得知消息，十分恐慌，任命孔彦舟担任捉杀使，镇压起义军。孔彦舟派出一批奸细，假扮成贫民，混进钟相起义军队伍，随后对起义军发起攻击，里应外合，打败了起义军。钟相和他的儿子钟子昂被捕，惨遭杀害。钟相被害后，起义军推举杨幺为首领，继续和官军作战。起义军在杨幺领导下，在洞庭湖沿岸建立营寨，队伍越来越壮大。

南宋朝廷又派程昌寓担任镇抚使，镇压起义军。程昌寓到了鼎州。不惜血本制造了大批车船，每船装载1000水兵，由人踏车就可以使船进退。程昌寓指挥水军使用车船攻打起义水寨，水寨滩头水浅，车船开进港汊便搁在浅滩里动弹不得了。起义军见时机已到，发起攻击，官军兵士丢了车船就逃，车船全都落在了起义军手里。

杨幺起义军在洞庭湖建立了根据地，队伍发展到20万人，占领了广大的地区。1133年农历四月，杨幺立钟相的儿子钟子仪做太子，杨幺自称大圣天王。起义军每占领一个地方，就宣布免除百姓的一切劳役和赋税，百姓无不欢欣鼓舞。

南宋朝廷把杨幺起义军看作心腹大患，又派王瓊带兵6万进攻。王瓊不敢再用大船，改用小船进攻。起义军用车船迎战官军，车船高的有几丈，来往自如。他们又在船身前后左右都装上了拍竿，拍竿上缚着一块块大石。官军的小船刚一接近，他们就摇动拍竿，将大石甩出把敌船打沉。车船上还能发出一种用硬木削尖的"木老鸦"，和弓箭一起发射，打得官军叫苦不迭。

到了1135年，也就是起义的第6个年头，宋高宗派宰相张浚亲自督战，又从抗金前线把岳飞的军队抽调回来参战。这时起义军将领有人动摇叛变，杨幺大寨最终被官军攻破，杨幺被俘牺牲，坚持 6 年的起义失败了。

书生退敌

绍兴和议之后，宋金双方有 20 年没有发生战争。宋高宗和一批投降派对于这个偏安的局面非常满意，他们在临安修筑起豪华的宫殿府第，过起纸醉金迷的生活来了。

在这段时间里，金国统治集团内部动荡。贵族完颜亮杀死了金熙宗，自立为帝，历史上称海陵王。完颜亮把金国的京都从上京迁到燕京，他野心勃勃，一心想消灭南宋。

1161 年农历九月，完颜亮做好了一切准备，发动全国 60 万大军，组成 32 支部队，全部出动，向南宋发起进攻。

完颜亮的大军逼近淮河北岸，防守江北的主帅刘锜生病了，不能带兵打仗，他派副帅王权到淮西寿春防守。王权是个贪生怕死的家伙，还没见到金军的人影儿，早已闻风逃奔，一直逃过长江，直到采石才停下来。

宋高宗听到王权兵败，就将王权撤了职，另派李显忠代替王权的职务，并且派宰相叶义问亲自去视察江淮防务。

叶义问也是个胆小鬼，他自己不敢上前线，派一个叫虞允文的中书舍人（文官名）去慰劳采石的宋军将士。

虞允文到了采石，王权已经被撤职，接替他职务的李显忠却还没到。对岸的金军正在准备渡江，宋军还没有主将，到处人心惶惶，秩序混乱。

虞允文看到队伍这样涣散，非常吃惊，他觉得等李显忠来已经来不及了，就立刻把宋军将士召集起来，对他们说："我是奉朝廷的命令到这里来劳军的。你们只要为国家立功，我一定报告朝廷，论功行赏。"

大伙儿见虞允文出来做主，都来了精神。他们说："我们恨透了金人，谁都抵抗。现在既然有您做主，我们愿意拼命作战。"

虞允文是个书生，从来没有指挥过打仗，但是爱国的责任心使他鼓起勇气。他立刻命令步兵、骑兵部整好队伍，排好阵势。

宋军刚刚布置停当，金军就已经开始渡江了。完颜亮亲自指挥金军进攻。几百艘大船迎着江风，满载着金军向南岸驶来。不久，金军便开始陆续登岸。

虞允文命令部将时俊率领步兵出击。时俊挥舞着双刀，带头冲入敌阵。士兵们士气高涨，奋勇冲杀。金军进军以来，从来没有遭到过这样顽强的抵抗，还没有适应这样的敌手，就很快败下阵来。

完颜亮在采石渡江没有成功，就带着剩下的人

文官坐像　金

马到扬州去，准备从那里渡江。宋军在采石大胜之后，主将李显忠才带兵到达，李显忠了解了虞允文指挥作战的情况，非常钦佩。虞允文对李显忠说："敌人在采石失败之后，一定会到扬州去渡江。镇江那边没准备，情况很危急。我打算到那边去看看。"

镇江的守将是老将刘锜。那时候，刘锜已经病得不能起床了。虞允文安慰了他一阵，就来到军营，命令水军在江边训练。在他的布置下，宋军制造了一批车船，在江边的金山周围来回巡逻，快得像飞一样。北岸的金军看了十分吃惊，赶快报告完颜亮。完颜亮不仅不信，还把报告的人打了一顿板子。

金军将士无法容忍完颜亮的残酷统治，还没等完颜亮发出渡江命令，当天夜里就拥进完颜亮的大营，杀死了他。完颜亮一死，金军就撤退了。

完颜亮带兵攻打南宋的时候，金国内部也起了内讧。一些不满完颜亮统治的大臣另外拥戴完颜雍为皇帝，这就是金世宗。采石大战后，金世宗为了稳定内部局

势，派人到南宋议和，宋金战争又暂时停了下来。

"家祭毋忘告乃翁"

"死去原知万事空，但悲不见九州同。王师北定中原日，家祭毋忘告乃翁"。陆游（1125—1210 年）以强烈的爱国热情和深厚的文学功力，将自己的所见所闻，所思所感，都一一记录到了自己的诗文之中。

陆游字务观，号放翁，浙江山阴（今绍兴）人。他出身于历代仕宦之家，由于局势十分动荡，童年时代一直随着父亲四处流转。29 岁时，他赴京（临安）参加科举考试，因名列奸相秦桧孙子之上而受到秦桧的排挤。直到秦桧死后，才被起用。

陆游才思敏捷，功力精深，诗作数量惊人，自称"六十年间万首诗"并非浮夸。他至今流传下来的诗篇就有 9000 多首，是中国历史上留下诗篇最多的诗人之一。他的诗反映了广阔的社会生活，涉及南宋前期社会现实的各个方面，他把对收复失地的决心，对抗敌将士的崇敬，对中原父老的同情和怀念，以及对投降派的蔑视和憎恨，全都写进了他的诗篇。

南宋时期最大的矛盾是宋金之间的对峙和冲突，对金究竟是战是和，南宋朝野上下形成了不同的政治派系。陆游是坚决的主战派，他"慷慨欲忘身"的战斗精神使他的诗歌充满了鲜明的战斗性和时代性。他对投降派的无情揭露和批判，是他爱国诗歌中最为明丽的色彩。而这种愤激情感表现得最为强烈的是《关山月》：

和戎诏下十五年，将军不战空临边。朱门沉沉按歌舞，厩马肥死弓断弦！戍楼刁斗催落月，三十从军今白发。笛里谁知壮士心，沙头空照征人骨。中原干戈古亦闻，岂有逆胡传子孙？遗民忍死望恢复，几处今宵垂泪痕？

在这首诗里，他几乎是把批判的矛头直接对准了最高统治者："和戎诏下十五年，将军不战空临边"，这是怎样的一种悲哀？诗人痛感收复中原无望，担心南宋朝廷最终会把大好的锦绣河山拱手送人。然而，诗人最不愿意看到的局面却最终成了现实。

收复故土也是陆游诗中十分重要的一个主题，诗人一涉及这个问题就显得分外的沉重和无奈。如他的《题海首座侠客像》：

赵魏胡尘千丈黄，遗民膏血饱豺狼。功名不遣斯人了，无奈和戎白面郎。

作者一腔气血无处洒，只得将复国壮志，寄托在一个遥远的"侠客"身上，体现出"有志不获骋"的悲哀。

陆游诗集中另一首诗《书愤》则表现了诗人杀敌报国的英雄气概和壮志难酬的无限愤慨：

早岁那知世事艰，中原北望气如山。楼船夜雪瓜洲渡，铁马秋风大散关。塞上长城空自许，镜中衰鬓已先斑。出师一表真名世，千载谁堪伯仲间？

这首诗，反映出陆游爱国诗歌中所特有的悲愤中见豪壮的艺术风格。

即使晚年闲居山阴的一个小村，在梦里他还是记挂着祖国的安危：

僵卧孤村不自哀，尚思为国戍轮台。夜阑卧听风吹雨，铁马兵河入梦来。

陆游祠

在陆游的诗中，像这样写梦言志的诗还有许多。

陆游的诗歌反映面广，除了直接表现爱国主题之外，还有不少反映农村生活的诗。如《游山西村》：

莫笑农家腊酒浑，丰年留客足鸡豚。山重水复疑无路，柳暗花明又一村。箫鼓追随春社近，衣冠简朴古风存。从今若许闲乘月，拄杖无时夜叩门。

全诗勾勒出一幅极富民俗风情的山村生活图画，诗中"山重水复疑无路，柳暗花明又一村"之联，已因为其富含人生哲理而成为广泛流行的成语。

陆游的诗风格多样，既有雄浑奔放的一面，也有清新婉丽的一面，他善于锻炼字句，尤其工于对偶。他反对追求过分的雕琢和险怪，因而他的诗比较接近口语，"清空一气，明白如话"，而又妥帖自然。另外，他有时也比较喜欢用典故来表情达意，这又为他的诗增添了些许书卷气。

英雄之词

辛弃疾（1140—1207 年）以"壮岁旌旗拥万夫"的豪语抒写了英雄之词，为后人留下了许多雄浑豪放的辞章。

辛弃疾出生于济南历城，家世不显，父亲曾为金国县令，但未忘国耻，使辛弃疾从小受到影响。辛弃疾 22 岁时，散尽家财，聚众两千余人，参加到反金战争中。他们投靠到义军耿京部下，但却发生了僧人义端弃信北逃的事件，耿京大怒，在辛弃疾的要求下，耿京给他 3 天期限处理此事，辛弃疾遂率军北上，杀死了义端这个反复小人。不久义军内部又出现了叛徒，张安国伙同邵进杀死耿京，投降金人。辛弃疾得知此事后，亲率 50 精兵，夜袭济州，将张安国连夜押回建康，斩首示众。这传奇一般的经历在文学史上是绝无仅有的。

后来辛弃疾率众南归，担任了一系列地方官。在任职期间，他潜心分析了抗金以来历年的得失，写成《美芹十论》，进奏朝廷，虽然得到了孝宗的看重，但因为内部的种种掣肘，他的理想并不能顺利实现。辛弃疾一生反对和议，盼望早日恢复中原，但未能为南宋小朝廷所接受，他被一步步地排挤出统治中心，直至被免职。从 42 岁到 68 岁的漫长岁月，词人主要在江西上饶一带的农村中度过。他一面笑傲山水，旷达自适，为自己离开官场而庆幸，但另一面，闲居退隐并不能消释他心中的无限愤慨。寄身田园，他并没有忘怀故国的分裂，他在同友人的往来赠答诗歌中，总是以坚持抗金相互激励。

辛弃疾是两宋词人中词作最多的作家，有600多首。"器大者声必闳，志高者意必远"，真正将词从花间樽前拉回现实生活中的，是辛弃疾。辛词中有着广泛的社会内容，有山河破碎、南北分裂的现实，奋发昂扬的爱国热情；有壮志难酬的无限愤慨，也有对主降苟安、昏暗朝政的无情批判；由于曾在上饶闲居过一段时间，辛词中还出现了文人笔下少有的农村生活和田园风光。辛弃疾在苏轼的基础上进一步扩大了词的题材范围，他几乎达到了无事、无意不可入词的地步。

辛弃疾

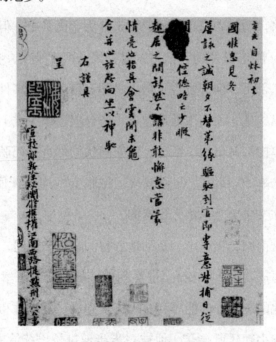

去国帖 南宋 辛弃疾

辛词向来被人称为"英雄之词"，和婉约词的柔婉细腻完全不同，辛词以气魄宏伟、形象飞动见长，它常常将大河、高楼、奔雷、巨浪等奇伟壮观的形象写入词中，从而使词的境界阔大，声势逼人。强烈的爱国主义思想和战斗精神是辛词的基本思想内容，辛词往往熔写景、叙事、抒怀为一炉，采用多种表现手法，增强了词的表现力和感染力。尤其值得一提的是辛词的语言也是个性化的，和它的思想内容相适应，雄深雅健，舒卷自如。在辛词中，写得最为深沉感慨、沉郁苍凉的还是抒发壮志难酬的词，以《破阵子·为陈同甫赋壮词以寄之》《永遇乐·京口北固亭怀古》《菩萨蛮·书江西造口壁》等最为著名。其中《永遇乐·京口北固亭怀古》连用5个典故，借古人抒写自己的忧愤，表现出对英雄的向往和对战斗的渴望，被后人评为辛词第一。

辛弃疾致力于爱国词的写作，得到了志同道合的词友如陈亮、韩元吉、刘过等人的响应唱和，在南宋词坛上形成了一个爱国词派。

白石道人

姜夔（1155—1209年）和辛弃疾、吴文英在南宋词坛上鼎分三家，各逞风流。姜夔是江西人。父亲以进士入仕，转任多处，他也随之奔走于各任所之间。姜夔壮年后，受知于当时名流杨万里、范成大等，并与他们结下了深厚的友谊。

姜夔去苏州拜访范成大，作《暗香》《疏影》二词，范成大读后大喜，当即将小红赠给他，姜夔在过吴江垂虹桥作诗道："自作新词韵最娇，小红低唱我吹箫。曲终过尽松陵路，回首烟波十四桥。"由此可见姜夔的风流豪爽。

姜夔对诗文、音乐和书法都有相当深厚的造诣，但真正让他在文坛上名垂千古的是他的词。姜夔用健笔写柔情，情深韵胜。他的词大致有纪游、送别、怀归、伤乱、感遇、咏物六类，在这些作品中，或流露对时事的感慨，或慨叹自己身世的飘零和对意中人的思念。他善于用清丽淡雅的词句构成一种清幽的意境来寄托落寞孤寂的心情，用暗喻、联想等手法赋予所咏对象以种种动人情态，将咏物和抒情完美地结合在一起。如《玲珑四犯》中用"叠鼓夜寒，垂灯春浅""酒醒明月下，梦逐潮声去"这样深幽峭寒的景物来烘托自己"天涯羁旅"的凄凉况味。由于深谙音律，姜夔能够自度曲律，创作新调，因此在词作的语言上多用单行散句，特别讲究声律，纠正了婉约派词人平熟软媚的作风，给词一种清新挺拔的风格，从而把婉约

小红低唱图　清　任颐

词推到了一个新的高度。

历来论姜词者多举其《暗香》《疏影》二词。其实，姜词中胜于此者不少，如这首《扬州慢》：

淮左名都，竹西佳处，解鞍少驻初程。过春风十里，尽荠麦青青。自胡马窥江去后，废池乔木，犹厌言兵。渐黄昏，清角吹寒，都在空城。

杜郎俊赏，算而今重到须惊。纵豆蔻词工，青楼梦好，难赋深情。二十四桥仍在，波心荡，冷月无声。

细品词味，不免觉得有词人自己淡淡的影子徘徊其中。

姜夔的许多词都附有小序，如《扬州慢》：

淳熙丙申至日，予过维扬。夜雪初霁，荠麦弥望。入其城，则四顾萧条，寒水自碧。暮色渐起，戍角悲吟。予怀怆然，感慨今昔，因而自度此曲。千岩老人以为有《黍离》之悲也。

这段文字短小精致，别有一种隽永的艺术魅力，不但介绍了写作的时间、地点、背景、缘由，概括了全词的旨意，还点出了前辈萧藻德（千岩老人）的评语，既具有珍贵的文学史料价值，同时也是一篇精美的小散文。对姜夔的词来说，许多小序就是词的有机组成部分，它们或交代词的写作背景，或论述词的音韵格律，或描摹当时的景物环境，都显得别出心裁。

理学的形成

理学作为一种伦理道德，是反映统治阶级利益的官方思想，是维护封建统治的思想武器；它作为一种学术思想和哲学体系，又是我国古代哲学思想发展到较完备阶段的产物。

朱熹行书墨迹

宋代的理学，又称道学、新儒学，它以儒学为中心，融会佛道而形成。这种思想以"理"或"天理"为宇宙万物的本体，作为人们思想、行为的根本原则，所以称为理学。它又以三纲五常的伦理道德为基本内容，以明道为目标，继承古代的道统，所以称道学。宋代理学以程颢、程颐和朱熹为代表，即所谓程朱理学。

程朱理学是从周敦颐开始的。周敦颐提出了"太极"的概念，认为"太极"

是宇宙的本体。他引用了道家思想阐释儒学，建立了理学的宇宙论。程颢和程颐是北宋理学的代表人物，是理学的奠基人，他们都是周敦颐的学生。二程的思想直接继承了理学的开创者周敦颐，吸收了他的《太极图说》中的宇宙生成图式，并发展了他的"太极"说，提出"理"作为宇宙的本体，从而为理学建立了体系。后经朱熹进一步完善，遂成了封建社会官方的正统哲学，并统治元、明、清思想界长达数百年之久。

二程理学体系的核心是理或天理，并把它作为宇宙的本源，说它是先于一切事物而存在的，一切都是理产生的。二程用理来解释一切，认为封建伦理道德如君臣之道、父子之道、夫妇之道都是天理的体现。二程进一步要求去掉欲求。有人曾问程颐，家贫的寡妇是否可以再嫁。他认为饿死是小事，失节可就是大事了。这就是"去人欲，明天理"的主张。

南宋的朱熹是程朱理学的集大成者。朱熹，字元晦，号晦庵，别称紫阳。他是二程的四传弟子，一生精力用于著书讲学，是中国封建社会后期影响最大的哲学家。他完成了儒学的复兴，形成了与汉唐经学不同的新儒学体系。他进一步把"气"引入了理学，并从理与气的关系上探讨天地万物的哲学意义。他认为理是万物的本体，而气则是金、木、水、火等构成万物的材料。理和气两者相依相存，但理先于气，气依理而存在。万物有万理，万理的总和就是太极。万物的形成依赖于气，气又是理的表现。

朱熹把儒学的伦理纲常加以新的解释，赋予了新的内容，他使三纲五常理论化，又在二程的基础上提出了"存天理，去人欲"的道德观，这成为禁锢人性的封建伦理规范。他创建的一套体系严整的新儒学思想，成为宋以后历代封建王朝的官方思想。他是著名教育家，一生讲学不辍，先后在白鹿洞书院、岳麓书院等地讲学，培养出了大批儒学弟子。他编著的《四书集注》，后来成了科举考试的必读书。理学对中国的社会政治、传统文化和思想意识形态产生了巨大的影响。

八、日本

公元 400—1338 年

受中国的影响，日本兴起于 4 世纪，并在 8 世纪经历了它的兴盛期。随后的时期里，伴随着皇权衰落的是伟大的文化艺术成就。8—12 世纪，武士阶层的兴起使封建主义成为日本的主要形态，一直保持至 19 世纪。

海洋文明哺育下的岛国

日本位于亚洲最东端，太平洋西北角，是所谓的"日出之国"。其最古的地层于古生代中期（3.5亿—4.3亿年前）已经形成。它曾与亚洲大陆相连，经过长期激烈的地壳运动，进入旧石器时代洪积期（约 1 万—2 万年以前）后，随着海平面上升，东海陆地下沉，逐渐与大陆分离，形成了本州、四国、九州三岛，只有北海道依然与萨哈林（库页岛）岛和沿海州相连。进入冲积期（即后冰期）后，由于发生海进，形成津轻海峡、宗谷海峡，北海道才与萨哈林岛分离。经历了漫长久远的年代后，才逐渐形成如今的由本州、四国、九州、北海道四大岛和无数小岛所组成的弧状的列岛形态。

日本是呈弧形排列的岛国，南北长约 3000 公里。除本州、四国、九州、北海道这四个主要的岛屿外，其周围还散布着 4000 余个小岛。日本列岛土地面积为 37.

78 万平方公里，70%是山地，30%是平原，四周环绕着浩瀚无际的大海。在日本列岛上，山岭绵延不绝，但山脉都很年轻，全国第一峰富士山海拔只有 3776 米，日本人将它视作"圣岳""灵峰"，是日本民族的象征。冲积平原散落沿海地带，面积都很狭窄，稍宽阔些的关东平原，其宽度也只不过 200 公里左右。列岛上河流纵横交错，但河床都很短浅。日本地形狭长，南北走向，南端和北端虽然存在着亚热带和寒温带气候风土上的差异，但主要的大和地方位于中央部且处在温带。尽管也有突发性的台风和大地震，但从整体来说日本列岛气候温和，四季变化缓慢而有规律，基本上没有受到经常性的自然灾害的严重侵袭。同时，雨量充沛，气候湿润，全国 1/3 的土地覆盖着茂密的森林，展开一派悠悠的绿韵，在清爽的空气中带着几分湿润与甘美，并且经常锁闭在雾霭中，容易造成朦胧而变幻莫测的景象。这种特殊的自然环境和特殊的气候风土，最适宜原始时代的人类维持自然的生活，并直接孕育了大和民族和日本文化。

日本列岛呈南北方向的弧形排列，地处北纬 24 度至北纬 45 度之间，其气候有亚热带、温带、亚寒带的区别，加之受复杂地形与海流的影响，日本气候的地域差异也很显著。但是，大体上说，日本的气候受亚洲季风影响，是温暖、湿润的海洋性气候。与同纬度的其他国家和地区相比较，其气候的特征是降水量大，既多雨，又多雪。日本列岛的年平均降水量为 1700 毫米，而作为古代文明发祥地之一的西亚，其年平均降水量仅在 500 毫米以下，近代文明发祥地西欧的年平均降水量则在 1000 毫米以下。与同处东亚的北京（年平均降水量 600 毫米）、南京（1000 毫米）、韩国的大邱（950 毫米）相比，其降水量遥遥领先。在夏季，受东南季风影响，太平洋一侧的日本，雨量较集中，6—7 月是高温、多雨的梅雨季节，8 月以后台风则经常带来暴雨。在冬季，日本海一侧，由于位居对马暖流（海面水温即便在冬季也可达 5℃—10℃）和来自西伯利亚的寒冷高气压的交汇处，成为世界上降雪量最多的地区之一。降水量大有利于树木成长，因而，日本的森林覆盖率很高，约占国土的 2/3。加之日本列岛纵贯几个气候带，所以，日本具有富于多样性的森林生态体系。有学者认为日本文明具有"森林文明"的特色。

日本多山，国土的70%是山地，大都被森林覆盖。主要山脉飞（马单）山、木曾山、赤石山，平均海拔3000米，纵贯本州岛中央，将其分为东向太平洋的"表日本"和西临日本海的"里日本"。因而，日本的平原少，河流短，地形复杂而富于变化。然而，日本这种地形的形成是较晚的，大约是在90万年前喜马拉雅山脉的造山运动以后的事。日本的火山多，地震多，或许与此有关。

日本四周环海，而且在日本近海生息的动物种类亦很多。例如，地中海仅有海生动物1322种，日本近海则多达3492种。海洋不仅为日本人提供了丰饶的食物来源，而且一直作为内外航路发挥着重要作用。此外，日本列岛与亚洲大陆隔海相望，同时还会发挥保卫日本民族与日本文明的作用。有学者认为，日本文明具有"海洋文明"的特色。然而，我们现在所见的上述日本风土，并非古来如此，其形成也经历了漫长的变迁过程。

自200万年前开始至约1万年前为止，地球处于冰河时代。在冰河时代，日本列岛的年平均温度，均比现在低6℃左右。那时的海面降低，称为"海退"，要比现在的海面低100米以上。当时有陆桥将日本列岛与亚洲大陆相联结。冰河时代的最后一个"冰期"大约始自7万年前，其最寒冷的时期为2.5万—1.5万年前。当时的日本海被对马陆桥隔断，几乎成为湖泊。由于对马暖流不能北上，以致降雪减少，日本的气候寒冷而干燥，应属于大陆性气候。不过，依据考古学调查，当时日本的森林却比西亚和欧洲繁茂，在东日本多为针叶林，而在西日本则多为落叶阔叶林。当时的日本人虽也使用石刀型石器猎取古象、大角鹿等哺乳类动物作为食物，但更多地依靠采集森林中的树果（如橡、榛、核桃、栗）等植物性食品维持生活。

自1.5万年前开始，气候逐渐转暖。到了1.3万年前，降水量亦开始增多。与之相适应，在日本海一侧的多雪地区的森林中（主要在北纬40度以南地区），山毛榉、柞之类的温带落叶阔叶树逐渐增加。气候和植物生态体系的如此变化，不利于古象和大角鹿等生活于草原的大型哺乳动物的生息，这时的日本人遂改用尖头石器，以捕获森林中的小型哺乳动物作为食物，并开始捕捉湖沼河川中的鱼类（如鲑、鳟），作为蛋白食品的新来源。人们已开始制造陶器，用于炊煮树果、山菜和肉类。日本人的生活越来越依存于森林的动植物资源，日本的森林文明由此而诞生。

大约1万年前，冰河时代结束，全球的气候急速转暖。短短的50年间，年平均温度升高了7℃。海面亦急剧上升，陆桥消失，日本列岛与亚洲大陆被大海隔绝。日本人开始向大海寻求食物来源，用鱼叉、鱼钩等用具，捕捞鱼、贝类海生动物。在沿海地带遗留至今的许多贝冢，便是当年日本人食用海生动物的生动写照。日本的海洋文明由此而发生。

大约8000年前，对马暖流进入日本海，日本列岛多雨、多雪的海洋性气候至此次稳定形成。随之温带落叶阔叶林逐渐扩散到北纬40度以北，于是，关东地区及其以北多为落叶阔叶林，关西地区及其以西多为常绿阔叶林的日本森林生态系统也大体完成。因此可以说，我们现在所见的日本风土，是在那一时期形成的，与同一时期的西亚大草原相比较，日本的风土更适宜人们生活，更容易获得食物。那时的日本人，春季采集山菜，夏季捕捞鱼贝，秋季采集树果，冬季捕猎野猪和鹿。年年如此，周而复始。人们劳动与生活的循环频率，与温带森林的季节性循环频率相互吻合，可谓人依存于自然，人与自然共生。

诚然，冰河时代结束后，地球的气候亦并非没有变化。大约5000年前，气候曾变冷过。在西亚地区，气候干燥，草原沙漠化。于是，草原游牧民逐渐向水源较丰富的河滩地区集中。农民和牧民混合、集中，促成了城市文明的诞生。同一时期的日本，气候虽变得寒冷，也出现过"海退"现象，但仍保持湿润。在日本中部的八岳山麓和关东平原的西部，柞树林和桑树林依然繁茂。虽有部分日本人离开海岸地区，逐渐向上述内陆地区移动，但他们的生活仍然依存于森林，仰赖自然的恩惠，并未产生农耕或城市文明。这样的生活又延续了2000年左右。

列岛上的神话

　　远古以前，大和民族就在日本列岛上繁衍生息。关于它的历史，有许多古老的神话和历史传说，这些神话和传说大多是与日本的国土、皇族和民族的由来联系起来的。日本第一部由皇室编纂的国史，即 8 世纪初成书的日本最早的历史文学作品《古事记》记述说：神代之初，天地始分，生成高天原的诸神。首先是天之御中主神，代表宇宙的根本；其次是高御产巢日神和神产巢日神，代表宇宙的生成力。这三位天神都是造化神。然后天神敕令伊邪那岐和伊邪那美男女二神从高天原下降世间（这被称为"天孙降临"），他们不仅生产了日本诸岛、山川草木等众多的神，还生下了支配这些岛屿和天地万物的天照大神——太阳女神。这就是历史传说中日本大和民族以太阳神为始祖，是太阳民族的由来。所以古代日本人认为日本是神国，日本民族是天孙的后代，崇拜太阳神的御子孙，即作为先祖的皇帝——天皇。

　　神话毕竟是神话，历史传说终究是历史传说。事实上，日本的国土与其他的国土一样，无疑是按照自然界的规律形成的。日本民族也是根据人类发展的客观规律，经过历史上无记载的长期的各种血统混合的过程而诞生的。但是日本列岛上何时存在原住民，还没有明确的历史记载。在东亚中国和南亚印度的洪积期地层中已发现了丰富的哺乳类动物化石和冰河堆积物，还有人类的遗迹，比如在东南亚、东亚分别有爪哇猿人和北京人的化石出土。但日本大部分地区是海成层，陆成层并不发达，是非常贫瘠的地域，列岛上是否有原始人类存在，一直是个悬案。后来，日本考古学家在明石市西八木海岸发达的早期地层中出土了"明石人"的髋骨化石，在浜北地方（今爱知县浜北市）和三日地方（今静冈县三日町）的洪积期的堆积层里发现了人类化石遗骨，又在洪积层发掘出若干旧石器，包括石片，尖状受器等。此外，德国考古学家鲁曼还在日本发现了已经绝种的"鲁曼象"化石，如此等等，说明这一时期的列岛已有高等生物，也可能有原始人类存在。不过，由于日本大部分地区是海成层，所发现的哺乳类动物化石和冰河堆积物不如陆成层的中国、印度丰富和发达。在这个时期的地层中，除了石器以外并未发现其他器物，史称无土器文化时代。但从石器的发现中，我们可以推测这个时代的人类已经开始进行渔猎、狩猎等活动，并有了咒术行为。

在日本发现人类化石，引发出这些人是从哪里流入这个列岛的问题，这就牵涉到日本人的起源问题。关于这个问题有各种推想。一般认为，日本地处远东的最东端，四面环海，在远古交通不发达的条件下，从外边流入北方的蒙古人种、通古斯人，以及南方的马来人种甚少可能再向外回流，因此就全部在这里定居下来，又与后来者——日本人称之为"归化人"融合，生活在这岛国封闭的坩埚里。《崇神纪》十一年条记有："是岁，异族多归化。"十二年三月的诏书中也记载："异俗重来，海外已归化。"据分析，当时的"归化人"，主要是指从朝鲜和中国赴日的韩人和湘汉人，前者主要从事劳役，后者主要传授技能，他们对于促进当时日本文化的成长是做出了重大贡献的。

阿伊努人

在蒙古人种系统中，保留绳纹特质最多的是阿伊努人，他们一度占据着整个或大部分的日本列岛，成为主要的原住民。从人种特征来说，现在日本人的外形特征与中国南方人和东南亚人相似。可以推想，远古时期中国东部海域有大陆架桥，这成了中国南方和东南亚人流入日本的一条重要途径。总之，各个人种在渐次混同的过程中，又同化了阿伊努人，他们融合彼此的原始信仰，调整了族群的对立，最后，在列岛内部比较平和地统一成为大和民族。也就是说，日本人的祖先不是单一人种，而是经过长期复杂的多人种混血过程形成的，是一个混合的民族。

距今 1200 多年前，日本始有经朝廷组织编写的《古事记》和《日本书纪》等史书。它们记载有不少神话传说，其中有日本"创世"的故事，跟中国"盘古开天地""女娲补天"的神话相似。在遥远的过去，那时有称为"高天原"的天，有像水上的油一样的地，像生长在沼泽岸边的芦苇发芽那样长出了两个神——男神和女神，即伊奘诺尊和冉尊兄妹。他们是日本最早的创世神。兄妹俩站在天浮桥上，将手里的天沼矛往海水里一搅，矛尖落下来的水滴聚集而成一个小岛，名为"淡路岛"。然后又如法炮制，先造出"四国"岛，再是"隐岐""筑紫"（九州）、"壹岐""佐渡""对马"等岛，最后造出了一个最大的"本州"岛。因加起来共有 8个岛，故日本有"大八洲国"之称。

伊奘诺尊、伊奘冉尊兄妹还培植了岛上的山川草木，生育了众多治理国土的神。天照大神是这些神中的最高统帅，她治理着高天原，并派子女开发其他疆土。天照大神的弟弟素栈鸣尊，因胡作非为引起众神愤怒，被驱逐出高天原。他降临到出云地方（今岛根县境内），斩杀了身长横跨 7 个山峰的大蛇，并从其腹中取得"天丛云剑"，后又禅让给其儿子大国主神统治。是时，天照大神要派自己的孙子琼琼杵尊去统治，并给他玉、镜、剑三件宝器，这就成为历代天皇标榜正统的"三神器"。琼琼杵尊死后，由彦火火出见尊治理国土，被奉为日本开国之王，称"神武天皇"。他率军从日向地方经海路东征，征服大和地方后，于公元前 660 年元旦在檀原宫即位，被认为是日本历史上的第一位天皇。虽然这纯属虚构，但对了解日本古代历史却可资参考。

部落小国时代

根据大量考古发掘证明：距今数万年至十余万年前，日本民族的祖先就已劳动、繁衍在日本的土地上。

20世纪30年代初，在兵库县明石市发现了一片男性腰骨化石，称"明石猿人"；50年代在标木县葛生町发现的下颚骨、大腿骨等遗骨化石，称"葛生猿人"；后又在爱知县牛川町发现了人的上腕骨等化石，称"牛川人"；在静冈县三日町发现了人的不同部位的头骨，称"三日人"。20世纪60年代以后，在大分县圣岳洞穴、冲绳县港川、静冈县浜北等遗址中，发现了人体不同部位的遗骨化石多种。上述人类遗骨化石，反映了原始日本人不同阶段的发展轨迹：明石人与中国的蓝田猿人、北京猿人同处于第二冰河期；葛生人、牛川人、三日人、圣岳人等分别属于更新世中期至晚期，其中圣岳人、三日人与中国的山顶洞人相近似。

旧石器时代原始日本人生活的遗址，几乎遍布全日本。当时日本和亚洲大陆连成一体，因受地近海洋暖流之惠，植物繁茂、动物成群。原始日本人进行着群体的狩猎、采集活动，过着"冬则宿穴、夏则住巢"的流动生活。他们把制作石器作为生活中的第一件大事。制作技术也日趋成熟，如剥离石刃的技巧，出现了多种不同的方法，形成以濑户内、北海道、北九州等为中心的区域性特点，且与东亚其他地区的石刃技术有关联。

原始日本人在旧石器后期，已能用火烤熟食物（考古挖掘中发现过多处炉迹）。他们通过火的应用，能熟食、御寒、防敌，有益于增强体质、丰富智慧，提高了与自然界做斗争的能力。

距今约七八千年前，日本开始进入新石器时代，反映其文化的代表文物是具有绳纹式花纹的陶器，故称为"绳纹式文化"，它延续了几千年，直到公元前3世纪末，遗迹遍布日本各地，出土陶俑多为女性，因此绳纹时代是日本母系氏族公社的繁荣时期。

公元前 3 世纪末，随着秦汉帝国相继兴起，中国的金属文化和农业技术通过朝鲜传到日本，从此日本进入金石并用时代。这个时代的陶器是用陶轮生产形式简洁的素纹陶器，因最先在东京弥生町发现，故称之为"弥生式文化"，这是一种以种植水稻为基础的农业文化，男子在生产中的主导地位，使得父权制氏族公社取代了母权制氏族公社。

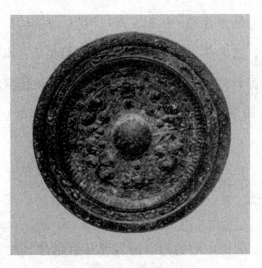

日本出土的铜镜

弥生时代的农业发展和铁器的广泛应用，引起了社会重大变化：不仅出现了以部落共同体为基础的村落，而且有了贫富的差别。在北部九州一些弥生后期的坟墓遗址中，挖掘出非常珍贵的铜镜、铜剑、玉器等；而大多数瓮棺墓葬则毫无殉葬品。这说明当时已出现了阶级。

公元 1 世纪，受大陆文化影响较早的北九州地区社会发展较快，出现了百余国（部落或部落联盟）。《汉书·地理志》中记载："夫乐浪海中有倭人，分为百余国。"说明日本境内出现了许多部落小国。"汉委奴国王"金印的出土，证明倭奴国已遣使通汉朝。国家的产生直到 3 世纪，此后，部落小国通过兼并和联合，逐渐形成规模较大的部落国家，"旧百余国，汉时有朝见者，今使译所通三十国"。在《三国志·魏志·倭人传》中，记有 30 余国的国名，并对其中的邪玛台国叙述得特别详细。

当时九州有个大国邪玛台国，其女王卑弥呼曾向北魏进贡，得到了"亲魏倭王"的封号和金印。邪玛台国已有严格的等级差别，有大人、下户、奴婢等不同阶级。国王是国中的最高权威。在卑弥呼为国王时，中央一级设有大倭、大率、大夫等职，官吏分别管辖贸易、地方监察、外交事务。为巩固统治和社会秩序，已有不成文的法律和刑罚，一人犯罪，波及亲属。社会经济以农业为主，种禾稻、苎麻。手工业也相当发达，酿酒很普遍，纺织品有丝织物、麻织物，并掌握了染色技术；冶炼技术也相当进步，已出现了铸造工房。尚有贸易集市，南北市籴。在外交事务方面，积极沟通与中国的关系。公元238年，卑弥呼遣使曹魏，魏明帝授予她"亲魏倭王"称号及其金印紫授。至247年的近10年间，两国互派使者往来有7次。如此频繁的交往，在古代中日关系史上实属罕见。

大和民族的统一

3世纪前后，以京都为中心的地区的发展开始超过北九州，部落国家大量出现。与邪玛台国同时，在近畿地区（今京都、大阪、奈良一带）也有不少国家存在。在今大阪府界市有一座规模巨大的皇陵——仁德陵，以及应仁陵、履中陵、景仁陵、崇神陵等。这种陵墓也称为"古坟"，是大和国统治者权威的象征。

经过长期的征战，到3世纪中叶以后，在大和（奈良）平原兴起的大和国逐渐强盛，开始走向统一的过程。4世纪时它已经征服九州和本州的大部分地区，控制了西至九州，东至关东的广大地区，初步完成了日本的统一。它还把势力扩张到朝鲜半岛南部，占领任那，以此为据点，不断侵掠朝鲜半岛。到5世纪，统一过程基本完成。当时中国正经历"五胡十六国"，纷乱后趋向统一。公元420年，刘裕代晋建立宋朝。次年大和国即遣使刘宋，表示通好。相继与宋通好的有赞、弥、济、兴、武等五个大王。他们有的获宋所承认的"安东将军、倭国王"称号。

大和国在征服各地氏族、部落时，除把一部分壮劳力和美女当作奴隶带回大和外，一般不破坏当地的氏族组织，使其仍居住在原地，以"部"的形式集体地隶属于王室或贵族，部民在氏族长的统率下进行生产劳动，向所属主人缴纳年贡，并服劳役，农业生产者编为田部，手工业生产者按专业分别编部，如土师部（陶工）、织锦部（织工）等。这种部民制社会，迅速提高了生产力技术水平，为大和政权的统一和统治全国奠定了物质基础。

部民主要在朝廷和贵族的领地里耕作，他们的来源和地位比较复杂，总的来看，他们近似奴隶。他们没有人身自由，不能随意迁徙，主人对部民可任意转让，全部剩余产品被主人剥夺，除了主人给他们一点产品作为生活资料外，几乎一无所有，因此，部民实际上是一种"日本式奴隶"，大和国家实质上是奴隶制国家。

大和国的最高首脑为大王（后改称天皇），是世袭的专制君主，但他没有天皇那样的绝对权力，实际上是氏族贵族联合政权的共主。中央朝廷由几个最有势力的氏族族长、大王的亲信来分掌政务，大伴氏、物部氏掌军事，苏我氏掌财政。地方设国造、县主、稻置等各级官职，都由地方有势力的氏族长充任。中央和地方各级官职是世袭的，并由大王授予特殊的姓，如臣、连、造（表示中央贵族）、君、直（表示地方贵族）等，这些具有世袭尊姓和世袭官位特权的氏族豪强，也称为氏姓贵族（古代日本只有贵族才能有氏、有姓，平民只有名而无姓。氏表示家族血缘关系，姓表示门第尊卑），大和国家就是以大王为首的氏姓贵族统治的奴隶主专制国家。

倭五王统治的半个多世纪，是大和国经济繁荣、政治稳定、外交活跃的时期。他们重视农业，进行水利建设，在开垦田地和兴修水利基础上，建立了许多直属中央的屯田、屯仓，并实行氏姓制度和部民制。氏即以家庭为基础的血缘集团，由大王根据其功绩、地位授姓；有姓的氏才能担任中央和地方的官职。授有臣、君、连、直等姓的氏，与王族有血缘关系，可担任中央要职；授予造、直、史等姓的氏，担任地方官职。将社会财富的创造者即基本劳动群众——部民，按技术特长和贵族生活需要，分别编成"部"。遍布全国和所有生产领域的部，作为社会生产的基层组织。从事农业生产的部称"田部"；从事手工业生产的部称"品部"；担任侍奉、卫护的部为"杂部"。经过倭五王的精心治理，大和国政治、经济和国际关系都有明显的发展。

在倭五王统治期间，由于"大和朝廷"积极推动与中国大陆和朝鲜半岛的交流，因此诸多大陆和半岛的人登陆列岛，并因此传入了灌溉等农业技术、打制铁制品等工业技术，为日本列岛的生产活动做出了重大贡献。

圣德太子改革

进入 6 世纪以后，大和国中央大贵族间矛盾突出，地方贵族据地自强，对抗中央。掌握中央大权的是臣姓的葛城氏、苏我氏和连姓的大伴氏、物部氏等贵族。他们在王位继承和信奉佛教等问题上有分歧，经过激烈斗争，苏我氏战胜了物部氏。公元 592 年，苏我马子的外甥女推古女帝即位。她执政贤明，立其侄子厩户皇子为太子并委以"摄政"身份，辅佐处理大政。

推古女天皇，原名为额田部皇女，谥为丰御食炊屋姬。她是第 29 代钦明天皇（539—571 年在位）之女，后来嫁给了同父异母的兄长、第 30 代敏达天皇，以皇后的身份走上了历史的舞台。关于额田部皇女的早期生活记载不多，但从敏达天皇到崇峻天皇时代日本政局的变化一直在朝着向她有利的方向发展。推古女天皇是朝中实权人物苏我马子的外甥女，早期彼此关系十分密切。

522 年，百济王向天皇敬献佛像和佛经。在朝廷上，钦明天皇询问群臣可否崇拜佛教。稻目主张崇拜佛教，以佛教来统一全国的思想，尾舆坚决反对，认为佛教会给日本带来灾难，不如仍然崇拜原来各个氏族的神。半个世纪之后，两个对立的势力再次交锋。

587 年，用明天皇死，因皇位继承问题，稻目之子苏我马子和尾舆之子物部守屋进行了决战。在衣折战役中，额田部皇女与苏我马子积极配合，支持苏我马子将宿敌物部氏灭族，并杀掉物部氏企图拥立的穴穗部皇子，物部氏被打败，拥立了崇峻天皇。苏我马子控制了朝廷。

不久，崇峻天皇因显露出对苏我马子的严重不满，苏我马子先下手为强，将其谋杀。于是，额田部皇女成为无可代替的人选，被苏我马子推上天皇宝座。592 年，苏我马子拥立自己的外甥女为推古天皇，她是日本历史上第一位公认的女天皇。推古女天皇，是日本第 33 代天皇，也是日本历史上第一位生前就正式称为"天皇"的人。她在位期间，任用圣德太子，进行了日本史上第一场影响深远的改革，将日本带入了汹涌澎湃的改革世纪。

圣德太子时代的艺术

推古女天皇即位之时，国内局势混乱不堪，固有的部民制（奴隶制）弊病丛生，地方豪强不断兼并土地人口，以实力对抗中央，势族大姓争权夺利，其骄横甚至凌驾于皇权之上。在日本的西面，重归一统的中国影响力正在不断扩大。推古女皇的高明之处，不在于她本人的才能卓著，或雷厉风行，而在于她重用了圣德太子。她即位之后第二年，便册立侄子厩户为太子，是为圣德太子，并将朝政大权交给圣德太子处理。

厩户皇子的诞生有个奇异的传说：他的母亲因梦见一个金身小和尚跳入口中而怀孕。10 个月后，当她步行到马厩前，忽然分娩，故名。死后 30 年被谥为"圣德太子"。圣德太子极富政治抱负，是日本史上最著名的政治家之一。他在 20 岁担任摄政后，开始着手改革，史称"推古朝改革"。

圣德太子对中国文化极为了解，欣赏中国的大一统国家体制。极力主张加强皇权，并积极准备改革。圣德太子积极吸收先进的中国文化，加强皇室地位和中央集权，提高了日本在东亚的地位，为以后的大化改新奠定了基础。

603—604 年，圣德太子先后制定了《冠位十二阶》和宪法十七条。《冠位十二阶》按才能和功绩授予个人，是非世袭的官位，排挤了那些世袭的贵族，使天皇的权力增大，同时使国家的政府官僚体制有了雏形。圣德太子积极吸收中国的文化，宪法十七条用以中国儒家三纲五常为主的思想规定了日本臣民的行为守则。其中的第二条规定全民"笃信三宝"，标明以佛教为国教，将佛教作为施政、教育的指南，佛教思想成为根本精神。宪法中还明确规定，"国非二君，民无两主，率士兆民，以王为主"。

大化改新

圣德太子的改革，没有能够挽救日本社会危机，国内阶级矛盾日渐激化。7 世纪前半叶，土地兼并盛行，租佃制广泛兴起。《日本书纪》大化元年 9 月诏书写到：贵族们"割国县山海林野池田以为己财，争战不已。或者兼并数万顷田，或者全无容针少（之）地"。他们将兼并的大片土地出租给百姓，收取地租。在同一诏书中又说："有势者分割水陆以为私地，卖与百姓，年索其价。"这段文字译成现代汉语便是"有势者兼并水、旱田地，作为私有土地租给百姓，年收地租"。日本的租佃制是在部民奴隶制动摇瓦解时期产生的，这时部民制没有继续发展的可能，因此百姓在租佃制下，不再沦为部民，而是佃农化了。诏书中的这句话指的是大化改新前的社会状况。从诏书中提到的情形来看，贵族兼并和出租土地的现象已相当普遍。

伴随着部民制的衰落，统治阶级内部矛盾加深。贵族们为争夺土地，彼此不断发生战争。臣、连、伴造等向朝廷上缴调赋时"先自收敛，然后分进"。朝廷内部外戚权贵和皇室之间的矛盾日益尖锐。

622 年，圣德太子病逝。太子死后，苏我马子曾向推古天皇要求割让葛城县，被拒绝。推古天皇三十四年（626 年）马子病死，其子虾夷继承大臣。推古天皇三十六年（628 年）推古女皇去世，虾夷排斥圣德太子之子山背大兄王，拥立田村皇子即位（舒明天皇，629—641 年）。皇极朗（642 年—645 年）时期，虾夷之子入鹿专擅朝政，征调人夫修建其父子陵墓，势倾朝野。入鹿为了扼杀改革事业，打击新兴势力，于皇极天皇二年（643 年）消灭了山背大兄王及其一族。

部民的反抗斗争日益高涨。氏姓贵族"各置己民，恣情驱使"，严重地摧残了社会的主要生产力——部民。征伐新罗的战争和营造宫苑、陵墓、寺院所耗费的人力物力加重了人民的负担，结果出现了"五谷不登，百姓大饥"，"老者啃草根而死于道垂，幼者含乳以母子共死"的惨状。不堪忍受痛苦的部民起来反抗，他们主要斗争形式是逃亡。有的部民聚集山泽，同奴隶主贵族进行武装斗争。《日本书纪》推古天皇三十四年条记载："强盗窃盗并大起之，不可止。"可见这时部民起义风起云涌，势不可当。部民的反抗斗争，打击了氏姓贵族，动摇了奴隶制的基础。

但是改革的思想已经深入人心。苏我氏的专权遭到朝野反对。正当社会危机严重的时期，圣德太子派到中国的留学生陆续回国。推古天皇三十一年（623 年）留学生惠日等上奏天皇，"留于唐国学者，皆学以成业，应唤"，"大唐国者法式备定之珍国也，常须达"。朝廷召回继续在唐学习的留学生。僧旻于舒明天皇四年（632 年），南渊请安和高向玄理于舒明天皇十二年（640 年）回到日本。他们在中国留学二三十年，经历了隋唐两代，学到了丰富的文化知识和统治经验，归国后积极进行传授，在部分贵族中发生了强烈影响。

在部民斗争的冲击和归国留学生传授隋唐封建制的影响下，出现了主张改新的新兴势力，其代表人物是中大兄皇子（626—671 年）和中臣镰足（614—669 年）。中大兄皇子是舒明天皇之子。中臣镰足出身于世袭祭官的家庭，相传幼年好学，广览书传，尤其潜心于兵法兼政书《六韬》，他曾就学于僧曼，又同中大兄皇子一起受教于南渊请安。中大兄和中臣镰足深受回国留学生的影响，又憎恶专横的苏我虾夷、入鹿父子。中大兄在后来杀死入鹿时对其母皇极天皇说："鞍作（苏我入鹿）尽灭天宗，将倾日位，岂以天孙代鞍作耶？"中臣镰足则"愤苏我臣入鹿失君臣长幼之序，挟闭阁（窥视）社稷之权"。因此，中大兄和镰足决定推翻苏我氏，夺取政权。

中大兄接受中臣镰足的建议，首先争取与入鹿素有矛盾又有声望的大夫苏我石川麻吕，分化苏我氏的势力，而后吸收了世袭宫禁职务的佐伯连子麻吕、葛木稚犬养连纲田等人，组成了革新派。皇极天皇四年（645年）六月十二日，日本飞鸟板盖宫太极殿。这一天日本朝廷正在接见"三韩"的使者，举行"受贡"仪式。随着"嘎吱吱"的一阵响声，宫门全部关闭，中大兄皇子突然拔剑刺杀了大贵族苏我入鹿，令在场的许多贵族大惊失色。原来这是中大兄皇子联合中臣镰足等人为改革而发动的政变。他们随后进入法兴寺，以此为据点，准备迎击苏我虾夷的反攻。接着立即在奈良组织军队，严加防卫。

此时的皇族和大多数贵族都站到了中大兄一边，苏我虾夷见大势已去，便在入鹿被杀的第二天，焚宅自尽。消灭虾夷、入鹿父子后，革新派很快组成了新的政权，轻皇子即位为孝德天皇（645—654年）。孝德天皇有志于改革陈腐政治，继位以后仿照唐制，立中大兄为皇太子，辅助政事；以中臣镰足为内大臣、阿倍内麻吕为左大臣、苏我石川麻吕为右大臣；并以自唐留学归来的高向玄理、僧曼为国博士，担任新政改革的顾问。

革新政权建立后，仿中国建年号为大化，以"法式备定"的唐制为蓝本，有步骤地实行改革。大化元年八月，分别往东国和倭（大和）六县（高市、葛木、十市、志贵、山边、曾布），派遣国司和使者，命造田籍，校田亩。九月，没收诸国武器，"录民无数"，并下诏："从今以后不得卖地，勿妄作主兼并劣弱。"这些措施为下一步变革打下基础。十二月，首都由飞鸟迁至难波（今大阪市）。大化二年（646年）元旦，发布《改新之诏》，实行政治、经济的社会改革。这就是日本历史上具有划时代意义的"大化改新"。

大化改新的主要内容包括：

第一，废除贵族私有土地制和部民制，建立班田收授法。《改新之诏》载："罢昔在天皇等所立于代之民，处处屯仓及别臣、连、伴造、国造、村首所有部曲之民，处处田庄。"新政府废除了皇室的屯仓，贵族的田庄以及部民，把全国的土地和人民收归国有，变成"公地、公民"。在此基础上实行了班田收授法《改新之诏》中写道："初造户籍、计账、班田收授之法。"诏书没有记载班田法的具体内容。据《大宝律令》和《养老律令》的田令推测，政府每隔6年，分给6岁以上的男子口分田2段，女子为男子的2/3，奴婢为公民的1/3。受田人死后，口分田归公。

第二，班田农民担负租庸调。租，即实物地租，受田每段交纳租稻2束2把。庸，是力役及其代纳物，凡50户充仕丁1人，50户负担仕丁1人之粮，1户交纳庸布1丈2尺，庸米5斗。郡少领（郡的行政官）以上之家进贡采女1人（包括从丁1人，从女1人），100户承担采女1人之粮，1户交纳庸布1丈2尺，庸米5斗。调，是征收的地方特产，分为田调、户调、付调。田调按土地面积征收，田1町征收绢1丈、绫2丈、布4丈。户调按户征收，其数量为"1户货布1丈2尺"。付调随乡土特产征收。

第三，废除世袭氏姓制度，建立中央集权的官僚体制。新政权建立不久，起因天皇在大（木规）树下召集群臣盟誓，"天覆地载，帝道唯一"，树立了中央集权的指导思想。大化五年（649年）下诏，令国博士高向玄理与僧曼"置八省百官"，建立中央机构。中央设神祇官、太政官二官，中务、式部、治部、民部、兵部、刑部、大藏、宫内等八省，以及弹正台；地方设国、郡、里，分别由国司、郡司、里长治理。这样，把原有氏姓贵族统辖的大小诸国，置于中央的直接控制之下。"八省百官"制和国郡里制均受唐朝的三省六部制和州县制的影响。两者在形式上虽有差异，但其性质都是中央集权的行政体制。大化三年（647年），制定7色13阶冠位。大化五年（649年），制定19阶冠位。对于大夫以上的贵族赐予敕封，以下的给予布帛，作为俸禄。

661年起因天皇去世，中大兄以太子身份总揽大政，668年继位为天智天皇。为防止国家所属公民沦为贵族的私民，做出"民部""家部"的规定，并将大化以来发布的诏书编纂整理成日本史上第一部正规法典《近江令》。673年天武天皇即位后，又进一步模仿唐代政治制度，改革官制，加强军备，在京城设立卫府，在地方建立军团，负责中央和地方的治安；定律令、改法式，实行法治。在文武、元正天皇时，先后制订了《大宝律令》（701年）、《养老律令》（718年），完结了大化改新的全过程。从此，日本成为法式完备、中央集权的古代天皇制国家。大化改新是在日本历史上发生的一次重大社会变革运动，大化革新部分地区解放了生产力，完善了日本的统治制度，奠定了日本国家的发展方向。从此，日本开始进入封建社会。

白江村海战

大化改新完善了日本的政治制度，社会经济得到了发展，日本从奴隶制走向了封建社会。就在日本社会快速向前发展的同时，在不远处的朝鲜半岛上，高句丽、百济、新罗三国正在为消灭对方、统一半岛进行着旷日持久的战争。公元655年，高句丽联合百济进攻新罗，新罗向支持自己的唐王朝求援。唐高宗遣使调解无果，于是先后派程名振、苏定方、薛仁贵等将领率兵出击高句丽，企图牵制其兵力以减轻对新罗的压力。此举仍旧没有达到预期的效果，百济不断支援高句丽，持续向新罗发起进攻。

660年，新罗王再次向唐朝求援，唐高宗遂以左武卫大将军苏定方为神丘道行军大总管，率领水陆大军10万余人，从成山渡海向百济发起进攻。百济军屯守熊津口进行抵抗，但在唐军南北夹击之下，很快溃败，随后唐军与新罗兵合一处，向百济都城泗沘进军，10天不到，便灭了百济国。

百济国被灭之后，原百济王扶余璋的部下福信及浮屠道琛率众据守周留城，抗击唐军。10月，福信派遣使臣到日本，要求迎回在日本为人质的扶余丰王子，并向日本求援，以图复国。为了恢复并扩大在朝鲜半岛上的影响，中大兄皇子同意了百济遗臣的请求，并于公元12月将都城从内地的飞鸟迁至沿海的难波城。661年1月，监国的中大兄皇子在与百济隔海相望的盘濑设置了行宫。次年，日本向百济赠送大批物资，日本本土则"修缮兵甲、各具船舶、储设军粮"，随时准备渡海作战。

663年6月，中大兄皇子命令上毛野稚子率领2.7万人向新罗发起进攻，夺取了沙鼻歧，奴江二城，切断了唐军与新罗的联系。不久，由孙仁师率领的7000名唐朝援军渡海到达熊津，与刘仁轨会师，唐军军势因此大振。经诸将商议之后，制定了进攻周留的计划——刘仁轨和孙仁师以及新罗王金法敏率军从陆路进攻；刘仁轨、杜爽则率领唐水军与新罗水军由熊津江入白村江口，溯江而上，从水上进攻。

8月17日，唐新联军从陆路三面围攻周留城，城外据点逐一被攻克，百济于是又向日本求援，中大兄皇子派庐原君臣领军万余越海而来，准备自白村江口登陆。当时，唐新联军虽已从三面包围了周留城，但建在白村江河口上游左岸山地上的周留城，三面环山，一面临水，山峻溪隘，易守难攻。百济只要能确保周留至白村江一线安全畅通，就能得到日本从海上的支援，从而据险固守。因此，白村江成为维系周留存亡的生命线，也是百济得以复国的希望所在，两军都势在必争。

663年8月27日，唐朝水军与日本水军在海上遭遇。从当时双方的军力来看，大唐水军7000余人，战船170艘；日本水军有万余人，战船1000多艘。虽然日军人多、船多，但大唐水军船坚器利，武器装备远胜于日军。

中日两军首次接战的结果，据《旧唐书·刘仁轨传》的记载："四战捷，焚其舟四百艘，烟焰涨天，海水皆赤，贼众大溃。"初战失利后，日军并没有撤军，而是于第二天联合百济军又再次向大唐水军发起进攻，结果"大唐便自左右夹船绕战，须臾之际，官军败绩，赴水溺死者众，舻舳不得回旋。朴市田来津仰天而誓，切齿而嗔杀数十人，于焉战死"。

白村江海战失利后，中大兄皇子深恐唐朝与新罗军队进攻日本本土，于是从664年起，花费巨资，先后构筑了四道防线。尤其是在九州的太宰府建的"水城"规模最大。所谓"水城"实际上是一座土坝，坝长1.2公里，底部宽80米，高十几米，外侧是一条5米深的水沟。除了在军事上采取守势之外，667年，中大兄皇子还将都城迁往了近江大津宫。

日本在白村江海战中虽然遭受了惨败，但是这并没有影响它与唐朝的交往，而唐朝也没有因为日本原先支持百济国而对它疏远，相反，两国的关系在海战之后变得更为密切。公元669年，日本派河内鲸为"平高丽庆贺使"前往唐朝都城长安，祝贺大唐在朝鲜半岛的彻底胜利。与此同时，日本开始积极选派遣唐使，政治上发展与唐朝的睦邻关系，文化上积极汲取唐代丰富的典章制度，使得日本社会进入了一个全新的发展阶段。

遣唐使

日本晁卿辞帝都，
征帆一片绕蓬壶。
明月不归沉碧海，
白云愁色满苍梧。

这是李白的《哭晁卿衡》，诗中表达了对诗友晁衡悲切的思念之情，值得一提的是，这位晁衡不但是一位诗人，更是日本派往中土的遣唐使。

大化改新前后是遣唐使最频繁的时期。自630—894年，总共有20次之多。遣唐使是中日文化交流史上的友好使者，是根据日本自身需要派遣的。初期，因朝鲜半岛的争端和东亚紧张局势，使者重点在于外交活动，为维护日本在朝鲜半岛的地位和利益；中期，正是兴盛的奈良时代（710—794年），内外和平，倾注全力地学习和吸收唐代文化；后期，处于平安时代（794—1192年）前期，社会经济文化有了显著发展，意欲进行对外经济交流。

圣德太子时代为吸收中国先进文化和制度，推进遣隋外交，前后 5 次派出遣隋使，随行有留学僧。日本在 646 年大化改新之后，开始把中国作为学习的榜样，按照隋唐王朝的政权形式，建立起新的制度。这时候的中国正处在唐代，经济、文化都很繁荣。日本全国上下对吸收中国文化非常积极，于是不断派出大批人员到中国学习，这些人就称作"遣唐使"。其中正式使节包括大使、副使，有时还有大使之上的持节使、押使，都是日本天皇任命的国家大臣。使团中还有到中国学习的留学生、僧人、工匠等。

关于遣唐使的次数，中日史学界一直众说纷纭。根据目前掌握的史料，自 630—894 年的 260 多年间，日本共任命过 20 次遣唐使，其中 4 次因故停止，实际成行 16 次。

在茫茫大海上飘摇的日本遣唐使船

日本的遣唐使，大抵以白村江海战（663 年）为界，分为前后两期。前期集中在 7 世纪，可以看作是遣隋使的延续，一般由 2 艘船组成，约 250 人；后期从 8 世纪初至 9 世纪末，船只增至 4 艘，超过 500 人。唐灭隋后，舒明二年（630年），日本第一次派出遣唐使，至奈良朝宽平六年（894 年），共派遣使团 20 次，成功抵达唐长安者 16 次。但从宝龟九年（778 年）第 13 次入唐，至延历二十年（804 年）第 14 次入唐之间，有 27 年的空白期。派遣使团的工作一直持续到下一个时代。宽平六年（893 年），学问家营原道真被任命为遣唐大使，正值唐文化盛极而衰之时，日本文化开始走向和风化，他谏言废止遣唐使而被裁可，从此实行了 200 多年的遣唐使制度便终止了。

一千多年前，要横渡波涛汹涌的大海并不是一件容易做到的事。风暴经常使航船倾覆，或者把它们吹到台湾甚至越南等很远的地方。但是，大海和风暴阻挡不住中日间的友好往来。唐朝时期，日本一共派出遣唐使 20 次。遣唐使往返的航路：初期由九州博多经壹岐、对马到朝鲜济州岛，再沿半岛西海岸横渡黄海，在山东半岛的登州、莱州登陆。此线称北路，所需时日最多，但最安全；中期由博多扬帆，沿九州西海岸南下，经种子岛、奄美、冲绳，横渡东中国海，指向长江口岸或杭州湾附近，一般都在明州（宁波）登陆。此线称南岛路，所需时日与北路相仿，但有风险；后期由博多出发，抵平户或值嘉岛（五岛列岛）候风，一气横渡东中国海，径抵长江口，在楚州（淮安）、扬州登陆，此线称南海路，航程最短，但风险最大，遣唐使船曾遭受重大损失。中期以后的遣唐使，每次四艘船（故有"四只船"为遣唐使的别称），人数为五六百人。834 年遣使后，于 894 年又决定派遣。但被任命为大使的菅原道真以"大唐凋敝"为由上书天皇，力陈停派的建议，得到采纳。长达两个半世纪的"遣唐使"制度，对日本社会文化的发展，贡献巨大、影响深远。

遣唐使的船队离开难波港后，先沿着日本海岸航行，最后在九州北部开始横渡大海。早期的路线是向北到朝鲜半岛附近，经渤海在中国山东北部上岸。后来就直接西渡东海，在中国的扬州和明州（今宁波）登陆。遣唐使一到中国，就受到当地人民的欢迎和隆重接待。当地政府提供交通方便，送他们到首都长安（今西安）。唐朝的皇帝常常亲自接见他们，有时为表示特别欢迎，还令画师为大使画像作纪念。

随使团前来的留学生大多到唐朝最高学府国子监学习，然后又可以在中国政府机构工作。来学习的日本僧人，也都被派往名山大寺拜师求教，他们成了中国文化的热心传播者。

遣唐使船队回日本时，唐朝政府也经常任命中国使节陪同前往，进行回访。遣唐使团不仅带回大量的中国文物、书籍和五金百货，也使中国的文学、宗教、典章制度等在日本"生根发芽"。

遣唐使制度对于发展中日两国的政治、经济关系，促进文化交流起到了无可估量的历史作用。遣唐使团除大使、副使，以及各级官吏、侍从、船夫外，还有医师、乐师、手艺师、占卜师等各类专业人士和留学生、留学僧，他们大多是有教养、对唐文化有一定造诣的名士。其中杰出者，留学生有阿倍仲麻吕、吉备真备、橘逸势、山上忆良，留学僧有玄昉、空海、最澄等。他们留唐的时间，短者一年，多者数年乃至十数年，对于中日文化交流和繁荣奈良朝文化都做出了不可磨灭的卓越贡献。现举几个永垂日本文化史册的生动事例：

717年间，一位16岁的年轻留学生阿倍仲麻吕，随着一个500人的遣唐使团来到了中国。经过五六年高等学府"太学"中的苦学，他和许多从"太学"毕业的东方和西方的留学生，参加了考试。考试题目很难，想不到他竟捷足高登，以优异成绩中了进士。从此，阿倍仲麻吕开始在唐朝政府中担任官职。后来，他被提升为担任皇帝侍从官的左补阙。唐玄宗还给他起了个中国名字——晁衡。

晁衡和当时的大诗人李白、王维、储光仪等很多人建立起深厚的友情。他们常常以诗歌唱和，留下许多动人的佳作。似乎在不知不觉中，晁衡在中国已度过了40年。他抑制不住长期深藏在内心的思乡之情，多次提出回国的要求，最终，唐玄宗答应他作护送第十次日本遣唐使回国的使节返回日本。

得知晁衡归国的消息，长安的诗友为他举行了盛大的告别宴会。王维即席写下《送秘书监还日本国》的诗篇。50岁的晁衡解下心爱的宝剑，赠给中国诗友，也挥毫赋诗："衔命将辞国，非才忝侍臣；天中留明主，海外忆慈亲……西望怀思日，东归感义辰；平生一宝剑，留赠结交人。"

这年10月，晁衡等人乘坐四艘帆船，从苏州黄泗浦起航，驶往日本。值得一提的是，船队中还有一位扬州延光寺的著名高僧鉴真和尚和他同行。这位65岁的高僧从11年前接受日本友人邀请，决心东渡日本讲学，已先后五次率弟子渡海，但都被风浪所阻，没有成功。这次是鉴真第六次出海。

不幸的是，船队在中途遇到了大风暴，他们被冲散了。鉴真坐的那条船和其他两条船各自开到了日本，而晁衡所乘的船下落不明。直到第二年 3 月，仍然杳无消息。

《鉴真东渡》（电影画面）

然而，值得庆幸的是，晁衡的船并没有沉没，他们随风漂泊到了安南（今越南）沿岸。755 年，晁衡和十多位幸存者历尽艰险，回到长安。以后，他又担任过唐王朝中央和地方的一些官职。770 年 1 月，73 岁的晁衡在长安去世。

中国高僧鉴真应日僧之邀，赴日弘法，虽经历磨难五次东渡失败，双目失明，矢志不改，最终于第六次从扬州出发抵达目的地，先在东大寺设坛传授戒律，后创建唐招提寺，收徒弘布佛法，传播建筑、雕塑、绘画、书法诸艺术和医药知识，对于奈良时代日本文化的发展，做出了重大的贡献。留唐僧淡海三船归国后，受鉴真功德的感化，撰写了第一部长篇汉文传记《唐大和尚东征传》，叙述了鉴真这段赴日传播中国文化的感人故事，尤其是对鉴真遇海难的描写，颇富文学性，可以说这也是一篇优秀的纪行文，显示了作者出众的汉文运用能力。书末还做题为《初谒大和尚》的汉诗二首并附序，还附载了当时的鉴真弟子、官人和唐使节高鹤林等悼念鉴真的汉诗。这是当时中日文化交流的不朽记录。鉴真和尚在日本生活了 10 年，最后死在日本。鉴真把丰富的中国文化，如宗教、建筑、雕刻、医药等传到了日本，受到日本人民的欢迎和尊敬。鉴真曾经居住过的奈良唐招提寺里，直到现在，还供奉着鉴真大师在世时就做成的塑像。日本政府立法尊奉它为"国宝"。

阿倍仲麻吕（晁衡）和鉴真，是8世纪时日本人民如饥似渴学习唐朝文化的缩影和中日人民友好往来的友谊象征。

吉备真备归国后，教授皇太子阿部内亲王（孝谦天皇）《礼记》和《汉书》，他博学多识，文武双全，专长经史，兼及历学、音乐、兵法等。他带回国一部铜律管和音律说明书《乐书要录》十卷，这一唐代乐理著作的传人，大大地推动天平音乐的发展。他就任大学助教期间，还学习唐代大学制度，整顿和充实教科书内容，并亲自教授五经、三史、明法、算术、音韵、籀文六道，对于振兴儒学和汉文学也起了很大的作用。

山上忆良入唐后，为后东宫侍读，他精通汉文，于庆云元年（704年）或庆云三年（706年）归国时带回包括《游仙窟》《王勃集》等六朝后期和唐朝初期的诗文。这一时期汉诗文对日本文学的影响也是不能忽视的。忆良本人就受初唐诗文，尤其是初唐四杰之一王勃的刚健文风的影响，他的汉诗文关注人生与贫穷的苦楚。他用汉文书写的《沉疴自哀文》，引用了孔子典籍以及《抱朴子》《游仙窟》等中国经典，写了病中体味人生的"千年愁苦"，与他的长歌《贫穷问答歌》的咏叹贫穷的苦楚相辉映。

稍后还有留学僧最澄和空海，都对日本文化做出各自的贡献。最澄（一说永忠）于延历二十四年（805年）回国时带回了唐代的茶文化，并花了多年的工夫培育成功从唐带回国的茶种，而且学习和延用唐人吃茶的习惯。当嵯峨天皇行幸其寺院时，他亲手煎茶奉献，天皇为唐茶文化的魅力所吸引，兴高采烈地咏起诗来，尽享吃茶的快乐。空海回国后则深受嵯峨天皇的宠爱，应诗坛的要求，以《文心雕龙》为鉴，将《新定诗格》《诗格》《诗脑髓》《诗议》等诗学著作排比编纂为六朝唐代诗论集《文镜秘府论》《文笔眼心抄》，它详尽引用《诗经》序的"动""感"作用说，主张诗的价值是"经理邦国"，并强调："诗本志也，在心为志，发言为诗，情动于中而行于言。"这是学习中国诗赋和诗学的结晶。在汉文方面，他的文章突破此前流行的华丽的骈文体而走向趋于自然表现的散文体，开拓了文章的新路。

纵观整个遣唐使时代，日本的造船技术和航海经验均不太成熟，因而海难事故频频发生，造成巨大的人员伤亡和财物损失。据粗略统计，渡海人员的死亡率接近50%。人们不禁要问：遣唐使付出如此代价，究竟为了达到什么目的？关于遣隋使的目的，对推古王朝来说，尽快掌握佛教，不仅可以跻身先进国家行列，还能使国内臣民俯首听命，可谓政治、外交、文化、宗教等多重目的兼有。遣隋使的具体使命是"买求书籍"。遣隋使与遣唐使前后连贯，两者的目的性也应当有内在联系。

日本位居亚洲东端，四周为大海所限，罕有外敌入侵事件；同时限于航海能力，古代日本海军所达止于半岛，明代以前从未对大陆造成过直接威胁。所以，除了白村江海战后的短暂时期，遣唐使不具有以外交途径解决军事争端的政治目的。

在古代的东亚世界，一个国家欲成为政治大国，首先必须成为文明大国，而"文明"程度的高低，一概以中国文明为基准来评价。当日本的"华化"程度尚落后于新罗之时，凭什么不远万里到唐朝去争平等、较高低呢？因此，政治显然不是遣唐使的主要目的。

既然名曰"朝贡"，自然伴随物品的交换，于是就有人称之为"朝贡贸易"，主张遣唐使的目的是为了获取经济利益。据《延喜式》等文献记载，遣唐使携带的贡品有金银、布帛、玛瑙、琥珀等，唐朝的回赐当然更为丰厚。遣唐使确实促进了物资的流通，问题是他们购求物品多大程度出于经济考虑。

从遣唐使的人员配置来看，不设专事贸易的官员。遣唐使团的高层由大使、副使、判官、录事（四等官）构成，人员可大致分为四类：知乘船事、船师、船匠、柂师、挟秒、水手长、水手等航海人员；译语、主神（神官）、医师、阴阳师、画师、卜部、音声长等专业人员；史生、射手、音声生、杂使、玉生、锻生、铸生、细工生等杂役人员；请益生、留学生、还学僧、学问僧（包括他们的傔人、傔从）等留学人员。前面三类均是为了航海安全而配备的，其任务是运送四等官和留学人员。这种人员配置，怎么看也不像个贸易使团。

从遣唐人员所需求的物品来看，并不以经济价值高低为选购标准。最典型的例子是，第九次遣唐大使竟将"所得锡赏，尽市文籍"（《旧唐书》日本传），足以说明遣唐使所求，与其说是经济产品，毋宁说更青睐文化产品。虽然木宫泰彦在《日中文化交流史》中专设《遣唐使和贸易》一节，但也不得不这样提示："遣唐使表面上始终是为了敦睦邻谊，但实际上输入唐朝的文化产品却是主要目的。"

还有一个因素不能忽略，倘若遣使完全出于经济目的，便有个收支平衡的问题。事实上，日本当时的航海技术远不及唐朝和新罗，往返途中海难事故频发，人员伤亡近半，财物损失极大，唐朝的物品再怎么值钱，纯从商业的角度总是亏多赚少，甚至要冒血本无归的风险。

既然排除了政治目的和经济目的，那么遣唐使的主要目的，只能从汲取文化方面加以考虑。其实，追溯往古，政治、经济与宗教、文化息息相关，在某种意义上，文化中包含了政治乃至经济的要素。整个奈良时代，日本基本未受内乱外患的困扰，统治阶层得以致力文教建设，通过吸收高度发达的唐朝文化，对外提高国际地位以抗衡新罗，对内激活社会经济以巩固皇权。在这种背景下派出的遣唐使，其目的也就不言而喻了。

遣唐使的官员，大多选拔通晓经史、擅长诗文的好学之士充任，入唐后"请儒士授经""市文籍"而归，因获"好读经史，解属文""慕中国之风""好书籍"等佳誉；短期的请益生、还学僧和长期的留学生、学问僧，更是以学习文化、购求书籍为使命。因此，称遣唐使为"文化使节团"，当属名副其实。日本遣唐使冒着船破人亡的巨大风险，其目的绝不是单纯为了获取经济利益，也没有面临非遣使入唐不可的外交局面，可以断定汲取文化乃是遣唐使肩负的主要使命。

当然，在长达 260 年的时间里，日本的国内政局和东亚的国际形势均在发生变化，每次遣唐使的使命不可能完全雷同，事实上遣唐使多少带有政治意图或经济企盼，只不过这些不属主流罢了。

外戚专权与武士势力的登台

大化改新颁布实施的班田制，有利于政府对班田农民的控制，保证政府财源的稳定，促进了社会生产力的发展。但到 8 世纪初，却难以继续推行下去。日本政府便于 723 年颁布了"三世一身法"，743 年颁布"垦地永世私有令"，使私有土地得到了法律的承认。

私有土地的出现导致了班田制日趋崩溃。9 世纪以后，以开垦荒田为基础建立起来的庄园，通过相互兼并和买卖转让等手段有了新的发展。当时的庄园中，只有寺田、神田等一类庄园具有不纳租税的特权，后来拥有地位和权力的王公贵族经朝廷批准，也拥有不纳租税的特权，称"官省符庄"。此后，他们又获得了拒绝国司派遣官吏进入庄园干预庄务的"不入权"。这种具有"不输权""不入权"的庄园，标志着庄园制的彻底形成。但它却影响了政府的赋税收入。为此，朝廷从 902—1069 年共发布过四次整顿庄园令。地方官国司通过没收非法庄园，壮大了自己的实力，成为大庄园主。

与此同时，地方上势力弱小的庄园主为对抗国司兼并，往往将自己的庄园奉献给权门势家，通过书面或口头形式订立契约，以获得政治上的庇护和经济利益的保障。权门贵族便以"领主""领家"身份掌握了庄园的所有权。原来的庄园主则成了"领主"或"领家"所委任的庄官，负责管理庄园。如果权门贵族还觉得自己势力尚不足以对抗国司，就分出自己的部分土地寄进给比他更有权势的人，奉为"本家"（也称"本所"）。这样，土地就更集中在少数权门贵族手里。庄园的建立和发展，导致了天皇制中央集权统治的衰落，也就孕育了一个新的统治阶级——武士。

统治阶级内部因占有土地的多寡、亲疏关系及政治利益的需要，形成了不同的政治集团。其中藤原氏外戚集团就逐渐控制了天皇，成为实际的最高统治者。藤原氏的始祖是大化改新中建有功勋的中臣镰足，他受天智天皇赐姓藤原。此后，中臣镰足之子藤原不比等及孙子辈"藤原四家"（南家、北家、式家、京家），都成为朝廷重臣。

藤原氏阴谋篡权，起于842年由藤原良房策划的"承和之变"。他立亲外甥道康亲王为皇太子，以便为控制皇权奠定基础。850年，道康亲王即位为文德天皇时，又立外甥惟仁亲王为皇太子。858年文德天皇突然病故，惟仁亲王即位为清和天皇。藤原良房以太政大臣身份为天皇"摄政"。他为排斥异己，策划了火光冲天的火烧应天门事件。藤原良房养子藤原基经胁迫清和天皇退位，拥立阳成天皇，并以外舅身份"摄政"。此后，藤原基经又废黜阳成天皇，另立光孝天皇，自己成为天皇"关白"（先于天皇，浏览奏章，并统率百官，执掌国政）。

藤原良房、藤原基经父子操纵天皇废立，先后取得"摄政""关白"职位。特别是到了10世纪后半期，经过藤原道长、藤原赖通父子两代，长达70年之久的藤原氏专权达到极盛。是时，藤原氏的私邸成为国家权力的中心，朝廷只是举行仪式的场所。藤原道长曾踌躇满志地吟咏道："斯世我所有，一如我所思，皎皎十五夜，满圆无缺时。"

藤原氏以摄政、关白身份，凌驾于天皇之上，其专权形成了日本史上特有的政治体制，史称"摄关政治"。它标志着大化改新以来的天皇制中央集权的瓦解。

以摄政、关白职位专权的藤原氏，又称"摄关家"。这当然会遭到皇室的怨恨和不满。1068年，在以往一个世纪里唯一与藤原氏没有联姻关系的天皇——后三条天皇即位后，企图通过整理庄园来削弱藤原氏势力。但若按当时摄关政治体制，天皇是无法实施这个计划的。因此，后三条天皇在位4年后就让位给白河皇子。

1086年，白河天皇也让位于年仅8岁的堀河天皇，自称"上皇"（出家后称"法皇"）。他在自己居住的宫殿里设立院厅，由他的近臣担任处理院厅事务的各种官职。如出身于皇室乳母家庭的叶室显隆与上皇交往甚密，经常在夜间与上皇谈论国事，故有"夜关白"之称。白河上皇组织武士力量担任院厅的保卫工作，规定院厅所发布的"院宣""院厅下文"，其权威性高于天皇诏书，原属太政官的政务最后的抉择权归上皇，朝廷官吏的任免也握在上皇手里。上皇权力高于一切。这种由上皇设置院厅的政治体制，史称"法王执天下政"的院政。

自庄园整顿和设置院厅后，藤原氏势力遭受很大打击。藤原氏所属庄园，相当一部分被停止和没收，使不少豪强脱离藤原氏而投靠皇室，藤原氏在朝廷的势力受到排挤。在后三条天皇时，中央 24 位公卿中藤原氏竟占到十四五人，到 1103 年，中央公卿中属皇室的源氏已超过半数，远远压倒了藤原氏势力。皇室与摄关家的斗争，院政势力压倒了藤原氏，但后者始终没有放弃挽回局势的念头，加上院政上皇也是腐化堕落、追求享受，导致社会矛盾和阶级关系更为尖锐复杂，终于发生了保元之乱和平治之乱。

藤原氏专权、皇室与摄关家的斗争都跟庄园制的形成和发展相关联。与此同时，一股新的社会力量——新兴武士，开始登上政治舞台。随着庄园的普遍建立，庄园之间的矛盾和斗争日益增多，庄园主为扩大领地，经常组织自己的庄民到别人的庄园去开垦种地，而被侵蚀的庄园领主为了抵御，便将自己的部分庄民进行武装，彼此付诸武力。这些被武装的庄民起初仍以农为主，兼以为武，后来逐渐变成专门从事保卫庄园和对外斗争的武装力量。可以说，庄园就是武士诞生的摇篮。

日本的武士

庄园武士的出现，对地方统治者构成威胁。为维护地方秩序、保护自身利益，地方上的国司、郡司也着手组织由当地富豪所组成的"郎党""郎从"的武装力量。11 世纪初，逐渐形成超越庄园范围的地区性武装集团，由无数分散的武士聚

集在这一地区势力最强的豪族的旗帜下，并接受其指挥，形成了武士团。他们是按宗族关系和以主人和从者关系的主从结合组织起来的，规定从者必须有效忠主人的献身精神。在武士团之间也常有竞争和冲突发生，弱肉强食，出现了大武士团，他们的首领被称为"武士的栋梁"。这些大武士团的首领，往往是皇族和名门贵族出身。

在众多的大武士团中，势力最大的是源氏和平氏，他们都卷入了当时社会和阶级矛盾的漩涡中。在 1156（保元一年）年，发生皇室内部争夺皇位及藤原氏内部矛盾交织一起的"保元之乱"，后白河天皇利用平民、源氏势力击败崇德上皇。无论皇室还是外戚，要战胜对方都得依靠新兴的武士力量。所以，皇室内部的斗争与藤原氏内部矛盾交合的保元之乱，恰恰给武士阶层登上政治舞台提供了机会，而且使武士成为斗争的真正胜利者。

在平定"保元之乱"中立有大功的源义朝未被天皇重用，而战功比他小的平清盛却获要职，因而加深了皇室、外戚之间错综复杂的矛盾。1159 年 12 月，源义朝等趁平清盛一族前往熊野神宫参拜之机发动政变。平清盛得知政变消息，即率兵返归京都进行讨伐。结果，不仅源义朝被斩，源氏一家几乎全被株连。源义朝之子、年仅 13 岁的源赖朝虽幸免于死，却被流放到伊豆蛭岛。

取得胜利的平清盛，为巩固自己的地位，采取联姻办法与天皇、上皇、摄关家结成亲密关系，安插亲信，控制中央和地方政权；扩大庄园和垄断海外贸易，终于担任了太政大臣职位。1180 年又以天皇的外祖父身份控制朝廷大权，建立了平氏独裁统治。因平清盛的官邸在京都六波罗，故称"六波罗政权"。

平氏因生活骄奢淫逸，引起臣民普遍不满。后白河上皇聚集摄关家、贵族和寺院等力量谋划打倒平氏，后白河上皇的皇子以仁王发布征讨平氏的令旨，被流放在伊豆的源赖朝举兵发难。1181 年，焦头烂额的平清盛突然患病，一病不起，内乱遍及全国。1185 年，源赖朝以 800 艘战船在本州与九州之间的坛浦海面（今下关海峡）进攻平氏。平氏以 500 艘战船防守。平氏的水军将卒多被击沉海底，陆地也遭包围。总指挥平知盛命家人挟持安德天皇随同象征天皇正统的神器一起淹没于海中。平知盛等遵照平清盛遗嘱，先后投海自尽。坛浦决战的结局，拉开了日本历史发展新的一幕——武家政治和幕府统治。

镰仓幕府的统治

卧薪尝胆的源赖朝（1147—1199年），在一片反平氏声浪中举兵，他于1192年获"征夷大将军"称号，正式建立镰仓幕府。这是日本历史上第一个武士政权。镰仓政权对原有机构进行整顿，中央设政所（行政机关）、问注所（司法机关）、侍所（军事机关），分别掌管财政、庶务、地头、御家人领地诉讼、军事等；地方上设置守护、地头职，前者是幕府派到各地的地方官、军警头目，后者是幕府派驻庄园的政治代表；在天皇朝廷所在地京都，设"京都守护"，监视皇室活动；在边远地区设有镇西奉行，陆奥总奉行（本州东北部）。无论中央或地方均统辖于称为"镰仓殿"的源赖朝。

源赖朝能建立镰仓幕府政权的重要原因是有御家人制度。与源赖朝有主从关系的地方豪强称为"御家人"。以封建道德的忠、信为基础，御家人对将军尽"忠"，无条件地服从将军；将军对御家人讲"信"，保护他们的领地和财产，并按功绩赐以新的领地。所以，御家人成为镰仓幕府的阶级基础。没收皇室赐给平氏所属的庄园、将军的知行国和御家人管理的庄园，是幕府经济的主要来源。庄园制仍是幕府的经济基础。

以武士为基础的镰仓幕府政权和以天皇为中心的皇室朝廷并存。尽管朝廷受幕府操纵，但天皇依旧发布诏书，幕府将军还得由天皇任命。这种既有天皇朝廷存在，又有实际统治全国的幕府中央机构的二元政治体制，称为双轨制政治。"挟天皇而令天下"的军事封建主掌握政权的幕府体制，不仅是日本封建社会特有的政治体制，而且对日本近现代历史发展有着深刻影响。

1199年，源赖朝去世，长子源赖家继承将军位。当时源赖家只有18岁，缺少其父的政治才能，缺乏对御家人的统御能力。为了巩固自己的地位，树立权威，源赖家排挤幕府元老，倚重自己的母家，这引起了以北条氏为首的御家人的极度不满，为争夺实际控制权，御家人内部也各起纷乱，镰仓幕府的统治岌岌可危。

为了维系和巩固镰仓幕府的统治，在幕府统治发生动摇的最危难时刻，源赖朝之妻北条政子与父亲北条时政重新制定了由 13 名幕府元老共同裁决的集体合议制度，使动荡不安的幕府暂时得到了稳定。但是在安定政局的同时，幕府的实权却也落到了北条氏的手中。

北条时政原是伊豆国土豪，人称"北条四郎"。在源赖朝起兵时，他作为源赖朝的得力部将参与天下的平定，后将女儿政子嫁与源赖朝，获得他的极度信任，镰仓幕府建立后任京都守护。

1203 年 8 月，北条时政废黜了源赖家，立源实朝为幕府将军，北条时政担任执权。不久，北条时政杀害了源赖家，又欲废黜源实朝，被其女儿政子阻止。迫于压力，他引退于伊豆，其子北条义时继任执权之职。为了扩大自己的权力，北条义时杀死了侍所别当和田义盛，正式确立了北条氏的霸权。

1219 年正月，北条义时暗杀了源实朝，镰仓幕府的开创者源赖朝的正统血脉至此完全断绝，北条氏掌握了幕府的最高权力。源氏血脉的断绝使专权的北条义时面临将军无人继任的问题，为了稳固自己篡夺的地位，北条义时希望在皇族中挑选一人继任"征夷大将军"之位。但是以后鸟羽上皇为首的院厅拒绝了北条义时的要求，于是北条义时率千骑人马入京，要求自己选定的皇族将军东下，院厅再次拒绝了他的请求。北条义时只得改迎与源氏有血缘关系的两岁的藤原赖经为将军。

虽然镰仓幕府依然有将军之名，但此时的"将军"已经成了虚职，北条义时以"执权"的名义牢牢把控着镰仓幕府的实权，并世代承袭"执权"之职。在幕府将军继任问题上的冲突，导致幕府与皇室的对立更为激烈。励精图治、力图重新挽回皇族权力的后鸟羽上皇通过恩赐土地的方式收买和拉拢了对北条氏不满的御家人，不断壮大自己的势力，他于 1221 年 5 月集合了北面、西面武士，并向各地武士发布了讨伐北条氏的院宣，正式举兵讨伐北条氏及其控制下的镰仓幕府。这年为承久三年，故而称为"承久之乱"。

后鸟羽上皇虽然发布了讨伐北条氏的院宣，但是应者寥寥，而人称"尼姑将军"的北条政子则集合御家人，颂扬源赖朝给武士们带来的安定富足的生活，也讲述了在源赖朝之前武士们悲惨低贱的生活。

在北条政子的鼓动下，御家人重新集结在幕府旗下。1221 年 6 月 15 日，在北条义时之子北条泰时、其弟北条时房的率领下，从镰仓出发，兵分三路挺向京都，不到一个月，便以绝对优势的兵力打败了皇室军队，结束了"承久之乱"。

攻陷京都之后，北条氏将包括后鸟羽上皇在内的三位上皇流放孤岛，并处死处罚了参与讨幕的贵族与武士，没收这些人的领地达 3000 余处，将其划拨为幕府的直辖领地，作为恩赏赐给有功之臣，称为"新补低头"。为了能监控皇室的一举一动，北条义时将原京都的六波罗馆改为六波罗府，任命北条泰时为六波罗探题，其权力仅次于执权。

"承久之乱"之后，皇室丧失了军权，皇位也由幕府一手操控，由此幕府逐渐取代皇室占据了国家权力的中心位置。

1260 年，忽必烈在开平称蒙古大汗，建年号为中统，1271 年，大蒙古国改国号为元，忽必烈自立为大元皇帝。三年后，忽必烈命使者携国书赴日，要求日本效法高丽来中国"通好"，但是被镰仓幕府以"书辞无理"为由拒绝，此后，忽必烈又两次遣使要求日本称臣朝贡，并以武力相威胁，同样遭到镰仓幕府拒绝。

1274 年，忽必烈决定远征日本。他任命忻都为征东都元帅、洪荼丘为右副帅、刘复亨为左副帅，统率蒙汉军 2 万人，加上金方庆统领的高丽军 12000 余人东征日本，这场战争在日本历史上称之为"文永之役"。

10 月 3 日，元、高丽联军分乘 900 余艘战船，从高丽合浦出发，三天后登陆对马岛。经过半个月的激战，到了 21 日清晨，除留在志贺岛的一艘战船外，元、高丽的船只全部消失。"文永之役"就这样喜剧性地结束了。

据史料记载，元军的战船在当天夜里遇到了强大的台风，刮沉了 200 余艘船，剩下的船只得返航。日本朝野对突如其来的台风赶走元军十分惊喜，在全国范围内展开了大规模拜神活动，称为"神风"。

第二年，忽必烈再次派遣使者，欲与日本交好。此次派出的官员是礼部侍郎杜世忠、兵部郎中何文著等人。没想到日本全然没有"两军交战，不斩来使"的观念，竟将杜世忠等 30 多人斩首于镰仓龙口。迟迟没有等到使者的回信，忽必烈再次派遣周福、栾忠等人出使日本，这些人也没能避免身首异处的惨运，1276 年，周福等人在博多被斩首。消息传到元大都，忽必烈震怒，下令立即攻打日本。

1281 年，由忻都、洪茶丘和金方庆统率 4 万人为东路军，由范文虎统率 10 万人为南路军，分别由高丽和宁波两地出发。待到两军会合后，诸将决定进攻太宰府。然而就在这时，戏剧性的一幕再次登场，又一场突如其来的台风让两路人马顿时陷入了绝境。这场持续了两天的台风摧毁了元军大部分的船只，"士卒十丧六七"。据日本《八幡愚童训》记载，当时海里死者相叠似岛屿一般，可在上面行走。

主帅范文虎在初五"独帆走高丽"，导致 10 万江南军群龙无首，数万士兵被俘，只有 3 个士兵弄了条小船才得以命归故里。这次战役在日本历史上被称为"弘安之役"。

虽然跟元朝的作战中镰仓幕府取得了成功，却也使镰仓幕府的军事力量和财政能力走向了衰落的边缘。

1284 年 4 月第八代执权北条时宗去世，14 岁的北条贞时继任执政为契机，第二年，分别以御家人势力代表、北条贞时的外祖父安达泰盛和御内人势力代表、得宗内管领平赖纲为首的双方，于 11 月发生了武力争斗，史称"霜月骚动"。经过一番激战，安达氏一族除了安达泰盛的弟弟安达显盛幸免于难外，几乎灭绝，幕府政治开始进入平赖纲专权时代。但是好景不长，由于平赖纲专横跋扈，北条贞时于 1293 年 4 月将其一族 90 余人分别处刑，史称"平禅门之乱"。

到了镰仓时代末期，反北条氏的氛围已经笼罩朝野。1333 年，镰仓幕府的御家人足利尊氏在各地反幕府的动乱中迅速崛起，很快成为讨幕中坚，最终与各地豪强一起迫使北条氏一族全部自杀，镰仓幕府就此完结。

南北朝内乱

1331 年 6 月，在足利尊氏与地方豪族推翻镰仓幕府的统治后，因多次谋划倒幕行动而被北条氏流放到隐歧岛的后醍醐天皇返回京都，废除了由镰仓幕府扶持的光严天皇，再次登基，重新掌控了朝政。

后醍醐天皇回到京都后，开始实施新政。因后醍醐天皇复位的第二年改元"建武"，所以史称"建武中兴"。在天皇亲政下，确立以朝廷为中心的政治体制。中央机构有重新恢复的最高决策机关"记录所"；有新设的诉讼机关"杂诉决断所"，军事警察机关"武者所"和论功行赏机关"恩赏方"。地方则保留了原有的国司和守护制度。中央和地方的官吏在公家、武家中选拔任命，但以公家为主。天皇将北条氏领地优先分给后宫和贵族，恢复贵族、寺社的庄园治权，但对武士的土地要求却未予满足，从而引起绝大多数武士的不满，另一方面天皇大兴土木，修筑宫殿，大大增加了农民的经济和劳力负担，也导致了农民的不满。

1335 年 7 月，北条高时的遗孤北条时行举兵攻入镰仓，杀了护良亲王，将良成亲王送回京都，镰仓的足利直义逃往三河。8 月，足利尊氏未待敕许发兵征讨，在与足利直义汇合后进入镰仓逐出北条时行。这一动乱史称"中先代之乱"。

占据镰仓后，足利尊氏并没有返回京都，而是自称征夷大将军，向后醍醐天皇竖起了反旗，这让后醍醐天皇十分恼火。11 月 19 日，天皇任命尊良亲王、新田义贞为正副征讨将军，讨伐足利尊氏。足利尊氏与其弟率军大败天皇的军队。1336 年 5 月，足利尊氏进入京都，拥立光严天皇的同母胞弟丰仁亲王即位，是为光明天皇。"建武中兴"由此宣告结束。

以胜利者姿态进入京都的足利尊氏很快软禁了后醍醐天皇，同年 11 月，后醍醍天皇被迫将象征天皇权威的三神器交给光明天皇，自己则被尊为上皇。但是后醍醐天皇并不甘心被人摆布，12月21日晚，他装扮成女性贵族，乘车逃离京都，在吉野建立了新的政权，并宣布交给光明天皇的三神器为伪造品。自此形成了与京都皇室对立的局面，日本历史上的南北朝由此形成。

后醍醐天皇

1338年8月，足利尊氏正式被任命为征夷大将军。同年11月7日，足利尊氏制定和颁布了《建武式目》。《建武式目》的制定，被认为是此前已基本建立中央和地方组织的室町幕府正式建立的标志。

北朝虽然由足利尊氏拥戴建立，但其继续了前朝的传统，具有独自的统治机构，有院政、院的评定制和文殿。朝廷的记录所和检非违所依然发挥其功能。以足利尊氏为首的室町幕府的存在，也至少在形式上需要北朝的授权。

1339年8月16日，后醍醐天皇病亡，终年52岁。相传他死时，一手握着《法华经》，一手抚剑，在遗诏中说："应生生世世勿忘者，乃尽灭朝敌，四海泰平也。朕早逝之后……纵领玉骨已埋南山，魂魄亦当常望北阙。"

后醍醐天皇死后，南朝气数渐衰，但此时北朝爆发了内乱，一时无暇他顾，留下南朝苟延残喘了几十个年头。

高师直是足利义直的家臣，深得尊氏信任，备受恩宠，然后职权越高，骄奢越重，手下部将很是不满，足利直义对此也深为愤恨，决心除掉高师直。

1350 年，足利尊氏与足利直义兵戎相见，足利直义投奔南朝，并于次年大败足利尊氏统领的北朝军队。尊氏派人求和，足利直义杀死高师直，随后足利尊氏与足利直义携手言和。第二年，足利尊氏与其子一同归顺了南朝。但是兄弟俩的和睦局面并没有维系多久，不久，足利尊氏又与足利直义产生了冲突，1352 年 2 月，足利尊氏毒死了自己的弟弟。足利直义虽死，但他的养子足利直冬率领着斯波高经、桃井直常、石堂义房、山名时氏等旧足利直义派依然与足利尊氏作战，先后数次占领过京都。

1358 年 4 月 30 日，足利尊氏病故，时年 54 岁，埋在京都的衣笠山麓。足利尊氏死后，其子足利义诠继任将军，在执事斯波义将的辅佐下，足利义诠稳固了幕府统治，并逐步压制住了南朝势力。

1367 年，年仅 38 岁的足利义诠病逝。1368 年 4 月，11 岁的足利义满继任大将军。足利义满长到 15 岁时，开始亲理政务。在他亲政后，不断地把权力回收到自己的手中，除去了拥兵自重的守护势力。

然而此时，南北朝气数已尽，都面临着最后的解体。1378 年，足利义满将幕府政所迁移至京都室町新建的一所豪华府邸，大有取代朝廷之势。室町幕府之名由此产生。1392 年 10 月。足利义满致函南朝龟山天皇，提出把象征皇位的三神器及皇位让给北朝，今后皇位由两方轮流继承，划定南北朝对各地庄园领地的管辖范围等三条件，实行南北朝统一。后龟山天皇鉴于南朝衰落，接受了三个条件，由吉野回京都将神器转让给北朝后小松天皇。长达 57 年之久的南北朝对峙局面宣告结束。

室町幕府的统治

南北统一后，足利义满的权力空前的提高。1391 年 3 月，斯波义将因为不满足于足利义满的压制政策而辞去管领一职，并离开京都去了领国越前，足利义满于是重新启用细川赖之。当时的日本有 66 国中的 11 国发生内讧，足利义满听从细川赖之的意见，巧施连环之计让他们相互攻击，坐收渔翁之利，等到他们势力减弱之后，发兵讨伐，使山民氏经此"明德之乱"遭受重创，仅剩 3 个领国。之后在 1398 年 8 月，足利义满又召回了已使九州成为独立王国的九州探题今川了俊，并在 1399 年平定了以豪强、担任几国守护的大内义弘发动的史称"应永之乱"的谋反，扫除了建立将军专制体制的一大障碍，最终建立了将军专制体制。

1398 年，幕府确定"三管领""四职"之制，即规定次于将军的要职"管领"由出身足利一族、拥有实力的守护大名细川、田山、斯波三家轮流担任，即所谓三管领；次于管领的要职"侍所"长官"所司"由京极、一色、山名、赤松四家交替担当，即所谓"四职"。此举无疑是为防止强大的守护大名世袭权力的发生并使他们互相牵制，以便使室町幕府在守护大名永处均势下保持自己为首地位。但它的地位并不稳定，即使在义满统治期室町幕府也始终没有达到像镰仓幕府那样的集权程度。

室町前期日本经济有显著发展。农业生产方面，农具继续得到改良，生产技术不断提高，按成熟期先后水稻已有早、中、晚稻之别。1403 年，到日本的朝鲜通信使在其回国报告书中，曾对日本农民利用水力推转水车引水灌田的方法表示羡赏。由于灌田技术的改进，连某些经济落后地区也实行了稻麦复种。1402 年，至日本的朝鲜回礼使宋希境在他的《老松堂日本行录》一书中甚至提到三季稻的事。由于这些原因，水稻单位面积产量有了显著增加，上田一反可获 1 石 3 斗至 4 斗收成，这和以后 16 世纪下半期的产量差不多。经济作物芝麻、苴（灯油原料）、蓝草（染料）在各地也开始栽培。人们懂得了适应土壤特性选定品种，所以各地出现许多特产，渔业、盐业也有发展，鱼市场在各地出现，制盐大规模利用了盐田，取代原始的燃烧海草的制盐法。

手工业生产方面，美浓、播磨、越前、但马、赞岐、大和等地的造纸业，河内、备前、尾张的制陶业，河内、大和、摄津、京都地方的酿酒业，山城的榨油业以及濑户内海沿岸的制盐业都很有名。中国地方的制漆业也很有名。以河内、大和、相模、京都等地为中心的金属铸造业和以加贺、丹后、美浓、尾张、常陆等地为中心的纺织业尤为突出。由于明代中国纺织工匠大批渡日进行技术交流,在山口、博多等新兴城市便开始了高级丝织品金缕、缎子、绉绸等的生产,产品可与中国丝织品媲美。日本的天鹅绒生产技术也很高,产品深受国际市场欢迎,如中国即有漳州的纺织业仿造日本天鹅绒的记载:"天鹅绒本出倭国,今漳州以绒织之,置铁绒其中,织机割出,机织云燕,殆夺天工。"

足利义满的故居

　　足利义满统一日本后,为满足日商恢复对明贸易要求和日本上层阶级对明代商品嗜爱,同时为利用对明贸易充实幕府财政,政治上借助明帝国的声势巩固将军地位,决心恢复对明邦交。于是下令九州探题取缔倭寇,并于1401年5月以博多商人肥宫及僧人祖阿为使臣赴南京,致书惠帝,表明恢复邦交意愿。1404年,明成祖允许日本以朝贡形式同明贸易,并为防止倭寇浑水摸鱼,规定"勘合之制",也就是所谓《永乐勘合贸易条约》。

　　以朝贡形式进行的勘合贸易对日方非常有利。明政府对此种贸易不只减免关税,且承担"日本国王"使节及其众多随员(实际是商人)在明期间全部食宿费用,发给衣服,免费供应他们归途一个月的海上旅程用粮。部分贸易品是以足利将军向明帝贡献方物、明帝回赠"颁赐物"的方式进行交易的,一般说来,回赠品的价值大大超过贡献方物的价值。绝大部分贸易品交易采取明政府给价和自由交易方式。

足利义满对自己一手创立起来的日明贸易很觉满意，凡明使到日，他总是去兵库迎接。应永十五年（1408年）足利义满死，其子足利义持继任将军后，立即改变对明的外交贸易政策，中断日明关系。此后倭寇劫掠明沿海的活动又继猖獗。一直到义教恢复日明关系的19年间，倭寇侵扰达17次之多。正长元年（1428年）义持死，新任将军义教决心恢复日明邦交，永享四年（1432年）任命入日明僧龙室道渊为正使，携带国书赴明。次年（1433年）5月龙室到北京，向宣宗献方物和国书，在北京签订《宣德贸易条约》，以代替《永乐条约》条约规定10年一贡，贡船不超过3艘，人员不超过300人，刀剑不超过3000件。同时以宣德勘合代替永乐勘合。此后日明贸易正常进行，至公元1547年，日本派出贸易团11次，时间持续百年以上。

九、东南亚各国

　　缅甸人的蒲甘王国和吴哥的高棉帝国曾一度在印度支那平分秋色。之后，泰人取代高棉人掌握了权力，并成为缅甸人的主要对手。一些印度教或佛教的王国在印度尼西亚前后相继，它们的统治一直延续到欧洲人在东南亚建立他们的殖民地。

东南亚大陆的诸帝国

　　当印度文化大大影响高棉时，越南则明显地更倾向于中国。新的冲突先是由缅甸人引起，之后在泰人的扩张中升级。

　　高棉人定居的地域从南部的泰国和老挝延伸至湄公河三角洲。他们是这一地区的贸易力量，在中国文献中称作"扶南"，在公元 1—7 世纪非常繁荣。在 7 世纪和 8 世纪，一些受印度文化强烈影响的高棉小王国出现。因陀罗跋摩一世首先建立了一个大的王国，他的儿子耶输跋摩一世于 900 年左右建立了吴哥。

　　吴哥王国在 10 世纪时扩张它的权力，它的统治者是湿婆神的信徒，建造了雄伟的寺庙。吴哥窟著名的寺庙建于苏耶跋摩二世统治时期。在占人的一次入侵后，阇耶跋摩七世向外扩张，将亚洲很大一部分土地并入了高棉王国。他是大乘佛教的

吴哥窟的印度教寺庙群，又称"毗湿奴的神殿"，柬埔寨，建于 12 世纪。

信徒，他在首都吴哥筑起了城墙并修建了很多佛寺。1369 年和 1389 年，吴哥在泰人的袭击下两度陷落。首都于 15 世纪时几度南迁至朗维克、乌栋和金边，其中也有贸易方面的原因。

　　南越国（今越南北部）在公元前 111 年被汉朝征服。931 年，唐朝灭亡之后中国力量的衰弱，使北圻的大越国的建立成为可能，它的中心位于红河三角洲。1009—1225 年，大越国由黎氏王朝统治，受中国的影响，儒学的重要性仍然十分明显。黎朝后来为陈氏王朝所取代，陈朝的统治从 1225 年至 1400 年，并于 1287 年击退了蒙古人的入侵。

　　占人居住在越南中南部靠南的地区。在那儿他们于 4 世纪或 5 世纪建立了占婆王国。1177 年，占人征服了吴哥，但在 1181 年被击退，然后从 1192 年到 1220 年被高棉人统治。占婆处于越南人的压力下，约 1471 年，王国被吞并。

　　9 世纪，缅甸人迁入今天的缅甸并在 849 年左右建立了蒲甘王国。在 1287 年被蒙古人毁灭前，蒲甘王国在南亚与高棉人各占半壁江山。两个相互分裂、独立的国家在蒲甘灭亡之后出现，它们直到 18 世纪才再次统一。一些说泰语的部落从公元前 2 世纪前后迁入中国西南的云南。7 世纪，南诏王国在云南渐渐强大起来，直到 1235 年被蒙古人征服。

高棉人抗击占人的战争，砂岩浮雕，约 1200 年。

1238 年，素可泰王国在今天泰国的中部建立起来，它被认为是泰国政治和文化的源头。10 世纪后半叶，素可泰王国在兰甘杏王的统治下达到鼎盛，兰甘杏王打败了高棉人和缅甸人，将其统治扩张到泰国湾。1238 年左右，他发明了传统的泰文，一直沿用至今。他的继承者只关心宗教和科学，1350 年，大城府的泰国地方王公未经战斗就占领了该王国。

东南亚的岛国

印度尼西亚一直以来都受到印度文化和宗教的影响，那里存在着大大小小信奉佛教和印度教的国家。直到 14 世纪，阿拉伯商人将伊斯兰教传入岛上后。伊斯兰教的势力开始在印度尼西亚扩张。

1300 年时，印度尼西亚群岛上仍存在着信奉佛教和印度教的国家。最著名的佛教王国是室利佛逝的海洋国家，它于 7 世纪在苏门答腊东南海岸兴起。室利佛逝所控制的疆域从其首都巨港一直扩展到中国南部海域及其邻近地区。地方上的统治者在 11 世纪重新恢复了独立。

同是信奉佛教的沙伦答腊王朝在爪哇留下了婆罗浮屠的千佛坛。1293 年，韦迦耶王在东爪哇建立了信奉印度教的满者伯夷帝国，取代了室利佛逝的统治。它一直存在到 1520 年左右。14 世纪在加查·玛达王控制下的印度尼西亚经历了它的黄金时期。

1300 年左右，阿拉伯商人将伊斯兰教传入印度尼西亚，几乎所有地方都很快接受了它。只有岛国巴厘仍然信奉印度教。15 世纪中期，苏门答腊的拜里迷苏剌王子建立了以巨港为首都的马六甲苏丹国。在 1511 年被葡萄牙人征服前，它一直是这一地区的贸易中心。

17 世纪，马塔兰王国控制了爪哇的大部分地区。荷兰人取代葡萄牙人成为最重要的欧洲贸易力量，于 1619 年在爪哇建立了贸易基地巴达维亚，并以此为根据地控制了印度尼西亚。1755 年，荷兰人将曾强盛一时的马塔兰分成两个小王国——苏拉卡尔达和日惹，从而有效地削弱了它的权力。

十、非洲各国

约公元前 10—公元 16 世纪

在地理上，非洲习惯分为北非、东非、西非、中非和南非五个地区。

相较于撒哈拉以南的非洲国家，北非在其经济发展和生活水平方面都略高于非洲其他地区。公元 1 世纪至 7 世纪之间是阿克苏姆帝国的繁荣时期。约公元 1000 年后，许多班图部落自北方迁移至此。

北非

在北非沿海处居住着腓尼基人和希腊人，而其后方的大片土地则归柏柏尔人所有。

很早就居住在北非土地上的柏柏尔人是一个半定居半游牧的民族。在公元前 13 世纪，东边的利比亚人就开始大规模地入侵埃及，但与此同时，也有部分利比亚人成了埃及的雇佣兵。在公元前 10 世纪早期，埃及的几个法老都是利比亚人出身。

从公元前 9 世纪起，腓尼基人就在北非沿海建立起殖民地，到公元前 7 世纪，希腊殖民地也发展了起来，这些殖民地后来都成了迦太基或者埃及的势力范围。罗马的盟友努米底亚人趁迦太基在布匿战争中失利的机会，在今天的阿尔及利亚和突尼斯建立起了一个王国。

在摩洛哥的坦斯克特，有一个名叫克苏尔的柏柏

尔村庄，以防御工事为主。

努米底亚的朱古达国王，约公元前 110 年的硬币。

公元前 118 年，努米底亚王国爆发了争夺王位的战争，朱古达最后取胜。公元前 112 年，朱古达发动战争，打败罗马人支持的阿格德尔巴，并收买部分罗马元老，使罗马爆发了受贿丑闻。此时罗马感到自己必须进行干预。

公元前 105 年，朱古达战争结束，次年国王就被处决了。然而一直到公元前 46 年，恺撒才废黜了最后一位努米底亚国王，因为他在内战中支持了庞培。罗马的另一个盟友毛里塔尼亚则从努米底亚的衰落中捞到了不少便宜。

公元前 25 年，当北非的统治王朝消亡的时候，奥古斯都立努米底亚王公朱巴二世为王。毛里塔尼亚得以维护自身的独立，但是公元 40 年，罗马皇帝卡利古拉将安东尼和克丽奥佩特拉的孙子托勒密王杀死。

在撒哈拉中发现的岩画，内容为罗夫牧羊，

约作于公元前 2 世纪。

在罗马的统治下，北非日益繁荣，并且从农业生产和跨撒哈拉沙漠的贸易中获利颇丰。尤其在罗马皇帝塞维鲁时期，因为皇帝本人也来自北非地区，所以许多城市都修建了宏伟的建筑，面貌焕然一新。基督教就在这个地区传播。7 世纪，穆斯林阿拉伯人征服了北非，给这个地区注入新的活力。

东北非

从一开始，努比亚（今苏丹）就深受埃及的影响，而埃塞俄比亚阿克苏姆王国的根基就是当地的传说。

埃及的法老们很早就开始南征富含黄金矿产的努比亚。在公元前 15 世纪，努比亚就作为库什王国的附属地区被埃及吞并，成为其领地。公元前 1070 年，库什重新获得独立，由当地来自那帕塔的君主们统治。

公元前 8—前 7 世纪，库什人趁埃及的内部动乱之际，将统治扩张到了埃及，建立了第二十五王朝。他们与埃及的密切联系导致了努比亚文化深受埃及文化的影响。库什人模仿埃及人的模式，建造了金字塔形的神庙和墓葬，还使用法老的头

努比亚人向图坦卡蒙法老进贡，底比

斯，约公元前1340年的壁画局部。

衔，埃及的巨大影响由此可见一斑。

　　大约在公元前530年，首都从那帕塔迁移到了更靠南边的美罗，并使美罗成为努比亚贵金属贸易的航运枢纽。在4世纪，基督教经由努比亚到达埃及，但是此时库什王国已经开始衰落。然而直到16世纪，小型的基督教王国在努比亚一直存在。

法老塔哈尔卡跪于鹰神赫蒙前，公元前7世纪。

　　埃塞俄比亚人将他们的祖先追溯至曼涅里克，传说他是《圣经》里记载的所罗门王和今也门地区示巴女王的儿子。人们认为是曼涅里克把约柜带到了埃塞俄比亚。据称，时至今日约柜仍在阿克苏姆城中。

　　在4世纪，从小就继承王位的国王阿扎那·美罗攻克了库什首都，将基督教立为国教。为了保护阿拉伯南部的基督教徒，阿克苏姆王国在6世纪征服了也门，这标志着王国领土扩张到最大范围。而自7世纪起，在周边国家逐渐散播的伊斯兰教，以及海路交通的切断，最终导致了阿克苏姆文化与经济的孤立。阿克苏姆城的重要性在 8 世纪后逐渐减弱直到消失，而埃塞俄比亚的政治中心也逐渐南移到更为安全的高地。然而，作为一个神圣的城市，阿克苏姆直至 19 世纪仍是埃塞俄比亚皇帝的加冕之地。

切断，最终导致了阿克苏姆文化与经济的孤立。阿克苏姆城的重要性在 8 世纪后逐渐减弱直至消失，而埃塞俄比亚的政治中心也逐渐南移到更为安全的高地。然而，作为一个神圣的城市，阿克苏姆直至 19 世纪仍是埃塞俄比亚皇帝的加冕之地。

西非

从 5 世纪起，撒哈拉南部的几个大国便控制着那里的商路。不少王国都开始改宗伊斯兰教。

中世纪早期，沿着西非的商路兴起了许多王国。加纳王国及其首都库姆比萨莱赫于 5 世纪在摩洛哥南部的毛里塔尼亚发展起来。8 世纪，柏柏尔人统治着黑人臣民，直到后者把他们的领主逐走。黄金和盐的贸易产生财富，但阿拉伯商人——他们于 1000 年左右传入伊斯兰教——紧随征服者而来。北非的阿尔摩拉维德人在 11 世纪毁灭了加纳。紧接着是一场战争，随着国家的伊斯兰化而结束。

一位伊费统治者的头像，12—15 世纪的黄铜雕像。

1203 年，索索人征服了库姆比萨莱赫，并在短期内统治了加纳，但他们在 13 世纪中叶臣服于在马里建立王国的曼林卡人。曼林卡人也改宗伊斯兰教。他们的统治者曼萨·穆萨在位期间，始于 14 世纪初的大繁荣时期从首都尼亚尼展开。然而，王国从 15 世纪初开始分裂，并被桑海人所取代。

桑海人发源于尼日利亚的西北部。8 世纪，他们沿尼日尔河扩展领土，并以首都加奥为中心建立了一个经济繁荣的王国。1000 年左右，科索伊王和他的臣民改宗伊斯兰教。卡内姆—博尔努的城邦联盟兴起于乍得湖东北，他们在 11 世纪改宗伊斯兰教并一直延续到 19 世纪。

一位在马背上的贝宁奥巴，身边有两个仆从，16 世纪的青铜浮雕。

伊斯兰教唯有在几内亚湾的沿海区域没能站稳脚跟。约鲁巴人在那里建立了几个王国。在 8—13 世纪，伊费是它们政治和文化的中心。它后来被贝宁王国所取代。贝宁称国王为奥巴，历代奥巴在 15 世纪发动了数次军事远征，虏获了众多人口，后来在 16 世纪时将这些俘虏卖给了欧洲人做奴隶。

南非和东非

东非海岸的特征是它的贸易纽带直达所有通往中国和南非津巴布韦的道路。

信奉基督教的埃塞俄比亚把它的统治中心从阿克苏姆迁到高原，以便更好地防御穆斯林的攻击。在那儿，扎格维王朝于 10 世纪掌权。扎格维从拉里贝拉的王室驻地开始重建埃塞俄比亚。1268 年，扎格维王朝被所罗门王朝所取代，后者宣称他们是传说中的建国者孟尼里克的子孙。

所罗门王朝与穆斯林邻居以及叛乱的地方王公们之间存在长期的冲突。出于强化国家宗教以使皇帝的统治合法化的目的，异端分子和犹太人遭到了迫害。15 世纪，所罗门王朝和欧洲的联系再次建立起来，主要是与罗马教皇和葡萄牙，他们在16世纪积极地支持其与穆斯林的斗争。

巨岩凿成的教堂，用以供奉圣母玛丽亚，

位于拉里贝拉，建于12世纪。

在东非海岸，从索马里北部到莫桑比克，非洲和伊斯兰阿拉伯文化元素的联系发展了起来，斯瓦希里文化（来自阿拉伯语"Sahil"，意为"海岸"）的城市通过大陆贸易以及和阿拉伯、印度、中国的海外贸易变得富有而强大。

奴隶贸易，13世纪的阿拉伯彩饰。

14世纪，坦桑尼亚的基尔瓦在沿海城市中具有领导地位。他们在内陆的贸易伙伴是班图部落，班图人主要输出铜和象牙。班图人在公元1世纪后不久就从内陆向南面和东面扩散，使他们的语族成为非洲最大的语族之一。

12世纪，说班图语的修纳人在莫桑比克和津巴布韦地区建立了统治，逐渐形成国家。数万人居住在环绕着高大城墙的首都大津巴布韦里。在津巴布韦发现了中国明朝的陶器，以此证实了它与远方的贸易联系。津巴布韦的主要出口物是矿石和黄金。

莫诺莫塔帕王

修纳帝国在 15 世纪被莫桑比克的莫诺莫塔帕王国所取代，它一度将势力向西大大扩展。高大的堡垒在那里建立起来了，但王国已经处于葡萄牙人的控制之下，它的衰弱和之后于 17 世纪初的最终灭亡已不可避免。

第五章　新旧世界的冲突

——从宗教改革到启蒙时代

一、德意志帝国的宗教改革及其后果

1517—1609 年

在德国各地诸侯强有力的支持下，马丁·路德发起的宗教改革运动在帝国大部分地区发展迅速。第一次宗教战争之后，尽管《奥格斯堡宗教和约》在天主教徒和新教徒间实现了势力平衡，但和平并不稳固，因为它并未承认加尔文教。由于忏悔仪式不同导致的冲突即使在《奥格斯堡宗教和约》之后也时有发生。经过若干个阶段，教派冲突逐步加剧，直到三十年战争前夕。

莱茵河畔诞生的文明

在欧洲，莱茵河是一条著名的河流，全长 1320 千米，是仅次于伏尔加河、多瑙河的欧洲第三大河，发源于瑞士境内的阿尔卑斯山脉，流经瑞士、德国、法国、荷兰等国家，在德国境内达 867 千米，在荷兰的鹿特丹附近进入北海，被誉为"欧洲的黄金水道"。

莱茵河被称为德国的"父亲河"，塑造了欧洲的德意志和法兰西两个民族；德国诗人海涅曾经怀念它："不知缘何，我竟如此悲伤，古老传说始终萦绕心上。"

德意志民族的形成

"日耳曼"这个概念最早出现于公元 1 世纪，作为对生活在莱茵河右岸的部族的称谓。后来逐渐成为日耳曼语族各个民族和部族的总称，它包括属于北欧和中欧的印欧语系日耳曼语族的各个部族。这些部族在语言和文化上具有亲缘关系。日耳曼民族语言发展为后来的德语，其间经历了相当长期的历史过程。

"德语"一词源于古代高地德语的"diot"，意即"人民"，学者们起初用来指称生活在法兰克王国东部的古老部落所讲的方言。从 10 世纪起，人们进一步把使用这种语言的人所在的地区称作"德意志"。

在历史上，德国一度被称为"欧洲的心脏"。这主要是由于德国处在欧洲版图上一个重要位置，还因为欧洲大多数民族与德意志这块土地有着历史渊源。

古罗马时期，在今天的意大利以北，也就是罗马帝国北部边陲以外的那片荒凉的中欧平原上，定居着许多"蛮族"部落。由于同罗马人的不断冲突，他们被罗马人称为"日耳曼人"，"日耳曼"这个名称的意思是"令人生畏的好战的战士"。

大约在公元前 6 世纪到公元前 1 世纪，日耳曼人不断迁徙到现今的德国境内，比这更早迁入中欧和西欧大陆的是希腊人和拉丁人，他们后来占领了欧洲东南部的两个半岛；第二拨是斯基台人，现已绝迹；第三拨是凯尔特人，他们几乎成了中欧的"土著"，但在第四拨日耳曼人的威逼下，一部分通过今天的德国，进入高卢，征服西班牙、不列颠和意大利北部，然后又被罗马人逐渐征服，并与罗马人融合，一部分被日耳曼人消灭或与日耳曼人融合。第四拨日耳曼人的迁徙，规模巨大，几个世纪里一股又一股地进入中欧，在同凯尔特人和其他族人的血腥争斗中，逐渐向南和西南伸展到莱茵河-美因河一线。当第五拨斯拉夫人从东欧进入中欧时，被日耳曼人所阻，双方相持在奥得河和维斯瓦河之间一线。

有历史考证，如此众多的日耳曼人来自今天的中亚直至印度北部一带和波罗的海西部西南部。据说在那个时代，就像变魔术一样从"地下"不断冒出一股又一股的人群，向西去。可惜迄今也未在这些地区和漫漫的迁徙路上发现他们的遗迹。

日耳曼人属于印欧语系的日耳曼语族。他们有着共同的体征：金发、碧眼、高鼻、体形高大；他们之间有一定的血缘关系，语言基本可通，在迁徙中形成不同的部落和部落联盟。这里，我们应该强调，这些日耳曼语系部落不是人类学上的统一的类型，他们是在历史地发生的日益紧密的联系基础上形成经济、社会、文化的亲属关系的。他们的部落各有自己的名称，而不称自己是"日耳曼人"。

公元前1世纪，日耳曼人已遍布于多瑙河以北和莱茵河以东的广大地区。有几支日耳曼人已度过莱茵河下游入侵高卢人的土地。高卢人被罗马人征服后，莱茵河下游西岸的日耳曼人也就臣服于罗马，其所占之狭长地带被划分成"上日耳曼尼亚"和"下日耳曼尼亚"两部分，属高卢省。这两部分又称为"罗马的日耳曼尼亚"，而莱茵河以东未归属罗马的广大地区则被称为"大日耳曼尼亚"。"日耳曼"这个名称后来就专指"大日耳曼尼亚"，大日耳曼尼亚正是后来德意志的基本领土。

这一时期，日耳曼人处于马尔克公社制时期。若干个血缘关系较近的部落构成一个马尔克公社。部落人民大会决定全公社的所有重大事件，选出的首领、酋长或王负责日常事务，选出的军事领袖专门负责打仗和劫掠。当时还存在着一种习惯，即某位武士集合一批私人亲随去进行自作主张的战斗，从而发展出一种亲随效忠于武士首领的亲随制度，演变成后来的封建扈从制度。马尔克公社是一种民主政治和职业战争相结合的社会制度。

从公元前2世纪末以来，日耳曼人对罗马帝国边境省份和所属地区的骚扰劫掠引起罗马人的注意。此后，罗马帝国企图征服日耳曼部落所据之土地，使成帝国之行省，激起日耳曼部落的不断反抗。到公元6年，罗马人把莱茵河以东直到威悉河、部分直到易北河的大部分大日耳曼尼亚归属罗马帝国，实际上这种归属是十分松散的。

后来，日耳曼人推翻了罗马人在莱茵河以东地区的统治。日耳曼人在公元9年的胜利，决定了后来的德意志没有像高卢那样被罗马帝国吞并和罗马化，决定了罗马帝国的势力范围和边界依然在莱茵河，不是在易北河，日耳曼人永远摆脱了罗马人的统治而取得了独立。

从公元4世纪中叶开始，日耳曼人掀起新一轮的迁徙，向罗马帝国全面武装突进，引起中欧、西欧、南欧和北非的大变乱。这场被称为"部落民大迁徙"巨变的主要推动力，据说发端于中国北部：匈奴人在汉王朝打击下，开始西迁中亚一带。公元4世纪中叶，一支匈奴人沿黑海北岸向西迁移，突入罗马帝国所属地区，引起多米诺骨牌式的民族迁徙浪潮。

公元3世纪起，由于生产发展、族民增加，更多的部落联盟形成，日耳曼人对土地的需要激增，对文明的向往日渐增长，而他们要侵占的对象——罗马帝国恰又处于政治、社会矛盾激化、无力抵御外敌之时，日耳曼人得以进行大规模的迁徙。

古代日耳曼人

在罗马人的笔下，日耳曼人被称为"蛮族"或"野蛮人"，日耳曼人的进攻也被称为"蛮族入侵"。的确，与罗马人相比，日耳曼人还处于比较低的社会发展阶段，其社会制度还建立在氏族公社的基础上。在发展的进程和频繁的战争中，氏族公社转化成了一种军事民主制，其核心是所有部落成员服从部落首领，以便进行征战或掠夺。战斗中最英勇善战的武士被选举为部落首领，具有保卫和管理部落的义务以及绝对的权威，凡有不听从号令者，首领可以将其处死，部落首领就成了诸侯。部落成员有服从首领的义务，必须忠于首领，即所谓"头领为胜利而战，仆从为头领而战"。在这样的社会中，个人是渺小的。氏族高于一切，没有个人的功绩，一切归功于领袖。在历史的演变过程中，这种奴隶制社会的特征在地中海沿岸各国都渐渐消亡了，唯独日耳曼人服从领袖的精神没有从根本上得到消除，"服从"在德意志民族的历史发展进程中一直得以保留下来，后来的普鲁士又把被强化的服从意识扩散到统一后的德国，使这种心态成为德意志民族的一种民族性，对德国的历史发展产生了极大的作用。

法兰克人的发展

法兰克人是由一些日耳曼部落残余、凯尔特人部落残余及罗马居民构成的部落联盟发展而来的。法兰克人在公元5世纪中叶最后分为两个主要集团：里普利安法兰克人和萨利克法兰克人。公元486年，萨利克法兰克人的军事首领克洛维击败罗马军队，占领今天的法国北部和整个莱茵兰，建立了法兰克王国。公元6世纪的最初10年，出身于墨洛温家族的克洛维消灭了其他法兰克部落首领，成为统一的法兰克人的唯一君王，建立了墨洛温王朝。

墨洛温家族中，经常父子相残、兄弟争斗。克洛维死后，法兰克王国被他的四个儿子瓜分，他们采取一种起源于氏族制度的亲属所有制权利观念，这种权利观念是：国家由国王的儿子们以具有平等权利的君主形式进行统治，而王权的统一仍然得到保持。这一时期，王国内在的离心倾向不断加强。贵族阶层中产生的伯爵、公爵和国王使节们，特别是诸王、王族之间争权夺利的明争暗斗日益加剧。由诸王共治国家的制度很快就造成混乱。混战的结果是贵族大地产的增长，王权开始没落。公元7世纪初，国王克洛塔尔二世在贵族支持下名义上恢复了国家的统一，但克洛塔尔为此不得不容忍贵族分享统治权。公元639年，墨洛温王朝最后一个重要国王达戈贝尔特去世后，法兰克王国处于完全的无政府状态。

墨洛温家族垮台以后，一个新的家族——加洛林家族——由于担任墨洛温王朝的宫相而发迹，其家族中的"矮子"丕平废掉最后一位墨洛温国王，正式成为法兰克国王。在这段时间，加洛林家族开始努力把所有日耳曼部落和部族，特别是莱茵河以东的那些部落和部族重新归属于法兰克王国。

公元 768 年即法兰克国王位的查理是一个热忱的基督徒，以基督教的事业为己任。他同罗马教廷结成紧密的同盟。公元 800 年冬，罗马主教利奥因受到教会中强大反对派的威胁，向查理求援。当查理出现在罗马圣彼得教堂作圣诞弥撒时，利奥突然给他戴上金冠，加冕为"罗马人皇帝"，查理正式成为罗马国家原则的代表和罗马教会的保护者。同一天，罗马主教也成了教皇。随着查理加冕为帝，法兰克王国也被称为"罗马帝国"，他也就被颂扬为"查理大帝"或"查理曼"了。

查理加冕

在查理时期，日耳曼世界和罗马世界合二为一。查理的主要努力是要建立统一的、中央集权的"法兰克帝国"。法兰克王国是用军事—行政手段结合起来的各族民众的集合体，这些部落和部族各有自己的生活特点和语言，国家也没有统一的经济基础，唯一的纽带是查理统治下相对强大的中央集权、严格的行政制度和强大的军事力量。由于几十年的用兵，自由农民大量破产，中央政权的军事力量开始削弱。而大封建主的政治经济权力却进一步增长，终于导致强有力的中央集权的衰弱和帝国的分割。莱茵河左岸的法兰克人加速罗马化，莱茵河右岸发生了日耳曼部落的融合，形成了讲罗曼语的西法兰克人和讲族民语（早期德语）的东法兰克人之间的区别。

帝国的分割在查理去世后不久就开始了，最终形成了法国和德意志，"法兰克"这个名词以后就留给西法兰克人专用了。

纵观查理的一生，他大部分时光是在战争中度过的。日耳曼部落的生活方式就是征战，国王只有靠胜利才能建立统治。在查理46年的统治中，只有两年时间没有战争。拥有领地的贵族一般在每年5月带着随从在一个被称作"五月广场"的地方会合。在这里，国王宣布当年夏天作战的敌方是谁，常备军的规模在8000至13000人之间。

他于公元768年登上王位，公元814年去世，终年72岁，这在当时已属传奇般的长寿。查理在前30年里一直从一处行宫到另一处行宫，以实行他的统治。后来，这位法兰克人的巡回国王作为罗马皇帝的继承人定居在了亚琛。在晚年，他致力于建立新的政治文化秩序。他常在信中表露，他身后的基督教皇帝必将在天国实现罗马帝国的重新统一。查理把许多有学问的教士召进宫廷，进行统一修道院规定、弥撒祷文和《圣经》的工作，这些统一的文书成了整个中世纪的标准。他在全国推行新的统一货币和度量衡，还力图革新历法，并让人为他的母语法兰克语编写语法。查理企图用拉丁语的法令对一个既不会读也不会写的民族事无巨细地加以规范，甚至宫廷院内种哪些花草也不例外。

一位法兰克编年史家用"欧洲的灯塔"来称颂查理大帝，从而把他变成了一座纪念碑。显然，这不是为了恢复想象中辉煌的过去，而是为了挽留一个伟大的时代。

德意志国家的历史开端

构成早期德意志人的主要部落或部族，从西北向东南分别为弗里森人、萨克森人、法兰克人、阿雷曼人、图林根人、土瓦本人和巴伐利亚人。弗里森人据北海之滨和沿海岛屿；萨克森人据从北海直到韦斯特瓦尔德、卡塞尔和哈尔茨山区；法兰克人居住在荷兰、比利时、莱茵兰、普法尔茨和美因河流域；阿雷曼人据有瑞士、阿尔萨斯和符腾堡-巴登；在萨克森人和阿雷曼人以东地区，是巴伐利亚人的领地。

值得一提的是，这块德意志人的土地，基本上没有被罗马人占领过，也基本上没有受到罗马化的影响。这些德意志人的部落或部族，团结在他们的军事首领周围，努力扩大和巩固自己的势力，独立地顽强地抵御罗马化的企图，特别是在抵御来自外境的阿拉伯人、诺曼人、斯拉夫人和马扎尔人的入侵中，不仅加强了德意志人的共同命运感，而且也大大加强了地方势力。

公元814年1月28日，查理大帝去世。查理的儿子、王储路易一世（史称"虔诚者"）非常懦弱，还在世时就把国家分给了三个儿子，而他的三个儿子罗退尔一世、"日耳曼人"路易和"秃头"查理之间发生了激烈的争夺。公元814年，"日耳曼人"路易和"秃头"查理联合打败了长兄罗退尔一世。第二年，两人在斯特拉斯堡结盟并立下《斯特拉斯堡誓约》。这份誓约是现存最古老的德语文献，也是东、西法兰克国家语言分离的标志。

公元843年，三兄弟在凡尔登最终签订了分割国家的条约："日耳曼人"路易获得莱茵河东部地区，包括桥头堡美因茨、沃尔姆斯和斯派耶尔，称为东法兰克王国；"秃头"查理获得西部地区，包括阿奎丹尼亚，称为西法兰克王国；罗退尔一世承袭皇位，获得北起北海、南至意大利北部的狭长地带，称为中法兰克王国。

公元870年，"日耳曼人"路易和"秃头"查理签订了《墨尔森条约》，瓜分了中法兰克王国，大致以默兹河和索恩河为界，洛林王国西部、阿尔萨斯和勃艮第北部给了路易，"秃头"查理获得今天荷兰南部、比利时北部与洛林一带。中法兰克王国南部后来形成了意大利国家。《墨尔森条约》不仅注定了加洛林王朝的瓦解，同时也为将要形成的法兰西王国和德意志王国奠定领土基础。

公元 870 年，墨尔森分割后形成的东法兰克王国，领土大约包括今天的荷兰、德国西部、瑞士和奥地利地区，面积大约 50 万平方千米，居民人数约在 400 万上下，正是同上述的德意志人部落和部族的领土和人口基本相当，但这时候还根本谈不上什么德意志民族的形成或共同民族意识的形成，更谈不上民族国家的统一。

统治东法兰克王国的加洛林家族的最后一位国王是路易（也称路德维希），在他任内，国家遭到马扎尔人的侵袭。软弱的中央政权未能对敌人进行有效的抵抗，德意志各族人不得不自己起来保卫自己的家乡，各族的封建贵族在这一过程中又一次扩大了自己的权力。在世俗的封建贵族世家中，德意志的康拉德家族在国王宫廷中有强大影响。"青年"康拉德先被晋封为法兰克公爵，在路易国王去世后被推举为国王。随着康拉德一世登上王位，加洛林王朝也就退出了历史舞台，却引发了德意志大封建主之间激烈的争权，引起国家瓦解的危机。公元 919 年，王权落入最强大的萨克森公爵"捕鸟者"亨利一世手中，瓦解的危机得以避免。亨利一世在即位的第二年就将东法兰克王国改名为德意志王国，这一年成了德意志历史的开端。

公元 936 年，亨利一世的儿子奥托一世即位。之后，德国进入了封建社会。公元 962 年，奥托一世在罗马由教皇加冕为"神圣罗马帝国皇帝"。作为所有基督教徒的世俗首脑和西方教会的保护人，奥托一世统治着原查理帝国的东部和意大利的绝大部分地区。这个地区后来取名为"德意志神圣罗马帝国"，持续存在了 8 个世纪之久。

宗教改革运动掀开历史的新篇章

长期以来，宗教改革都被认定是西方历史上一个划时代的事件，而其开端，便是马丁·路德在德意志进行的宗教改革活动。尽管在这个问题上，多方均各执一

奥托一世

词：天主教保守派认为路德为受魔鬼诱惑而分裂教会；天主教认为新教为"分离的弟兄"；新教则认为路德为恢复宗徒教会的伟大改革家。事实上，尽管争议颇大，危害也不小，马丁·路德的宗教改革运动还是掀开了新时代的篇章。

宗教改革的背景

16世纪首先在德国爆发、随后迅速席卷西欧的宗教改革是一场大规模的社会政治运动。

宗教改革首先在德国爆发，也许是由于德国当时最早具备了宗教改革的各方面条件。由于德国没有强大的王权，皇帝又拜在教皇足下，所以它成了天主教势力扩张最厉害的国家。德国有1/3以上的土地归教会所占有，天主教的上层有1/5是拥有领地的大诸侯，甚至还是选侯（选侯选出德意志国王，国王再经教皇加冕为皇帝，多译为"选帝侯"），七大选侯中就有三个是大主教。他们凭借政治和宗教上的特权，作威作福。在德国的教士们拥有巨大的财富，而他们的生活大多比较糜烂、腐败。罗马教皇经常把德国当作宰割的对象，甚至无节制地榨取其财富。他向德国人出卖教会的职务，如主教职务就可花 1.5 万—2 万金币买得。这样，每年大约有 30 万金古尔登（当时的一种金币）从德国流入罗马。据说这个数字是德国皇帝每年税收额的 20 倍左右。所以，当时人们都称德国是"教皇的奶牛"。

当时最遭人诟病的事情是出卖"赎罪券"。原先，犯罪的人如向教会交一定的钱，他们的罪就可以赦免。如赦免杀人罪交 7 个杜卡特（当时的一种金币），赦免抢劫教堂罪交 9 个杜卡特，赦免谋杀双亲和兄弟姐妹罪交 4 个杜卡特。后来，有的教会觉得如此敛财的速度太慢了，便声称人人都有原罪，人人都应该赎罪，赎罪的最好办法是购买"赎罪券"。1517 年，教皇利奥十世借口要修缮罗马的圣彼得大教堂，在德国大量出售赎罪券，特令美因茨大主教负责在德国包销。为了得到皇帝的同意，教皇还答应将出卖赎罪券的收入分出一部分给他。同时，教皇还派特使专程来德国推销。这种荒唐的行径，终于引发了民众的反抗，宗教改革的呼声日益高涨。

宗教改革是欧洲政治、经济、社会发展的一个必然的结果。

首先在政治方面，就是在宗教改革的前夕，民族主义兴起；特别是 13 世纪的下半叶，英国、法国十分明显。君王跟贵族之间达成了共识，为了共同的利益，齐心抵抗任何外来的势力，任何外国势力的入侵都要抵御，所以他们对梵蒂冈干涉各国政权的行径越来越无法容忍。

15 世纪末，英国、法国的君权集中，成为强有力的君主国。在那个时候，英国、法国的教会都已经是国家的教会，虽然教皇仍然可以得到各国教会的捐税，但是对于神职人员的授任权，或者是教会的司法权，都已经渐渐地归属到各国君主的手中。在政治上，梵蒂冈的权力不断缩小。

在经济方面，中产阶级的出现及印刷术的发明也为宗教改革提供了条件。中产阶级的出现形成了一股政治势力，有一些律师成为君主的顾问，根据罗马法的理论，企图发展王权的地位，教皇在各地都拥有庞大的教产，各地的教会都必须要向梵蒂冈纳税，而且每一个由梵蒂冈派到各国的神职人员，他们的薪水都要抽出一定

梵蒂冈的圣彼得教堂

的百分比来向梵蒂冈纳税。各国都把它看作是国库的损失，所以在经济上对梵蒂冈很不满。

当时，欧洲的教育开始普及，各地都设有大学，平民读书写字的能力加强。宗教改革的时候，各地的大学都成为中心，如威登堡、海德堡。再加上印刷术的发明，在1450年左右，谷登堡发明了铅合金活字印刷术，这就有力地推进了宗教改革思想的传播。

在宗教方面，教权低落，甚至同时有三个教皇。一直到1415年，才正式地取消了三个教皇的职位，消除了教会的分裂，把教皇的权力受制于一个立法的团体，那就是大公会议。但是这仍然不能够挽救梵蒂冈的腐败，当时神职人员卖官鬻爵的风气很盛，很多神职人员私生活不检点。在教会方面，改革也纷纷告失败。在宗教改革一百多年以前，在英国等国有改革运动的出现，可惜后来都失败了，但是为后来的宗教改革埋下伏笔。

在文化方面，出现了文艺复兴运动，这是14、15世纪发生在意大利的一个尚古、崇古的运动，旨在重新研究古代希腊罗马文化。古代希腊罗马文化有很浓厚的入世精神，他们重视今世的生活，欣赏人类的文化、艺术的美学，我们可以看到米开朗琪罗，他把古代希腊罗马那种裸体的雕像搬进了教会的艺术领域。艺术家对圣经人物的描绘，不再是那么面无表情，而大卫的雕像跟希腊的阿波罗神像没有什么两样，同样强调人体肌肉的阳刚之美。与宗教改革有直接关系的是人文主义，人文主义是一种根植于崇古精神的思想文化运动。宗教改革时代，各大学都设有人文学科，包括了文法、辩论、诗学、文学、伦理及哲学等学科。当时的人们因为对亚里士多德的哲学逐渐地厌倦，转而开始对某些神学家——比如奥古斯丁等人——的思想产生了兴趣。

宗教改革和人文主义共通的一个特点是，两者都反对中世纪的教育方式。当时的教育方式是"三步辩证法"，这是一种呆板、公式化的逻辑推理，旨在训练年轻人的思考，基本上算是一种有用的方法，但它的害处是鼓励年轻人诡辩，学习没有任何真正的目的，纯粹是为辩论而辩论。宗教改革的领袖或人文主义的学者都认为，人与人之间的沟通与传达，主要的目的不是在传达冰冷的知识，而是有更实际的目的，那就是要去说服人。一个演说家，或者是传道人，不仅是要传递信息，也应该要把生命、情感，注入演讲中，为的是要影响人、说服人，这是人文主义对宗教改革的第二个影响。

有学者分析德国的宗教改革与人文主义还是有很大差异，人文主义者偏爱的是人间的美学、真理、良善的和谐性；但是宗教改革面对的是人的罪恶、丑陋，人生的苦难、怀疑、挣扎的冲突，以及信心所带来的胜利。宗教主要是关乎罪与恩典，死亡与生命的事，这就不是强调乐观、进取、自由的人文主义所能够涵盖的了。

马丁·路德与宗教改革

马丁·路德是16世纪德国宗教改革运动的发起者，新教路德宗的奠基人。

1483年，马丁·路德生于哈雷附近的埃斯勒本城，父亲原是矿工，后来拥有了自己的一个小型煤矿。为了让儿子能受到良好教育并跻身于上层社会，父母节衣缩食供他上了大学。大学毕业后，如果按正常的生活轨迹走下去，他将有一个前途无量的职业，还可以娶上一个富有的妻子。然而，在1505年春季，路德发誓，从此把生命献给上帝。或许，早在他做出这个决定之前就已对修道生活有过深思熟虑。总之，父母为他精心安排的一切已化为泡影。在中世纪晚期，如此让父母失望的行为还不多见。

两星期之后，马丁·路德进入埃尔富特的奥斯定会修道院。两年后，他成为一名神父，并开始学习神学。1512 年 10 月，路德被授予神学博士学位，同时成为负责讲解《圣经》的教授。从 1513 年起，路德以神学教授的身份工作了 30 年之久，1512 年担任奥斯定会修道院的副院长，1515 年成为奥斯定会的地方负责人，1514 年起成为维滕贝格教区的牧师。

马丁·路德

1513 年以后，他渐渐开始反对经院主义，批判构成经院主义神学基础的贝拉基主义，即批判通过人类先天本性之自由意志的决定和努力，通过人的善行可以得救的救赎神学。并且，路德以奥斯定神学和与贝拉基主义争论的神学思想为根据，强调人的意志在人类救赎上的奴隶身份，主张只有靠信仰得到的恩典才能得到救赎，这就是著名的"因信称义"。路德在《论自由》中，全面论述了"因信称义"。他指出，人的获救，只在信仰，"上帝的道不是用什么行为，而是单因信才能领受恩典的。因此，既然灵魂为它的生命与义所需要的只是信，那么，灵魂称义显然单是因信，而不是因为人的任何行为"。这样，曾经是人类救赎中必不可少的教皇、教令、教律，面对信仰的权威，便都失去了存在的价值。这在当时可算是十分激烈的思想主张了。这种新的神学发现在其著作《反对经院哲学的讨论》里得以充分体现。

1517 年 10 月 31 日，他写了《九十五条论纲》贴在维滕贝格教堂的正门上。这一天至今还是德国新教徒的宗教改革纪念日。在《论纲》中，路德批评天主教教会滥用赦罪权，批评他们向教徒出售赎罪券。当时，天主教教会以基督名义宣布，有罪的人买了赎罪券就可以免去对他所犯罪行的惩罚。"只要钱币在袋子里叮当作响，灵魂就可以跳出炼狱。"推销者常用这样一句话来兜售赎罪券。

当时，路德作为忠实的天主教信徒，根本没有想到过改革，他只是认为赎罪权的滥用是违背教会意志的。他把《九十五条论纲》寄给一位颇有影响的侯爵并呈交教皇利奥十世。而罗马方面却要以异教徒的罪名审判路德，这促使路德对教会的批判越来越激烈。从此，路德的笔锋直指教会。他批评教会权力凌驾于世俗权力之上；对只有教皇才有权解释《圣经》和召集宗教会议提出异议；提倡重建原始的教士制度，即每个信徒都有权自己理解《圣经》，有权召集宗教会议。被教皇控制的世俗当权者也认为，正是所谓上帝赋予教皇的特权毁了教会；而教皇的追随者却认为这是在反对基督。教皇在谕令中以逐出教会威胁路德，路德则以焚烧宗教法和教皇谕令作为回答。将路德逐出教会后，1521 年的沃尔姆斯议会还宣布，剥夺路德受帝国法律保护的权利。萨克森选侯弗里德里希三世将路德藏到了瓦特堡中。就在这座城堡里，路德把希腊文本《圣经》全部译成了德文，这部译著使他成了新高地德语的创始人。

以后几年里，路德学派不断扩大，许多修道士和传教士退出教团，有些还结了婚。礼拜仪式也有了新的形式，人们以极大的热情进行改革。1526 年的帝国议会本来是为最终执行沃尔姆斯法令而召集的，不想各阶层却在这里宣布要进行改革。

这时，改革似乎已完全失控，维滕贝格的神职人员我行我素，许多人回避改革。激进派对改革做了另一种解释，路德所著的《论自由》被误解为取消等级差别和劳役的号召，对此反应最强烈的是农村。1525 年，不少地区爆发了农民起义。在此期间，路德与曾是修女的凯瑟琳·冯·波拉结婚，这给基督教教义反对独身和修道誓言盖上了不可逆转的印记。

尽管许多人想方设法阻挠改革，比如 1530 年奥格斯堡议会重申沃尔姆斯法令，下令交回被没收的教会土地，违者将被剥夺公权（即不受法律保护）；禁止改动旧教义和旧礼拜仪式，违者处死等；天主教的堡垒仍然相继陷落，即使在宗教贵族中，大众的意志也能得到贯彻。

路德原本并无掀起宗教改革的意图，所以《九十五条论纲》并没有用简单的德语写，而是用复杂的学术语拉丁语写，希望引起学术讨论。但是与其本意正相反，《九十五条论纲》瞬时间被印刷、被翻译成欧洲各国语言，随后被传播开来。

路德的宗教改革在地理领域上扩大到许多地方。人们寻求路德的忠告，在教会生活中开始介绍新教信仰。路德通过大量的书籍和刊物出版扩大了影响力，讲演、讲道连续不断。

晚年的路德对宗教改革的未来和德国人的将来十分关心，在他最尖锐的论文《给最亲爱的德国公民的警告》中，表示担心世界的末日逼近，为了让神的审判延迟，指出德国政府应该悔改，应当努力在灵性和道德方面觉醒。

他的身体一直很弱，特别是从 1521 年起受失眠症的困扰，没能得到恢复。1525 年是因胆结石，1537 年是因不明原因的疾病受苦了很长时间。随后又受耳朵发炎之苦，最终因心绞痛离世。

虽然身受疾病折磨，但是创造的力量一直支配着他的生活，直至去世之前还一直生气勃勃。他为了解决曼斯菲尔德伯爵们的法律争论，去他的出生地埃斯勒本，后在那里去世，被葬于维滕贝格城堡教堂。

1555 年缔结的《奥格斯堡宗教和约》决定，由帝国各邦决定当地居民的宗教信仰，而路德原是主张每个人都有选择宗教信仰自由的。尽管如此，新教还是第一次在帝国范围内得到容忍并被认可为第二宗教团体。教皇对这一切的坚决拒绝没有起到作用。可以说，如果没有路德和他的宗教改革，基督教的多样化是很难实现的。

第一场近代意义上的战争

在欧洲历史上，第一次大规模的战争当推 1618 至 1648 年在德国发生的三十年战争，这场战争是 1555 年《奥格斯堡宗教和约》签署以来欧洲宗教改革进程的结果。它由神圣罗马帝国的内战引发，把欧洲的主要国家全都卷入进来，而且带有浓重的宗教色彩，对欧洲的历史进程产生了深远影响。

战争分为四个阶段，分别是捷克阶段、丹麦阶段、瑞典阶段和法国-瑞典阶段。

这次战争的导火线是波希米亚（今捷克）爆发民族起义，捷克民族起义的目的是反对哈布斯堡的民族压迫，争取民族独立，因而得到全民的响应。人民选出的 30 名保护人组成政府，由屠恩伯爵率领的起义军，很快突入奥地利，进逼首都维也纳。1619 年，神圣罗马帝国皇帝马蒂亚斯去世，憎恶捷克人的斐迪南即位，为斐迪南二世，兼任捷克国王。捷克议会各等级通过决议，废黜斐迪南，选举"新教联盟"的首领普法尔茨选侯弗里德里希为捷克国王。但是捷克起义军的军事行动却停止下来。捷克的贵族幻想通过同皇帝谈判获得结果，并把胜利的希望寄托在普法尔茨选侯和"新教联盟"的支援上。在这种情况下，皇帝乞援于"天主教联盟"，普法尔茨选侯则向"新教联盟"求助。从 1619 年开始，"天主教联盟"和"新教联盟"相继介入战争，只是"新教联盟"拒绝给普法尔茨选侯以实际的军事援助，而"天主教联盟"派来 2.5 万精锐部队和相应金钱供皇帝调用。"天主教联盟"的领导者巴伐利亚公爵的交换条件是把普法尔茨的选侯资格转封给他。天主教联盟军在采尔克莱斯将军的统帅下入侵捷克，同时有一支西班牙人组成的 2.4 万精锐大军袭击普法尔茨选侯的领地。"新教联盟"和背后的英法等国袖手旁观，让"皇帝-天主教联盟"放手镇压捷克起义。

1620 年 11 月 8 日，两军在布拉格附近的白山进行决战，结局可想而知，在优势的敌军面前，捷克军队瞬间土崩瓦解。皇帝-天主教联盟军队乘胜进攻布拉格，普法尔茨选侯则抛下王冠，一直逃到荷兰。西班牙军队也直驱普法尔茨，纵兵一路烧杀抢掠。捷克起义就这样失败了，接下来就面临着血腥的报复。斐迪南二世亲手撕毁保护捷克人权利的"大诏书"，取消捷克人民的信教自由，宣布天主教为国教，驱逐加尔文宗和路德宗教徒。捷克成为哈布斯堡奥地利的一个行省，由奥地利官员管辖。战争进入第二阶段。

捷克阶段的战事虽然告终，但法国并不能容忍查理五世时期的哈布斯堡帝国复活；荷兰则于1621年与西班牙开战，至此仍未结束；英王詹姆斯一世则担心其女婿普法尔茨选侯的命运；丹麦和瑞典则不愿看到神圣罗马帝国皇帝再度在全国实施有效的统治。因此，本来只是波希米亚人民反对神圣罗马帝国欺压的起义现在演变为广泛的国际战争。1625年，法国首相黎塞留提议英国、荷兰与丹麦结成反哈布斯堡联盟，丹麦负责出兵，

斐迪南二世

而英国与荷兰则在幕后支持。由此，战争的第二阶段——丹麦阶段——正式展开。

1625年，信奉新教的丹麦国王克里斯蒂安四世在英、法、荷三国的支持下，与新教联盟共同向神圣罗马帝国皇帝发动进攻，很快便占领德意志的西北部。与此同时，由曼斯菲尔德率领的英军占领波希米亚西部。这次，新教联军可说是节节胜利，但于1628年，神圣罗马帝国皇帝雇用声名显赫的波希米亚贵族瓦伦斯坦的雇佣军。瓦伦斯坦不负所望，于该年4月击败曼斯菲尔德，其后再击败丹麦，并控制了萨克森。丹麦被迫于1629年5月与神圣罗马帝国皇帝签订《吕贝克和约》，并保证不再插手德意志事务。战争第二阶段以神圣罗马帝国皇帝的势力伸延到波罗的海告终。

战争第二阶段由神圣罗马帝国获胜后，瓦伦斯坦便计划在波罗的海建立一支强大的舰队，瑞典国王害怕神圣罗马帝国从此会超越瑞典，取得在波罗的海的优势地位。因此，瑞典在法国的资金援助下，于1630年7月出兵，在波美拉尼亚登陆，从而开始了战争的第三阶段——瑞典阶段。

瑞典军队由国王古斯塔夫二世率领，与勃兰登堡和萨克森选侯联合，在1631年9月17日，于布赖滕费尔德会战打败了神圣罗马帝国的军队，占领了波美拉尼

亚。1632 年初，神圣罗马帝国军的统帅蒂利伯爵在累赫河战败身亡，瑞典军占领美因茨，4 月再次攻陷奥格斯堡和慕尼黑。神圣罗马帝国皇帝在危急存亡之际，再度起用已被贬斥的瓦伦斯坦为统帅，在该年 11 月与瑞典军进行吕岑会战，瑞典再度获胜，但瑞典军的主帅古斯塔夫二世国王亦阵亡。从此，瑞典军丧失进攻能力，瓦伦斯坦则退回波希米亚，后来因为被神圣罗马帝国皇帝所猜忌，遭到其所派刺客的暗杀。

神圣罗马帝国皇帝借此机会联合西班牙盟军，在 1634 年 9 月于讷德林根会战大败瑞典军，逼使瑞典军撤回波罗的海沿岸。萨克森与勃兰登堡选侯则于 1635 年 5 月与神圣罗马帝国皇帝签订《布拉格和约》。战争的第三阶段——瑞典阶段，以哈布斯堡皇帝获胜而告结束。

哈布斯堡皇室再次获胜使得法国大为震惊。此前，法国因为自身是天主教国家，一直只是假手他国以削弱哈布斯堡皇室的实力，但当丹麦、瑞典与神圣罗马帝国的新教诸侯均告失败后，法国终于直接出兵，与瑞典联合对哈布斯堡王朝作战。从此战争进入第四阶段——法国-瑞典阶段。

1635 年，西班牙出兵法国，与神圣罗马帝国由南北两路夹攻，并且一度进逼至法国首都巴黎，但最后为法军所败。1638 年 8 月，法国海军打败举世闻名的西班牙海军。1639 年 10 月，西班牙海军的主力更被无名的荷兰海军歼灭。1643 年 5 月，第四代孔代亲王与蒂雷纳在罗克鲁瓦战役中共同击溃西班牙陆军的主力。

1642 年 11 月，瑞典军队于布赖滕费尔德再度击败神圣罗马帝国军队，但丹麦国王嫉妒瑞典军队的成果，并恐惧瑞典强大后，丹麦会受其所制，因此趁瑞典军队攻进南德意志之际，向瑞典宣战。丹麦于 1644 年击败瑞典与荷兰的联合舰队，但其后被重新组建的瑞荷联合舰队全歼。在经过三年的战争后，瑞典军成功从水陆两路进逼丹麦，逼使丹麦停战求和。

1645 年 3 月，瑞典军队在波希米亚大败神圣罗马帝国军队；而该年 8 月，法军又于讷德林根会战击溃神圣罗马帝国军，神圣罗马帝国皇帝的德意志领土大部分被占领。1648 年，法瑞两国联军再在楚斯马斯豪森会战及兰斯会战完胜神圣罗马帝国军。但战至此时，双方都已元气大伤，结果于该年 10 月双方达成和解协议，缔结了两个和约——《奥斯纳布吕克和约》与《明斯特和约》，合称《威斯特伐利亚和约》，至此三十年战争完全结束。

三十年战争对近代欧洲社会的形成和发展具有极其重要的意义，它彻底削弱了神圣罗马帝国，确认了欧洲主权国家体系的存在，同时有力促成了近代国际法体系的诞生。三十年战争以反哈布斯堡集团的胜利告终。根据和约，欧洲的领土被重新分割。德意志的经济遭到严重破坏，其内部分裂局面更加严重。神圣罗马帝国的主要盟邦西班牙遭到削弱，葡萄牙从它的统辖下脱离出来得到独立，瑞典巩固了在波罗的海的地位。法国获得了阿尔萨斯和洛林地区，并从此取得了欧洲霸权地位。同时，军事在战争中获得了重大发展，它使欧洲一些国家开始实行征兵制，建立常备军，改革军队编制，促使部队精干化、装备轻型化，并使炮兵成为独立兵种，在伴随步兵的战斗中发挥重大作用。由于作战需要，新的线式战术开始形成，集中兵力突击一翼的战术发挥了重大作用。其特有的宗教特性以及所产生的民族国家特性，尤其是《威斯特伐利亚和约》的签署，使其被称为"最后一场宗教战争"和"第一场近代意义上的民族国家间的战争"。

二、三十年战争

1618—1648 年

在三十年战争中，以神圣罗马帝国和天主教诸国为一方，新教地区及新教徒为另一方，双方日益加剧的紧张关系终于爆发为暴力冲突。冲突开始于波希米亚，并迅速蔓延到整个帝国，几乎所有的欧洲国家都被卷入其中。西班牙支持天主教，丹麦和瑞典则支持新教，法国则旨在削弱哈布斯堡王朝的势力。整个神圣罗马帝国境内，尤其在波希米亚，交战军队大肆破坏，当地人民及财产都深受其害。

巴拉丁—波希米亚时期（1618—1623 年）

波希米亚的地方贵族拒绝承认哈布斯堡家族的斐迪南二世，另立选帝侯巴拉丁伯爵为王。然而，他很快即被天主教同盟国废除。

无嗣的马蒂亚斯皇帝于 1612 年继承其兄鲁道夫的帝位，他先后于 1617 年和 1618 年封表弟斐迪南二世为波希米亚和匈牙利的国王。波希米亚的贵族大多信奉新教。他们担心受耶稣会教育的斐迪南会取消 1609 年由鲁道夫皇帝颁布的《大诏书》，这份诏书保证所有臣民在宗教事务上享有良心上的自由。1618 年，他们坚持自由选举国王的权利，罢废了斐迪南，推选新教同盟的领袖选帝侯巴拉丁的腓特烈

布拉格"抛人出窗"事件，1618年。

五世为王。这次选举引起了波希米亚贵族内部不同宗教派别间强烈的敌意。1618年5月23日，新教徒将信奉天主教的帝国总督斯拉瓦塔、马丁内兹及一个秘书抛出了布拉格城堡的皇宫窗外（即布拉格"抛人出窗"事件），向哈布斯堡家族发出了挑战。武装冲突由此爆发。

斐迪南派遣他的表兄弟巴伐利亚的马克西米利安公爵和天主教联盟的首脑前往波希米亚，随行前往的还有在巴伐利亚将军梯利指挥下的大军。1620年11月8日，天主教联军在靠近布拉格的白山击溃了新教贵族的军队。腓特烈五世由于在位时间短暂被戏称为"冬日国王"，他不得不逃亡荷兰。在波希米亚组建了一个特别法庭，21名叛乱首领被处死，大量新教徒的财产被没收。自此波希米亚的王位一直在哈布斯堡家族的手中，直到1918年。

选帝侯腓特烈五世

1622年天主教联盟和西班牙的军队占领了巴拉丁，1623年立马克西米利安为巴拉丁选帝侯。这样一来选帝侯集团中的权力关系更倾向于天主教，帝国中的新教徒感受到严峻的挑战和威胁。

布拉格城堡

丹麦战争 （1625—1629 年）

丹麦与下萨克森地区的新教徒结成联盟，抵抗由瓦伦斯坦率领的向北进攻的帝国军队。

梯利在对腓特烈五世的战斗中，成功地挺进到了威斯特伐利亚。北德意志的新教徒害怕天主教的统治，在曼斯菲尔德的恩斯特以及布伦斯威克—沃芬比特的克里斯蒂安的率领下组织起自己的军队。于是战火很快蔓延到波希米亚以外。新教的军队由丹麦的克里斯蒂安四世与下萨克森地区最年长的新教诸侯冯·霍尔斯坦公爵一起领导。

士兵袭击农民，17 世纪的木刻版画。

在天主教一方，阿尔布雷希·冯·瓦伦斯坦开始崭露头角。这个波希米亚贵族改信天主教后，通过没收新教徒财产获得了巨额财富，并向皇帝效忠。很快，他作为一名杰出的军事指挥官而声名鹊起。瓦伦斯坦率军进入北德意志，1626 年 4 月 25 日，他在德骚桥大败曼斯菲尔德的恩斯特。稍后不久，又于 1626 年 8 月 27 日在巴伦山的路特之战中打败了克里斯蒂安四世。

1626 年，瓦伦斯坦已是帝国军队的总司令和弗里德兰公爵，他和梯利一起，继续征服了荷尔斯泰因、施莱斯威格和日德兰，放逐了梅克伦堡的公爵们并瓜分了他们的土地。1629 年丹麦国王被迫接受《吕贝克和约》。斐迪南二世的权势此时达到了顶峰，1629 年 3 月 6 日，他发布《归还敕令》，要求新教徒归还所有世俗化的教会土地，并号召所有的天主教皇室阶层积极地复兴天主教。然而，瓦伦斯坦的苛政使得人心惶惶。在 1630 年雷根堡会议上，他的敌人和竞争对手，如巴伐利亚的马克西米利安，篡谋剥夺了其帝国军队总司令的职位。

巴伐利亚的马克西米利安，17 世纪的油画。

瑞典战争 （1630—1635 年）

德意志新教徒的困境使得瑞典国王也有所行动。古斯塔夫国王在顺利进军德意志后，与瓦伦斯坦展开激战。

　　神圣罗马帝国的势力在北德意志和波罗的海地区的不断加强引起了瑞典的不安，根据 1629 年的《吕贝克和约》，丹麦的克里斯蒂安四世已经同意不再干涉德意志在这一地区的事务。信奉路德宗的瑞典国王古斯塔夫二世·阿道夫担心自己在北方的霸权受到威胁，便插手支持德意志的新教徒。法国枢机主教黎塞留同样希望遏制神圣罗马帝国的影响力，1630 年，在他的鼓励和财政支持之下，古斯塔夫向南挺进，率军进入德意志。瑞典军队纪律严明，令人生畏。梯利指挥下的德意志帝国军队难以匹敌，1631 年 9 月 17 日，瑞典和萨克森联军在布赖滕费尔德重创敌军。

布赖滕费尔德之战， 1631 年。

　　1632 年春，古斯塔夫自美因兹向南逼近试图占领奥格斯堡，1632 年 5 月进入选帝侯马克西米利安在慕尼黑的领地，后者已逃往纽伦堡。慕尼黑城缴纳重金以阻止瑞典和萨克森联军对城市的劫掠，但在南德意志仍有许多教堂和修道院遭到瑞典士兵的毁坏。

　　此时皇帝不得已重新起用瓦伦斯坦为总司令，瓦伦斯坦切断了瑞典军在德意志南部的供给，迫使古斯塔夫在萨克森与他决战。1632 年 11 月 16 日的吕岑之战中，古斯塔夫阵亡，但新教军队仍然获胜。只是瑞典首相阿克瑟·奥克森斯蒂纳已无法继续维持新教联军的团结一致，尤其是瓦伦斯坦和萨克森指挥官汉斯·格奥尔格·

纪念瑞典国王古斯塔夫二世·阿道夫、萨克森选帝

侯约翰·格奥尔格一世，以及勃兰登堡的格奥尔格·威

廉组成新教同盟，1631 年。

冯·阿尼姆秘密地进行休战和谈。就在这时，瓦伦斯坦似乎有意投靠魏玛公爵伯纳德麾下并加入新教军队，他的怪异举动使斐迪南皇帝相信他的指挥官确有叛变行为，默许了一些军官在埃格尔暗杀瓦伦斯坦。

瓦伦斯坦在埃格尔被属下军

官暗杀，1634 年 2 月 25 日。

之后魏玛公爵和瑞典军在诺林的战败导致皇帝和大部分新教诸侯于 1635 年 5 月 30 日缔结《布拉格和约》。斐迪南被迫放弃推行《复位敕令》，各方都同意将外国势力和雇佣军赶出帝国。这场大战使得各方都疲于奔命，各国因此也都欣然地接受了和平。

从法国——瑞典阶段到《威斯特伐利亚和约》（1635—1648年）

法国推动了三十年战争的继续进行。战争的最后阶段尤其残酷，生灵涂炭，这种局面直到1648年的《威斯特伐利亚和约》签订才结束。

战争在德意志的结束并不符合法国的利益，因为战争显然给法国的对手哈布斯堡王朝造成了沉重的压力。法国的黎塞留主教继续用大量金钱资助新教军官，撺掇他们继续发动战争。

1636年维特施多克之战中的将军巴内，19世纪的木刻版画。

在这样的支持下，瑞典将军约翰·巴内先后于1636年在维特施多克、1639年在开姆尼兹打败了帝国军队。萨克森—魏玛公爵伯纳德也在1638年莱因菲尔登之战中凯旋。1645年，瑞典军队甚至深入到维也纳，法国军队也退回到巴伐利亚。

经过三十年的战争，神圣罗马帝国生灵涂炭、满目疮痍。整个北德意志地区、巴拉丁和勃兰登堡人口凋敝、土地荒芜，并且此后连续几十年都没能恢复；在帝国

集体绞刑，1632 年的蚀刻版画。

的某些地区，将近一半的人口死去。繁荣的城市沦落为荒凉小镇，甚至只能称之为大一点的乡村。人民深受其苦，农民遭受的苦难更是沉重：折磨、饥荒和疾病。成群结队的穷苦百姓出外流浪，在整个德意志充满乞讨、偷盗的不安定事件。

明斯特和谈，1648 年。

1644—1648 年，各方代表聚集在明斯特和奥斯纳布吕克举行和谈，经过长期艰苦的协商终于达成了《威斯特伐利亚和约》。巴伐利亚继续保有巴拉丁选帝侯的头衔，复位的"冬日国王"之子则被增设为第八位选帝侯。瑞士和荷兰正式退出帝国同盟，皇帝的权力被局限在了其世袭的领地——匈牙利和波希米亚。帝国各诸侯的权力大大增强，并且建立起他们自己的主权国家联盟，皇帝在联盟中只是名义上的

在小镇广场上宣布《威斯特伐利亚和约》

领袖。真正的赢家是法国和瑞典，它们不仅获得了大量领土，并且稳固了欧洲强国的地位。荷兰也在神圣罗马帝国的衰落中有所得利。《威斯特伐利亚和约》确立了各个国家不能以宗教差异为由，干涉其他国家事务的原则。

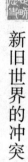

新旧世界的冲突

三、开明专制下的神圣罗马帝国

1648—1806 年

《威斯特伐利亚和约》使德意志各邦获得了完全的独立，其中一些邦国，尤其是普鲁士逐渐成了欧洲强国。君主专制成为一种主要的统治形式。普鲁士和奥地利的"开明君主专制"反映了启蒙主义以及对改革与进步的信念。受法国大革命的影响以及迫于拿破仑军事胜利的压力，神圣罗马帝国最终于1806年分崩离析。

德意志诸侯的专制主义

在18世纪里，接连不断的战事耗尽了帝国的财力。在德意志诸侯中，以萨克森和巴伐利亚的选帝侯最为重要。

到1700年时，帝国已经基本上从三十年战争的创伤中恢复过来，但是新的战争——八年战争（1689—1697年）、西班牙王位继承战争（1701—1714年）和大北方战争（1700—1721年）又带来新的冲突。

巴洛克时期的德意志诸侯们模仿法国的雄伟建筑，使得最伟大的宫廷成了文化的中心。但这样的做法使那些不太富裕的王族负债累累。萨克森选帝侯腓特烈·奥

"强壮者"奥古斯都

茨温格尔宫,位于德雷斯顿的巴洛克式城堡,卡纳雷托绘的油画。

古斯都二世拥有德意志最宏伟富丽的宫廷,他在 1697 年又成为波兰国王。这位选帝侯以"强壮者"奥古斯都的称号闻名于世,他委托兴建了一系列建筑工程。在大北方战争中他企图吞并瑞典领土,但却遭到了灾难性的失败,并被暂时逐下波兰王位。

巴伐利亚的伊曼纽尔·马克西米利安二世是西属尼德兰总督。1683 年,他参加了将土耳其人赶出维也纳的战斗,后又在西班牙王位继承战争中同法国结盟。法国在霍赫施塔德战败后,马克西米利安被迫流亡,直到 1714 年才得以返回。其子查理·阿尔伯特于 1740 年占领波希米亚,1742 年被选为神圣罗马帝国皇帝,即查理七世。他的兄弟克莱门斯·奥古斯都,人称"太阳亲王"。1714 年,乔治·路易成为大不列颠和爱尔兰国

王，其后代一直统治到 1901 年。

科隆选帝侯克莱门斯·奥古斯都

帝国的终结

拿破仑摧毁了许多较小规模的教士掌权的公国。奥地利的失败则预示了 1801 年以后一些较大的德意志诸侯从神圣罗马帝国中独立出来。

帝国中由教士掌权的公国大多也是专制君主体制。统治者通常是君主兼主教，在自己的领地内握有精神和世俗的权威。不管是天主教还是新教的主教，一般都出身于执政的皇室或重要的贵族世家，常常同时手握多个教区。

德意志西南部的天主教地区主要由勋伯恩家族控制。1719 年以后，帝国首相、1694 年起任美因兹选帝侯的洛塔尔·弗兰茨，将最重要的四个主教职位分给了四个侄子：约翰·腓力浦·弗兰茨在威兹堡，腓特烈·卡尔在巴姆山和威兹堡，枢机主教达米安·雨果在施拜耶和孔斯当，弗兰茨·格奥尔格为特里尔选帝侯。他们在威

腓特烈·查理·勋伯恩

兹堡和巴姆山兴修府邸，同时建造了布鲁赫萨尔和勃姆斯菲尔登的宫殿，并进行所谓开明专制的君主统治。

当1792年以后莱茵河沿岸的德意志诸侯们被法国革命军赶走，其他诸侯则成功地与拿破仑结盟，以此削弱奥地利的影响。

1801年，法国和奥地利签订了针对神圣罗马帝国的《卢内维条约》。

1803年2月25日，美因兹选帝侯、帝国首相达尔山男爵卡尔·提奥多成功使帝国议会休会。莱茵河以西的领土被法国吞并，许多小公国被废除，但是主要的德意志诸侯却获得了补偿，通过牺牲诸多城邦利益和征用教会土地大规模地扩张领土。随着战事进一步失利，奥地利的弗兰茨二世退位，同时宣布神圣罗马帝国解体。

拿破仑战争对德意志的政治版图产生了长期影响，促使诸多小城邦合并成为少数几个规模较大和力量更强的国家。

奥地利的崛起：从列奥波德一世到查理六世

在列奥波德一世和他的子嗣们的统治下，奥地利的力量在欧洲迅速上升。在名

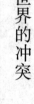

新旧世界的冲突

威兹堡的主教府邸，壁画由乔万尼·
巴蒂斯塔·提波罗所绘。

将萨伏伊的欧根亲王的指挥下，奥地利军队成功抵挡了奥斯曼土耳其帝国的进攻，并随后给予反击。同时历代皇帝遏制了法国的发展。

斐迪南三世（1637 年登基）在位期间帝国经历了三十年战争引起的重大骚乱，1658 年其子列奥波德一世继位后，奥地利的政治和经济开始逐渐复苏。首先，列奥波德必须击退从巴尔干来袭的土耳其军队，1683 年土耳其人已经兵临维也纳城下。洛林公爵查理五世和波兰国王约翰·索比斯基三世率军解了维也纳之围。他们在卡伦贝格战役中险胜土耳其人，将其逼退。此后列奥波德一世自诩为"土耳其征服者"。1696 年，列奥波德的皇宫申布伦宫（即美泉宫）开工兴建。

1683 年 9B 12 日卡伦贝格战役，挂毯细部。

　　尽管在维也纳取得了胜利，但列奥波德还是被迫在两线作战。在西线和意大利北部他要应付法国的称霸野心，在东线又要继续同法国的盟友土耳其作战。1697年，皇帝麾下名将萨伏伊的欧根亲王，在提萨河边的森塔大败土耳其军队。在皇帝发布的《卡尔洛维茨和约》（1699 年）中，奥地利从奥斯曼帝国获得了匈牙利全境、特兰西瓦尼亚和克罗地亚。1717 年战争再度爆发，欧根又占领了贝尔格莱德。之后的《巴沙洛维兹和约》（1718 年）使奥地利得到了塞尔维亚，决定性地遏制了奥斯曼土耳其帝国的西进。

　　列奥波德的长子约瑟夫于 1705 年继承帝位。皇帝约瑟夫一世对政府进行重组，以武力镇压了匈牙利王国的叛乱，匈牙利的马扎尔贵族一直心怀嫉妒，试图捍卫匈牙利的自治和他们自古享有的特权。1711 年，约瑟夫一世去世，他的弟弟、西班牙国王查理六世继位。

　　在查理六世治下，奥地利成了一个经济和军事强国。由于他没有男性子嗣，1713 年后他的主要精力便集中在说服德意志诸侯承认他的《国事诏书》，旨在改变继承规则，从而确保他的女儿玛丽亚·特蕾莎可以继位。虽然皇帝为了达到目的做了让步，但是普鲁士和巴伐利亚还是很快找到了抛弃这份协定的理由。

约瑟夫一世

玛丽亚·特蕾莎和约瑟夫二世统治下的奥地利

玛丽亚·特雷莎对抗普鲁士以捍卫哈布斯堡帝国，并在国内推行改革。她的儿子约瑟夫二世在开明专制的精神之下进一步推动了改革进程。

1740 年，玛丽亚·特蕾莎继承波希米亚和匈牙利的王位。她不得不立即捍卫自己的继承权，与普鲁士国王腓特烈二世和巴伐利亚的查理·阿尔伯特较量，前者吞并了西里西亚，后者占领了波希米亚。在奥地利王位继承战争（1740—1748 年）中，她成功地将巴伐利亚人赶出波希米亚，但普鲁士仍然占有西里西亚。但是，1745 年腓特烈二世同意推选玛丽亚·特蕾莎的丈夫、洛林的弗兰茨·斯蒂芬为神圣罗马帝国皇帝，即弗兰茨一世。这对帝王夫妇连同他们的 16 个孩子共同组成了哈布斯堡—洛林家族。

玛丽亚·特蕾莎寻求通过审慎的改革措施维护奥地利的统一和加强中央集权。她着重对司法系统进行了重组，并在 1774 年通过改革普通学校提高教育的普及率。

洛林的弗兰茨·斯蒂芬，神圣罗马帝国皇帝弗兰茨一世。

她与国家大臣考尼兹亲王一起，同法国和俄罗斯结盟，试图在七年战争（1756—1763 年）中从普鲁士手中收回西里西亚。不过，这场战争并不成功，《胡贝图斯堡协定》令国库濒临破产。

普鲁士在霍芬弗里德山打败奥地利和萨克森军队

　　弗兰茨死后，他的长子约瑟夫二世同母亲一起成为奥地利的共同执政，但他直到 1780 年才得掌实权。

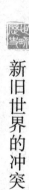

约瑟夫受到启蒙思想的强烈影响，他积极推动了许多自由改革措施的施行，比如废除酷刑和农奴制、推行全面出版自由、解放犹太人和减少宫廷的奢华浪费等。在他的《宽容敕令》（1781 年）中，许诺了宗教上的全面自由，随后开办新学校和孤儿院。

约瑟夫二世和他的兄弟即继任者，列奥波

德二世，家庭画像。

然而他雄心勃勃的改革计划过于依赖中央权力，而当时在一个多民族国家的内部不同地区和群体拥有各种特权。因此，由于约瑟夫过于冒进，通过专制手段推行启蒙思想反而适得其反，远远没有达到其激进改革的目标。

他的兄弟和继任者列奥波德二世较为谨慎，不过他仍然试图保持改革的整体方向。然而，他的儿子弗兰茨二世却不得不在 1806 年被迫放弃了神圣罗马帝国的皇位。

普鲁士的崛起

当霍亨索伦家族在勃兰登堡站稳脚跟之后，大选帝侯腓特烈·威廉使这一地区成为帝国最强大的势力之一。其子腓特烈一世则确保了普鲁士的王国地位。

1411 年，希吉斯蒙德国王任命来自霍亨索伦家族的纽伦堡侯爵为勃兰登堡省总

霍亨索伦家族的约希姆二世，1535—1571 年
间任勃兰登堡选帝侯，1570 年的铜版画。

督。四年后他又授予他们选帝侯的头衔。最初的统治者们很快在各个城市中树立起权威。虽然约希姆二世在 1539 年就参加了宗教改革运动，但是同其继任者一样，他站在了皇帝一边。勃兰登堡的崛起始于约翰·希吉斯蒙德，他于 1613 年改信加尔文教。1614 年由于尤利希-克勒弗地区继承权之争，他取得了莱茵河边的克勒弗、马尔克和拉文斯堡三地。1618 年，他继承了始建于 1525 年的普鲁士公爵领地，这片土地原属于条顿骑士团。

三十年战争期间由于双方军队都曾经到过勃兰登堡地区，该地区惨遭涂炭。大选帝侯腓特烈·威廉自 1640 年掌权后，决心重建勃兰登堡。他先是将税收收归中央，之后又斡旋于皇帝和法国之间，进一步扩张了领土（东波美拉尼亚、闵登、哈尔伯城）。1675 年他在费尔贝林打败瑞典军队，占领瑞属波美拉尼亚和吕根后将瑞典逐出了德意志。他发布的《波茨坦宽容敕令》（1685 年）是一个里程碑，为接纳从法国流亡而来的胡格诺教徒铺平了道路。这位专制君主留给他的继任者一个拥有强大的常备军的中央集权国家，这个国家正逐渐成长为一个欧洲的主要强国。

他的儿子腓特烈三世及其妻子维尔夫公主索菲·夏洛特一起，将普鲁士建成为一个闪烁着巴洛克之光的强国。他们鼓励艺术，兴建宫殿（如柏林的夏洛特堡），

勃兰登堡大选帝侯腓特烈·威

廉，肖像，1649 年。

创建大学。1701 年 1 月 18 日，在柯尼斯堡选帝侯腓特烈三世为自己加冕成为腓特烈一世，这标志了一个强大的新王朝在欧洲崛起。

"战士国王"和腓特烈大帝的普鲁士

通过建立起一个有效的中央集权政府和一支强大的军队，"战士国王"腓特烈·威廉一世和他的儿子开明君主腓特烈大帝一起，将普鲁士改造为最强大的欧洲列强之一。

1713 年，有"战士国王"之称的腓特烈·威廉一世执掌政权。他一心想巩固其父亲留下的遗产，通过更进一步的改革提高王朝的权势和声誉。腓特烈是一个极端严谨、节俭的清教徒，他试图将军法引入到官僚机构和普鲁士国家的其他方面。他拥有欧洲规模最大的常备军，军费占到国库的四分之三。重商主义经济被迫为满

腓特烈·威廉一世在一所普鲁士学校视察教育改
革成果，油画。

足军队的需要而服务。更具进步意义的是，他于 1717 年开始推行义务制基础教育，
并禁止体罚农奴。在外交上，腓特烈·威廉非常务实，他同英格兰的汉诺威王朝结
盟，尽管他个人对英王极其反感；1720 年，未受任何抵抗便占领了瑞典的西波美拉
尼亚。1732 年，他允许被奥地利驱逐的萨尔兹堡新教徒入境定居，从而大大推动了
普鲁士经济。普鲁士的这位"最伟大的本土国王"为普鲁士国家烙上了他自己的性
格印记，其影响一直延续到了 19 世纪。

腓特烈大帝在 1758 年 8 月 25 日七年战争的画面

其子腓特烈二世（"大帝"）尽管在青年时代曾与他顽固的父亲发生过严重的

顶撞，但他依然保留了腓特烈·威廉的政府体系，出人意料的是，他同时是一位启蒙思想和法国美学的热情追随者。作为"无忧宫的哲学家"和天才的长笛演奏家，在他的身边聚集了无数著名的自由思想者和艺术家，其中包括伏尔泰等。

他还积极用武力拓展普鲁士疆土，在奥地利王位继承战争（1740—1748 年）期间从奥地利手里夺得西里西亚。七年战争（1756—1763 年）期间，普鲁士在奥地利、法国、俄罗斯和萨克森联军的攻击下濒于崩溃，仅因 1762 年俄国女沙皇突然去世方才侥幸逃脱。1772 年，普鲁士和俄罗斯、奥地利一起共同参与了第一次瓜分波兰的阴谋。

在国内，腓特烈将贵族融入国家和军队的领导层，并改善教育体系。虽然百姓深受其对外战争之苦，但是他使普鲁士成为一个主要强国，并缔造了"普鲁士神话"。

四、从宗教战争到法国大革命前夜

1562—1789 年

在争夺对意大利的控制中，瓦卢瓦王朝的最后几代国王受挫于哈布斯堡王朝。在国内，他们还得应付宗教分裂和强大的贵族势力。面对天主教和新教的冲突，波旁王朝的国王们束手无策。由于妥协无望，法王只好通过镇压手段强行驱逐新教的胡格诺派教徒。经过一系列贤能的国王和大臣的努力，建立起一个专制王朝，使法国成为一个欧洲强国。法语是欧洲外交和贵族上流社会的通用语言，巴黎也成为欧洲文化的中心。此后的继任者势弱，战争令国库枯竭，政治和经济危机为革命的爆发铺垫了局势。

意大利征战风云录

文艺复兴时期的意大利尚未统一，同时又是欧洲最繁荣的地区，觊觎其巨大财富的法国、神圣罗马帝国和西班牙等大国为此进行了一场旷日持久的争夺战，史称"意大利战争"。

1494 年，法国国王查理八世借那不勒斯国王费迪南一世去世之机，宣布继承其王位，于当年 8 月底率军 2.5 万，火炮 136 门，入侵意大利，次年 2 月兵不血刃占领那不勒斯。法军的掠夺和暴行以及增收新税激起了意大利人民的愤慨。意大利各国首脑害怕法国势力的加强和发生全民起义，于是在 1495 年 3 月建立"神圣同盟"以图驱逐法军。"神圣罗马帝国"（德意志）皇帝马克西米利安一世和西班牙国王斐迪南二世也加入同盟。查理八世急忙从那不勒斯北上，却于 7 月在福尔诺沃遭"神圣同盟"军队包围，法军战败。查理八世直到 10 月才得以突向北方，但军队主力得以保存。查理八世的继承者路易十二不甘心法国退出意大利，于 1499 年远征米兰公国，并于次年相继占领

法王查理八世

米兰和伦巴第。1500 年，法西两国勾结占领了那不勒斯。但 1503 年春，法西两国因分赃不均爆发战争。1503 年 12 月的加里利亚诺河畔一战，西军获胜，法军被迫放弃那不勒斯王国，使其沦为西班牙领地。

意大利战争之前亚平宁半岛上的割据局面

　　1508 年 12 月，由于威尼斯共和国借驱逐法国之机大肆扩张领土，所有反威尼斯的势力联合起来建立了"康布雷同盟"，共同对威尼斯作战。同年春，法国出兵

威尼斯，占领它在伦巴第的领地，并于 5 月在阿尼亚代洛一战击败威尼斯军队，取得重大胜利。然而法国势力在意大利西北部的壮大引起反法力量的重新组合。1511 年 10 月，威尼斯、罗马教皇、西班牙、英国和瑞士组成"神圣同盟"，共同对法作战。1512 年，法军在拉韦纳击溃西班牙军队。但是，由于政治形势的逆转，"神圣罗马帝国"皇帝从法军召回德国雇佣兵、瑞士雇佣兵投向威尼斯，法军被迫退却，并于 1512 年底放弃伦巴第。但法王弗朗索瓦一世继位后，又大举侵略意大利。1517 年，法、西和"神圣罗马帝国"缔结《康布雷条约》，肯定了法国在意大利的既得利益和优势地位。然而，争霸战争不会就此结束。

　　1519 年西班牙国王查理一世当选为"神圣罗马帝国"皇帝（即查理五世）后，力图把法军赶出意大利，他得到了英国、罗马教皇、曼图亚和佛罗伦萨等国的支持，而威尼斯则是法国的同盟军。1521 年战争爆发，战争初期，西班牙获胜，夺取米兰和图尔内。1525 年法王弗朗索瓦一世再次占领米兰，后在帕维亚围战役中被西班牙的长矛火绳枪混合方阵击败并被俘。1526 年，弗朗索瓦一世回国后立即加入罗马教皇在英国支持下建立的旨在使意大利摆脱西班牙桎梏的"科尼亚克同盟"，战争再度爆发，双方各有胜负。1529 年，法国在不利形势面前被迫与查理五世签订和约并放弃对意大利的主权要求。7 年过后，弗朗索瓦一世再次挑起战争，占领了皮埃蒙特和萨伏依。1538 年，法国和"神圣罗马帝国"签订为期 10 年的停战协定。但法国使者在米兰被杀一事引发了 1542—1544 年的战争。法国同丹麦、瑞典、奥斯曼帝国结盟，查理五世与英国结盟。法军先后占领威尼斯和马里尼亚诺，但查理五世却攻入法国境内。双方于 1544 年签订《克雷普和约》。1551 年再度爆发意大利战争。交战双方互有胜负，谁也不占明显优势。1559 年 4 月，法西缔结《卡托—康布雷西和约》，正式结束了法国对意大利的争夺，西班牙在米兰公国、那不勒斯王国、西西里和撒丁的统治得以巩固，意大利的分裂局面依然继续。

　　意大利战争是一场法、西霸权争夺战，先后经历了几代国王，持续 65 年之久。它促进了法国中央集权制度的巩固和经济调整。铸炮业、造船业、印刷业、采矿业等日益兴旺，度量衡得到统一，税收制度得以建立，最庞大而有效的官僚机构在法国形成。发端于路易十一时代的法国专制君主制经受住了长期战争的考验，这从客观上有利于法国政治、经济和军事的发展。与此相对应的是，长期的战争使意大利更加分裂，经济发展受到严重破坏。到17世纪，意大利的经济特别是手工工业进一步衰落。意大利的资本主义萌芽也随之日趋枯萎。

在战争期间，经过改进的火器（火枪和轮式炮架青铜火炮）首次得到广泛使用，炮兵首次参加野战和堡垒、设防城镇的攻防战斗。这场战争也表明，雇佣军是不可靠的，政治形势决定战略形势，而军事行动不能对战争结局产生本质的影响。这就是意大利战争的军事意义。

让·加尔文与宗教改革

让·加尔文于1509年7月10日生于法国诺阳古城，从小家学渊源，饱受法国式完美教育。1523年未及弱冠的他便进入巴黎大学深造，而他那文采焕发的拉丁文就是在那时打下基础的。自1528—1533年，加尔文先后就读于奥尔良、勃鲁、巴黎三所著名大学。1531年父亲去世后，他又专攻希伯来、希腊文及拉丁文经典，受业于法王委派的皇家讲师门下。加尔文为人谨慎，沉默寡言，勤于职守，工作按部就班，就学期间以清晰的思辨与精确的逻辑分析为师友所称道，因其学问进步神速，所以时常被邀请为代理教授，同班同学无不静聆其教益。

自1532年春—1534年年初，加尔文经历了一次"突如其来的转变"，宗教信仰从此在他的思想中占据首要地位，"由于突然的感召，上帝征服了我刚硬的心，使它成为可教化。"他说。然而，为着对教会的虔敬，他要有意地反抗自己对新教的倾心，但最终他说服了自己，认为对教会的真正忠心包含着"努力纠正它的错误"。1533年，加氏的密友科普当选巴黎大学校长，发表就职演说时借用伊拉斯谟和马丁·路德的话，要求改革教会，触怒当局，加尔文被人嫌疑为这篇讲稿的撰写人，不得不外出避难。但是他始终坚持自己对新教的信仰："如果我们从这一国被驱逐出去，请记得全地都是属于主的，如果我们被抛出地球之外，请记得我们并非被抛出上帝的国度。"正是这一认识的日益深化。1534 年他回到诺阳，其间曾被关押，虽不久便获释，但法国对他来说已成为危险的地方。大约在 1535 年新年时，他安全抵达新教控制的巴塞尔。

让·加尔文

为说明法国迫害新教有理，法王于 1525 年 2 月发表公开信，指控法国新教煽动无政府主义，这是任何政府都无法容忍的。加尔文感到有必要为受诽谤的同道辩护。为此，他在昂古勒姆匆匆写成《基督教要义》（一译《基督教原理》），书前附有一封给法王的信，可谓宗教改革时代的文学杰作之一。措辞彬彬有礼、典雅庄严，对新教立场作了极其有力的阐述，驳斥国王的诽谤，维护新教的信仰。其时，法国的新教信徒，还没有人用如此清晰明白、严谨有力的语言（不难看出他法学训练的律师才能）阐述过自己的信仰。该书一出版，年仅 26 岁的加尔文便一跃成为法国新教领袖，德国的宗教改革家布赛尔致书加氏："主拣选你做他的器皿，特要带给他的教会丰盛的祝福。"

加尔文以他草拟的教会律例作为日内瓦教会的宪章，在日内瓦进行了彻底的宗教改革。日内瓦把新教精粹播向欧洲各地，也吸引各地因信仰遭逼迫的难民趋之若鹜，著名的苏格兰改教家诺克斯称之为使徒时代以来最完美的基督学校。的确，加尔文给新教的一套教义及神学理论可与天主教阿奎那所著的《神学大全》抗衡，而在他所写的许多灿烂有力的小册子和内容丰富的圣经释义里，他不断地卫护及促进新教的主张，以对抗当时罗马天主教复起的势力。他鼓励经商致富，宣称执政理财同担任教会职务一样，均可视为受命于上帝，这一精神影响到近代资本主义的奠基与发展。

瑞士日内瓦的新教教堂

他提出一项重要的教义，即信徒"人人皆祭司"的观念。它回答了教会早期教父曾提出的问题，究竟怎样才是基督徒，在加尔文传统看来，基督徒和世上的普通人表面上没有什么不同，但是由于基督徒活现福音，在生活中实践福音的本质，所以基督徒理当是最好的公民，最好的商人，最好的水手，做最好的丈夫、妻子、父亲、母亲、主人、仆人……因此，16世纪时，人们公认基督徒的道德行为是最高尚的，17世纪一位神的仆人亦说："我们就是扫地、打扫卫生间，也是为了神的荣耀。"教会开始从中世纪的神职专权的窒息中走出来，也正是由于这种源自对神创造之奇妙的敬畏和感恩，为现代科学的发展建起了架构。

加尔文的宗教改革适应了时代发展的潮流，因而吸引了广大的信众。但新教的迅速发展也引起了罗马天主教会的极大恐慌，他们联合欧洲一切反新教的贵族以及信众疯狂打压新教。这也成为 16 世纪法国胡格诺宗教战争爆发的导火线，并直接导致了像"圣巴托罗缪惨案"这样的悲剧的上演。

同时，繁重的工作打击了加尔文衰弱的身体。他的巨著多半是别人睡觉或在极度忙碌的工作中抽空写作的。一连串的恶疾侵袭了他，使他卧床不起，但他仍然执行他的责任，一直到最后。1564 年 5 月 27 日当他过世的时候，日内瓦小议会在公告中说："上帝给他一种峥嵘伟大的特性。"

马拉松般的胡格诺战争

最早传入法国的新教是路德教。16 世纪 20 年代在法国已有不少路德教徒。但后来法国绝大部分新教徒信奉加尔文教。

加尔文早年曾在法国求学。1533 年改宗新教，次年因法国政府迫害而由巴黎避居瑞士，之后在瑞士发动宗教改革，实行政教合一，建立了由长老和执事管理的共和制教会组织，称为"胡格诺派"。他的著作《基督教原理》出版后引起巨大反响，他认为，人是否得到拯救不靠"圣功"，不靠教会；上帝只拯救"选民"，所谓"选民"可以指个人在事业上的成功。它的观点反映了激进资产阶级的要求，深得法国中下层资产阶级的拥护。它的主体是资产阶级分子，但南部的少数大贵族也参加了胡格诺派，利用加尔文教共和制的组织形式与中央集权的专制王权相对抗，胡格诺派力量发展很快，到 1562 年新教徒团体约有 2000 多个，分布法国各地，其信徒约占全国人口的四分之一，可能包括大概近一半的法国贵族和三分之一的城市居民。

在法国，教会的统一也就是政治的统一。但是新教一直被作为异端而处于地下或半地下状态。自弗朗索瓦一世起，历代国王都对新教采取镇压政策，围绕着天主教与新教的斗争到 16 世纪中叶已蜕变为封建贵族争权夺利的宗教战争。1562 年 3 月，法国天主教势力领导人物吉斯公爵在一个叫瓦西的村庄停留，他在一所教堂望

新教领袖之一——加斯帕尔·德·科里尼

弥撒，他的随从与新教胡格诺派教徒发生冲突，新教徒以石块还击，一块石头打到吉斯公爵，他的随从杀入新教徒中，造成百余人的伤亡。

新教徒立即进行反抗，孔代率兵占领奥尔良，宗教战争爆发，被称为"胡格诺战争"。双方的血腥厮杀进行了 30 年，期间酿造了无数的鲜血与亡魂。1562 年 9 月 20 日，英格兰以支援胡格诺派为名，派沃里克伯爵约翰率英军在勒阿弗尔登陆。次年 3 月，卡特琳发布安布瓦斯敕令，要求双方立即停止内战。随后，天主教与新教双方携手将英军赶出勒阿弗尔地区。1567 年 9 月，胡格诺派再次起义，试图在莫城抓捕王室成员，但未得逞。同年 11 月，天主教军队和胡格诺军队在巴黎近郊的圣但尼展开激战，双方胜负难分。1568 年 3 月，双方签订了隆瑞莫和约，天主教徒被迫对胡格诺派做出更多的让步。讲和不到 5 个月，内战又起。期间，胡格诺军队一度推进到塞纳河地区。法国王室被迫于 1570 年签订对胡格诺派颇为有利的圣日耳曼和约。1572 年 8 月 24 日天主教保王党人制造了圣巴托罗谬惨案，新教领袖之一、海军上将科里尼和 3000 余名新教徒被杀。天主教和新教徒之间一场新的战争随之爆发。1574 年查理九世死后，王弟亨利继位，称亨利三世，但这位天主教国王与天主教贵族首领吉斯公爵之间矛盾不断，因而开始对新教徒采取怀柔政策，而那位圣巴托罗谬之夜后被软禁的那瓦尔王子亨利则借机于 1576 年逃出巴黎，并否认接受了天主教信仰，重新成为法国新教徒的领袖。

1589 年 8 月 1 日，亨利三世被刺身亡，那瓦尔王子亨利继位，成为亨利四世。但天主教派拒不承认这位新教徒国王，三分之二的法国人坚决反对他成为国王。此时的法国已经民生凋敝，人怨沸腾，而内战仍在继续。虽然身处弱势，但亨利四世仍然坚定地向巴黎进军，他的英勇成为部队的旗帜，而他的英勇也使他在军事上不断取得胜利。随着节节胜利，亨利四世兵围巴黎，但巴黎的掌权者们并不肯接受亨利。此时亨利四世的军队已经又饿又穷，迫切想到巴黎劫掠，但亨利表现出了一个政治家的理智，他拒绝下令屠杀，他不想重演"圣巴托罗缪惨案"。而 30 余年的战争也使亨利意识到新旧教派均不会真正屈服于对方，单方面的胜利不可能实现真正的和平。于是他放弃了武力攻占巴黎的计划，而且鉴于法国 90% 以上的人口信仰天主教，他准备改宗天主教。他的改宗决定使许多新教领袖纷纷离他而去，两大阵营中无数的人也斥他为伪君子。但亨利四世仍然下决心改宗旧教。"为了巴黎而做弥撒是值得的"是他的名言。人民已经厌倦了战争，盼望着和平的到来。

1593 年 7 月 25 日，亨利四世在圣德尼大教堂宣布信奉旧教，6 天之后，新旧教两派达成为期 3 个月的休战协定。1594 年 3 月 22 日，亨利四世进入巴黎，沿途无人阻挡，倒是有无数的民众向他报以欢呼，最后他被抬着穿过人群。

1598 年 4 月，亨利四世颁布《南特敕令》，宣布天主教为国教，同时承认新教徒在法国全境的信仰自由，在担任公职方面享有与天主教徒同等的权利。虽然这一敕令遭到天主教方面的极大反对，议会在很长时间拒绝对诏书进行官方登记，按规定如没有登记，则敕令不能成为正式法律。亨利诚恳地对议员们说，这是法国和平重建不可或缺的。他终于说服了议会，并使 6 位胡格诺教徒成为议员。法国因为他而慢慢忘记了似乎势不两立的仇恨。5 月，西班牙同法国议和。30 多年的胡格诺战争至此正式结束。

红衣主教黎塞留

"过路的先生们请留意，那是红衣人在招摇过市！"

这是曾经活跃于巴黎市井之间的一首讽刺诗，被讽刺的人便是法国历代政治家中最杰出的一人——红衣主教黎塞留。

黎塞留是一个怪人，甚至可以说是法国历史上绝无仅有的一人。论口才，他不及马萨兰。论财政，他不及科尔贝尔。但是无论是马萨兰还是科尔贝尔，都是他的学生。他孤高而又殷勤，无情而又慷慨。他大部分时间不苟言笑，有时却侃侃而谈。他的面容棱角分明，身体瘦长，很少有人能看透那一袭红袍之下隐藏的究竟是什么。到底是投机者的野心，还是理想主义者的雄心，或仅仅是出人头地的名利心。"给我一个人的几行笔迹，我就可以判他死刑"，他双手沾满了法国贵族的鲜血。一个个显赫的名字，德·波旁、德·旺多姆、德·蒙莫朗西……要么是被他流放，要么送进监狱，要么是送上绞架。他的无情令人瑟瑟发抖，但是他又很慷慨。这个务实主义者认为，只要出足够的钱和利，没有什么人是不能收买的。这种"慷慨"又令一些人对他死心塌地，为他赴汤蹈火。他任首相期间，平定了贵族和胡格诺教徒的叛乱，铲平了贵族的旧城堡，向各地派遣王室执政官，加强中央政府对地方税收的控制力。将贵族贪污行为减至最低，提高了财政的效率。他彻底改变了法国的格局，以其铁腕将法国推向近代。在国际政治方面，他制订的基本战略确立了法国数百年的战略走向：即分化瓦解日耳曼诸邦，把陆上国境线推到莱茵河西岸，并强力进入大西洋和地中海，广泛开辟殖民地。这个战略在今日看来过于激进。但是在 17 世纪，这种帝国主义战略思想却充满前瞻性。

黎塞留出身并不算卑微，其家族与亨利三世有密切关联，幼年的习武从军经历养成了他坚定的意志力。后来因家中变故，他被迫从军人转为教士，舍弃了浪漫而冒险的军事生涯，为了家族利益而接手吕松教区。在梵蒂冈，他用花言巧语混过了教皇这一关，22 岁继任了吕松主教。

红衣主教黎塞留

　　吕松是他一生中的转折点。在这个又穷又破的领地，他开始大肆发展亲信党羽，其中就包括日后他最得力的助手——约瑟夫神父。他将吕松治理得井井有条，并在这里他写下了人生中第一部重要著作——《基督教徒的修习》。正如他本人所写，吕松不过是"向上爬的垫脚石"，他有更远大的抱负。他不惜投身于当时被世人所不齿的权臣——孔契尼元帅麾下，以便获得施展抱负的机会。几经宫廷起落，在成功调解太后与路易十三的矛盾之后，黎塞留一跃成为宫廷红人，拿到了红衣主教帽，从此正式步入世界舞台。

　　"我的第一个目的是使国王崇高"，他用恩威并济的马基雅维利手段，惩治了不服国王号令的贵族。宗教战争困扰着国家，哈布斯堡王朝虎视眈眈，胡格诺教派在法国南部形成了国中之国。西班牙人随时可以翻过比利牛斯山脉，在法国南部长驱直入。面临这种局势，黎塞留果断出手，以2万法军包围胡格诺党的要塞——拉罗舍尔。那时候的法国没有近代海军，只有10—20艘破船。英国的白金汉公爵率领110艘战船和8000士兵离开朴茨茅茨港，欲图联合西班牙，给法国狠狠地来一下。谁知，黎塞留暗箱操作，与西班牙缔结和平。这使得一向喜欢借力打力的英国不得不单独面对法国。在听闻英国海军南下之后，黎塞留立刻命令加强奥雷龙岛的防御工事，他指挥 4000 工人建造了长达 1500 米高 20 米的长堤，白金汉公爵在这些防御工事面前碰了一鼻子灰，只能在黎塞留的嘲笑下黯然归返。拉罗舍尔陷落，黎塞留结束了国内的宗教战争，完成了亨利四世未竟的事业。

黎塞留领导下迅速崛起的法国海上力量

"我的第二个目的是使王国荣耀"。黎塞留可以说是法国第一个对海洋有深刻认识的政治家。他创建了法国近代海军，并效仿荷兰建立了贸易公司。在他授意之下，萨穆埃尔·德·香布兰远航大西洋，开辟新法兰西三城，这使得法国一跃成为欧洲少数几个在 17 世纪便拥有海外殖民地的国家。为了达成分裂瓦解哈布斯堡帝国的目的，黎塞留挑唆瑞典强力干预中欧事务，打乱了哈布斯堡帝国的部署。之后又在三十年战争关键时刻果断决定参战，四面出击，纵横捭阖，在巩固自身阵营的同时，分化瓦解了天主教同盟，并在荷兰和意大利取得了一系列胜利。1642 年在瑞典取得了莱比锡战役的大胜。1643 年当甘公爵在罗克洛瓦、诺德林根和伦斯三场战役中决定性地击败帝国军，签订威斯特法里亚条约，使法国最终成为三十年战争的赢家。然而黎塞留却没有机会见证这一时刻。

1642 年 12 月 4 日，这位显赫一时的大人物与世长辞。他的死令整个巴黎欢呼雀跃，国民们到处点燃火把，像过节日一般。然而，也许法国人很快就会为他们的行为后悔。在黎塞留死后，威仪不够的马萨兰遭到了贵族的群起声讨，投石党暴动使法国再次陷入内战之中。路易十四掌政后，又只懂得穷兵黩武，黎塞留的外交策略几乎没有学到，最终被群起而攻之。黎塞留或许不是一个军事家，但是他深明利害，知晓时机的重要性，更懂得结交正确的盟友。尽管他从未亲眼见证三十年战争的结束，但是在他的《政治遗嘱》当中，他对战争的结果恐怕早已坚信不疑。

好战的太阳王

路易十四——法国波旁王朝史上最伟大的国王。他以他的文治武功、雄才大略，使法兰西王国成为当时欧洲最强大的国家，使法语成为整整两个世纪里整个欧洲外交和上流社会的通用语言，也使他自己成为法国史上最伟大、也是世界史上执政最长久的君主之一，他是与康熙同时代的西方大帝，时人尊称他"太阳王"。

法王路易十四

路易十四的丰功伟绩建立在他的勤政爱民和知人善任，但更建立在他的东征西讨，南征北战。路易十四是个非常好战的人，他通过不断的战争来满足自己作为一个太阳王的膨胀感，通过不断的战争来维系自己作为一个国王的尊严。为了夸耀武力，在欧洲称霸，他对外实行了侵略性的扩张政策。

在他统治初期，欧洲的形势对法国极为有利。30 年战争后，法国的传统敌人——哈布斯堡王族的两个支系——德意志皇帝和西班牙，都已精疲力竭，而其他欧洲国家，诸如英国、瑞典、波兰以及德国的各独立诸侯国等都无足轻重，且与法国有同盟关系。似乎只有荷兰这个贸易强国可与法国匹敌，但它也是由波旁王室的支系统治着。总之，当时法国在欧洲处于优势地位，看来没有什么障碍能够阻止这位年轻国王的行动了。而陆军首脑勒泰利埃和鲁佛瓦，则为路易十四建立了一支欧洲人数最多、装备最强大的常备军。统率这支军队的则都是一些著名的军事将领。1672 年法国陆军人数为 12 万，到 1690 年就超过了 30 万，几乎与欧洲其他国家陆军总数相当。武器装备也大大改善，都是当时欧洲最先进的。而军事工程师佛邦在筑城方面的革命，则把法国许多城市都修筑成"佛邦式"的堡垒，其防御能力远远超过以往的城防设施。

路易十四就是趁着当时欧洲的有利形势，依靠这支军队进行了一系列大规模的征服战争。1667—1668 年法国与西班牙的战争是由遗产继承引起的。路易十四的王后是西班牙国王腓力四世之长女，1661 年腓力死后，路易以其王后的名义要求继承西属尼德兰的遗产，因此这场战争史称"遗产继承战争"。虽然昔日三十年战争的同盟——英国和瑞典一起来阻止侵略，但这场战争还是以法国的胜利而告终。战后的《阿亨条约》使法国得到了南尼德兰的某些地区。1672—1678 年路易十四又发动了对荷兰的战争。受路易十四侵略政策威胁的国家都加入了以荷兰为中心的反法同盟。而路易十四却巧妙地运用外交手段孤立了荷兰，拆散了这个同盟。1678 年的《尼姆维根和约》，又使路易十四占领了法国东邦的弗朗什、孔泰以及南尼德兰的一些城市。

恢复和平后，其他国家都裁减了军备。唯独路易十四仍保留一支强大的军队，在欧洲各国君主的眼里，法国的力量是如此强大以至于谁都不敢同它抗争。因此，路易十四敢于成立"属地收复裁决院"，对过去历史上曾被他国占领的法国的城市和地区，在"收复"的借口下，派军队重新强行占领。法国强烈的霸权野心，引起欧洲普遍的不安和不满，导致了 1686 年反法"奥格斯堡联盟"的建立。英国、荷兰、奥地利、西班牙、瑞典、意大利和德国一些小邦的诸侯都属于这个联盟。法国几乎完全孤立，它不得不对付一个几乎集合了整个西欧的反法同盟。法军虽然在欧洲大陆取得了一些胜利，但在海上却战败于英国。1697 年双方休战，签订了《里斯维克和约》，法国几乎丧失了除斯特拉斯堡以外所有战前"收复"的土地。

不久，西班牙国王查理二世去世，无嗣。由于路易十四的王后和奥地利皇帝的皇后都是查理二世的姐妹，双方都要求西班牙王位继承权，于是战争再起。而这次战争，路易十四仍然没有讨到便宜，他面对的是几乎一个所有欧洲国家参加的反法联盟。虽然法军经过残酷的战斗，使路易十四的孙子腓力五世登上了西班牙王位，但是西班牙在尼德兰和意大利的全部属地都归了奥地利，英国也获得了法国在北美的一部分殖民地。这场战争大大削弱了法国的力量，此战以后，法国在欧洲的优势地位丧失殆尽。

九年战争中的战场情形

可以说，是路易十四一而再、再而三的穷兵黩武行径重创了法国国势，让法国在欧洲竞争力骤降。而源源不断从前线送下来的伤员的惨状则深深刺痛了法国人的心。1715 年，路易十四去世。他恐怕到死都不会想到，他的伟大的世纪会随着他的离去而离去，而他所推崇的绝对君主制也会在 74 年后轰然崩塌。

凡尔赛的金碧辉煌

1660 年，法王路易十四参观财政大臣富凯的沃宫时，为其房屋与花园的宏伟壮丽所折服，当时王室在巴黎郊外的行宫等无一处可以与其相比。于是，路易十四怒其不尽职守，以贪污罪将富凯投入巴士底狱，并命令沃宫的设计师勒诺特和著名建筑师勒沃为其设计新的行宫。当时的路易十四已有意将王室宫廷迁出因市民不断暴动而混乱喧闹的巴黎城，经考察权衡，他决定以路易十三在凡尔赛的狩猎行宫为基础建造新宫殿。为确保凡尔赛宫的建设顺利进行，路易十四下令十年之内在全国范围内禁止其他新建建筑使用石料。

宏大的凡尔赛宫

1688 年，宫殿主体部分的建筑工程完工。1710 年，整个凡尔赛宫宫殿和花园的建设全部完成。凡尔赛宫一经完工就成为欧洲最大、最雄伟、最豪华的宫殿建筑，成为法国乃至欧洲的贵族活动中心、艺术中心和文化时尚的发源地。在其全盛时期，宫中居住的王子王孙、亲王贵族、贵妇、主教及其侍从仆人多达 3.6 万余人之多。此外，凡尔赛还驻扎有瑞士百人卫队、苏格兰卫队、宫廷警察、6 千名王家卫队、4 千名步兵和 4 千名骑兵。所以当凡尔赛宫修建完成后，总共有 1300 多个房间，整个宫殿显得巨大无比。

凡尔赛宫外立面为标准的古典主义三段式处理，建筑左右对称，造型轮廓整齐、庄重雄伟，被称为是理性美的代表。内部装潢则以巴洛克风格为主，少数厅堂为洛可可风格。正宫前面是一座风格独特的"法兰西式"的大花园，完全是人工雕琢的，极其讲究对称和几何图形化。园内树木花草也别具匠心，使人看后顿觉美不胜收。如果凡尔赛宫的外观给人以宏伟壮观的感觉，那么它的内部陈设及装潢就更

凡尔赛宫的正面

富有艺术魅力了，宫殿内部装饰的极其富丽堂皇是凡尔赛宫的一大特色。凡尔赛宫室内地面、墙壁都用大理石镶嵌，并饰有雕刻、油画等装饰。中部镜厅是凡尔赛宫不同于其他皇宫的地方，镜厅长 73 米，宽 100 米，高 12.3 米。拱顶是勒布陀的巨幅油画。长廊一侧是 17 面落地镜，镜子由 483 块镜片镶嵌而成，将外面的蓝天、绿树都映照出来，别有一番景色。站在厅堂中央，人们可在各角度的巨镜中看到自己一连串由大而小的影子。当年皇室贵族尽情欢乐、豪华奢靡的生活由此可见一斑。厅内两旁排有罗马皇帝的雕像和古天神的塑像，并有 3 排挂烛台、32 座多支烛台和 8 座可插 150 支蜡烛的高烛台，经镜面反射可形成 3000 支烛台，映照得整个大厅金碧辉煌。

奢华华美的镜厅

然而凡尔赛宫也并非完美无缺。皇宫喷泉里有 1400 多个喷水池，它们用掉的水比整个巴黎还要多，而那时巴黎人经常因为缺水而得病，许多人本来只要再多给一两滴水就能救活。国王的 3 万名士兵建造了由 14 个巨型水轮、200 多个水泵组成的一个大机器,从塞纳河向喷水池里输水,不过这台机器经常会出现故障。由于整个建筑是建在细软的沙泥地上,所以有些地基会下沉。同时,过分追求宏大奢华使得凡尔赛宫的居住极不方便。宫中没有一处厕所或盥洗设备,连王太子都不得不在卧室的壁炉内便溺。但这对路易十四来说可能不算什么,因为他一年只洗一次澡。路易十五也极端厌恶寝宫,认为它虽然宽敞豪华,却不保暖。这也是凡尔赛宫的一大弊端所在。

梦想照进现实——七年战争的失败

瘦死的骆驼比马大,无论人口还是国土面积都远远超过英国的法国,即便在好战的路易十四的统治下到 18 世纪初经济崩溃、战争失败,但仍然保持着欧洲大陆第一强国的地位。法国非常不甘心屈从于英国的地位。西班牙王位继承战争之后,英法又断断续续地打过一些小仗,直到 1756—1763 年才打了一次大仗——几乎所有欧洲国家都参加的旷日持久的英法七年战争。

七年战争

这场战争的起因是由于敌对的英国和法国都对北美洲阿巴拉契亚山脉以西的地区提出了领土要求,而欧洲的哈布斯堡王朝琢磨着趁机收复被崛起的普鲁士王国抢走的西里西亚也成为战争爆发的一大诱因。鲜为人知的是,七年战争中的第一枪是由美国首任总统华盛顿打响的。1754 年，担任殖民地民兵中校的华盛顿率领维吉尼亚第一民兵团，为与法国人争夺维吉尼亚的俄亥俄谷地，率军狙击了一小股执行和平外交任务的法国军队。法国人将这一事件报告了巴黎，从而导致了英法在北美的大打出手。

当时普鲁士国王腓特烈大帝获悉：奥地利已经与法、俄结成同盟以孤立普鲁士，夺回西里西亚。于是他向英国求援，英国政府担心哈布斯堡的实力过分膨胀，答应了腓特烈的条件。最终，一个盎格鲁-普鲁士的防卫同盟成立了。

法国立即接受挑战，它认为这是一个报复旧敌和收复它在 1713 年沦丧的部分领土的良机。由于法军战舰速度领先，1756 年 6 月，法军迅速攻击英国的梅诺卡岛，借此挑起了战争。在欧洲，普鲁士在英国的援助下，派遣 7 万大军，于 1756 年 8 月进攻萨克森，旋败奥军，迫使萨克森投降。次年 5 月，俄军攻入东普鲁士，普军败绩。1757 年 11 月普军在罗斯巴赫打败法奥联军，继之在洛伊滕再败奥军，奥军损失 2.2 万人。1759 年，俄奥联军在库纳斯多夫重创普军，普军损失惨重，投入的 4.8 万人，最后只剩下 3 千人。同年英军突袭法国基伯龙湾，消灭大批法军。1760 年 10 月俄奥联军占领柏林。1762 年初腓特烈的追随者——俄国彼得三世即位，同年 5 月与普鲁士媾和，退出反普联盟，战局得以改观。最后，普军击退法奥联军，取得胜利。1763 年 2 月 15 日普鲁士、奥地利和萨克森签订《胡贝图斯堡条约》，欧洲战事结束。

与此同时，英法在美洲、印度等地展开对殖民地的激烈争夺。在美洲，1759 年英军占领魁北克，1760 年英军占领蒙特利尔，完全征服加拿大。在印度，1757 年在普拉西战役中，英军打败亲法的孟加拉的那瓦布。至 1761 年，英国完全取代法国，在印度占据了绝对优势，而法国只保留了几个贸易据点。在西非，英军占领塞内加尔的戈雷岛。在西印度群岛，英军击溃法西联军，占领马提尼克、格林纳达和圣卢西亚诸岛。法国被迫媾和，1763 年 2 月 10 日英法签订《巴黎条约》，欧洲以外战事结束。

七年战争中的科林战役

　　这场战争的实质，除了普奥两国争夺大德意志的领导权外，主要是英法争夺殖民地和海上霸权的斗争。尽管英国参战使集团间的关系变得更为复杂，但战争始终为主要内容所支配，全局性战争基本上是在欧洲大陆打；局部性的英法斗争则在海上与殖民地进行。这场战争对英法间的关系影响极大，由于法国海军远远落后于英国，最后甚至几乎全军覆灭。所以包括印度、加拿大、密西西比河西岸在内的法国的海外殖民地绝大部分被英国夺去，虽然法国仍然拥有密西西比河西面的纽奥良和瓜德罗普岛，但是这次失败标志着高卢雄鸡已经失去了新大陆。法国的对外交策略黯然失败，国际声望显著下落。这次战争亦使法王路易十五失去了人民的支持，并且在他死后成了法国最不得人心的国王之一。

启蒙时代的巨匠们

　　十八世纪的法国仍然是一个君主专制的封建国家，封建专制和天主教会控制着国家的社会生活和意识形态，农村在封建主和教会的盘剥下已是满目疮痍，但宫廷贵族却挥霍无度，导致国库空虚。教会与王室相互勾结，推行文化专制和蒙昧主义，迫害异教徒和有进步思想的人们。而与封建制度的严重衰败形成鲜明对照的则是资本主义经济迅猛发展，资产阶级日益壮大。他们强烈要求冲破旧制度在政治、经济、思想方面的束缚。因此，众多的资产阶级思想先驱们展开了一场在人类历史上占有辉煌一页的思想革命——启蒙运动。

腓特烈大帝宴请普鲁士科学院成

员以及启蒙思想家伏尔泰

启蒙一词在法文中是启迪的意思，启蒙运动意味着以光明驱逐黑暗，开启人们反封建的意识。启蒙运动从兴起到发展几乎贯穿整个 18 世纪，所以人们也把 18 世纪称之为启蒙时代。启蒙运动并没有统一的组织，而启蒙思想家们的主张也并非完全一致，但是他们反封建的目标始终如一。启蒙思想家提出，人生而自由和平等，都有追求生存与幸福的权利，这就从根本上否定了封建特权的合理性。启蒙思想家们高唱理性的赞歌，向往理性的国度，他们把封建专制比作漫漫长夜，呼唤用理性的阳光驱逐现实的黑暗，奏响了消灭神权、王权和特权，追求政治民主、权利平等和个人自由的雄浑乐章。

启蒙时代的法国，可谓群星璀璨、人才辈出。伏尔泰、孟德斯鸠是早期启蒙思想家的两大代表。伏尔泰 1694 年出生在巴黎一个资产阶级家庭，他是一位多产的作家、剧作家、诗人、史学家、哲学家和政论家。他的作品和演说以尖刻、激昂地反对封建制度和教会而著称。人们说，他的思想之敏捷犹如闪电，语言之炽烈犹如天火。他曾坚持不懈地揭露和嘲讽教会的贪婪和教权主义的罪恶，并因此被捕入狱并被驱逐出国。1753 年起，他定居在瑞士和法国交界的菲尔奈，年逾花甲的伏尔泰在幽静的住所里写出了大量的著作、小说和诗歌。1778年，84岁的伏尔泰在菲尔奈去世，后人为纪念他，将他的骨灰移入先贤祠。伏尔泰社会政治观点的核心是平等，主张在法律面前人人平等，这是对当时封建等级社会的否定，他的政治思想核心是自由，主张建立开明君主制，实现言论出版自由、人身自由等。伏尔泰不仅在法国，而且在欧洲都有广泛的影响，被誉为启蒙运动的领袖和导师。甚至欧洲一些封建君主都仰慕他的才华，邀请他成为他们宫廷的座上宾。

孟德斯鸠

　　与伏尔泰不同，孟德斯鸠出身于贵族世家，早年曾在政府中供职，后因感政府腐败，遂辞官挂印前往巴黎，专心研究改变这一状况的出路。他苦心钻研30年，写成历世不衰的名著《罗马盛衰原因论》和《论法的精神》。《论法的精神》一书具体规划了资产阶级国家的政治模式和各项基本制度，特别之处，他发展了英国哲学家洛克的分权思想，建立了立法权、司法权、行政权"三权分立"的政治学说，以互相制约，保障公民的自由。孟德斯鸠这种资产阶级建立自己政权的最基本的理论很快就被资产阶级政治家们奉为经典，有许多原理至今仍是资产阶级国家在法律和政治体制上遵循的基本原则。

　　十八世纪中叶，代表城市平民、资产阶级和广大民众等第三等级利益的启蒙学者竞相出现，其中思想最激进、对法国资产阶级革命影响最大的是小资产阶级民主思想代言人——卢梭。在众多的启蒙思想家中，卢梭是唯一生活在社会底层的人，坎坷的生活经历使卢梭的政治观点十分激进。他认为：人类的不平等不是从来就有的，私有财产的出现和私有观念的产生是不平等产生的根源，而专政暴君的出现则更使不平等达到极点。卢梭

卢梭

主张人民主权论和社会契约论，他认为消灭不平等的唯一办法就是建立人民主权，以此来体现公共意志。公共意志要由法律来保护，因此国家要实行法制，而法律面前则要人人平等。卢梭是对大革命影响最大的启蒙思想家。法国大革命中雅各宾派首领罗伯斯庇尔就自称是"卢梭的学生"，大革命期间革命政府的许多决策及民众的革命行动也都体现着卢梭的主张。

启蒙运动在伏尔泰、孟德斯鸠和卢梭等人的发动和引导下，逐渐走向高潮。18世纪中期，以狄德罗为代表的"百科全书派"成为新一代的启蒙思想家。狄德罗是18世纪唯物主义哲学的最主要代表人。从1745年开始编撰《百科全书》起，他不畏强暴的威胁，勇敢地担当了主编的职责，邀请著名的科学家、思想家、律师、工

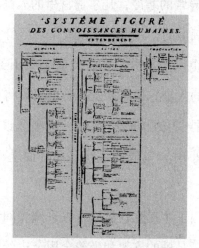

在狄德罗等人的努力下于

18 世纪出版的法国百科全书

艺师等160多人参加了编写工作。《百科全书》汇集了当时自然科学和社会科学的最新成就。除科技外，广泛涉及政治、经济、哲学、文化、艺术、习俗等诸多领域，不仅是一部工艺与科学的百科全书，更是一部批判封建特权和宗教迷信的读物，代表了18世纪法国的最高学术水平。《百科全书》的出版沉重打击了封建主和教会势力，他们害怕人民接受这种无神论的全新思想，于是把《百科全书》称为"魔鬼的新巴比伦塔"，多次禁毁。新老启蒙学者不畏艰险，顶住教会和政府的各种

形式的迫害与压力，冲破道道禁令，呕心沥血 20 余年，全部出齐 35 卷《百科全书》，为人类建立了一座精神文明的丰碑。1784 年 7 月 30 日，狄德罗临终前留下了他著名的至理名言：迈向哲学的第一步，就是怀疑。

十八世纪法国的启蒙运动，犹如一股气势磅礴的洪流，猛烈无情地荡涤着波旁王权的权威，展示着绚丽多彩的新思想、新理论。在人类社会发展史和人类思想史上写下了光辉灿烂的篇章。

1789·新年的到来

1789 年元旦，那一天异常的寒冷，凡尔赛宫里的人都冻得要死。路易十六国王本人取暖用的木柴也都是潮湿的，光冒烟不出火苗。尽管宫殿巨大，各处都走一遍需要走两法里，王宫所属范围也十分广阔，但就是找不到一间陋室去晒干这些木柴。慈善的国王看到周围的人全冻得瑟瑟发抖，也只得将就一下了。除夕夜里，国王睡得很晚，他等待着听挂钟敲响午夜 12 时。这座金银钟挂在国王的工作室里，可以显示出年、月、日、小时和星辰的运行。等钟面上出现了 1789 年字样以后，国王才上床睡觉……

元旦早晨快 8 时了，国王才睡醒。起床后先进洗澡间洗澡，再上厕所，厕所里有一个银脸盆和一个马桶，马桶的支架和坐盖全用金边丝绒布裹着。卧室隔壁是英国式办公室，室内的墙壁上镶嵌了优质薄木板，木板上面蒙着一层质地柔软的深红色纯丝防风衬垫，但是即使在这么一间严实的屋子里，也使人感到不暖和，因为这间屋子和一个露天阳台相通。温度计显示的温度已经接近了零下 20 摄氏度，宫内所有玻璃窗上都结满了厚厚的一层冰凌。谁见到这等景象，谁都会发抖。

11 时以前，亲王、贵族、将军和高级神职人员等前来朝贺的人们已齐集在牛睛厅，等候觐见国王陛下。觐见厅的门上挂着沉重的金镂纹形门帘，只有在高贵的觐见者面前，这扇门才打开。王家乐师在乐谱架前坐下来，霎时间小提琴、双簧管、笛子、单簧管、法国号和巴松管一个个响起来调试音调。11 时整，掌门官喊道："整衣，大人们！"乐队指挥马上敲打了一下乐器，在第一小提琴手的带领下开始奏交响曲。王室成员率先趋步上殿，随后，其他的觐见者依次鱼贯而入。觐见完毕，大家结队前往教堂做弥撒。国王陛下身上佩戴着宽大的蓝色饰带和钻石徽章，在亲王陪伴下和大家一起去教堂。教堂里非常寒冷，虽然冬天里圣坛上添设了一架镶着玻璃的高大镀金架屏风，但它也只能挡住一点过堂风，所以弥撒只进行了半个小时，太长了谁也受不了。

凡尔赛宫的宴会厅

大家从教堂回家，就去参加王宫内举行的盛大宴会了，宴会设在牛睛厅前面的大厅里。按照王家礼仪规定，这种盛宴上只摆一张铺着银白色台布的小方桌，国王和玛丽王后面对面坐在桌子两旁的绿锦缎扶手椅上，公爵夫人们坐在国王夫妇旁边的一排圆凳上，公爵夫人们后面站着各位大臣。宫廷侍卫站立两旁。宴会开始，御膳侍应们捧着镀金的餐具侍候着，盒里面放的各式作料和餐具。给国王端上来的菜全是凉的，因为把菜从御膳房送到国王餐桌上，需要辗转走过一大段路程，尽管菜上盖着马口铁大盆罩也不保温。至于酒嘛，餐具柜上放的长颈大肚玻璃瓶中的酒都结了冰。宴会上的菜名全写出来要50行。仅两道正式大菜：卷心菜牛肉和烤牛肉串的分量足够一个食量大的人吃一阵子的。玛丽王后在大庭广众之前不吃饭，只是一本正经地看着丈夫吃。国王是地道的波旁家族的人，在吃喝上面，一块烫面松糕满足不了他的要求。头几道菜上完，又端上16道小菜，内有清炖火鸡杂碎、烤奶猪肉串、烤羊排、酱牛头肉……而后又端上来四个拼盘，这不是一般的香肠和胡萝卜片拼盘，而是小牛肉片、小兔里脊、冻小火鸡和小牛腿肉拼盘。接下来是六盘烤肉、两盘一般甜食和16盘菜、蛋和奶制小甜食。然后是尾食品：上好的葡萄、石榴、梨、酸橙等各种水果。最末了还有400颗板栗和48个黄油面包。

自然，路易十六不可能吃光这么多东西，只是择其可口的几样吃罢了。但是为了在那张小桌子上摆这么多的菜，却花费了好长时间，忙坏了往返奔忙的御膳侍应们。上桌的菜肴大部分一点没动就撤回御膳房放残肴的地方，那里是个庞大的食品市场，御膳房的官员们靠出卖国王的"残肴剩饭"中饱私囊。当然，这也算物尽其用嘛。

五、英国的崛起

1485—约 1800 年

英格兰的近代历史开始于 1485 年都铎王朝的统治。他们使英国重新加入到欧洲的政治角逐当中。18 世纪，英国通过海外贸易和殖民终于成为一个世界强国。

英国内战

在詹姆士一世和查理一世统治时期，国王加强了封建统治，提倡"王权神授说"，多次解释议会，大肆迫害清教徒，千方百计搜刮民财，激起社会各阶层人民的不满。

由于羊毛价格的上涨，从 13 世纪就已开始的英国"圈地运动"到 16 世纪在商品经济比较发达的东南部地区迅速展开。"圈地运动"的结果是加速了封建农业向资本主义农业的转变，资本主义农场大量涌现，失去土地的农民成为推动资本主义发展的廉价劳动力。到 17 世纪初，英国自给自足的封建农业经济已经瓦解，封建土地经营已转化为资本主义经营，从封建贵族地主中分化出一个与资本主义有密切联系的新贵族，成为资产阶级革命中的一支重要力量。在农业资本主义发展的同时，工商业也获得长足发展。

英国内战

随着资本主义经济的发展，新贵族和资产阶级（包括城市中的工商业资本家、手工工场主、行会行东和农村部分农场主）的力量进一步增强，他们要求废除封建专制，分享政治权利，并产生了反映资产阶级要求的思想意识——清教。他们在国会中形成了与专制王权对立的反对派，国会同国王之间的矛盾和斗争不断发展。1628 年，国会通过限制王权的《权利请愿书》，重申未经国会批准不得任意征税，没有法律依据和法院判决不得任意逮捕任何人。国王查理一世为得到国会拨款勉强批准了《权利请愿书》，但当国会抗议国王随意征税时，查理一世遂于 1629 年解散国会。此后十多年间，王权同国会特别是同广大群众之间的矛盾日益尖锐化。1640 年 11 月，查理一世被迫召开新国会，标志着英国革命的开始。

1642 年 1 月，查理一世离开革命形势高涨的伦敦，北上约克城组织保王军队，准备以武力镇压国会派的"叛逆"行为。8 月 22 日，他在诺丁汉竖起了王军旗帜，宣布讨伐国会内的叛乱分子，从而拉开了英国内战的序幕。

第一次内战（1642—1647 年）：1642 年 10 月 23 日，王军同国会军在埃吉山进行了首次大规模交战。王军兵力 7000 多人，国会军 7500 人。国会军两翼骑兵被王军骑兵的反击所打败，但中路步兵却打退了王军步兵的进攻，并将其击溃，战斗结果未分胜负。10 月 29 日，王军攻占牛津，11 月 12 日攻占距伦敦 7 英里的布伦特福，首都告急。4000 多名由手工工人、学徒和平民组成的民兵队伍火速开往前线，国会军力量大增，迫使王军放弃进攻伦敦的计划。1643 年，整个军事形势对国会军十分不利。9 月，王军兵分三路进攻伦敦，首都再次告急。伦敦民兵组织 4 个团同国会军一起挫败王军的进攻，伦敦再次转危为安。但王军控制了 3/5 的国土，国会派处于被动。

克伦威尔像

国会军在内战初期节节失利，从政治上看主要是由于掌握国会领导权的长老派动摇妥协，不愿与国王彻底决裂，满足于既得利益，无意推翻王权；军事上主要是由于统帅埃塞克斯等人消极怠战，缺乏主动进攻精神，军队缺乏训练，素质较差。这时，军中涌现出了以克伦威尔为代表的一批杰出将领。克伦威尔亲自组织"东部联盟"军队 1.2 万人，在 1643 年的东部几场战斗中连战皆捷。

1644 年 7 月初，两军在马斯顿荒原展开了内战以来首次大规模会战。2 日，王军鲁伯特亲王率骑兵迅速占领整个荒原，国会军获悉后立即向荒原挺进。晚上 7 点左右，国会军左翼骑兵首先冲下高地直扑敌军。接着，中路步兵和右翼骑兵也投入战斗。克伦威尔指挥左翼骑兵很快摧毁了王军第一、第二线骑兵，鲁伯特落荒而逃。一个半小时后，国会军左翼取得胜利。但是，中路步兵和右翼骑兵遭到王军步兵和骑兵的猛烈反击，步步后退，处境危急。克伦威尔此时一举击溃王军右翼骑兵，又集中兵力冲入王军步兵阵中，王军溃败，约晚上 10 点会战结束。王军投入1.5 万人（骑兵 7000 人），死亡 3000 多人，被俘 1500 人。马斯顿荒原之战是英国内战的转折点，它扭转了国会军连连失利的局面，从此掌握了战争主动权。同时，这次会战也是克伦威尔一生的转折点，他对取得会战的胜利起了决定性作用，他的部队从此也以"铁骑军"闻名全国。

由于国会军总司令埃塞克斯等人昏庸无能、消极怠战，国会中以克伦威尔为首的独立派十分不满，1644 年 12 月，国会下院通过《自抑法》，规定议员不得担任军职；1645 年 1 月又通过《新模范军法案》，决定建立一支由国会拨款、骑兵占 1/3 的 2.2 万人的新模范军，任命托马斯·费尔法克斯为总司令，统一指挥全军。在费尔法克斯的坚决要求下，作为议员的克伦威尔被任命为副总司令兼骑兵司令。从此，克伦威尔一身二任，在军队中代表国会，在国会中代表军队，以他为首的独立派掌握了军队的实权。内战的形势也大为改观。

国会军一改过去被动防守、等待作战的消极路线，采取主动进攻、迫敌决战的积极进攻战略，取得了一个又一个军事胜利。其中以内斯比一战最为重要。1645 年 6 月 14 日，双方在内斯比附近展开决战。国会军集中兵力 1.4 万人，其中骑兵 6500 人；王军则拼凑了 7500 人，其中骑兵 4000 人。双方仍然采取传统的步兵居中、骑兵两翼的布阵方法。在克伦威尔的建议下，国会军为诱使王军速战使部队稍向后撤，王军立即下令进攻。早上 10 点 30 分，王军全线出击。鲁伯特率骑兵直扑国会军左翼骑兵，并追击不止。与此同时，克伦威尔指挥右翼骑兵以迅雷不及掩耳之势冲向王军左翼骑兵。

双方步兵也展开决战。克伦威尔击溃王军左翼，但王军步兵攻势迅猛，国会军步兵被迫撤退。在这关键时刻，克伦威尔留一个团继续追击王军左翼残部外，集中其余骑兵猛冲王军步兵侧后。王军遭前后夹攻，顿时大乱，很快溃败。国王率 2000 骑兵逃跑。这次决战，王军伤亡、被俘 5000 多人，全部辎重、枪炮、军火和军旗包括国王的秘密文件全部落入国会军手中。在历时 3 小时的会战中，王军主力遭到毁灭性打击，从此一蹶不振。到 1647 年 3 月，王军的最后一个据点落入国会军之手，第一次内战宣告结束。

第二次内战：1648 年，第一次内战胜利后，革命阵营内部长老派和独立派之间的斗争日益激烈。长老派早在 1647 年 2 月就迫使国会通过解散军队法案，引起广大军官和士兵、群众的强烈不满。8 月 6 日，克伦威尔为首的独立派团结小资产阶级激进派别"平等派"，在伦敦群众的支持下，率军队开进首都，许多长老派议员仓皇逃走，独立派掌握了国会实权。但是，克伦威尔马上反过来镇压了激进的"平等派"。

正当革命阵营发生分裂和斗争时，查理一世逃出国会军大本营，勾结长老派和苏格兰人，于 1648 年 2 月在西南部发动叛乱，第二次内战爆发。国会军先后在威尔士和东部平息王党叛乱，并在 1648 年 8 月 17 日同支持国王的苏格兰军队进行了著名的普雷斯顿会战。克伦威尔首先向苏格兰军左侧的英国王军兰代尔部发起猛攻，经 4 小时激战击溃王军。克伦威尔乘胜直扑苏格兰军，先将里布尔河右岸的敌军击溃，随后渡河追击。18 日晨，国会军在距普雷斯顿 15 英里处的威根追上苏格兰军，并立即率部插入敌阵，将敌后卫部队切割成数段，分而歼之。19 日，国会军继续追歼苏格兰军。克伦威尔同汉密尔顿在沃林顿附近进行了自苏格兰军入侵以来最激烈的战斗。克伦威尔夺取山隘和默西河上的一座桥梁，苏格兰军退路已断，大部人马投降。8 月 25 日，汉密尔顿在走投无路的情况下向国会军将领兰伯特投降。至此，第二次内战以英国国会军粉碎苏格兰军和王军的进攻宣告结束。

英国内战是英国资产阶级在广大人民群众的支持下同封建专制王权之间的一次大搏斗。通过战争，专制王权被推翻，新贵族和资产阶级确立了在国家政治生活中的统治地位。

克伦威尔和英吉利共和国

1599 年 4 月 22 日，奥利弗·克伦威尔降生在英国的一个农业小镇亨廷顿。他的父亲是小镇上的一个中等乡绅。克伦威尔的整个家庭环境完全是清教徒式的，他从小就受到清教徒的熏陶。亨廷顿小学也同样充满了严肃的清教徒气氛，这一切在克伦威尔心中留下了深刻的印象。1616 年，17 岁的奥利弗·克伦威尔进入剑桥大学，可是由于克伦威尔的父亲故去，中断了他在大学里的学习。

1617 年夏天，18 岁的克伦威尔不得不辍学回家帮助母亲料理农庄，1620 年 8 月，克伦威尔同伦敦一个商人的女儿结了婚，开始全力以赴经营农业。此时的克伦威尔一点都不像一个英雄人物，整天忙着养家糊口，靠种田和收租金过日子。

1626 年，查理国王重新召集议会，克伦威尔也如愿以偿地成了议会的一员，从此他的道路发生了根本上的变化。

1642 年 8 月，英国内战爆发。克伦威尔立马招募了一批清教徒农民，组成一支 60 人的骑兵队。克伦威尔先生自任队长，开始了军事冒险的生涯。

事实证明，这位一向不显山不露水的乡绅的确有非凡的将帅之才，他率领的部队战无不胜，攻无不克。1644 年他升为副统领，7 月在马斯顿荒原之战中击败王党军，成为战争的转折点。

根据史书记载，这支特殊的部队作战时高唱着大卫王的《诗篇》，打仗时又是布道又是祈祷。克伦威尔善于运用骑兵的快速机动优势，实施侧翼迂回，连续突击以消灭敌人。在战斗中他的部队日益壮大，严明的军纪使克伦威尔的军队迅速地脱胎换骨，变成了一支强大的正规军。

克伦威尔以其勇敢的精神和审时度势的技巧，严明的军纪和装备精良的部队创造了一个又一个神话。

1644 年 12 月，克伦威尔向处于困境中的议会提出议案，要求废除雇佣兵制，实行募兵制，以建立一支统一指挥的正规军，摆脱目前的困境。1645 年，克伦威尔担任了新模范军副总司令，这是英国历史上第一支正规军。紧接着在纳西比之战中，克伦威尔指挥他的"新模范军"，将王军主力一举歼灭，第一次内战以议会的全胜而告终。1646 年，查理一世落入英格兰议会之手。

此时的克伦威尔踌躇满志，他希望英格兰走君主立宪的道路，让国王成为名义上的君主，而由议会来掌握实权。虽然此时查理已成为议会的俘虏，但是议会军统帅克伦威尔谒见查理时仍然毕恭毕敬，以臣下谒见国王的礼节吻国王的手。查理一世也像在台上一样，宽宏大量地表示，将来要封克伦威尔为伯爵。

不幸的是，革命刚一成功，议会里就因为宗教和利益之争产生了矛盾。囚禁中的查理遂产生利用矛盾里应外合打击议会军的想法，他私下里与爱尔兰密谋串通，企图脱逃。王后也在欧洲大陆招兵买马，准备反攻倒算。于是，1648 年，议会与国王的第二次内战爆发了。

这次克伦威尔早有准备，王军还没有准备好，经验丰富、兵多将广的克伦威尔立即主动出击，各个击破了。随着这年 8 月最后一支支持英王的苏格兰军队在普雷斯顿战役中被消灭，第二次内战在很快就结束了。

查理一世还沉浸的国王宝座的幻想之中，不曾想死神已经亲吻上了他的额头。克伦威尔这次没有像往常那样对国王毕恭毕敬，而是直接砍下了国王的脑袋。凡是用暴力建立起来的政权就必须用暴力来维系，这是克伦威尔究其一生告诉我们的真理。

英国革命就这样因国王被送上断头台而结束，但革命却因反抗一个人的专制开始，以另一个人的专制结束。历史的巨大变革不可能在一朝一夕之间完成，革命推翻了一个旧体制，却没有建立一个有效的新体制。

护国主克伦威尔成为一个没有国王名号的"国王"，掌握了兵权的克伦威尔形成了新的独裁，议会于 1653 年再次被解散。克伦威尔死后，被解散的议会与逃亡在荷兰的查理一世的儿子达成了协议，落难国王的儿子答应恢复议会传统的权力，给英国带来秩序和稳定。

查理一世被处死后，英格兰建立了共和国，国家行政大权临时由克伦威尔任主席的国务会议掌握。但是，效忠国王的势力并没有消失，就在克伦威尔以"叛国罪"的名义将查理一世送上断头后，仅仅过了一个星期，苏格兰议会就宣布拥立查理一世的儿子查理二世为国王，并且准备出兵讨伐英格兰。

克伦威尔再次展现出了他高超的预见能力，于是先下手为强，在消灭了爱尔兰王党分子的威胁之后，迅速移师苏格兰，不久就攻占了苏格兰首都爱丁堡，消灭了苏格兰军队，查理二世逃往法国。克伦威尔占领了整个苏格兰，从此，克伦威尔获得了一个称号——"常胜将军"。

这下议会应该高兴了，驱散了国王的幽灵，日子应该好过了吧？然而，接下来发生的可能让它失望了。

多年的战争下来，军队已经成为一个新的利益集团，他们非常反感那些只会指手画脚的议会成员。军队的暴力是它的权力的基础，军队想自己制定税则收税，以使自己有固定的收入，但是军队发现议会成了它的绊脚石。

其实当下的议会，已经经过多次清洗，早就成了"残缺议会"。但是作为军队利益化身的克伦威尔还是不放过这个倒霉的机构，他决定消灭这只百足之虫。

克伦威尔驱散议会

克伦威尔的第一个举措是派兵守在议会门口，将 140 多个长老派议员赶出议会。经过这次洗牌，议会仅仅剩下了大约 90 名议员，以后又减少到五六十人，于是，"残缺议会"有了一个新名称——"臀部议会"，历史上称之为"残余议会"。但是，就连这个议会也不肯与克伦威尔合作。

接下来，他干脆一不做二不休，亲自率兵入院解散议会。他对议员们说："离开，我说，让我们来把你们的事儿都了了。以上帝的名义，走吧！"当可怜的议员们派人向克伦威尔要求"自由"时，克伦威尔带着讥讽的声调说："他们有呼吸的自由！"

议会发现，他们打倒了国王，却迎来了一个更加可怕的对手，因为，这个对手重新制定了一系列游戏规则，而在这个游戏里面，只有暴力最强者说了算。虚弱的议会已经没有力量对抗这个强大的对手了，饱经战乱的人民对这场无休止的政治游戏早已丧失了兴趣。议会曾经是国王难以对付的敌人，但是在手握重兵、大权独揽的克伦威尔面前却无计可施，只好遵命解散。

1653 年 12 月 16 日，一场英国历史上绝无仅有的就职仪式在伦敦市政厅举行，市政厅里挤满了社会各界的头面人物。克伦威尔坐在正中间的椅子上，显得踌躇满志，神态庄严。

伦敦市长宣布："奥列弗·克伦威尔将军就任英格兰、苏格兰、爱尔兰的护国主。"然后，礼宾官呈上国玺，伦敦市长献上了国剑，克伦威尔起身一一接受。接着，一位将军宣读了新的英国宪法《政府约法》，宣布护国主为终身制，国家的一切施政方针，都要通过护国主才能生效。

克伦威尔终于成了最高的统治者，这位无冕之王用他手中的威仪砝码——军队，曾经先后成立和解散了三个不同的议会，采用了两部不同的宪法，但都没有发挥作用。

克伦威尔一直拒绝加冕称王，因为他的军队反对他称王，而议会则希望他成为新的国王，好从英国千百年来的传统中找到办法去约束这位新国王。克伦威尔还想以此举来表明他并不想实行军事独裁统治，只不过是想建立一个有效率的政府。有的历史学家认为，克伦威尔这样做是迫不得已的，因为他创建不出一种切实可行的政体。

作为"护国公"的克伦威尔独揽行政、立法、军事及外交等大权。这 5 年是他人生最后最风光的日子，他的权力达到了顶峰。国务委员会的 41 名委员全部是他的亲信，为保持稳定，克伦威尔干脆把全国划分为 11 个军管区，各由一位少将担任行政长官。在消灭了国王的英吉利共和国里，憎恨国王专制暴政的英国人民突然发现，他们生活在一个专制独裁的清教徒掌权的国家里。

平心而论，在克伦威尔统治的 5 年里，英格兰建成了大体完好的政体和井然有序的行政机构。他改善了严厉的法律，扶持文化教育事业的发展。克伦威尔还提倡宗教信仰自由，允许犹太人在英格兰定居，并实行他们自己的宗教。他的外交政策也是成功的。但是，克伦威尔最没有争议的功绩还是在海洋方面。

随着克伦威尔以铁腕平息了国内的种种乱象，他的目光重新投向了大海，他颁布了《航海条例》，挑起了与荷兰的海上战争，这就是第一次英荷战争。这次战争使英国重返大洋，英国从此迈上了成为海上霸主的道路。

这场为时两年的海战虽以平局结束，但后果却对英国有利，以海上抢劫发家的英国海军在这场海战中虏获了 1700 多条荷兰商船，使英国的远洋船队得以扩充。战争结束之后，英国的船队可以畅通无阻地驶往整个世界。全球航运贸易从此掌握在英国人手里，荷兰人作为"海上马车夫"的时代一去不复返了。

从克伦威尔时代开始，英国海军成了一支组织得力、强有力的海上力量，从而为英国海权的发展奠定了坚实的基础。1651—1660 年间，英国海军增加了 200 艘军舰，海上巡逻范围甚至扩大到地中海和波罗的海。

1658 年，独裁者克伦威尔因患疟疾在伦敦去世。克伦威尔刚一咽气，他创立的英吉利共和国就出现了乱象。克伦威尔于临死前指定他的儿子理查德为"护国公"二世，但是他的儿子实在不是一个治国之才，桀骜不驯的军中将领没人买他的账，不久就被迫退位，国家政权落到了你争我夺的高级军官手中。于是，失去了强人统治的英吉利共和国很快陷入混乱之中。军队和议会在山穷水尽的情况下想起了流亡在法国的查理一世的儿子，而这位查理也抓住全国久乱思治的大好时机，他发布了《布列达宣言》，宣布除了"弑君犯"之外，其他乱党一概不予追究，声明："赦免参加过革命的人；保证宗教信仰自由；承认革命时期变动的土地产品"。他还允诺恢复议会的传统权力，给英国带来秩序和稳定。

于是，议会通过议案，宣布查理·斯图亚特为"英格兰、苏格兰、爱尔兰最强有力的和不容置疑的国王"。在举国一致的拥护下，查理于 1660 年重登大宝座，这就是查理二世，斯图亚特王朝复辟了。可怜的理查德只得流亡法国，存在了 11 年的英吉利共和国就这样走进了历史。

光荣革命

1685 年詹姆士二世不顾国内的普遍反对，违背以前政府制定的关于禁止天主教徒担任公职的"宣誓条例"，委任天主教徒到军队里任职。此后进而任命更多的天主教徒到政府部门、教会、大学去担任重要职务。1687 年 4 月和 1688 年 4 月先后发布两个"宽容宣言"，给予包括天主教徒在内的所有非国教徒以信教自由，并命令英国国教会的主教在各主教区的教坛上宣读，此举引起英国国教会主教们的普遍反对。与此同时，詹姆士二世还迫害清教徒。他还向英国工商业的主要竞争者——法国靠拢，从而危害工商业者和新贵族的利益。

英国光荣革命中奥兰治亲王威廉回国时的舰队

1688 年 6 月 20 日，詹姆士喜得贵子。其信仰英国国教的女儿玛丽没有希望继承王位。为防止天主教徒承袭王位，新贵族决定推翻詹姆斯二世的统治。

这次，英国人吸取了上次改朝换代的教训，他们没有呼唤克伦威尔，决心用另一种方式来解决问题。1688 年，英国人选择了一种与传统契约方式一脉相承的改革途径。后来的历史证明，这种改革途径孕育着现代政治文明的新规范，那就是政治斗争中的非暴力原则，虽然这次改革没有完全避免暴力。

1688 年 6 月 30 日，英国议会的 7 位要人悄悄聚会，他们秘密起草了一封邀请信送往荷兰。信件的内容是邀请詹姆士二世的亲戚荷兰执政、奥兰治的亲王威廉和他的妻子一起前来英国担任国王，保护"宗教自由和财产"。签名者在信中说："在王国的人民中，20 个人就有 19 个渴望改变"。议会的选择是出于这样的考虑：威廉的妻子是詹姆士二世的长女，同时二人都是新教徒；这样既不违背王位的正统原则，又能符合新教原则。这样一来，可以不通过革命的方式、不需要民众的参与，由统治阶级自己完成一次"对自由的捍卫"。此举如果成功，王权的扩张就会被阻止。

从另一个角度来看，议会采取的这种方式是一个不折不扣的冒险计划。议会无法确定英国的军队是否会在危机到来时忠于国王，也无法确定法国国王路易十四是否会在途中拦截威廉的舰队。而一旦计划失败，所有人将性命不保。

1688 年 10 月，荷兰全国各大城市所有的港口，码头和主要街道，只要是能引人注目的地方，都贴满了揭露英国国王詹姆士二世的反动统治，以及奥兰治亲王威廉的宣言等五颜六色的宣传品。这场被认为是世界上第一次大规模的宣传攻势，正在这里全面展开。

接到信的威廉喜不自胜，这时的他正在与法国为敌，急需得到英国的支持，英国若是落入他的手中，则抗法的力量将数倍增长。但是荷兰和英国刚刚打过两次仗，为了不让英国人感到他是在发动侵略，他决定要避开英军的正面抵抗，在大批英国人站到他的旗帜下之前，不与英军冲突。于是，他决定在英格兰西部地区登陆。这样做有很大的危险，因为英国海军可以切断他的后路，让他全军覆没。但天气帮了他的大忙，他的舰队一路顺风，英国舰队则被逆风封锁在泰晤士河无法出海。等到风停之后英舰驶入海峡时，一阵狂风又把英军赶回了港口。这阵风叫作"新教之风"，人们普遍认为它帮助威廉取得了胜利。

1688 年 11 月 1 日，威廉率领 1.5 万人在托尔湾登陆。消息传到伦敦，詹姆斯二世出逃德意志，途中被截获送回伦敦。后经威廉同意，詹姆斯二世流亡法国。1688 年 12 月，威廉兵不血刃进入伦敦。1689 年 1 月在伦敦召开的议会全体会议上，宣布詹姆士二世逊位，由威廉和玛丽共同统治英国，称威廉三世和玛丽二世。国王由选举产生，这意味着是臣民将管理国家的权力交给了国王，君权从"神授"变成了"民授"。这一变化，从根本上改变了王权的性质，这是英国从专制走向现代民主的一个重要转变。

奥兰治亲王威廉讨伐自己的岳父，不过这次国王没有被砍头，所以就被称为不流血的"光荣革命"。

革命的结果与克伦威尔 1640 年的期望恰好相同——在英国实行一种君主立宪制，国王服从议会，实行宗教信仰自由。一个今天看来极其珍贵的政治制度——君主立宪制，在这次革命中诞生了。

历史就是在文明与野蛮的较量中曲折前进的，无数的恶行和循环往复，最终成就了一个美德，其结果将要为全人类所共同享用。

但是，1689 年 2 月 13 日，议会为威廉夫妇举行了隆重的加冕典礼。英国人的礼数是无可挑剔的，隆重而传统的加冕仪式体现了臣民们对他们的新国王威廉三世和玛丽二世的爱戴。不过，这个仪式与以往并不完全一样，议会代表哈利法克斯先向两位君王献上了王冠，随后又将议会精心炮制的一份重要文件《权利宣言》呈递了上去。宣言谴责詹姆士二世破坏法律的行为；指出以后国王未经议会同意不能停止任何法律效力；不经议会同意不能征收赋税；天主教徒不能担任国王，国王不能与天主教徒结婚等。威廉接受了宣言中提出的要求。宣言于当年 10 月经议会正式批准定为法律，即《权利法案》。根据事先商量好的条件，新王夫妇当众宣读了这份《权利宣言》。

这份宣言继承了《自由大宪章》的精神，体现了英国社会悠久的自由主义传统。它将各种"权利"以人民和国王之间的"契约"形式固定下来，成为英国宪政制度的奠基性文件。每一个英国人都从这一举动中看出：威廉夫妇是在得到了选举人的同意并且接受了选举人的条件后，才得以登上王位的。

七年战争

英国在光荣革命之后，就已经具备了向外扩张的条件。当时新的政治制度已经确立，由此而造成的政治冲突也已经结束。重商主义已经为朝野上下所接受，对外贸易越来越成为最重要的民生国计。辉格党长期执政，为发展海外贸易提供了保障。威廉三世继承王位以后，英国就被拖进了旷日持久的对外战争。

1756—1763 年的"七年战争"，是欧洲两大军事集团即英国—普鲁士同盟与法国—奥地利—俄国同盟之间，为争夺殖民地和霸权而进行的一场大规模战争。战场遍及欧洲大陆、地中海、北美、古巴、印度和菲律宾等地。这次战争对于 18 世纪后半期国际战略格局的形成和军事学术的发展均产生了深远影响。

七年战争前夕，欧洲各大国之间的关系正酝酿着新的大变动，各种矛盾错综复杂，其中对全局起决定作用的首先是英法矛盾。英国从 16 世纪末到 17 世纪 70 年代，先后打败西班牙和荷兰，它同剩下的唯一强大对手法国的矛盾迅速上升，两强决战势所难免。其次是普奥矛盾。自从神圣罗马帝国分裂为一系列，独立的诸侯国后，普鲁士和奥地利最为强大，它们都想成为德意志诸侯国中的霸主，同时由于奥地利哈布斯堡皇室领地西里西亚在两次"西里西皿战争"中被普鲁士占领，两国的斗争日益尖锐化。再次是俄普矛盾。沙皇俄国在 18 世纪初叶打败瑞典而成为欧洲强国之后，继续推行西进和南下扩张政策，并把目标首先指向东普鲁士。普鲁士的日益强大和对外扩张，构成了俄国西进的阻力，两国关系急剧恶化。

在上述背景下，各国都积极争取盟国，孤立对手，纵横捭阖，朝秦暮楚，展开尖锐而复杂的外交斗争。1756 年 1 月 16 日，英普首先缔结《白厅条约》，规定双方负责在德意志境内维持和平，并以武力"对付侵犯德意志领土完整的任何国家"，矛头直指奥、俄、法三国。鉴于此，俄国女皇叶丽萨维塔政府决心放弃原先签订的

《俄英条约》，于 1756 年 3 月 25 日转向同奥地利结成攻守同盟。稍后，法王路易十五政府于 5 月 1 日毅然与宿敌奥地利签订相互保证的第一次《凡尔赛条约》，双方保证各自提供军队，援助另一方反击任何敌人。

随着两大军事集团的形成，双方都进一步争取同盟者。结果，汉诺威（英国王室在欧洲大陆上的世袭领地）、黑森-卡塞尔、不伦瑞克等德意志诸侯国以及葡萄牙先后参加英普同盟；瑞典、萨克森和神圣罗马帝国的大多数德意志诸侯国以及西班牙则先后参加法奥俄同盟。

在欧洲各派力量的分化组合行将完成之际，普王弗里德里希二世判断战争已不可避免，从普鲁士所处战略地位考虑，与其等待敌人进攻，不如趁敌人尚未完全准备就绪之机，先发制人，于 1756 年 8 月底亲率 9.5 万人的军队对萨克森发动突然袭击，七年战争由此爆发。

在普军预有准备的军事行动面前，萨克森军很快陷入包围，被迫投降，首府德累斯顿随即被普军占领。在普军对萨克森军形成包围时，奥地利派出一支军队火速增援，双方在埃格尔河和易北河汇合处的洛沃西采遭遇。交战结果，奥军未能突破普军防御，因此无法挽回萨克森的败局，1756 年的战局以普军的胜利告终。

七年战争之布拉格会战

1757 年初，弗里德里希二世决定挟萨克森战胜之余威，进军波希米亚。5 月 6 日，普军向布拉格发起进攻，奥军被迫退守城内。为解布拉格之围，奥军一部向布拉格开进，普军亦派一部迎击。两军在科林附近遭遇激战，普军失利，随后解除了布拉格之围，退回萨克森。此间，法军分两路在西线展开了军事行动。弗里德里希二世从布拉格撤军后，审时度势，选择其一路打击之。两军于 11 月间举行罗斯巴赫会战，法军大败。当年，俄军亦于 5 月间开始向战场调动军队。夏季，乘奥、法军对普军兵力的牵制，进军东普鲁士，期间两军展开大耶格尔斯多夫之战。普军先占优势，但俄军后又反败为胜。战斗中，俄军著名统帅，当时的旅长鲁缅采夫崭露头角。俄军取胜后，没有发展胜利。普军在罗斯巴赫会战后，主力又由西东进，截击进入西里西亚的奥军，并于 12 月间举行全年度的最后一次大会战洛依滕会战，取得全胜。

1758 年，反普同盟诸国总兵力进一步增加，但由于战略指导上缺乏全局观念，作战行动不协调的情况严重存在。普军趁敌方观望之机，由洛依滕长驱直下奥地利领地摩拉维亚，并包围奥军主力一部驻守的奥尔米茨。此时解冻期已过，俄军又重新西进。普军遂放弃奥尔米茨，北上迎战俄军。普俄两军于 8 月 25 日在屈斯特林城附近的措恩多夫村展开血战，打成平手。普军在休整期间，于 10 月间遭到奥军突然袭击，伤亡惨重，与战争初期相比，实力已明显下降。

1759 年的战争又以俄军的西进为前奏。由于俄军已占领东普鲁士，因而在战略上做出调整，准备同奥军会合，攻克柏林。普军亦以俄军为主要目标，7 月间在法兰克福东南截住俄军，但战败。8 月，俄奥两军在法兰克福会师。为防俄奥联军进攻柏林，普军集结兵力再次前往阻截，双方展开了著名的库纳斯多夫会战，结果普军失败。这场会战使 1759 年成了七年战争的转折年，普军统帅弗里德里希二世对战争前途产生了悲观情绪。只是由于冬天的来临，俄奥联军才未对普军采取进一步行动。

1760 年，俄奥联军在战略上又产生分歧。俄军主张攻打柏林，而奥军则急欲夺取西里西亚，于是两军又各自为战。10 月间，俄军乘奥军与普军周旋之机，曾一度偷袭柏林得手，后在普军主力回救时放弃。普军在解除柏林危机后，调头迎战奥

军，双方在萨克森境内举行托尔高会战，普军勉强取胜，从而度过了艰难的1760 年。

1761 年。普军依然面临三面受敌的困境：法军威胁汉诺威，俄军伺机攻取科尔贝格，而奥军则占领了西里西亚。下半年，俄军主力南下同奥军会合，帮助奥军在西里西亚取得一系列胜利，使普军在全战线的防御岌岌可危。为攻克柏林，俄军另一部在鲁缅采夫将军指挥下开始围攻柏林的门户科尔贝格。当年 12 月，科尔贝格失陷。

由于南北两线的相继失利，普军在战略全局上几乎陷入绝境。但这时发生了一个偶然的但对战争全局产生重大影响的事件，这就是俄国女皇叶丽萨维塔病死，其外甥彼得三世继位。此人有一半普鲁士血统，从小在普鲁士长大，是俄国统治集团中亲普势力的总代表。他继位后，俄国立即退出战争，将所占土地归还普鲁士，并转向同普鲁士结盟。普鲁士由此免于彻底覆灭的厄运，有的历史学家称此为"勃兰登堡王室的奇迹"。

在欧洲大陆以外，战争主要表现为英国和法国在海上和各殖民地的争夺。战争初期，英国在战略上侧重于以海军同法国海军在海上交战。1756 年，英国舰队在梅诺卡岛战役中失败。此后，受命组阁的英国陆军大臣皮特提出了以争夺海外殖民地为主的新战略。英国逐渐扭转了战略上的被动局面，先后夺取了原属法国的加拿大和加勒比海大部地区。1762 年，又从站在反英一方介入七年战争的西班牙手中夺取了古巴。英国还以殖民军队为主力，在海军的支援下，同法国殖民军在印度和菲律宾等地展开角逐，最终完全控制了这些地区。

以俄国退出战争为标志，七年战争进入了尾声。由于英国在海外取得了决定性胜利，普鲁士又重新夺回了西里西亚，加之各国已被战争拖得筋疲力尽，七年战争的结局基本已经形成。1763 年 10 月，英法两国签订了《巴黎和约》，15 日，普鲁士与奥地利、萨克森签订《胡贝图斯堡和约》，战争宣告结束。

根据上述协议与和约，普鲁士巩固了它对西里西亚的占有权；英国取得了加拿大和法国割让的密西西比河以东的所有领土，并且用梅诺卡岛换取了塞内加尔，用古巴换取了佛罗里达的一部分；奥地利放弃了收复西里西亚的要求；法国丧失了北美和南亚的大部分殖民地，但重新获得英国归还的贝尔岛、瓜德罗普、马提尼克、圣路西亚、加利，以及北大西洋的密克隆和圣皮埃尔岛；西班牙在付出代价后，重新获得古巴和菲律宾。

七年战争是法国革命战争前欧洲各主要国家都相继卷入的最后一次大规模战争。英国由于在战争爆发时已经历过资产阶级革命，并处于以机器生产代替手工生产的世界第一次产业革命时期，经济、军事实力获得长足发展，同时由于以老威廉·皮特为核心的统治集团的战略指导发挥了积极作用，因而取得了战争的胜利。普鲁士由于在军事上做了充分准备，加之弗里德里希二世的统帅才能，以有限的人力物力在欧洲大陆上同当时几乎所有的大陆强国相对抗，取得多次会战的光辉胜利，但它称霸欧洲，多面树敌。穷兵黩武的军国主义政策是不足为训的。七年战争中，法国、奥地利、俄国等国结成联盟，在总兵力上并不弱，但其内部战略目标各异，形不成合力，授敌以可乘之隙，犯了联盟战争之大忌。

七年战争获益最大的是英国，它获得了大片的领地，是英国建立海上霸权和殖民帝国的标志。

人文主义作家——杰弗雷·乔叟

乔叟是英国人文主义文学最早的代表，被尊称为"英国文学之父"。他开创了英国文学的现实主义传统，莎士比亚、狄更斯都受过他的影响。

杰弗雷·乔叟（约 1343—1400 年）英国诗人，十几岁起进入宫廷当差。1359年随爱德华三世的部队远征法国，被法军俘虏，不久赎回。乔叟与宫廷往来密切，当过廷臣、关税督察、肯特郡的治安法官、郡下议院议员。他曾因外交事务出使许多国家和地区，到过比利时、法国、意大利等国，有机会遇见薄伽丘与彼特拉克，这对他的文学创作产生了很大的影响。乔叟在庇护者失宠期间，被剥夺了官位和年金，经济拮据。他曾写过打油诗《致空囊》给刚登基的亨利四世，申诉自己的贫穷。1400 年乔叟逝世，安葬在伦敦威斯敏特斯教堂的"诗人之角"。

乔叟的诗歌创作分为三个时期：（1）法国影响时期（1359—1372 年）：主要翻译并仿效法国诗人的作品，创作了《悼公爵夫人》（1369 年），用伦敦方言翻译了法国中世纪长篇叙事诗《玫瑰传奇》等。（2）意大利影响时期（1372—1386 年）：诗人接触了资产阶级人文主义的进步思想。这一时期的创作如《百鸟会议》《特罗伊勒斯和克莱西德》（1385 年）、《好女人的故事》，反映了作者面向生活现实的创作态度和人文主义观点。（3）成熟时期（1386—1400 年）：乔叟在最后 15 年里开始《坎特伯雷故事集》的创作。无论在内容和技巧上都达到他创作的顶峰。他首创的英雄双韵体为以后的英国诗人所广泛采用，被誉为"英国诗歌之父"。

乔叟早期的创作受意大利和法国文学的影响。他把法国文学中的骑士传奇、抒情诗和动物寓言故事等引入英国文学，其早期作品《特罗勒斯和克莱西德》（1385 年），人物性格塑造生动细腻，语言机智幽默。

从 1377 年开始，乔叟多次出使欧洲大陆，接触了但丁、彼特拉克和薄伽丘等人的作品。这些作家反封建反宗教的精神和人文主义思想，使乔叟的创作思想发生了深刻的变化，开始转向现实主义。根据薄伽丘的一部长诗改写的叙事诗《特罗勒斯和克丽西德》，摈弃了梦幻和寓言的传统，代之以对现实社会中的人物和生活细节的描写，这是乔叟的第一部现实主义作品。

乔叟在他生命的最后 15 年创作了《坎特伯雷故事集》，这是他最杰出的作品。《坎特伯雷故事集》描写一群香客聚集在伦敦一家小旅店里，准备去坎特伯雷城朝圣。作品前有总序，有声有色地介绍了众香客的社会地位、外貌特征和他们的举止、个性。店主人建议香客们在往返途中各讲两个故事，看谁讲得最好。故事集包括了 24 个故事，其中最精彩的故事有：骑士讲的爱情悲剧故事、巴斯夫讲的骑士的故事、卖赎罪券者讲的劝世寓言故事、教士讲的动物寓言故事、商人讲的家庭纠纷的故事、农民讲的感人的爱情和慷慨义气行为的故事。

《坎特伯雷故事集》叙述和揭露了貌似神圣的僧侣种种见不得人的丑行，肯定和歌颂了爱情自由、婚姻幸福，不仅宣传了人文主义思想，而且也充分显示了作者对教会的痛恨与反感。作品广泛地反映了资本主义萌芽时期的英国社会生活，揭露了教会的腐败、教士的贪婪和伪善，谴责了扼杀人性的禁欲主义，肯定了世俗的爱情生活。通过对骑士、侍从、地主、自耕农、贫农、僧侣、尼姑、商人、海员、大学生、手工业者等人物的描绘和刻画，真实地展示了 14 世纪英国社会的真实面貌。

《坎特伯雷故事集》的艺术成就很高，远远超过了以前同时代的英国文学作品，是英国文学史上现实主义的第一部典范。作品将幽默和讽刺结合，喜剧色彩浓厚，其中大多数故事用双韵诗体写成，对后来的英国文学产生了影响。人物形象鲜明，语言生动活泼。乔叟用富有生命力的伦敦方言进行创作，也为英国文学语言奠定了基础。他首创的英雄双韵体为以后的英国诗人所广泛采用。

乔叟的艺术风格的特点是幽默和讽刺。他认为"真诚是人所能够保持的最高尚的东西"。他不直接对读者进行说教，而是寓教导于娱乐之中，用幽默和讽刺来替代鞭挞和谴责。他的作品语言生动，在人物刻画上既注意外貌特征，又注意深刻细腻地展示内心世界。在英国文学史上，他是第一个使用十音节"双韵体"的诗人，这个诗体后来在他首创下，演化成了"英雄双韵体"。

戏剧宗师——威廉·莎士比亚

"放弃时间的人，时间也会放弃他。"

"成功的骗子，不必再以说谎为生，因为被骗的人已经成为他的拥护者，我再说什么也是枉然。"

"生存还是毁灭，这是个问题。"

这就是伟大的英国剧作家、诗人威廉·莎士比亚的名言。

莎士比亚于 1564 年生于英国中部瓦维克郡埃文河畔斯特拉特福。其父约翰·莎士比亚是经营羊毛、皮革制造及谷物生意的杂货商，1565 年任镇民政官，3 年后

被选为镇长。莎士比亚幼年在当地文法学校读书，他虽受过良好的基本教育，但是未上过大学。1582年，18岁的莎士比亚与邻乡农家女26岁的安妮·哈瑟维结婚，不满21岁时已有了三个孩子。

1585—1592年间他的情况不详，被论者称为"失去的年头"。1585年后离开斯特拉特福，到伦敦谋生。1590年左右参加了剧团成为一名演员和剧作家，开始了他的舞台和创作生涯。他三十而立，蜚声剧坛，4年后就已经成了英国戏剧界的泰斗。1592年，剧院经理P·亨斯娄首先提到莎士比亚的剧作《亨利六世》上篇。同年，剧作家R·格林死前在《千悔得一智》中影射莎士比亚姓氏，并引用《亨利六世》下篇台词，骂莎士比亚是"一只暴发户式的乌鸦"，可见他当时已颇有名望。1593—1594年，他创作出版了两首长诗《维纳斯与阿多尼斯》和《鲁克丽丝受辱记》，先后献给了年轻贵族索桑普顿伯爵。他还写过一些杂诗和1609年出版的154首十四行诗。从1594年开始，他所在的剧团受内侍大臣庇护，称为"宫廷大臣剧团"。1598年左右，他作为剧团股东同其他人合建了环球剧场，他以后的戏剧作品主要在这里公演（后来大约在1609年增加了"黑衣修士剧场"）。他自己也随团进宫演出，偶尔还去大学和法律学校演戏；夏季或瘟疫流行，伦敦剧场停演时，就到外省演出。1598年，弗朗西斯·米尔斯（1565—1647年，英国作家）已在其《智慧的宝库》中列举莎士比亚35岁以前的剧作，称赞他的喜剧、悲剧都"无与伦比"，能和古代第一流戏剧诗人们媲美，但他生前没出版过自己的剧作。1596年，他以他父亲的名义申请到"绅士"称号和拥有纹章的权利，又先后三次购置了可观的房地产。1603年，詹姆士一世继位，他的剧团改称"国王供奉剧团"，他和团中演员被任命为御前侍从。1612年左右，他告别伦敦回到家乡定居。1616年4月23日病逝，葬于镇上的圣三一教堂。

莎士比亚是早已被世人所公认的戏剧文学的宗师。从莎士比亚在世时起直到今天，研究莎士比亚的学者已不计其数，评论他的著作的文字也可车载斗量了。总的看来，自然是褒多于贬。托尔斯泰曾鼓足勇气，对莎士比亚有所批评，但当批评所激起的涟漪渐渐舒缓后，湖面又恢复了往昔的平静。其实莎士比亚本人不一定有过这种期望。诚然，他对自己的诗歌似乎非常欣赏，觉得这些有可能"垂辉映千春"。但对剧作，他并没怎么认真对待，告老还乡时手稿全都留在剧院里，只是在他逝世以后，他的两位好友才费力汇集成册出版，对他以示纪念。

天才和成功所需要的条件固然很多，但勤奋则是最重要的。莎士比亚在伦敦的20余年里，又要演戏，又要创作，工作是非常勤奋的，生活是十分紧张的。他上学不多，全靠如饥似渴地博览群书而自学成才。有人说他如着魔一样地致力于戏剧创作。他的神志经常处于白热化状态。他似乎有使用不完的精力，有无限的才智和技艺。在20年里他创作出37个剧本，每一个都具有不朽的内在活力，令人读起来回味无穷。这种艺术效果的取得，首先是他勤学苦练、力求精深圆熟的结果。可惜的是，由于莎士比亚多年积劳，身体严重亏损，因而退休后不足3年，便溘然与世长辞了。

柏拉图在谈到希腊人时说过，不管从其他种族那里继承了什么，他们最终总是把它造就得更加精美一些。把这句名言应用在莎士比亚的文学创作上，也是很合适的。莎士比亚的独创力不在于虚构故事和情节方面，而主要表现在他以非凡的智慧、丰富的知识去改写和充实旧剧本上。原来的剧本无论怎样干瘪乏味，一经莎氏之手，便奇迹般地变得体态丰润、生气勃勃了。比如《哈姆雷特》一剧，在莎士比亚以前就有三种底本，可是只有莎士比亚的妙笔，才使它成为脍炙人口的艺术珍品而流传至今。

提到莎士比亚，人们总喜欢说"前无古人，后无来者"。但他的独到之处究竟在哪里，大概在于他对人和人生的深刻的认识上吧！读他的书是研究人生的捷径，莎士比亚的世界是人生大千世界的缩影。他笔下的人物，不论主次和出场时间的长短，见上一面，便再难忘却。莎士比亚耳聪目明，平时待人接物，善于捕捉人们的言谈话语，把它们写进剧本里，于是人物就栩栩如生地跃然纸上了。所以又有人讲，上了年纪、阅历丰富的人才能读懂莎士比亚，这种说法是颇有见地的。莎士比亚的四大悲剧，即《哈姆雷特》《奥赛罗》《李尔王》和《麦克佩斯》，还有大家所熟知的《罗密欧与朱丽叶》等剧目，篇篇堪称是经典巨著。

莎士比亚的戏剧大都取材于旧有剧本、小说、编年史或民间传说，但在改写中注入了自己的思想，给旧题材赋予新颖、丰富、深刻的内涵。在艺术表现上，他继承古代希腊罗马、中世纪英国和文艺复兴时期欧洲戏剧的三大传统并加以发展，从内容到形式都进行了创造性革新。他的戏剧突破了悲剧、喜剧的界限，努力反映生活的本来面目，深入探索人物内心奥秘，从而能够塑造出众多性格复杂多样、形象真实生动的人物典型，描绘了广阔的、五光十色的社会生活图景，并以其博大、深刻、富于诗意和哲理著称。

莎士比亚的戏剧是为当时英国的舞台和观众写作的大众化的戏剧。因而，它的悲喜交融、雅俗共赏以及时空自由、极力调动观众想象来弥补舞台的简陋等特点，曾在18世纪遭到以伏尔泰为代表的古典主义者的指摘，并在演出时被任意删改。莎剧的真正价值，直到19世纪初，在柯尔律治和哈兹里特等批评家的阐发下，才开始为人们所认识。然而，当时的莎剧演出仍常被纳入五幕结构剧的模式。

17世纪始，莎士比亚戏剧传入德、法、意、俄、北欧诸国，然后渐及美国乃至世界各地，对各国戏剧发展产生了巨大、深远的影响，并已成为世界文化发展、交流的重要纽带和灵感源泉。中国从20世纪初开始介绍和翻译莎剧，到1978年出版了在朱生豪译本基础上经全面校订、补译的11卷《莎士比亚全集》。1902年，上海圣约翰书院学生最早用英语演出《威尼斯商人》。据不完全统计，中国先后有65个职业和业余演出团体，以英、汉、藏、蒙、粤五种语言，文明戏、现代话剧、戏曲、广播剧、芭蕾舞剧、木偶剧六种形式，共演出莎剧21部，包括了莎剧大部分重要作品。莎剧已成为中国中学、大学特别是戏剧院校的教材。莎剧的重要角色为中国演员的培养和提高开辟了广阔天地。

莎士比亚给世人留下了37部戏剧，其中包括一些他与别人合写的一般剧作。此外，他还写有154首十四行诗和三四首长诗。

虽然莎士比亚用英文写作，但是他是一位真正闻名世界的人物。虽然英语不完全是一种世界语言，但是他比任何其他语言都更接近世界语言。

盲诗人——约翰·弥尔顿

英国文学史上的著名诗人，在乔叟和莎士比亚以后要推约翰·弥尔顿了。诚然，说他和莎氏比肩齐名，也许不很恰当；但继乔叟、莎士比亚以后，称他是第三大诗人，还是符合实际的。弥尔顿自幼便有一种常人少有的使命感，他深信自己负有创作不朽诗篇的天职，对自己的天赋也毫不隐讳。他年轻时曾埋头苦读 5 年，涉猎古今，博闻强记，以待"羽翼丰满，举翅翱翔"。后来他又漫游欧洲，在意大利见到了开创现代科学的伽利略。

这次会见极其重要。有人说，没有望远镜，就没有弥尔顿的《失乐园》。这话颇有些道理。《失乐园》内含天、地和整个宇宙，没有伽利略的天文学开阔眼界，弥尔顿的想象实难如此地驰骋于天堂与地狱之间。这又令人记起斯威夫特的《格列佛游记》。有评论说这本书同显微镜的关系密切，书里说，大人国里人的汗腺孔一个个都清楚分明。因而，说弥尔顿的想象力得到了望远镜的启发，斯威夫特受益于显微镜，应该不算夸张。

约翰·弥尔顿的《失乐园》

约翰·弥尔顿（1608—1674 年）生于伦敦一个富裕的清教徒家庭，在剑桥大学求学时和毕业后一个时期，钻研古代和文艺复兴时期文学，深受人文主义思想熏陶。1638 年他到意大利旅行，访问过伽利略，并和意大利的文人学者交往。1639 年，英国革命形势紧张，他回国参加反对国王和国教的斗争，在 1641—1645 年间发表过许多政论小册子。1649 年共和国成立后，新政府任命他为拉丁文秘书。他写了不少文章捍卫共和国，因积劳过度，双目失明，但仍坚持斗争。王朝复辟后，他受到迫害，著作被焚毁，生活贫困。这一时期，他完成了三部杰作：《失乐园》《复乐园》和《力士参孙》。

弥尔顿早年的创作主要是短诗，其中较为著名的有《快乐的人》和《幽思的人》。这两首诗描写诗人的轻松愉快心情和沉思的乐趣，体现了人文主义者对生活享受的追求。他的十四行诗歌颂自由，斥责教会，或抒写个人的情怀，艺术上有较高的成就。

弥尔顿在担任政府职务前后写过不少政论文，参加宗教和政治论战。他站在清教徒立场上，主张取消国教的主教制度。并在政治问题上给王党以有力打击。他的《论出版自由》主张言论自由，反对当权长老派的跋扈。《论国王与官吏的职权》从《圣经》和古希腊、罗马的政治学说中找出论据，说明人民有权废黜和杀死暴君，以坚定人民的革命信心；《为英国人民声辩》则驳斥了当局认为英国人民犯了弑君之罪的谰言。

《失乐园》长约 1 万行，分 12 卷，故事取自《旧约》。夏娃和亚当因受撒旦引诱，偷吃知识树上的禁果，违背了上帝旨令，被逐出乐园。撒旦原是大天使，但他骄矜自满，纠合一部分天使，和上帝作战（卷 5、6），于是被打到地狱里遭受苦难（卷 1、2）。他这时已无力反攻天堂，才想出间接报复的办法，企图毁灭上帝创造的人类。上帝知道撒旦的阴谋，但为考验人类对他的信仰，便不阻挠撒旦。撒旦冲过混沌，潜入人世，来到亚当居住的乐园（卷 3、4）。上帝派遣拉法尔天使告诉亚当面临的危险，同时把上帝创造世界和人类的经过告诉他（卷 7、8）。但是亚当和夏娃意志不坚，受了撒旦的引诱，吃了禁果（卷 9）。上帝决定惩罚他们（卷 10），命迈克尔天使把他们逐出乐园，在放逐前，迈克尔把人类将要遭遇的灾难告诉了他们（卷11、12）。

诗人写这首诗的目的在于说明人类不幸的根源。他认为人类由于理性不强，意志薄弱，经不起外界的影响和引诱，因而感情冲动，走错道路，丧失了乐园。夏娃的堕落是由于盲目求知，妄想成神；亚当的堕落是由于溺爱妻子，感情用事；撒旦的堕落是由于野心勃勃，骄傲自满。诗人通过他们的遭遇，暗示英国资产阶级革命也由于道德堕落、骄奢淫逸而惨遭失败。

弥尔顿继承了16世纪的人文主义思想，接受了17世纪新科学的成就，同时对它们采取批判的态度。他肯定人生，但否定无限制的享乐；他肯定人的进取心、自豪感，但否定由此演变出来的野心和骄傲；他肯定科学，但认为科学并不是一切，有科学而没有正义和理想，人类不会得到和平与幸福。弥尔顿的这种思想也就是革命的清教思想的反映。

弥尔顿在思想上要批判骄矜的撒旦，感情上却同情他所处的地位，因为撒旦受上帝惩罚，很像资产阶级受封建贵族的压迫。在描绘地狱一场时，弥尔顿虽然口口声声说撒旦骄傲、野心勃勃，但在对话里，在形象上，撒旦又完全是一个受迫害的革命者。这个形象十分雄伟，在凶险的地狱背景衬托下，他的战斗决心表现得更鲜明。撒旦说：

战场上虽然失利，怕什么？

这不可征服的意志，报复的决心，

切齿的仇恨，和一种永不屈膝，

永不投降的意志——却都未丧失。

同时，通过和撒旦一起被贬入地狱的天使们的形象，诗人描绘了当年愤怒的革命战士：

对最高的掌权者，

他们发出了怒吼，并用手中的枪，

在他们盾牌上，敲出猛烈的声响，

愤愤然向头上的天穹挑战。

这是英国资产阶级革命的不可磨灭的记录，是卓越的艺术成就。而诗中的上帝却显得冷酷无情，缺乏生气。弥尔顿在这首诗里对封建贵族的放荡生活也给予了尖锐的批评。

在《失乐园》里，弥尔顿显示了高超的艺术。诗人的革命热情和高远的想象使他雕塑出十分雄伟的人物形象，如撒旦、罪恶、死亡等，描绘了壮阔的背景，如地狱、混沌、人间等。他的诗歌风格是高昂的。诗中运用了璀璨瑰丽、富有抒情气氛的比喻，独特的拉丁语的句法，和雄浑洪亮的音调等。在结构上，《失乐园》承继着古希腊、罗马史诗的传统，成为英国文学中一部杰出的史诗。

《失乐园》读来颇有荷马维吉尔的作品的味道。他字斟句酌，一丝不苟，有时夜半得诗，就迫不及待地把女儿从梦中唤醒，口述成篇。

《力士参孙》是一出悲剧，取材于《旧约·士师记》。参孙是以色列民族英雄，被妻子大利拉出卖给非利士敌人，眼珠被挖掉，每日给敌人推磨。一个节日，非利士人庆祝对参孙的胜利；参孙痛苦万分，这时他父亲劝他和解，大利拉的忏悔更给他以刺激，敌人赫拉发对他威胁和侮辱。这些都激发了他的战斗精神。在敌人威逼他表演武艺之后，他撼倒了演武大厦的支柱，整个大厦坍塌，他和敌人同归于尽。

这出悲剧表现了坚强的革命精神。它反映了王朝复辟后资产阶级革命者内心的痛苦和身受的迫害。歌队这样责难神：

你甚至叫他们

色在邪门异教的刀剑之下，

把他们尸体丢给野狗、猛禽；

或使他们做俘虏，

或朝代改了，在暗无天日的法庭里

受负义群氓的审判处刑。

从这里可以看出复辟王朝如何残酷地对待革命者，如何杀的杀，放逐的放逐，就连克伦威尔的尸体也被枭首示众。他们痛苦异常，愤怒无比，一定要继续革命：

有一天神会把不可战胜的力量

放在人民救星的手里，

来镇压世间的暴力、人民的迫害者

和野兽一般狂暴的恶人。

诗人也指出深自忏悔，克制骄矜，控制情欲，恢复信心，是资产阶级革命的道路。《力士参孙》采用了崇高严肃的题材，具有汹涌澎湃的感情，质朴有力的语言，活泼有节的音律。这一悲剧是弥尔顿艺术的新发展。它运用希腊悲剧形式，实际上是一部宏伟的剧诗。

几篇长诗写成以后，弥尔顿顿觉如释重负，心绪平静下来，在一片安静中悄然离开人世，去世时他已是闻名遐迩的大诗人了。

六、从独立斗争到被法国占领的荷兰

1477—1795 年

宗教改革运动后，哈布斯堡王朝经过斗争获得了独立，这导致了尼德兰反抗信奉天主教的西班牙国王争取解放的斗争。1581 年，北方的新教诸省在奥兰治亲王威廉一世的领导下获得独立，独立斗争达到了高潮。加尔文教派控制的北方同忠于哈布斯堡家族、信奉天主教的南方之间的战争一直延续到 1621 年。在奥兰治家族的执政之下，荷兰在 17 世纪经历了一个黄金时代，成为一个航海、贸易和文化的强国，但是最后又被英国所取代。

解放斗争的起源

在宗教改革运动和加尔文教派的影响下，富庶自信的尼德兰逐渐卷入了与其宗主国信奉天主教的哈布斯堡王朝的严峻冲突之中。

1477 年，本属勃艮第公爵的尼德兰，经过勃艮第的玛丽同日后成为神圣罗马帝国皇帝的奥地利的马克西米利安一世联姻，被并入哈布斯堡王朝。马克西米利安于 1512 年将大部分省份合并为"勃艮第联合体"。

在其孙查理五世自 1506 年继位统治尼德兰后，联合体的特权大为增强。

奥兰治的威廉在觐见帕尔马的玛格丽

特时提出抗议，19世纪的油画。

从1540年起，加尔文教逐渐在尼德兰获得立足之处。1542年，在查理的出生地日内瓦爆发叛乱，激进的加尔文教徒组织起来破坏天主教堂。

查理之妹、匈牙利的玛丽试图推行妥协的政策，但查理于1555年退位后，尼德兰归其子西班牙的腓力浦二世所有，腓力浦拒绝任何对新教徒的安抚政策。1559年，他派自己同父异母的姐姐、帕尔马的玛格丽特任尼德兰执政。

玛格丽特重新推行其姑母的和解政策，然而当时几乎所有的尼德兰加尔文教派贵族都一致要求撤销天主教宗教裁判所，并要求西班牙撤军，实现宗教信仰自由。

加尔文教派教徒抢劫、破坏天主教堂，16世纪的铜版画。

尼德兰人集体行刑，16 世纪的铜版画。

由于谈判未果，腓力浦二世决心采取镇压手段，1567 年他派阿尔法公爵率西班牙军队进入尼德兰，执政统治被取消。

阿尔法通过武力恢复君主统治，当年 9 月逮捕了反对派首领埃格蒙特伯爵和霍恩伯爵，并于 1568 年 6 月在布鲁塞尔将他们斩首处死。

于是，整个尼德兰起来公然反叛，独立战争由此开始。新教徒被西班牙人嘲笑为"乞丐"，但他们以此自称，并使西班牙人陷入一场游击战中。西班牙对此采取了残酷的报复手段。

尼德兰独立战争

尼德兰争取从西班牙独立的斗争在阿尔法公爵的高压政策之下进一步加剧。1581 年，荷兰宣布独立。自由战士的领袖是奥兰治的威廉一世和他的家族。

1556 年，加尔文教派教徒的暴动激起了西班牙的腓力浦二世对尼德兰的宗教异端进一步的镇压。拿骚-迪伦伯格家族的奥兰治的威廉一世原为查理五世密友，1568 年他接过了尼德兰新教徒的领导权。威廉对独立国家的热情追求终于让荷兰共

和国建立起来。

布鲁塞尔大广场，西属尼德兰首都。

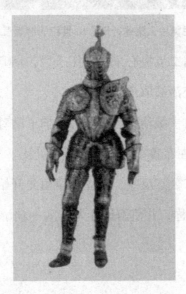

亚历山大·法尔内塞的盔甲，西班牙国王腓力浦二世所赠。

　　威廉及他的两个兄弟拿骚-迪伦伯格公爵约翰六世和路易是帝国中加尔文教主战派的代表人物。路易横穿波希米亚和匈牙利同新教激进派结盟。1567年后，约有6万名受迫害的加尔文教徒涌入尼德兰，从而大大加强了人们追求自由的决心。1572年，威廉率新教军队深入尼德兰，先后从西班牙手中夺取了几座城市。面对义军的胜利，腓力浦二世于1573年召回阿尔法公爵，撤销了他的总督之职。

在短暂的停火协商之后，1576 年起义进入到最后一个阶段。虽然威廉在北方诸省立法建国，但是由于"乞丐"们不愿在宗教问题上妥协，因此无法建立起一个统一的包括南方省份的联邦。1579 年，荷兰、弗里斯兰、海尔德兰、泽兰、上艾瑟尔、乌得勒支和格罗宁根七个北方省份，即联省组建为乌得勒支同盟，由威廉任总督。

1581 年，乌得勒支同盟又正式脱离西班牙，成立尼德兰联省共和国。

1579 年，南方省份成立阿拉斯同盟，承认来自西班牙的总督帕尔马公爵亚历山大·法尔内塞，它们后来组成了受哈布斯堡王朝统治的西属尼德兰。然而，由于法尔内塞在媾和与开战之间摇摆不定，战争并未就此结束。

代尔夫特新教堂的奥兰治的威廉的墓

地，约 1651 年的油画。

1580 年，腓力浦二世悬赏要取威廉的首级。1584 年，威廉在代尔夫特被一个天主教狂热分子刺杀。

17 世纪上半期独立后的荷兰

联省共和国同南尼德兰之间的战争到 1609 年结束。来自拿骚-奥兰治家族的执政同强大的商人阶层之间为由谁来统治联省，展开了长期的权力斗争。

宣布独立之后，联省还要继续抵抗亚历山大·法尔内塞所率西班牙军队的入侵；在国内又要对付天主教徒。1584 年，联省执政奥兰治的威廉被一个天主教狂热

荷兰东印度公司舰队，1675 年的油画。

分子刺杀。1585 年，安特卫普被法尔内塞攻占，联省接受了英国女王伊丽莎白一世出兵相助的提议——她派莱切斯特伯爵率 8000 英军助战。战争打打停停，直到1607 年威廉之子拿骚的毛里斯经过两年苦战，将西班牙军队逐出新教控制的尼德兰地区。1609 年，西属尼德兰总督、奥地利的阿尔布莱希特大公及其妻子腓力浦二世之女伊莎贝拉·克拉拉·尤金娜同联省停战议和。1621 年，西班牙的腓力浦三世最终承认了尼德兰联省共和国的独立。

哈莱姆一对商人夫妇的结婚像，弗朗斯·哈尔斯绘的油

画，1622 年。

北尼德兰从战火中迅速复苏，依靠城镇中产阶级的强大力量，它很快崛起成为17 世纪欧洲最富庶的国家之一。荷兰一度是最主要的航海和殖民强国，其疆土从北美（新阿姆斯特丹，即后来的纽约）和加勒比海地区绵延至印度尼西亚和日本。

它还取得了极高的文化成就，尤其是在绘画领域。不过，联省国内的政治关系极其复杂，1590 年各省一致决定不立单一的国家最高首脑。

位于海牙的毛里斯宫

1581 年，奥兰治的威廉一世的长子毛里斯接任联省执政。联省中经济实力最大的荷兰省主要由一个富有的上层商人和律师阶层控制，他们的领袖约翰·范·奥登巴内费尔德从 1586 年起就是仅次于毛里斯之下的荷兰政治领导人。尽管毛里斯希望继续战争，但范·奥登巴内费尔德出于商贸利益的考虑，于 1609 年接受了同西属西班牙的停战协定。经过一场权力斗争，1619 年毛里斯罢黜范·奥登巴内费尔德并将他处死。这一冲突反映了荷兰国内奥兰治家族的执政与市镇代表之间起伏不断的权力斗争，这类斗争占据了 1786 年前荷兰历史中的大部分篇幅。1625 年，毛里斯同父异母的弟弟弗雷德里克·亨利继任联省执政，他在三十年战争中从西班牙手中夺取了南部边境附近的大量要塞，并将其位于海牙的宫廷发展为一个艺术和文化的中心。

法国占领前的荷兰

1672 年，在威廉三世统治之下，奥兰治家族在国内权力斗争中占据上风。但是他的后代却在 1795 年被法国的革命军队驱逐出境，荷兰被拿破仑所控制。

阿姆斯特丹水坝广场上的市政厅，约 1668 年的油画。

1650 年，弗雷德里克·亨利之子威廉二世试图占领阿姆斯特丹，并想要登基为王，尚未成功便先去世了。时任荷兰省大议长的约翰·德·威特代表了城市中自由派资产阶级的力量，他们反对建立中央集权王朝。荷兰为《航海条例》同英国进行海战，却被沉重打击。1667—1668 年，法国占领了西属尼德兰的部分地区，为此德·威特在 1668 年同英国结盟，并迫使路易十四退兵。但此时英国却出尔反尔，加入到了法国一方，分别从陆上和海上攻击联省，尤其是荷兰省。1672 年 8 月，德·威特在叛乱中被杀害，威廉二世之子奥兰治的威廉三世被推为最高统帅和联省执政。他分别在 1674 年和 1678 年结束了同英、法的战事。1689 年，他作为詹姆斯二世的女婿被推上了英格兰的王位。凭借 1602 年成立的荷兰东印度公司和在非洲（好望角殖民地）、美洲（圭亚那、荷属安的列斯群岛）和亚洲（印度尼西亚）的殖民领地，国家得以变得富庶。

1702 年威廉三世死后，国家没有了统一的领导。直至 1747 年，来自奥兰治家族的威廉四世弗里索成为联省执政者。

1780—1784 年，他的儿子和继承人威廉五世发动了战争，同英国争夺海外殖民地，却因此削弱了荷兰的殖民力量；此外，他在 1785 年和 1787 年支持"爱国者党"运动以压制法国，最后被法国赶下了执政宝座。

1713 年，西属尼德兰根据西班牙王位继承战争后的《乌得勒支和约》归属哈

为奥属尼德兰总督奥地利的玛丽亚·克里斯蒂娜所建的莱肯堡，

位于布鲁塞尔附近。

布斯堡王朝，改称奥属尼德兰。1792 年。法国的革命军占领奥属尼德兰，并于
1794 年将其兼并。次年，法军又占领联省共和国，驱逐威廉五世，宣告成立巴达维
亚共和国。1806 年，拿破仑·波拿巴又将这个法国的卫星国封为王国，交给自己的
弟弟路易。

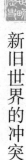

七、教皇和君主统治下的意大利

约 1450—1800 年

从 15—18 世纪，意大利一直都是法国、西班牙和神圣罗马帝国的统治者竞相角逐的地方。它分裂为许多相互竞争、各自为政同时又斡旋于不同大国之间的政治势力。教皇和意大利北部的君主们在对抗地方自治力量的战争中，通过残酷的权力统治和家族政治联合在一起，与此同时，他们也将自己的宫廷变成了文学和艺术的瑰丽中心。

洗劫罗马

公元 1527 年罗马遭受洗劫，通常被看作是文艺复兴运动结束的标志。事实上，对这座不朽古城的洗劫，基本上是个突发事件，是多种偶然因素机缘巧合促成的。当然，也可以视之为一系列事件发展的顶点。这些事件把意大利残酷地推入一个新的黑暗的时代。意大利从此在外国势力的利益争夺和兴衰交替之中苟且偷生。

事情发生的背景是神圣罗马帝国与法国争夺意大利的控制权。公元 1519 年，罗马帝国的皇帝马克西米连去世，他的孙子（哈布斯堡王朝的查理）被选为神圣罗马帝国的皇帝。查理当时已经是西班牙国王，并且统治着低地国家和哈布斯堡家族的领地。成为罗马帝国皇帝后，他被称为查理五世。查理五世信念坚定，深谋远虑，做事目标明确，野心勃勃。他认为，要想合法统治整个欧洲，必须首先控制意大利，与教皇建立起融洽的关系；此外，他还认为控制米兰公国可以确保西班牙与罗马帝国所控制的德国部分的联系，这种联系方便快捷，战略意义重大。如前所述，那不勒斯、西西里和撒丁岛已处在罗马帝国统治之下。查理五世实现野心的主要障碍就是弗兰西斯一世统治下的法国。当时，法国早已占据米兰，成为查理五世攫取欧洲剩余部分的威胁。帝国与法国随之展开了历时 30 年的战争，多数战事发生在意大利境内。公元 1521 年，查理的军队将法国人逐出米兰，扶植起傀儡弗朗切斯科·斯福尔扎。公元 1525 年，在帕维亚战役中弗兰西斯一世被俘，西班牙统治意大利似乎已成定局，但是，各邦国都觉得皇帝的野心和权力威胁到了自己的独立。法国与意大利主要邦国联合组成了科尼亚克同盟，连教皇克雷芒七世——朱利奥·德·梅迪奇（1523—1534）也加入其中。科尼亚克同盟在一定时期内对查理在岛内的统治权提出了挑战。

罗马遭劫油画

作为回应，查理派出一支军队，征讨这些潜在的篡逆者。军队一直打到罗马，统帅波旁公爵（Constable of Bourbon）战死城下。这群缺乏组织、不守规矩的乌合之众，在无人率领的情况下，惨无人道地开进城内，对这座伟大的城市进行了骇人听闻的大洗劫，使不计其数的艺术珍品遭到破坏。当时很多人把此事看作是上帝显灵，说因为意大利人腐化堕落，偏离基本的宗教思想，上帝以此进行惩戒。此后当地的文化氛围发生了根本的变化，尽管随着圣彼得大教堂的完工和一些巴洛克式教堂的建成，罗马变得更加富丽堂皇；尽管米开朗琪罗（Michelangelo）仍在人世，还在继续工作，但是意大利的文艺复兴运动已经无可挽回地衰落了。佛罗伦萨也受到了罗马遭劫冲击波的影响，随着代表萨佛纳罗拉时代共和主义正统派基督教运动的复兴，人们将梅迪奇家族逐出了佛罗伦萨。

博洛尼亚方案

争夺意大利的战争最终变得对查理五世有利，主要原因是安德烈亚·多里亚领导的热那亚军队背叛了法国。根据《康布雷条约》和《巴塞罗那条约》，弗兰西斯一世暂时放弃了对意大利的主权要求，而查理五世则由教皇克雷芒七世加冕为神圣罗马帝国皇帝，加冕仪式在博洛尼亚的圣彼得罗尼奥教堂举行。当时（1529—1530）在该市召开了代表大会，西班牙王室对意大利的统治模式就是在这次会议上确立的：米兰仍然交由斯福尔扎家族统治，称弗朗切斯科二世；热那亚就由安德烈亚·多里亚掌管；教皇对教皇国的统治权得到确认；埃斯特家族在费拉拉和摩德纳的地位得到正式认可；贡扎加王朝在曼图亚的统治地位进一步加强；同时，克雷芒七世也承认了帝国对那不勒斯和南部地区的主权。除了部分教会辖地，所有邦国实际上全都成了神圣罗马帝国的傀儡政权——至少也是其附庸国。它们之间的关系还通过联姻不断得到强化。

佛罗伦萨共和国是个例外。可是，出身梅迪奇家族的教皇对皇帝的顺从，很快就得到了报答，帝国的军队包围了这座不屈顽抗的城市。借助在米开朗琪罗指挥下建造起来的防御工事，全城人英勇抵抗，上演了一段维护独立的传奇故事。可是，仅凭勇敢远远不够，佛罗伦萨共和国最终覆灭，又被交回到梅迪奇家族手中。亚历山德罗成为新的统治者，当然，他实际上只是个附庸。在他之后，是科西莫二世（1537—1574），他是16世纪最有才干的君主之一，接着是费迪南多一世（1587—1609）。就这样，尽管表面上看统治者基本上仍是意大利人，但国家的统治权已落到西班牙人手中。

这种状况一直持续到公元1559年，在此期间，尽管爆发了一系列法国-西班牙战争，但并未使现状发生太大变化。战争焦点是米兰公国：公元1535年，弗朗切斯科·斯福尔被扎死后无嗣，于是，西班牙人在当地实施了更加直接的统治。这一时期国家政治版图为数不多的变化有：公元1555年佛罗伦萨吞并了锡耶纳共和国；公元1545年新建立了帕尔马和皮亚琴察公国，由教皇保罗三世的儿子皮耶尔·路易吉·法尔内塞掌权（1534—1549）。这是裙带关系的一个典型例子——当初正是保罗三世说服查理五世建立了这个国家。公元1559年，随着《卡托-孔布雷齐条约》的签订，西班牙统治最终得到巩固。该条约结束了法西战争，将意大利的现状固定下来，并且（从长远来看这是最重要的一点）将埃马努埃莱·菲利贝托官复原职，使其重新统治被法国占领近20年的萨伏伊公国。埃马努埃莱和他的继承者（第一个继承人是卡洛·埃马努埃莱一世）依照法国君主专制政体建立起一个强大的邦国，确保了皮埃蒙特日后成为意大利历史上的一股强大力量。

反基督教改革运动

第一个重大变化是反基督教改革运动，就是向所谓的天主教基本教义的回归，其实这是一种反动、顽固，通常都是错误的回归。其根源可以上溯至公元1541年至1542年雷根斯堡会议的失败，那次会议的目的是调和天主教和新教之间的关系。罪恶的宗教裁判所随后建立，很多知识分子因此逃往国外。异教徒遭到狂热的西班牙和意大利主教们的残酷迫害，这些主教们先后由教皇保罗三世（1534—1549，保罗三世于公元 1545 年主持召开了特伦托会议）、尤利乌斯三世（1550—1555）、保罗四世（1555—1559）和庇护四世（1559—1565）领导。公元 1558 年，臭名昭著的"禁书目录"颁布。根据这一目录，薄伽丘、马基雅弗利（Machiavelli）甚至但丁等很多人的著作都被列为禁书——短短几十年间，意大利的倒退竟如此之远！反基督教改革运动正式开始的标志是特伦托会议信纲的颁布，信纲颁布后，特伦托会议于公元 1563 年结束，宗教裁判制度在意大利真正确立起来。

布鲁诺之死

在这场对信仰自由和思想自由的攻击中，很多知识分子遭到迫害，其中包括伟大的数学家、哲学家和天文学家伽利略（1564—1642），他受到审判并在公元 1633 年被囚禁，原因是他竟敢在宇宙的本质问题上提出不同观点，比如他"荒唐地"认为地球是圆的。但伽利略至少是在自由中辞世的，焦尔达诺·布鲁诺（1548—1600）和托马索·坎帕内拉（1568—1639）就没有这么幸运了。布鲁诺被控生活方式古怪，文化观点异端，于公元 1600 年 2 月在罗马的鲜花广场被烧死在火刑柱上；坎帕内拉则在监狱里熬过了大半生，罪名也不新颖：他思想自由，与众不同，对宗教裁判的基本观点和合理存在构成了威胁。他把占星术作为自己的一项追求，这简直是不能容忍的。

　　以上仅是教会伪善表现的几个实例，文艺复兴中形成的文化繁荣走向末路，应该说这种伪善应负主要责任。不怎么引人注目，但从长远来看影响更大的是耶稣会的成立。它成立之后，在教育领域取代人文主义，成为正统思想。威尼斯是唯一对天主教极端反基督教改革进行过抵制的邦国。它很长时间内拒不采纳禁书目录，并于公元 1605 年至 1606 年勇敢抵抗教皇保罗五世（Paul V，1605—1621），在禁令辩论中取得了巨大胜利——教皇此前在威尼斯实施禁令，驱逐耶稣会，以维护其在宗教事务中的统治权。

　　但是，和往常一样，事情有些自相矛盾：西班牙统治时期，各个领域都有人取得显著成就。这一时期，出现了风格主义者，如画家布隆齐诺、帕米贾尼诺、丁托列托和埃尔·格雷科，雕刻家本韦努托·切利尼等，还有詹洛伦佐·贝尔尼尼（1598—1680），罗马的纳沃纳广场和圣彼得广场就是他的杰作，他还完成了很多精美的雕塑，如维多利亚圣母堂的科尔纳罗小礼拜堂中的《圣女特雷萨的狂喜》。此外，这一时期还出现了作曲家帕莱斯特里那（1525—1594）和蒙特威尔地（1567—1643）等，以及很有影响的医学家马尔切诺·马尔皮奇（1628—1694）。这些人和伽利略、布鲁诺、坎帕内拉一样，在这一历史时期脱颖而出，再次证明了这种程式化的矛盾：纵然有宗教裁判所，也挡不住他们取得辉煌业绩！

经济繁荣与衰退

　　具有讽刺意味的是，16 世纪后期，意大利经济发展形势大好——这一阶段被称为意大利经济上的"小阳春"。海上贸易的发展和伟大的航海发现为整个欧洲经济发展注入了新的活力，"价格革命"也起到了同样的作用。由于从美国进口大量白银，经济发展受到了通货膨胀的刺激。投机现象泛滥，经常处于失控状态，是这一时期的一大特点。许多城市出现了建筑热，特别是在罗马，建起了很多新的教堂、宫殿和别墅。在那不勒斯、米兰和威尼斯，圣马可广场已经发展成我们今天所熟悉的样子。工业发展速度加快，突出表现在丝绸业、奢侈品行业和印刷业。银行业和金融业也有较大发展，热那亚的表现尤为明显。经济繁荣通常会表现在人口数量增长上，这一时期的意大利也不例外：在那不勒斯，税收数据显示，公元1532年到1599年，人口总量增长大约60%，特别是在卡拉布利亚，家庭数量在公元1505年到1561年间翻了一番，从50 669户增加到105 493户；米兰城的人口在公元1542年为80 000人，到公元1592年增至112 000人；罗马的人口在16世纪中叶达到了115 000人；大致同期的威尼斯和那不勒斯，人口分别为175 000和2万人。可以看出，即使是公元1676年至1677年的大瘟疫也没有使半岛上的人口大幅减少。

尽管如此，经济衰退顷刻即至，就在16世纪即将结束的时候，意大利经济出现下滑，整个17世纪，这种状况都没有改变。当然，原因很多，首先意大利的危机是欧洲问题的一部分，而欧洲问题，在某种程度上又是由法国和神圣罗马帝国之间的30年战争造成的。由于意大利是西班牙的势力范围，在欧洲事务中没有发言权，这就加剧了它的危机。结果大量的财政收入流入西班牙国库，而且，由于荷兰、法国和英国逐渐抢占了原来一直由意大利垄断的贸易线路，意大利传统的贸易优势地位也遭受重创。工业领域，意大利人也在先前占统治地位的行业面临来自北欧的激烈竞争，而且面临这种威胁，意大利显得无法从容应对。针对这一点，我们可以在富人的行为中找到部分原因，面对危机，他们采取典型的防御态度，为了保护个人利益，把手头的资金投入到不动产领域，导致生产性投资短缺。

无论如何，经济衰退已显而易见。比如，17世纪威尼斯的羊绒年产量从29 000卷下降到了2000卷；在佛罗伦萨，17世纪前50年间，羊绒的产量也从20 000卷减少到5000卷；在热那亚港，货物成交量由每年900万吨减少到300万吨，而且，因为城市里丝绸业遭受重创，整个意大利的海运业都面临类似的情况。其他工业领域，其他城镇情况也基本一样。经济衰退时期，物价自然下降，人口数量按正常情况应该有所增加，但意大利人口基本没变。即使是接二连三的自然灾害，也没能使这种情况有任何改变：这一时期发生过好几次瘟疫，比如曼佐尼在他的小说《约婚夫妇》（该书是现代意大利学校的必读书）里描述的公元 1630 年大瘟疫，公元 1693 年西西里还发生过一次大地震。虽说经济不景气，也有地方例外，举两个例子：在伦巴第和伊米利亚，17 世纪种植了一些像大麻这样的新作物，使得农业经济十分繁荣；里窝那的港口也获得很大发展。

17 世纪的经济衰退最广泛的现实影响是饥荒、贫困和流浪。不过，危机也促成了很多有长远意义的重大发展。南方在这一时期发生了暴乱，我们稍后还会谈到。由于经济萧条，大量意大利人走投无路，走上了打家劫舍的道路，这些人中有绝望的农民，也有主要来自南方及教皇国的贵族阶层，这可是非同寻常。16 世纪后期，教皇国出现了一些绿林首领，他们出身悬殊，如阿方索·皮科洛米尼（安科纳附近蒙特马尔恰诺的公爵，Alfonso Piceolomini）和马尔科·夏拉。夏拉出身卑微，他劫富济贫，成为罗宾汉式的人物。虽然当局，特别是西克斯图斯五世（1585—1590）对其进行了残酷镇压，仅公元 1590 年至 1595 年五年间，就有 5000 人被处决，但抢劫现象在教皇国一直没有中断，而且还愈演愈烈，那不勒斯的情况也差不多。16 世纪后期，总督托莱多的佩德罗将多达 18 000 人判处死刑。企图阻止其蔓延，但收效甚微，因为抢劫活动发展范围极其广泛，整个农村地区都已陷入无政府状态。

经济衰退的另一个结果是拥有资产的贵族们投资不动产，而这又使经济衰退雪上加霜。16 世纪晚期新生的刚刚富裕起来的中产阶级很快就融入当地的各种上层组织，经济发展并没有对意大利的社会结构造成什么影响，特权阶级和穷人之间，城市和农村之间，差距几百年来都没有什么变化。同样没有发生变化的是强烈的本地意识，这种意识是意大利长期四分五裂的原因之一。如今经济发生衰退，有钱人一心要保住自己拥有的一切，他们把土地和房产看作实现这一目标的最佳选择。于是，壮观的巴洛克式建筑在很多城市出现，实际上，大型的不动产在各地涌现，大庄园就是这一时期的产物；大别墅也建起来了，别墅主人生活奢华、纸醉金迷，别墅外，人们承受着经济瓦解带来的灾难。在托斯卡纳，梅迪奇家族和其他贵族都建起了巨大的庄园；在威尼斯，贵族们在城市附近的乡村盖起了金碧辉煌的别墅，17世纪末的时候已达到322座，如帕拉迪奥（1508—1580）于公元1574年在马孔坦塔建造的弗斯卡利别墅和罗维戈的巴杜尔别墅。很多别墅都按照巴洛克风格建成。在西西里，坐落着帕拉戈尼亚家族的别墅，别墅建在巴勒莫附近的巴盖里亚，可谓是名副其实的炫耀性消费的一座丰碑。

把资金投向不动产的做法，可能会留下一些伟大的建筑成就，但如前所述，也造成了对经济领域生产性行业的打击，使封建制度进一步僵化并将继续存在下去，时至今日，封建制度在一定程度上都还存在，特别是在托斯卡纳、翁布里亚和意大利中南部的其他偏远地区。

南方骚乱

可以断定，由西班牙直接进行统治的地区情况最为糟糕。那不勒斯和西西里由西班牙总督控制，其中第一任总督托莱多的唐·佩德罗，对曾经支持过法国的人进行了有预谋的严厉报复。西班牙统治时期，这一地区的统治模式没有发生过重大改变；实际上，一直是一种由地方贵族支持下的君主专制统治。可以这样说，这些贵族们在战争中坚定地站在西班牙一边，因而不仅获得了很多特权，也获得了一定程度的自主权。国家主要机构：那不勒斯议会、国家会议和大法院都控制在他们手中。

与此不同，在南方，西班牙统治的主要特点是将这一区域当作自己的摇钱树。当地各种资源被千方百计地榨干，用来支撑西班牙与法国连年战争的开支，满足奥里瓦鲁斯（Olivares）公爵之流的炫耀性消费及花天酒地的生活。西班牙人还经常抓壮丁，把毫无戒心的农民从田野和家里拖出来，带上镣铐，派往远离家乡的战争前线，为压迫者卖命。此外，这一地区苛捐杂税名目繁多——直接税种、间接税种，外加总督及其走狗所能想到的五花八门的其他税种。尤为卑鄙的是，他们还把

《唐·佩德罗吻亨利四世之剑》油画

征税的权利出卖给一些为非作歹的当地投机分子，比如臭名远扬的巴托洛梅奥·达基诺，他们买到这种权利后，疯狂压榨贫苦百姓，比西班牙统治者有过之而无不及。

如此惨无人道的压榨必然会招致反抗。16 世纪末就出现了先兆，发生过多处暴乱。比如，公元 1599 年在卡拉布里亚（Calabria）就发生了托马索·坎帕内拉领导的一场暴乱。暴乱最终被平息，坎帕内拉本人也被捕入狱。但是由于当局竟然对水果开征税收，那不勒斯的人们走上街头游行示威，并于公元 1647 年 7 月爆发了大暴乱。暴动很快蔓延到全国广大城市和农村，不久就演变成一场革命，令西班牙人疲于应付。可以想象，革命者鱼龙混杂，混乱无序，各自为战，其中有半无产阶级中各行各业绝望的人们，也有相对宽裕的资产阶级。革命者在朱利奥·杰诺埃奥的领导下，借助法国的鼓动，取得了巨大胜利。公元 1647 年 10 月，他们宣布成立共和国，使得南方贵族陷入恐慌。此前的战争中，贵族们自然是和西班牙政府站在一边。公元 1648 年，革命不可避免地被西班牙粉碎了。接着，统治者进行了空前绝后、惨无人道的报复。南方农民的造反精神被摧毁并重塑，从此对贵族阶级俯首帖耳。这种状况至今仍然没有完全消失，可以说这是现代意大利南北经济、社会双重性的根本原因之一。

西班牙直接统治的另一个邦国米兰，情况要稍好一些——至少经济上要好些。但是，米兰多次成为法西冲突的前线，瓦尔泰利纳和蒙费拉托两地更是饱受战乱蹂躏。而在伦巴第，当地贵族以活跃、勤劳的卡洛·博罗梅奥为榜样，对农民的态度要仁慈得多，因此，伦巴第农民的生活就没有那么悲惨。

半独立邦国

这一时期，一些邦国有一定程度的自主权。威尼斯是这些国家中最为引人注目、最宽容也最有活力的。整个 16 世纪，它成功地保持了自己的辉煌和实力。在 17 世纪的经济危机中，它的境遇也要比其他国家好些。但是，这些并不能掩饰威尼斯的整体衰落。它在地中海的势力大量丧失、落到了荷兰和法国手中。在亚得里亚海，它一方面受到哈布斯堡王朝支持的斯拉夫海盗的威胁，另一方面受到土耳其人的挑战，更不用说在国内还面临着西班牙人的威胁。它被迫卷入一系列战争，经济受到严重破坏。在与土耳其人的一场长达 20 年的战争中，这种破坏达到顶峰。战争结果，威尼斯于公元 1669 年丧失克里特岛，促使其与哈布斯堡王室结成神圣同盟，这又反过来加速了共和国的灭亡。

尽管如此，与意大利其他国家相比，威尼斯社会更加多元化，文化上也更加自由。它成为独一无二地抵制反基督教改革的国家，并孕育了一大批文化名人和艺术名家，如彼得罗·阿雷蒂诺、保罗·帕鲁塔和弗朗切斯科·圣索维诺。这一时期，威尼斯人是反西班牙运动的先锋力量。在多杰·莱奥纳尔多·多纳和保罗·萨尔皮的领导下，他们在禁令辩论中"获胜"，并且迫使哈布斯堡王朝放弃对斯拉夫海盗的支持。不幸的是，威尼斯人基本是孤军奋战，在国际舞台上影响有限，根本无法与当时的列强抗衡。

卡洛·埃马努埃莱一世领导下的萨伏依境遇也不错，热那亚城通过银行业富裕起来，但令人惋惜的是，其政治体制的效率与经济实力极不相称。而对于佛罗伦萨来说，这段时间是名副其实的萧条期。梅迪奇家族把佛罗伦萨当作自己的财产，他们控制着当地的行政长官普拉蒂卡·赛格雷特。公元 1580 年以后，赛格雷特居住在乔治·瓦萨里新设计的乌菲兹美术馆。公元 1569 年，佛罗伦萨城邦成为托斯卡纳大公国，但是这一高贵的新头衔无法掩盖已经出现的停滞局面。整个公国，特别是佛罗伦萨城，作为主要工业和金融区的地位已经风光不再。佛罗伦萨成了官吏和地主们的避难所，就像今天的佛罗伦萨城一样，发展成为一个以服务业为支撑的城市。这一时期，佛罗伦萨在建筑发展上没有什么建树，特别是城市里，几乎连一座巴洛克式的教堂都没有。托斯卡纳公国其他城市情况大致相同，唯一的例外就是里窝那港，该港因为地理位置优越而繁荣起来。

之前的几百年间，公国内开放、进步的文化艺术生活，如今也与其经济状态一样低迷。尽管必须承认文艺复兴运动难以仿效，但不可忽略的事实是：托斯卡纳变得十分无趣，自我陶醉，不屑于接受外界影响。在佛罗伦萨，受阿卡德米亚·德拉·克鲁斯卡的影响，人们形成了一种排外习气，只热爱自己的城市。同样的现象也出现在其他城市：在威尼斯，倡导者是帕鲁塔和雅各布·圣索

伽利略

维诺；在那不勒斯，迪·克斯坦佐对此也极力推崇；在假面喜剧里，这种现象更加明显，以致出现了一些极具各地特色的面具和人物。与此相矛盾的是，在这样一个文化沉寂时期，佛罗伦萨仍然产生了一些伟人，如加利莱奥·伽利略和乔治·瓦萨里。

罗马及教皇国是反基督教改革的中心，它先后于公元 1598 年吞并费拉拉邦国，公元 1631 年吞并乌尔比诺邦国，公元 1649 年吞并卡斯特罗邦国，但最终它也陷入

了衰退时期。罗马城在建筑方面的地位得到提高，可不幸的是，建造很多新建筑所用的砖石是从古罗马的历史遗迹上拆下来的。一些历史遗迹因此遭到摧毁或严重破坏。罗马发展成为一个国际大都市，但令人不解的是，人口比例严重失衡——当地的男性人数要远远多于女性，这可能是因为罗马是宗教中心，有大量短暂居留的朝圣者和游客，结果之一是卖淫嫖娼现象泛滥。罗马实际上就是一个寄生城市，靠其周边地区维持生存。它的炫耀性消费都由从教皇国内的其他地方课来的重税支撑。结果造成一些地方陷入长期衰落之中。一个很好的例子就是罗马周边和塔尔奎尼亚附近滨海区域的农地。这些农地遭到破坏，被改造成牧场，以生产罗马人所急需的羔羊和山羊奶酪。在今天的罗马，这些东西消费量依然很大。

西班牙之所以能统治意大利这么长时间，部分原因是西班牙自身的势力强大，但是还有一个原因，就是意大利贵族的暗中支持。特别是在腓力二世时期，这些贵族曾有意将西班牙统治作为维持和平、稳定及自身地位的最好选择。但是，17世纪西班牙实力下降，无敌舰队被英国打败，来自法国路易十四的威胁也日益严峻，路易十四一有机会就找意大利半岛上哈布斯堡家族的麻烦。17世纪后半期，西班牙实力不再，意大利人两边受气：受尽外国人花样百出的剥削和压迫，却又换不到任何保护。意大利北部事实上已逐渐沦为欧洲的战场。1700年查理二世去世，引发了西班牙王位继承战争。战火持续了13年，最终使西班牙风光扫地，也结束了其在意大利的统治。公元1713年的《乌得勒支和约》正式确定了这一变化，实际上使意大利沦为国际外交游戏中的一颗棋子。意大利的统治权转移到了奥地利哈布斯堡王朝手中。

乌得勒支和约

乌得勒支会议上初步确立了意大利18世纪的政治版图，但是公元1713年签订和约的主要目的是保持欧洲各主要大国的均势，而不是考虑意大利人的诉求、解决他们的问题。因此，意大利被主要列强野蛮瓜分，这本是关乎当地人身家性命的事情，但他们的传统和渴求却几乎没有或者说根本就没有人关心，而且和约的安排似乎也没有什么内在逻辑可言。就这样，新皇帝查理六世，即奥地利的查理大公，得到了意大利境内大多数原西班牙领地：米兰、曼图亚、那不勒斯和撒丁岛。在维克托·阿马戴乌斯二世领导下的皮埃蒙特，此时已成为一个统一的强大邦国，在法西战争中发挥过重大作用。现在，它得到了亚历山大里亚附近的部分米兰领土。此外，蒙费拉公国和西西里岛也被瓜分给了皮埃蒙特人。于是，那不勒斯王国的两部分又一次分裂了。

乌得勒支和约确立的领土格局并不稳定，在 18 世纪前半期，边界就发生过多次变化。第一次发生在公元 1720 年，萨伏依家族被迫用西西里同奥地利交换撒丁岛。公元 1734 年，唐·卡洛斯带兵攻占了那不勒斯和西西里，并自封为国王查理三世，这样，那不勒斯和西西里又回到了西班牙手中。公元 1737 年，梅迪奇家族末代传人乔瓦尼·加斯托内去世，托斯卡纳大公国落到了洛林的弗朗西斯手中。公元 1745 年，其子利奥波德继承了托斯卡纳。此后在公元 1748 年至 1749 年，根据《埃克斯拉夏佩尔和约》，皮埃蒙特人重新获得了尼斯和萨伏依。公元 1796 年拿破仑·波拿巴入侵意大利之前，这种领土格局大体没有什么变化，而在拿破仑被打败之后，这种格局又在公元 1815 年的维也纳会议上得以恢复。

乌得勒支和约缔结后的一段时期里意大利处于和平状态。与此前或者此后 19 世纪前半期意大利的状况相比，这段和平时期弥足珍贵。当然这一时期也发生了一些变化：社会堕落现象盛行，岛上某些地区进行了一些改革尝试，在启蒙运动的大背景下，文化方面也取得了一定进步。

社会两极分化

18 世纪，意大利社会贫富差距极为悬殊，当时欧洲其他地方的社会两极分化也很严重，但都无法和意大利相提并论。意大利各国的贵族几乎拥有一切，在城市，他们穷奢极欲，过着花天酒地的生活。在农村自己的庄园里也是一样——他们在农村的财产主要是在 17 世纪经济衰退时期积累起来的。举例来说，在伦巴第，贵族（不包括教会）拥有 40% 的土地，在威尼斯这一数字大约是 50%，而在托斯卡纳，梅迪奇家族、德拉·盖拉尔代斯卡家族和费罗尼家族的巨大财产覆盖了几乎整个农村地区。相比之下，占人口绝大多数的其他人，几乎一无所有，生活贫寒，处境悲惨，城市和农村基本上都是如此。贵族阶级不仅免于纳税，还享有其他经济特权，同时行使传统的封建权利，强征什一税、服务税和其他大量杂税以增加收入，扩大财富。在南方偏远地区，这一封建时代的残迹尤为猖獗，当然在北方也广泛存在。

这里面有两点值得特别关注。第一，贵族的财富和权利越来越集中在极个别家族手中。在那不勒斯，15 个有贵族头衔的家庭（总数是 1500 个）占有 3/4 的封建土地；在罗马附近的阿格罗罗马诺，13 个家族拥有 61% 的土地；在曼图亚，142 个家族拥有全部领土的 1/3。第二，教会也在这一时期成为特权和财富的主要拥有者。比如，18 世纪中叶在伦巴第，教会占有约 22% 的土地；公元 1783 年，在阿格罗罗马诺，64 个教会机构拥有 37% 的土地；在那不勒斯，大约 1/3 的领土由教会控制。

贵族们实际上凌驾于法律之上，他们对家臣的生命拥有生杀予夺的可怕权力，而且还经常运用这种权力。家臣可能会遭受牢狱之灾、可能会被驱逐出境，甚至可能因为主子喜怒无常而惨遭杀戮。贵族们根本无视自己对偏远地区经济发展的责任，在炫耀性消费上挥霍钱财，却不愿在农村的基础设施建设和投资项目中出一分钱。他们也不怎么乐意待在自己的封地上，更喜欢住在城市。因为城里可以满足他们的奢侈生活，他们只是偶尔才回乡下的别墅里住几天。贵族和教会远离封地的这种行为，催生出一种新的土地管理和使用体制，中间人把财产租来进行管理。所以在托斯卡纳等地，出现了大农场，这是一种有组织的生产单位。大农场又被分为几个小农场，每个一般不超过 10 英亩。在意大利中北部，小农场或由几个农民家庭合作耕种，农民交纳货币地租；或者由佃农耕种，佃农交纳实物地租。南方是大庄园形式，地主们广泛雇用劳动力耕种田地、放牧羊群。

同欧洲其他地方一样，意大利人口在 18 世纪也有所增加，从 1300 万上升至约 1700 万。粮食需求随之增加，新的土地耕作制度也因此产生，贵族土地的管家或经纪人有了更大的权力和责任。随着农村资本主义的出现，这些人成了早期的农业中产阶级。但是，农民的境遇变得更加悲惨。一贫如洗，文盲无知，听天由命，任人宰割，无人关注，早已成了农民生存状态的固有特征；现在，他们又受到来自土地管理者和国家税收者变本加厉的双重压榨。很多人原来合种或租种，生活还相对安定，现在却被迫成为雇农，生活变得更加没保障。南方出现了一种臭名昭著的"口头合同"生活方式，很多人因此负债累累。具体做法是商人把小麦以高利贷形式发放给农民，等到收获季节麦价很低的时候，再由农民以实物形式偿还。公元 1764 年至 1766 年的饥荒使农村的这种状况达到极限。饥荒主要发生在南部。食物价格上涨，但工资却维持不变，农民的困境因此进一步恶化。于是，18 世纪后半期，在四分五裂、与世隔绝的意大利农村，逃亡国外和流浪乞讨成了广泛存在的社会现象。由于逃离的人数太多，18 世纪晚期，那不勒斯王国甚至出现了劳动力短缺现象。意大利各国都颁布了法律，企图阻止人口外流，但收效甚微。

城市里生活要稍好一些，但贫富差距和贫穷现象同样非常明显。富人生活在宫殿里，生活优雅，享受着丰富的文化娱乐活动。比如在已经衰落的威尼斯，他们迷上了卡洛·哥尔多尼的表演和喜剧以及维瓦尔第的音乐。而无产者们却仅能勉强糊口。但是在城市里，政府至少可以控制贵族们胡作非为，可以核定物价，发放救济品，而且还有少数工作机会：为贵族服务，到行会工作。城市人口增长比农村要慢一些。城市统治着

维瓦尔第

农村，经常剥削农村，但两者之间却鲜有交流。各个城市的经济基本都近于停滞状态，唯一的例外是那些港口城市。随着意大利融入欧洲的经济、政治事务，贸易有

所增加，港口城市也随之成长起来，有几处还成了自由港：公元 1675 年里窝那率先成为自由港，随后，的里雅斯特在公元 1713 年、墨西拿在公元 1728 年、安科纳在公元 1732 年都先后走上了这条道路。从一定程度上说，兴盛起来的这些海滨小镇开始对传统大城市的统治地位提出挑战。

考虑到社会上存在如此多的不平等、不公正，18 世纪犯罪情况增长到惊人的地步应该也在情理之中。在总人口大约 300 万的教皇国，克莱门特十三世（公元 1758—1769）在任的 11 年间，仅记录在案的谋杀案就超过 13 000 起。在威尼斯，1741 年至 1762 年间，共有 73 000 例无期徒刑在军舰上宣判。为阻止犯罪潮，威尼斯设立了巡回执行法庭，这是一套极具悲喜剧色彩的做法。法庭成员包括一名法官、一名律师、一位牧师、一名刽子手，外加一队警察。他们在城市及周边巡视，发现犯罪分子，立即逮捕并当场实施绞刑。

启蒙运动和开明改革

18 世纪意大利社会存在的种种不公正现象，自然激发了人们对改革的渴望。其动力来源于启蒙运动中的知识分子。启蒙运动实际上是现代欧洲的第一次人民文化运动。它得以从法国传到意大利，多亏了图书贸易的增长和剧院的普及——公元 1778 年，斯卡拉剧院在米兰开业；公元 1790 年，凤凰剧院在威尼斯落成。启蒙运动使得意大利的知识分子联合起来，相对形成了一股合力，它向意大利知识界介绍自然科学、社会科学和人文科学方面最新的观点和动向，并借助于像米兰评论杂志《咖啡馆》这样的出版物，激起公众舆论中新兴力量对变革的呼吁。尤为突出的特点是经济学作为一门新兴社会科学发展起来，它倡导自由贸易、发展工业、改善农业生产方式，引起了当时意大利一些著名的思想家的注意：如杰出的那不勒斯人安东尼奥·杰诺维西（1713—1769），他在公元 1754 年成为欧洲大学中第一位政治经济学教授；费迪南多·加利亚尼（1728—1787）；切萨雷·贝卡里亚（1738—1794），理想主义犯罪学家，主张废除死刑；彼得罗·韦里（1728—1797），《咖啡馆》的编辑；还有威尼斯的修道士吉安·马里亚·奥特斯。但是，启蒙运动时期意大利最伟大的知识分子可能要数历史学家卢多维科·安东尼奥·穆拉托里（1672—1750），他回顾中世纪，从中得到启发，雄辩地谴责了当时的不公正现象以及教会和上层社会的种种陋习。在 18 世纪的启蒙运动中，意大利也产生了一些重要的文学家如哥尔多尼、维托里奥·阿尔费耶里（1749—1803）和讽刺作家阿博特·米塞佩·帕里尼（1729—1799）。启蒙运动迅速扩展开来，期间得到法国特务的一些帮助，巡回意大利的英国贵族建立的共济会地方分会也提供了一些支持。

改革运动者的煽动通常都是秘密进行的，在岛上很多地方都无人响应。得以进行的改革都是由还算仁慈的哈布斯堡王朝和波旁王朝的专制君主们推行的，他们控制着米兰、托斯卡纳和那不勒斯。在伦巴第，改革的必要性应该说没有其他地方迫切：封建主义在该国没有什么势力，而且农业生产力在 18 世纪后半期得到了很大提高，这一方面是因为采用了新技术——其中有些新技术是启蒙运动中的知识分子自己开发的；另一方面是因为国家和地主的大量投资。比如，桑树的种植使丝绸成为一种出口经济作物，也使该国成为意大利经济的领头羊——伦巴第从此一直保持这种地位。可是，经济上的进步并没有带来社会和政治上的相应变化。旧体制的僵化、不公依然存在，特别是腐朽的教会成了最大的既得利益者：为了满足区区一百万人的精神需求，当地竟然有接近 600 个修道院。农民显然是境遇最悲惨的人群，但像法国即将发生的情况一样，改革的动力来自资产阶级。在伦巴第，资产阶级包括有限的一些小土地所有者、主要来自城市的征税人、当然也少不了知识分子。

伦巴第哈布斯堡王朝的专制君主马里亚·特萨雷和约瑟夫二世，着手应付改革这一难题。改革国家的社会结构，使其与经济结构相适应，是一项极其艰巨的任务。该国花了半个世纪时间，借助意大利启蒙运动的领导人物如韦里、贝卡里亚、帕里尼等人的智慧，才取得了历史性的成就。到公元 1760 年，地籍制度建立起来，征税标准也据此进行了改革，由以人口为依据征税改为以财产和土地为依据。这种做法间接地促进了伦巴第农业的发展，因为它鼓励发展精耕农业，而不是粗放农业

——精耕农业从此便在该国占据主导地位。改革基本上都是在公元 1760 年到 1790 年这 30 年间完成的，改革内容极其广泛：改组地方政府；全面革新财政制度——建立财政局、取消包税商、改革间接税收制、调整部分货币和贸易政策。改革对教会特权问题也进行了处理，特别是在教育领域，抑制耶稣会的主导地位；废除征兵制度；扩建帕维亚大学。此外，新建了一些基础设施工程，如道路、医院；改革劳动市场，取消行会制度。

公元 1780 年以后，约瑟夫二世即位，改革速度加快，但改革的方向发生了根本性的变化。伦巴第当地居民手中的权力被收回，并授予奥地利官员，改革体现出把权力集中到专制君主手中的趋势。国家状况有所改变，但没有取得任何突破性的进展；伦巴第的专制君主们应该算是开明的，但他们终究是专制君主，对于超越一定限度的变革没有任何兴趣。

约瑟夫二世

18 世纪的托斯卡纳，农业比起伦巴第要落后得多。它先由马里亚·萨特雷的丈夫弗朗西斯二世、后由约瑟夫二世的弟弟利奥波德统治。整个家族都很推崇启蒙运动的思想，所以改革在托斯卡纳大公国颇受重视。弗朗西斯在位时，采取了一些重要措施，放宽谷物贸易，削弱教会权利，但因为他基本上常年不在朝中，改革进程相当缓慢。利奥波德即位之后，改革速度明显加快。改革的主要目标是经济领域，公元 1766 年至 1773 年间，对内对外的谷物贸易限制被解除，对土地交易的限制也同样取消。除经济改革之外，托斯卡纳的行政管理和财务制度也得到改善，这两个方面均表现出相当程度的放宽。财政改革中最引人注目的可能要数引进了全体公民平等纳税——至少是引进了这种理念。利奥波德还同普拉托的主教希皮奥内·德·里奇和其他詹森教派信徒结成同盟，着手解决教士特权问题。结果只能说是取得了有限的成功，因为他的方案总体上对现行教会制度来说过于激进，18 世纪 80 年代后期，利奥波德在教会压力下被迫放弃。尽管在这个问题上遭遇挫折，利奥波德在其他一些更重要的领域确实成功地推行了改革：取消了行会，开垦了基亚纳峡谷中的荒地，采用疫苗接种。最值得一提的当数取消了酷刑和死刑。

和他在米兰当政的本家一样，利奥波德也只是在一些无关大局的事情上成功进行了改革。整个邦国专制统治的本质无疑没有改变——尽管是一种开明的专制统治；国内各集团和阶层之间的基本权力关系也没有发生变化。事后这样说可能有点"后见之明"的意味，但是，谁也不用指望他们能进行根本性的变革。我们必须清楚，与一些欧洲邻国相比，启蒙运动时期的意大利在很多方面都只能算是一个比较落后的国家，统治者是一些经常不理朝政的专制君主，当时法国大革命也还没有发生。可能真正值得关注的是这么多改革居然实实在在发生了！毫无疑问，在受到启蒙运动实际影响的邦国，一部分人的生活确实得到了改善，与没有受到启蒙运动影响的国家相比，情况肯定要好得多。比如，威尼斯在总督统治下，继续走向衰败，今天的人们称之为美好的夕阳黄昏。教皇国、皮埃蒙特和撒丁王国仍然在落后中停滞不前。公元 1773 年，维托里奥·阿马代奥三世（Vittorio Amadeo Ⅲ）登上皮埃蒙特国王的宝座，在他的统治下，皮埃蒙特人热衷于发展军事力量，对烦琐的社会改革没有什么兴趣。

哈布斯堡式的改革也发生在摩德纳，那儿的掌权者爱斯塔贵族是维也纳王室的远房亲戚。但是，意大利进行过改革的其他地方主要是波旁家族统治的南方地区。波旁王朝的改革无疑是最有必要的，因为那不勒斯王国的形势显然比其他任何地方都要严峻。封建贵族为非作歹，在这里表现最为突出；农民一贫如洗，无人关注，境况最为悲惨；教会胡作非为，登峰造极。比如，王国支撑着大约 10 万名各级牧师、僧侣的消费和经济特权，而这些牧师、僧侣背后还有为数众多的主教、大主教和修道院院长。在那不勒斯城，除了所有这些常见的混乱、腐败和特权之外，还有法律上的混乱无序。当地通行着 10 种不同的法典，几乎成千上万的律师整天忙得不亦乐乎，整理这些乱七八糟的东西。

南方各既得利益集团根深蒂固，无疑对波旁王朝的改革造成强大阻力。因此，与哈布斯堡王朝统治的中北部相比，改革采用的方式要谨慎得多，成果较小应也在情理当中。大多数改革都是在总督塔努奇侯爵领导下进行的。但他于公元1776年从总督职位上退了下来，费迪南国王接替了国家统治权，他对改革毫无兴趣，改革的动力于是逐渐消逝。

18世纪的意大利，相对太平无事。将这种平静突然打破的是法国政局的变动。先是公元1789年的革命，接着在公元1793年又爆发了法国、奥地利和皮埃蒙特之间的战争。意大利的法国军队由一个叫拿破仑·波拿巴的科西嘉人指挥，他于公元1796年突破皮埃蒙特人的防线，使意大利陷入了将近20年的动荡和骚乱之中。

八、西班牙与葡萄牙

1500—1800 年

在 15—16 世纪，地理发现和商贸运输的远洋航行使葡萄牙、西班牙一跃成为欧洲最重要的海上强国。在腓力浦二世统治时期，西班牙又成为反宗教改革运动背后最主要的一股力量。葡萄牙和西班牙分别在 1580 年和 1600 年以后发生了急剧的经济与政治衰退，并且由于政府的软弱与保守更是雪上加霜。衰落之势一直到 1750 年前后才止住，随着欧洲各国开明君主专制体制的建立，两个国家也进行了改革。在法国大革命之后，两国都落入拿破仑的控制之下。

从天主教国王到腓力浦二世时期的西班牙

卡斯蒂利亚与阿拉贡两个王国的合并，为最终打败并赶走阿拉伯穆斯林以及西班牙王国的崛起铺平了道路。在查理五世和腓力浦二世统治时期，西班牙成为欧洲重要的天主教国家。

1469 年，两位天主教君主阿拉贡的斐迪南与卡斯蒂利亚的伊莎贝拉联姻，西班牙得以统一。1492 年，他们驱逐了固守格拉纳达的最后一批伊比利亚穆斯林统治者，接着通过驱逐或强迫犹太人和摩尔人受洗最终完成了收复失地运动。同一年，

克里斯托弗·哥伦布在美洲登陆，并宣布美洲为西班牙领土。1496 年，西班牙王位

最后一任穆斯林统治者在弃城投降后交出格拉纳达城的钥
匙，约 1500 年的石刻。

继承人"疯女"胡安娜与皇帝马克西米利安一世之子哈布斯堡家族的"美男子"
腓力浦联姻。1505 年伊莎贝拉去世时，胡安娜已经因精神错乱而无法统治卡斯蒂利
亚。1506 年腓力浦死后，阿拉贡的斐迪南确立了自己对整个西班牙的统治。

哥伦布携礼物由"新世界"回国，德拉克洛瓦绘的油画，1839 年。

1516 年，斐迪南去世，其外孙查理一世继位，1519 年他又成为神圣罗马帝国
皇帝查理五世。西班牙的许多城市在 1520 年叛乱，反对查理来自尼德兰的顾问们。
虽然西班牙对"新世界"的征服得到了大量黄金，但并未对国家财政带来任何长期

的改善。由于经常身在国外，查理常常将国政交给自己的妻子葡萄牙的伊莎贝拉或儿子腓力浦二世临时摄政。

西班牙的腓力浦二世

　　查理一世于 1556 年退位，其子腓力浦二世继承了西班牙及其海外领地、尼德兰和意大利。他成为欧洲天主教反宗教改革运动的领袖人物。腓力浦极端地尽职勤政，在他位于马德里的埃斯库里阿尔宫里亲身掌控王国的大小事务。他立志不惜任何代价对抗新教在欧洲的传播。因此，从 1568 年开始，经过一场旷日持久的战争后，加尔文教派势力强大的尼德兰最终脱离了西班牙。

西班牙的盛衰

　　西班牙在欧洲和"新世界"的支配地位在腓力浦二世的时代得以实现，又在他的继任者手中衰落。在最后一任西班牙哈布斯堡王朝国王的统治时期，国家财政实际上已经破产，政治影响力大减。

庆祝勒班托海战中大胜奥斯曼帝国，其中包括庇护五世、腓

力浦二世、威尼斯总督和胡安·德·奥地利，埃尔·格列柯绘的

油画，约 1577 年。

　　依靠强大的武力，腓力浦二世将西班牙的势力伸向欧洲各地。他支持奥地利的哈布斯堡王朝对付新教徒。1559 年，他结束了同法国的战争，娶了凯瑟琳·德·美第奇的女儿、瓦卢瓦的伊丽莎白为自己的第三任妻子。在反宗教改革运动时期，他在法国宗教战争中出钱资助天主教联盟，但仍然无法阻止纳瓦尔的亨利于 1589 年登基为法国国王。1571 年，胡安·德·奥地利率领的西班牙联合舰队在勒班托海战中大败奥斯曼土耳其。尽管如此，1588 年，庞大的西班牙无敌舰队在英国海岸边被击溃，由此失去了其海上优势。

　　1598 年，腓力浦三世继承了父亲的王位。在三十年战争中，他为了支持天主教国家使得国家财政变得更加捉襟见肘。但是，西班牙的艺术和文学在他的宫廷里达到了全盛时期。1627 年，腓力浦四世被迫宣布国家破产。随后在 1659 年重挫于法国之后，他被迫签订《比利牛斯条约》，割让土地。奥地利与西班牙哈布斯堡家族之间反复的通婚联姻，开始显示出明显的退化迹象。腓力浦之子查理二世是哈布斯堡家族的最后一任国王，他不仅无能而且患有精神病。1700 年 11 月

马上的腓力浦三世，委拉斯凯兹绘的肖

像，约 1634 年。

他死后，1701 年西班牙王位继承战争爆发。

查理二世肖像，委拉斯凯兹绘。

全盛时期的海上强国葡萄牙

航海探险、商贸运输和强大有效的海军舰队使得葡萄牙在 15 世纪末成为一个重要的海上强国。当阿维斯王朝的统治告终并被西班牙哈布斯堡王朝取代之后，国家也失去了优势地位。

葡萄牙绘的世界地图，1573 年。

　　自 15 世纪上半叶"航海者"亨利的时代开始，葡萄牙的探险家就致力于寻找一条绕过非洲前往印度的航线，并在非洲沿岸建立殖民据点。约翰二世（1481—1495 年在位）推行大规模的建设海军计划，画定海图，并配备探险家和士兵。1487—1488 年，巴托洛梅乌·迪亚斯航行抵达好望角。10 年后，国王"幸运者"曼努埃尔一世赞助瓦斯科·达·伽马的探险，航行绕过非洲，于 1498 年 5 月抵达印度海岸。1500 年，佩德罗·阿尔瓦斯·卡布拉尔宣称今天的巴西为葡萄牙领土，就此确保了葡萄牙在南美洲的地位。这得到 1494 年《托尔德西利亚斯条约》中教皇子午线的确认，它对葡萄牙和西班牙在"新世界"殖民地做了划分。

瓦斯科·达·伽马站在一位印度土王前，19 世纪的木版画。

　　曼努埃尔加强了政府的中央集权，成为一个拥有绝对权力的专制君主。1496

年，他又将从西班牙逃来的摩尔人和犹太人驱逐到北非。在他及其子约翰三世统治时期，作为海上强国的葡萄牙达到了全盛。葡萄牙在非洲和印度沿岸修建要塞和贸易据点，控制了销往欧洲的香料贸易。通过与一些非洲部落首领合作，他们把大量奴隶运到欧洲市场。葡萄牙的轻型多桅帆船占据了世界的各大洋。1505 年的首任葡属东印度总督弗朗西斯科·德·阿尔梅达与阿方索·德·阿尔布基克一起，确保了葡萄牙在印度洋的优势地位，占据了果阿和马六甲等贸易城市。他们的继任者又先后占据了摩鹿加群岛（香料群岛）和锡兰。

葡萄牙海船，16 世纪的书籍插图。

　　1577 年，约翰的孙子塞巴斯蒂安继位，他梦想复兴十字军。1578 年，他率领大军进攻北非，但在凯比尔堡被摩洛哥苏丹击败。由于一直没有找到他的尸体，葡萄牙人在很长一段时间里都相信他会凯旋而归，许多探险家也利用这个谣言从中获利。早已担任摄政的塞巴斯蒂安的叔祖父红衣主教亨利接任为王。1580 年亨利去世后，阿维斯王朝就此告终。

拿破仑占领前的葡萄牙

无论是在西班牙统治之下，还是布拉甘萨家族统治时期，葡萄牙始终无法恢复元气。1807 年，蓬巴尔倒台之后不久，葡萄牙被拿破仑占领。

西班牙及葡萄牙国王腓力浦二

世，约 1570 年的青铜雕像。

自古以来，葡萄牙统治者就利用与西班牙王室通婚联姻来巩固政治统治。西班牙的腓力浦二世是葡萄牙国王塞巴斯蒂安的舅舅，1580 年他拒不承认其他有亲缘关系的王朝对王位的继承权，出兵占领葡萄牙，兼并入了自己的帝国。1598 年后，随着西班牙哈布斯堡家族的势弱，葡萄牙更加一蹶不振。荷兰逐渐取代了葡萄牙在印度洋的海上霸权，先后在 1663 年和 1668 年夺取了摩鹿加群岛和锡兰。

在英国的支持下，葡萄牙人发动起义反抗西班牙，推举约翰四世（属布拉甘萨家族，为旧王室旁系）登上王位。1654 年，他把荷兰人赶出巴西海岸，得以永久地确保了葡萄牙对巴西的占领。在约翰的继任者统治时期，葡萄牙寻求英国的支持以对抗西班牙。由于国内严格的等级制度，大部分土地掌握在贵族之手，民众大规模移民巴西，这使得国内经济遭受重创。1750 年，拥护开明君主制的约瑟夫一世继位，国家出现了转机。他的首相蓬巴尔侯爵借 1755 年里斯本大地震为借口，推行激进改革。他重建城市，改善基础设施，尽力重振经济。1761—1763 年间，他在葡萄牙废除奴隶制。1759—1760 年，他又驱逐了主持宗教裁判所的耶稣会，并通过对教皇施加压力，使耶稣会于 1773 年被彻底解散。蓬巴尔巩固了开明君主专制的统治，并且推行大学改革，把葡萄牙带入了欧洲较为进步的政治体制的行列。

反对西班牙国王的里斯本起义，18 世纪的石刻版画。

1777 年约瑟夫去世后，蓬巴尔倒台，继任的国王们重新受到天主教会的影响。由于葡萄牙依然同英国结盟，拿破仑于 1807 年出兵占领葡萄牙，驱逐了当时担任摄政的约翰六世。约翰不得不逃亡巴西，在那里建立自己的第二个王朝。

异端分子被耶稣会士烧死在火刑柱上，约 1723 年的铜版画。

波旁第一王朝统治时期的西班牙

随着哈布斯堡王朝的终结，新的波旁王朝世系暂时将西班牙置于法国的控制之下。由于王室成员在精神上的疾病，西班牙不仅领土沦丧，影响力也日减。

路易十四宣布安茹公爵为西班牙国王，彩色平版画。

1700 年，由于没有子嗣，最后一任哈布斯堡王朝的国王查理二世，将王位传给自己的甥孙安茹公爵腓力浦，腓力浦同时又是路易十四的孙子。奥地利的哈布斯堡家族坚决反对，他们也想继承王位，并且得到了担心法国借机称霸的英国的支持。在西班牙王位继承战争中，双方为各自的目的大打出手。无论如何，当哈布斯堡家族提名的西班牙王位继承人查理三世继任皇位，成为神圣罗马帝国皇帝之后，他们原来的盟友又开始担心哈布斯堡势力的壮大。1713—1714 年，双方达成协议的《乌得勒支和约》和《拉斯塔特条约》中承认路易十四的孙子继任西班牙国王，为腓力浦五世，但他和他的后代同时必须放弃对法国王位的继承权。哈布斯堡家族获得了西属尼德兰及其在意大利的领地，而英国得到了梅诺卡岛和直布罗陀。腓力浦五世在精神上极不稳定，政务上主要受第二任妻子帕尔马-皮亚琴察公主伊莎贝拉

腓力浦五世与伊莎贝拉·法尔内塞及全家，凡·卢绘，1743 年的油画。

·法尔内塞的影响，她一心为了确保自己的儿子日后能够继承王位。在 1734—1735 年的波兰王位继承战争后，哈布斯堡家族迫于军事和外交的压力，被迫放弃了那不勒斯和西西里。1748 年奥地利王位继承战争之后，又失去了帕尔马和皮亚琴察。腓力浦的抑郁症很快恶化为精神崩溃和妄想症，大部分时间都隐居在马德里郊外的行宫。同时，早在哈布斯堡王朝后期，贵族阶层便已开始在自己的乡村地产上拥有很大的独立权力，他们反对任何旨在帮助大多数人口摆脱贫困和接受教育的社会改革。

1746 年，腓力浦的儿子斐迪南六世继位，他的遗传性抑郁症恶化为慢性精神疾病。由于他根本无法理政，首相恩塞纳达侯爵代为执政。在任期间，他改革财政，使西班牙摆脱了法国的控制，并开始在国内推行一系列受启蒙思想影响的政治改革措施。

查理三世和查理四世统治时期的西班牙

查理三世依照开明君主制的精神推行改革。其子查理四世统治时期，首相戈多

圣伊尔代方索宫花园，腓力浦五世的行宫。

伊主持了与法兰西共和国的议和。

　　1759 年，斐迪南的异母兄弟查理三世继位，西班牙的局势又出现了反复。自 1735 年任那不勒斯和西西里的国王以来，查理在首相塔努齐的协助下，已经在意大利南部进行社会和经济改革。这位国王为人纯朴、执政勤勉，将开明君主制引入西班牙。他实行大规模的垦荒计划，对荒芜多年的农村地区重新开垦，为农民

马背上的查理三世，18 世纪。

提供现代技术和新品种作物。在兴建宫殿、猎场之外，他还为无家可归的流浪者提供孤儿院和救济所。他修建道路、创办银行，认真地管理殖民地的收益。查理三世甚至打起了天主教会的主意。他取消了教会对教育的垄断，废止宗教裁判所。在外交上，查理三世于1761年与法国结盟，参加对英国的七年战争，英国则与普鲁士结盟同法国为敌。1767年，他将耶稣会逐出西班牙，没收了大量教会财产并分给农民。

宗教裁判所囚犯被游街羞辱，19世纪的油画。

1788年，其子查理四世继位，他把政事交给了精力旺盛的妻子帕尔马的玛利亚·路易莎及其宠臣曼努埃尔·德·戈多伊。戈多伊自1792年担任首相，继续推行查理三世的政策。虽然他最初反对法国大革命，但是于 1796 年加入圣埃尔德方索同盟与法兰西共和国联合，使西班牙加入了对英国的战争。1805 年，英国舰队在纳尔逊海军上将率领下在特拉法尔加全歼法国和西班牙舰队。结果，西班牙贸易航线就此被切断。

1807 年，戈多伊甚至与拿破仑谈判，试图瓜分法国所占的领土，希望将葡萄牙南部并入西班牙王国。然而在 1808 年，西班牙爆发平民起义，戈多伊被逐出阿兰尼兹。为了避免西班牙转而投向日益强大的敌对阵营，拿破仑迫使查理四世及其子斐迪南退位，改立自己的哥哥约瑟夫为西班牙国王。